U0512899

捕获法

捕获法

［荷］雨果·格劳秀斯　著　张乃根　马忠法　罗国强　王林彬　杨毅　译　张乃根　校

世纪出版集团　上海人民出版社

出版说明

自中西文明发生碰撞以来，百余年的中国现代文化建设即无可避免地担负起双重使命。梳理和探究西方文明的根源及脉络，已成为我们理解并提升自身要义的借镜，整理和传承中国文明的传统，更是我们实现并弘扬自身价值的根本。此二者的交汇，乃是塑造现代中国之精神品格的必由进路。世纪出版集团倾力编辑世纪人文系列丛书之宗旨亦在于此。

世纪人文系列丛书包涵“世纪文库”、“世纪前沿”、“袖珍经典”、“大学经典”及“开放人文”五个界面，各成系列，相得益彰。

“厘清西方思想脉络，更新中国学术传统”，为“世纪文库”之编辑指针。文库分为中西两大书系。中学书系由清末民初开始，全面整理中国近现代以来的学术著作，以期为今人反思现代中国的社会和精神处境铺建思考的进阶；西学书系旨在从西方文明的整体进程出发，系统译介自古希腊罗马以降的经典文献，借此展现西方思想传统的生发流变过程，从而为我们返回现代中国之核心问题奠定坚实的文本基础。与之呼应，“世纪前沿”着重关注二战以来全球范围内学术思想的重要论题与最新进展，展示各学科领域的新近成果和当代文化思潮演化的各种向度。“袖珍经典”则以相对简约的形式，收录名家大师们在体裁和风格上独具特色的经典作品，阐幽发微，意趣兼得。

遵循现代人文教育和公民教育的理念，秉承“通达民情，化育人心”的中国传统教育精神，“大学经典”依据中西文明传统的知识谱系及其价值内涵，将人类历史上具有人文内涵的经典作品编辑成为大学教育的基础读本，应时代所需，顺时势所趋，为塑造现代中国人的人文素养、公民意识和国家精神倾力尽心。“开放人文”旨在提供全景式的人文阅读平台，从文学、历史、艺术、科学等多个面向调动读者的阅读愉悦，寓学于乐，寓乐于心，为广大读者陶冶心性，培植情操。

“大学之道，在明明德，在新民，在止于至善”（《大学》）。温古知今，止于至善，是人类得以理解生命价值的人文情怀，亦是文明得以传承和发展的精神契机。欲实现中华民族的伟大复兴，必先培育中华民族的文化精神；由此，我们深知现代中国出版人的职责所在，以我之不懈努力，做一代又一代中国人的文化脊梁。

上海世纪出版集团

世纪人文系列丛书编辑委员会

2005年1月

HUGONIS GROTII
DE
JURE PRAEDAE

COMMENTARIUS

Ex Auctoris Codice descripfit et vulgavit

H.G.HAMARKER, LITT. Dr.

HAGAE COMITUM

APUD MARTINUM NIJHOFF.

1868 年拉丁文本

DE JURE PRAEDAE COMMENTARIUS

COMMENTARY ON THE LAW OF PRIZE AND BOOTY

BY

HUGO GROTIUS

VOLUME I

A Translation of the Original Manuscript of 1604

By

GWLADYS L.WILIAMS
With the collaboration of
WALTER H.ZEYDEL

OXFORD: AT THE CLARENDON PRESS
LONDON: GEOFFREY CUMBERLEGE

1950 年英译本

捕　获　法

目录

中 译 本 序

“国际法之父”格劳秀斯于1604年撰写的《捕获法》[1]，堪称四百多年来的现代国际法理论的真正“奠基之作”，因为不仅该书第十二章经格劳秀斯修改，以《论海洋自由》[2]为题于1609年匿名发表，而且该书的基本观点及理论框架，经格劳秀斯进一步发展完善，最终融入他的代表作，即1625年问世的《战争与和平法》[3]。

1583年4月10日，格劳秀斯出生于荷兰海牙附近的代尔夫特(Delft)市。在该市中心广场的大教堂前耸立着这位非凡天才手捧经典、专心读书的铜像，特别引人瞩目。这不仅显示故乡人们对他的无比崇敬，而且也象征其国际法理论对人类社会的影响几乎可以与基督教相媲美。格劳秀斯天性聪颖，11岁便进入荷兰莱登大学，学习拉丁语、希腊语以及东方语，这使他以后写作时旁征博引古代希腊与罗马及中世纪欧洲诸

---

[1] 格劳秀斯生前未发表的《捕获法》拉丁文手稿没有书名。1864年，该手稿被发现后，由最初阅读、研究并负责出版该书拉丁文本的荷兰学者们冠以《关于捕获法之评注》(De Jure Praedae Commentarius)，亦称为《捕获法》(De Jure Praedae)。1934年，由荷兰学者奥诺·戴门斯特翻译出版的该书荷兰文本(1934年，莱登)与拉丁文本同名。1950年，由美国学者G·L·威廉姆斯博士根据该书手稿复本翻译，并作为美国卡内基和平基金会负责的国际法经典文库最后一卷出版的英译本书名改为《论捕获物与战利品法》(On Law of Prize and Booty)。其缘由参见《英译者说明》。尽管中译本根据该英译本翻译，但是，考虑该书拉丁文本、荷兰文本的书名，并兼顾中文的简洁性，酌定全书采用《捕获法》，而英译本书名，则置于中译本正文前。

[2] 《论海洋自由》1608年拉丁文本的书名为《论海洋自由或荷兰参与东印度贸易的权利》(*Mare Libervm Sive de Iver Qvod Batavis Competit ad Indicanan Commercia, Dissertatio*)，由美国学者拉尔夫·范·德曼·麦格辛博士根据1633年拉丁文修订本翻译的英译本于1916年出版，由马忠法博士根据该英文本翻译并经我校译的中文本，于2005年由上海人民出版社出版。

[3] 1925年，由美国学者弗朗西斯·W.凯尔塞等人根据格劳秀斯生前最后亲自修订及去世后翌年(1646年)再版的拉丁文本《战争与和平法》翻译，并作为美国卡内基和平基金会负责出版的国际法经典文库之一出版的英译本，是迄今最完整的权威英译本(全书946页)。由何勤华教授主持翻译，并由上海人民出版社于2004年出版的中译本《战争与和平法》，根据的是1901年的英译本，但是，该英译本是简译本。

多经典文献，信手拈来，显得游刃有余。1598年，他应邀随同荷兰代表团访问法国巴黎，受到法国国王亨利四世的接见，随后，又前往邻近的奥尔良法学院，被授予法学博士，时年15岁。1600年，荷兰政府委托格劳秀斯撰写荷兰解放战争史，这促使他开始研究国际关系；1604年，他作为荷兰东印度公司委托律师参与了凯瑟琳号船捕获案的辩护，并在该案判决之后，花了大半年时间，写就《捕获法》一书，年仅22岁。此后，格劳秀斯的坎坷人生与当时荷兰及欧洲列强的政治、外交休戚相关。他既担任过荷兰政府要职，又因卷入复杂莫测的国内政治漩涡而被判终身监禁，随后传奇般越狱，流亡法国，最后受任瑞典驻法大使。1645年8月28日因病去世，终年62岁。格劳秀斯一生，除留下《捕获法》手稿及《论海洋自由》与《战争与和平法》，还有《真正的基督教解释》、《荷兰的法理学导论》等名著。[1]

《捕获法》的阐述，既紧扣凯瑟琳号船这一捕获物(prize)所引发一系列难题的剖析，又超脱具体案件瓜葛，论及有关战利品(booty 或 spoil)的一般法律问题，特别是开篇后的基本理论部分，在充分吸取基督教、中世纪神学、古希腊哲学与罗马法等整个西方文化精华的基础上，创造性地拟制了调整人类社会，或者说独立民族、主权国家之间关系的法律(即格劳秀斯所说的“规则”、“法律”，实质上是国际法中最基本的“法则”、“戒律”)。简言之，格劳秀斯是为了解决当时人类社会进程中碰到的新问题而创立现代国际法理论，并试图将其所拟制的国际法规则运用于调整民族国家间关系。正是在这个意义上，他成为现代国际法的创始人。最初提议翻译《捕获法》的美国著名学者詹姆斯·布朗·斯

[1] 有关格劳秀斯的生平，参见 Grotius Reader，(Edited by L.E.van Holk and C.G.Roelofsen), Hague：T.M.C.Asser Instituut, 1983, pp.23—44.

科特博士说过：该书对于人们“思考国际法的法律性质具有最重要的意义”，并指出：国际法的体系“不是出自哲学家的梦想(dream)，而是法学家和实践者的现实观念(realized conception)”。[1]这一点不错，但是，我想，没有柏拉图、亚里士多德等人创立的哲学理念，恐怕也不会有格劳秀斯的现实观念，因为任何真正的立法者(格劳秀斯的论著如同联合国国际法委员会的法律评注)，不可能没有其法哲学的理念。格劳秀斯是在继承、创新包括柏拉图、亚里士多德在内前人的自然法哲学基础上，创立了现代国际法及其理论体系。

《捕获法》成稿的时代，距今已整整四个世纪。世界已发生了翻天覆地的巨变；荷兰与葡萄牙及西班牙已成为和平相处的欧盟大家庭成员。然而，战争抑或和平，仍是21世纪，乃至今后漫长岁月中，人类社会必须直面回答的问题。当我在德国汉堡大学和荷兰鹿特丹大学访问讲学之余，端坐在寓所或办公室校译《捕获法》时，户外绿树环抱，一片祥和气象，而以色列与黎巴嫩真主党的武装冲突，战火纷飞，殃及成千上万无辜平民，加上美国“9 · 11”事件后的阿富汗战争、伊拉克战争，形成了极其鲜明的对照。我不时地沉思：《捕获法》的译者和我国读者，究竟能从中领悟到什么呢？

我想，对《捕获法》的理解，不妨先假设以四百年前格劳秀斯的眼光，回顾当时荷兰与欧洲及东印度(实际上是亚洲马六甲海峡地区)各国关系中发生的一系列历史事件，看看他如何提出解决的途径与理论根据；然后反思如今国际关系中新的战争与和平问题以及有关的国际法理论，寻求真正的永久和平之路。我们不期望诞生新的天才，但是坚信

[1] Letter from James Brown Scott, Solicitor for the Department of State, to R.S.Woodward, President of the Carnegie Institution of Washington, Relative to a Project for the Republication of the Classical International Law (November 2, 1906).

人类富有理性，普天之下善良人民期盼和平与发展。

也许，循着《捕获法》第十一章史书般的笔触，不难了解当时荷兰与葡萄牙之间激烈争夺在马六甲地区势力范围的战争，可追溯到始于1567年荷兰民族争取政治独立而展开反抗西班牙菲利普王朝统治，长达三十多年的斗争。在16世纪末、17世纪初，荷兰已成为事实上的独立民族国家，而葡萄牙名义上隶属西班牙王朝，实际上也是独立民族国家。因此，当时，围绕海上航行自由及其根本的贸易利益，两国在马六甲地区发生了一系列战事，包括1603年由荷兰联合各省大会及其各省总督授权保护荷兰东印度公司的阿姆斯特丹舰队在马六甲海峡地区，为报复葡萄牙攻击荷兰商船，捕获了凯瑟琳号船。撇开格劳秀斯对战争残酷场面的详细描述以及作为战争一方代言人对敌方无所不及的抨击，人们从其历史介绍中可以清楚地看到：这是在基督教世界中爆发的一场从民族独立战争演变为独立民族国家之间的战争。格劳秀斯以及他所代言的整个荷兰民族，必须要回答的问题是：将该战争中夺取的敌方财产判给遭受侵害的本方公民，是否正当？进而言之，荷兰民族独立战争以及对葡战争是否正当？总之，如何判断战争的正义性？

在人类历史上，格劳秀斯是从独立民族国家间的现代国际法角度，系统阐述了上述问题的第一人。

一谈到正义(just或justice，或者说，本意上的法，ius)，格劳秀斯不得不从基督教世界的文化最深处去探求答案。《捕获法》第二章从“神意之体现即法”(规则1)这一初级自然法(神学自然法)出发，演绎出一整套基本法则与戒律，包括：

次级自然法(世俗自然法，即初级国际法或古罗马法术语中的“万民法”)，如“公意所体现之人类共同同意即为法”和“每个人所作的意思表示就是关于他的法律”(仅次于神意的公意和善意，规则 2、3)；“应当允许保护(人们自己的)生命并避免可能造成其伤害的威胁”和“应当允许为自己取得并保有那些对生存有用的东西”(第一序位的法律 1、2)，“不得伤害他人”、“不得侵占他人已占有之物”(第二序位的法律 3、4)以及具有程序意义的“恶行必纠”和“善行必偿”(法律 5、6)。

次级国际法(即实证国际法)，如“国家所示意志即为所有公民之整体的法律”(规则 4)、“国家所示意志，即为个体的众公民间关系之法律”(规则 5)、“执政官所表示的本人意志，即为整个公民体之法律”(规则 6)、“执政官所表示的本人意志，即为个人之公民的法律”(规则 7)和“所有国家所表示的意志，即为关于所有国家之法律”(规则 8，实证国际法的定义)；“公民个人不仅应当不伤害其他公民，而且应当保护他们，既保护作为整体的其他公民，也保护作为个人的其他公民”(法律 7)；“公民不仅不应夺取他人占有物，无论是私产还是公产，而且应对这两种对于他人及所有人必不可少的财产有所贡献”(法律 8)、“执政官在所有事务上均以国家的善为行为准则”(法律 10)和“国家应确认执政官的行为均有效”(法律 11)；具有程序意义的“除通过司法程序外，任何公民均不得寻求实施自己权利来针对他人”(法律 9)和“非经司法程序，任何国家或公民不得寻求对其他国家或公民行使其权利”(法律 11)；最后，解决不同等级法律的关系准则为“当[法律]可被同样遵守时，让[所有]法律得到遵守；如不可能，较高等级的法应当优先于较低等级的法”(法律 13)。显然，上述次级国际法包含了渗透到国内法的一般法律规则。

不论后人对上述九项规则与法律分类及其体系如何评论，现代国际法原理的最初系统表述就是如此。格劳秀斯不愧为“国际法之父”，在《捕获法》之后二十年最终完成的《战争与和平法》中，他又在彻底否定神学自然法道路上向前跨出了关键一步，将“人类正确理性”作为整个国际法理论的出发点，不再区分初级与次级国际法，而明确代之以自然国际法与实证国际法，并明确指出，基本的自然法规则是上帝自己都无法改变的，从而也成为现代“自然法之父”。

《捕获法》的其他各章(除第十一章)均为上述规则、法律的具体适用说明：

第三章论证为保护自己生命财产，或惩罚恶行和补救损害而不得不诉诸武力的战争是正当、正义的，不论是否基督徒针对基督徒的战争；

第四章论证在正义战争中夺取敌产(即捕获物或战利品)是正当、正义的，不论是否基督徒夺取基督徒的敌产；

第五章是过渡章节，提出凡源于正当缘由的战争均为正义的观点，引出详细论述战争正当原因的第六章；

第七章从战争主体角度论证私人出于何种原因可成为正当战争的主体；

第八章根据发起战争的主体，划分私战与公战，并分别论证在什么情况下各自具有的正义性以及永久占有战利品的正当条件；

第九章简要地论证战争的目的正义性，强调必须为了正当的、光荣的和平而战。这也是格劳秀斯在《战争与和平法》开宗明义阐述的基本观点，但是，无论从立意基点和体系安排，均区别于《捕获法》；

第十章论述在私战或公战中谁可以取得捕获品或战利品及其范围；

第十一章将上述规则和法律运用到海上航行自由及其荷兰与葡萄牙以及西班牙之间的国际争端，论证荷兰采取自卫的武力报复是正当、正义的；

第十三章进一步论证荷兰作为独立主权国家的法律地位，以及经国家主权机构授权的荷兰东印度公司的武装力量捕获葡萄牙商船的实质是公战；

第十四章、第十五章分别论证在国家授权下进行的公战中获取战利品不仅是无上光荣的，而且对国家和个人都是有利的。

可见，这是以捕获物与战利品的法律问题为切入点，国际法一般理论与具体运用结合的战争与和平法体系，第十一章的历史介绍可以看作是从一般到特殊的连接点。

仅就上述《捕获法》本身的内容而言，无论对于现代国际法的产生与发展，具有多么重要的意义，毕竟这是四百年前的时代产物。我想，完整地了解《捕获法》，可能最重要的是体会格劳秀斯面对全新的国际争端时，考虑如何解决的途径及其理论依据的创新思维。他的核心理念是：处理国际关系，如同解决私人间争端，必须遵循一定的法律规则。我以为，法学家的使命就在于拟制和推动实施一定的法律规则，并阐发立法的理论依据，以说服人们自觉执法和依靠一定的强制手段使法律得以实现。如何在这种理念指导下提出新的国际法规则及其理论依据，是当代国际法学人的历史使命。

当代国际关系极其复杂多变。以战争与和平的关系而言，冷战后的国际政治、经济、宗教、文化、地理、资源等各种因素促成了史无前例的“9 · 11”恐怖事件，随后美国以自卫或先发制人为由发动的“反恐”战争，加上先前的科索沃事件引发“人道主义”的武力干预，无不对以《联合国宪章》为基础的当代国际法体系提出了严峻挑战。历史与现实都证明：人类需要法律，以便相对有序地过着和平生活。无论基于整个人类的全球视角，还是中华民族的特殊地位(有着数千年生生不息的文明史、盛唐时代傲视天下的荣耀、鸦片战争后蒙受的近百年屈辱、近半个世纪以来新中国的曲折发展、当代面临的机遇与挑战、战争与和平)，我们都不得不设问：人类社会的永久和平之路在何方？这一问题的深入讨论，远非本序言所能逮及。近些年来，国内外国际法学界的理论研究成果也已很多。我坚信，《捕获法》的出版，有助于推进我国的国际法学理论研究。

谨为序。

张乃根

复旦大学法学院国际法研究中心主任

2006 年 7 月 26 日

于荷兰鹿特丹大学访问期间

英译本序

本卷为国际法经典文库画上了圆满句号。该卷再版由詹姆斯·布朗·斯科特博士(时任美国国务院法律顾问)于1906年在给华盛顿卡耐基研究院主席罗伯特·S.伍德沃德博士的信中提议。该文库项目由卡耐基研究院资助支持，其发起人(斯科特博士)被任命为该文库总编。他在就任时规定："总编的服务工作乃无偿贡献；唯有如此，我才满意自己以一定的方式履行我的上帝培根所规定的每一个专业人士应承担之职责，诚如他明智而又恰到好处地指出：

> '我认为每个人对其专业都应有负债感；因为人们理所当然地从中寻求名利，所以他们应全心全意履行职责，为之增姿添彩'"。[1]

1917年1月1日，于1910年成立的卡耐基国际和平捐赠基金从卡耐基研究院接手出版该文库。斯科特博士为该基金秘书及国际法分部主任。他一直担当该文库总编，直至1940年6月30日因健康原因而退休。

雨果·格劳秀斯所代表的是国际法发展的中期，而非始初阶段。斯科特博士在给伍德沃德博士的信中写道：从历史的角度来说，国际法"应分为三阶段，首先是格劳秀斯的先驱者；第二阶段为格劳秀斯，包

[1] 斯科特博士1906年11月2日信件全文，见英译本附录(中译本略)。

括其一生及作品；第三阶段是格劳秀斯的后继者”。该文库出版目录包括格劳秀斯的如下先驱者：阿亚拉、贝利、真提利、勒格那诺、苏亚利兹[1]和维多利亚。他的后继者包括宾刻舒克、普芬道夫、雷切尔、特克斯特、法泰尔、惠顿、沃尔夫和朱什。至于格劳秀斯本人的著作，斯科特博士建议应包括下列作品：《战争与和平法》、《论海洋自由》和《捕获法》。斯科特博士本人于1906年11月2日提出的最初建议就已确定了这三者间密切联系：“直到最近，格劳秀斯的杰作(当然指《战争与和平法》)尚未完全为人们所理解，因为它被看作了一部孤零零的作品，而非平生心血的结晶。然而，如今人们发现1625年的杰作仅是一个辩护词或法律意见书的拓展和扩充，该辩护词是格劳秀斯在1604年准备的，其观点被当时荷兰东印度公司在一个重要的捕获物案件中所引用。1609年出版的《论海洋自由》在两个多世纪以来一直被看作一部单独而孤立的作品。题为《捕获法》的格劳秀斯辩护词于1864年被发现并于1868年的出版，表明《论海洋自由》是他最初写成的辩护词之第十二章。”

因此，斯科特博士提出了“对格劳秀斯著作进行一次全新的、权威的编辑……这应当包括关于《捕获法》的辩护词，并附有注释，以引起人们注意，当第十二章作为《论海洋自由》单独出版时，格劳秀斯仅对该章作了少数无关紧要的修改；这还应当包括关于《战争与和平法》的不朽三卷本”。提议的出版活动“应当在体现当前学术水平的情况下进行编辑，应当没有任何打印错误，剔除大量的编辑注释及评论，以免影响读者对正文的理解。”

遵照被采纳的整个经典文库的出版计划，即每本书包括善本影印

[1] 苏亚利兹的《法律及神为立法者论》于1612年出版，后于格劳秀斯《捕获法》的写作和《论海洋自由》的出版；但先于格劳秀斯于1625年首次出版的《战争与和平法》。

本，当代英译本及适当的介绍说明。 1913 年，格劳秀斯著作系列的首卷问世，该卷包括 1646 年版《战争与和平法》之复印本。 将之翻译成一部令人满意的英文版本并出版整整花了十二年。 包括斯科特博士"介绍说明"的英译本《战争与和平法》作为格劳秀斯著作系列的第二卷于 1925 年出版。

第一次世界大战的爆发，将欧洲各参战国和作为中立国的美国之间关于海洋自由的问题带入了悲喜交融的戏剧般官方讨论。 1914 年 8 月至 1917 年 4 月间，作为国务卿的特别顾问和国务院与海军联合中立委员会主席，斯科特博士几乎不得不每天都在考虑和判断涉及作为海上中立强国的美国政府官方态度。 他正确地认为，格劳秀斯关于海洋自由的观点有助于澄清众说纷纭的问题。 经他推荐，《论海洋自由》* 的英译本与拉丁文修改本于 1916 年一并出版。 出于应急目的，将《捕获法》作为国际法经典文库之一出版在当时还不可行，因为那需要更为不紧不慢的细心准备，由此稍后出版。 本卷包括在该基金国际法分部的文库总目录中。 然而，斯科特博士并未放弃原先将《论海洋自由》列入国际法经典文库的意图。 在他作为国际法分部主任时于 1932 年 4 月 5 日做的年度报告中，他讲到 1916 年版本可通过修改加以完善，特别基于如下事实，即如今可获得《捕获法》第十二章的复印本和完整的翻译稿，而它正是《论海洋自由》的原稿。 所以，斯科特博士认为"由于《论海洋自由》本来就是后者的一部分，故将它修改后，作为《捕获法》的姊妹卷在经典文库书中出版"[1]是适宜的。 在同一份报告中，斯科特博士还进一步建议"既然格劳秀斯关于海洋自由小册子的结果之一是与英国的作者在同一主题上相矛盾，在新的一版中包括威廉姆 · 韦尔

---

* 根据该英文与拉丁文对照的 1916 年英译本翻译并首次出版的中译本参见：《论海洋自由》，上海人民出版社 2005 年版。 ——中译本注

[1] 《卡耐基基金年刊》，1932 年，第 126—127 页。

沃德攻击《论海洋自由》的复制本，看来是恰当的，该文与格劳秀斯对此文的回应一同出现在其《所有海洋法节录》中，不过迄今为止，该节录仅以拉丁原文出版。简言之，该版本将由包括《捕获法》第十二章和《论海洋自由》1609年初版复印本及格劳秀斯——韦尔沃德笔伐中的所有文件复印本共同组成的单独一卷与合适的翻译文本所构成”[1]。

根据总编的始初计划，《捕获法》在格劳秀斯系列著作中位于第二，之前乃《战争与和平法》，其后为《论海洋自由》。在斯科特博士的有生之年，当时诸多事件迫使该格劳秀斯著作计划未能执行。此后，在国际事务领域里出现的许多新的、急迫的问题使该基金受托人必须将其日趋减少的收入，更多地用于解决当时有关建立和维持和平的国际合作问题，而难以像以前对国际法早期发展领域的学术研究和出版那样慷慨解囊。该基金关注力与资源配置的变化使得斯科特博士拟对格劳秀斯系列中后两部著作以精雕细刻形式出版的规划难以实现。现在人们感到1916年由该基金出版的《论海洋自由》版本符合当时学界在这一领域的期待。然而，如果不考虑经济和时间因素，未能在尽可能范围内使斯科特博士的学术努力在他亲自指导下结出硕果，真是不可饶恕的疏怠。

在他指导下，已准备了格劳秀斯的《捕获法》真迹原稿对开本的珂罗版复本。在该基金版本的第一卷中，原定出版的该复本，还包括扩充的拉丁文本及对该著的详尽解释。第二卷也是大开本，原定包括《捕获法》的一个英译本，同时附有序言和索引。当顾及按此计划出版的可行性，最后决定出版英译本，将其作为经典卷本标准版的第一卷，而将原稿珂罗版复本以原书幅作为第二卷。由于原稿中书写和注

[1] 《卡耐基基金年刊》，1932年，第127页。

释的特征，因此不可能将其页码缩小至等同于该系列著作中其他卷本的书幅。

斯科特博士原打算最终以三卷本形式出版格劳秀斯整个系列著作，并对其作出字斟句酌的说明。随着项目的简化，他调整了说明内容的特征。斯科特博士一生中对格劳秀斯的著作准备了两次说明——第一次对1916年版的《论海洋自由》，第二次对1925年出版的《战争与和平法》英文译本。下文对该系列著作最后一卷初步特征的评价，在一定程度上是基于斯科特博士前两次的说明以及上文所述他对计划中三卷本最终说明的诠释。

在我们将注意力转向《捕获法》这部著作的内容之前，其原稿所含令人感兴趣的历史使我们有必要作一简短的回溯。[1]

1604年，格劳秀斯刚过21岁[2]，他的祖国与西班牙旷日持久的冲突已远远超越了荷兰最初的行动范围，蔓延到在更遥远的东方海域针对西班牙人和葡萄牙人的半官方敌意行为。在主要因商业竞争而扩大为敌对状态的初期，联合各省总督对在东方的荷兰贸易公司给予投资，并授权他们在遭受进攻时进行防卫。不久该政府机构又授权上述公司可夺取葡萄牙人的船只和货物作为捕获物。

事实上，在正式授权前，此类捕获行为已发生多次。其中，代表船东阿姆斯特丹公司的雅各布·希姆斯科克捕获凯瑟琳船案对我们来说，富有特殊意义。早先于1603年爆发的该事件[3]，引起了捕获法庭

[1] 对该主题的详细研究，读者可参阅罗伯特·弗鲁因的出色论文《论格劳秀斯未出版的著作》(德文，后译为英文，载《国际法论文文献》第10卷，莱登，1925年，第3—71页)。

[2] 格劳秀斯生于1583年4月10日。

[3] 这是由弗鲁因在其论文的英译本(同前引《论格劳秀斯未出版的著作》，第16页)间接指出的日期。有些学者确定的日期为1602年，可能是他们对弗鲁因的详细描述阅读不仔细所致。

对捕获行为合法性的审理。最终于1604年9月9日，该法庭判决被捕获的财产为正当的捕获物，其收益的大部分判给了东印度大联合公司(人们常说成“荷兰东印度公司”，不太准确)，而当时它已兼并了希姆斯科克代表的公司。政府为表彰东印度大联合公司对祖国的贡献，还授予其在东印度地区的贸易垄断权。然而，许多该公司股东——特别是门诺派教徒的那些股东反对任何情况下的战争——对政府的恩赐不屑一顾。有些股东愤然退出公司，拒绝接受捕获法庭判给他们的相应利益份额；其中门诺派的一个股东还筹划建立一个新公司，该公司将竭力在法国国王亨利四世的庇护下从事不折不扣的和平商业冒险。尽管该计划从未成为现实，对手的这一威胁给联合各省总督和大联合公司敲响了警钟，因为这两个机构因其捕获物政策而备受批评，使他们陷入十分尴尬的境地。

以上勾勒的历史背景使得为那些政策辩护变得迫在眉睫，刻不容缓。格劳秀斯可能在1604年秋至1605年春写就的《捕获法》正是这样一篇辩护词。[1]尽管还很年轻，这位在少年时就显得才华横溢的荷兰人却早已大名鼎鼎，完全胜任这一工作。根据其秉性和习惯，他通常对思考法理抽象原则的浓厚兴趣远胜过对法庭日常案例的兴致，该公司捕获案带来的问题正需要基于抽象原则加以解决，而通过其研究，格劳秀斯对此游刃有余，相比之下，那些同时代忙于普通案件的律师们却对此十分陌生。并且，曾任荷兰国家1600—1604年史官这一政府职位及可能通过担任该公司在捕获法庭审理凯瑟琳号船案中的法律顾问活动[2]，使得格劳秀斯对有关争端的材料有最为直观的了解。至少[3]，可以确信，

[1] 参见弗鲁因的论文英译本，第39—40页。

[2] 这一假定由弗鲁因(论文英译本，第24—25页)基于间接证据而得到很有说服力的支持。当发现《捕获法》的原稿时，对该理论的权威证实不再易于获得，因为与诉讼有关的文件已毁于战火。

[3] 根据格劳秀斯本人证词，在他写给弟弟的一封信中提出(《书信集》第450号、第507号)，被弗鲁因在论文中引用(第36页)。

他与该公司的联系相当密切。所有这些事实趋于确认该假设，尽管这从未被绝对地证明，但却被多数评论家所接受：即《捕获法》是应东印度大联合公司的董事们请求所写。无论如何，当其利益在国内外受到对荷兰人和佛兰芒人商业抱负持反对意见者的威胁下，毫无疑问，格劳秀斯是出于该公司的特别利益和低地国家* 的普遍利益而写下了《捕获法》。

然而，作者没有全文发表这篇雄辩而显然又生逢其时的辩护词。对于他为何在这场商业政策激烈冲突中未能利用自己精心准备的弹药，格劳秀斯未留下任何解释[1]。然而，通常认为，组建在法国人庇护下的竞争性贸易组织计划的彻底失败，大联合公司尽管遭到敌意批评但仍取得持续不断的胜利及其在公众心中的尊重地位日益得到巩固，所有这些结合在一起，几乎在格劳秀斯完成该文之时，其辩护就显得多余。公司声誉如日中天，其赢利滚滚而入国库和私人钱袋，因而也没有必要向自己的敌人开火了。正如《捕获法》的作者指出的：“蔑视如此丰厚收益的人，就是在极度地浪费其机会和鸿运。”[2]

但是，在该公司的安全地位得以保障之前，有一发炮弹从几乎被遗忘的军火库——《捕获法》——中射出。1608 年秋，与西班牙人和平条约的谈判，因其拒绝承认低地国家在东方的从事贸易和航海权而受挫。由于担心对和平的渴望可能会诱使荷兰同意这一点，联合公司资助了一

---

* 指荷兰、比利时和卢森堡三国。——中译本注

[1] 格劳秀斯确实留下了一点线索，就是即便在已将《捕获法》第十二章作为《论海洋自由》单独出版后，他心中仍一直惦记着出版《捕获法》全书的可能性。在威廉姆·韦尔沃德攻击《论海洋自由》作品出版之后不久，1613 年至 1615 年间，格劳秀斯写过一篇反驳之作，即《对〈论海洋自由〉第五章的辩护》。这部直到 1872 年才出版的著作，含有参照《捕获法》的内容，简要概括了其内容和导致写作该文的背景，并将其描述为“至今为止我未出版的最为充分、完整的评述”(由哈马克在其拉丁文本《捕获法》的序言中引用过，第 9 页)。所引用的词语意味着作者并未放弃看到《捕获法》出版的全部希望，甚至使我们联想他是否有过将之作为一部更为宏阔的巨作之框架的设想。

[2] 后文第 356 页(“后文”指《捕获法》英译本。——中译本注)。

系列出版物，强调东印度贸易给国内带来的巨大利益。有学者认为，格劳秀斯应邀在这场舆论宣传战役中进行了合作。无论他是否为回应公司发出的直接请求而采取了行动，修改《捕获法》第十二章并在1609年单独出版修改过的章节，即如今闻名于世的《论海洋自由》[1]，这一事实说明，格劳秀斯的确参加了这场战役。

但同时，为公司辩护而准备的原稿其他许多章节被格劳秀斯以前述更为重大的原因，最终予以尘封，束之高阁。在《捕获法》完成的20年后，当战火威胁到整个基督社会的架构时，他出版了其流芳百世的论著《战争与和平法》，以希冀约束或至少缓和一下人类无法律秩序的冲突。我们今天知道格劳秀斯这篇成熟的杰作，在很大的程度上是基于他青年时代在《捕获法》中提出的原则和观点。因此，用来把东印度公司从死亡中拯救出来的被忽略了的武器，最终转向了更为高尚的目的：阻止人类在屠杀的战争中自我殄灭。

《捕获法》除了以《论海洋自由》而部分发表以及对《战争与和平法》创作的作用长期未得到认可之外，自从格劳秀斯将其搁在一边后，约有240年之久，该书手稿被世人遗忘了。1864年11月，住在海牙的书商马蒂纳斯·尼赫夫宣布出售一本科尼特斯·德·格鲁特家族(著名法学家的直系后代)所有的格劳秀斯手写原稿。该手稿第72号据说就

[1] 关于《论海洋自由》的历史、内容及其引起的著名论战之详细分析，参见吉尔伯特·吉德尔的《国际公法》第一卷，第142页。对该问题，吉德尔与其他学者不同，他认为《捕获法》的这一部分，即使它是因驳斥葡萄牙人的主张而作的，也是为了直接对抗英国的政策，特别是为了回应詹姆士一世在1609年发布的公告而出版的。该公告禁止在英国海岸水域的捕鱼权。除了以下事实(吉德尔承认)——即《论海洋自由》是在禁止公告发布前几周出版的——之外，在不考虑格劳秀斯本人陈述的情况，这一论点是无法接受的。在哈马克直接引用，并在上文中也间接引用的《对〈论海洋自由〉第五章的辩护》段落中，格劳秀斯清楚地说道：他出于两个目的而出版《论海洋自由》：一是鼓励自己的同胞反对西班牙人就东印度的权利要求；二是通过否定西班牙人所说的合法性，促使他们自己采取仁慈些的态度。而且格劳秀斯的专著经常暗喻与西班牙人和葡萄牙人的争端，这在《捕获法》正文的原先部分及格劳秀斯为出版第十二章而修改时在文章之前加的劝诫中均可见到；但是，其中却没有在任何地方涉及荷兰人与英国政策的冲突。同时，毫无疑问，该专著坚持的原则实际上对英国的政策不利，事实也的确证明了，它受到了诸如韦尔沃德和约翰·塞尔顿等英国学者的猛烈攻击。

是由 16 章[1]组成的《捕获法》未出版手稿，系格劳秀斯手迹。此外的评述还引起了人们对其中第十二章已作为《论海洋自由》出版这一事实的关注。

由举世闻名的法学家亲笔写就，却不为世人熟悉的原稿被发现，令荷兰莱登大学* 法学院兴奋不已。该法学院决定买下该原稿，法学院成员之一、要求买下此手稿的维瑟林教授立即对刚刚到手的宝贵财富做了仔细检查。关于这一主题的报告被载入 1865 年[荷兰]皇家科学院的活动编录。然而，维瑟林教授感到在决定该书出版之前，还需进行更为详尽的研究，于是，莱登大学的罗伯特·弗鲁因教授又作了第二次检查。弗鲁因对《捕获法》的内容颇感高兴并马上说服他的同胞。H.G.哈马克博士作了拉丁版本的出版准备活动。弗鲁因自己发表了对《捕获法》的雄辩评论[2]。此后，其他学者在对格劳秀斯生平及其著作总体评述的过程中，对该主题作了详细程度不等的增补或修改。[3]用现代荷兰语翻译的《捕获法》译本在本英译本出版前就已出现了，它是奥诺·戴门斯特的荷兰文本，1934 年在莱登出版。

尽管一些学者对《捕获法》原稿给予了诚挚的欢迎，但是，对该书的兴趣和关注还从未普及过。其内容与格劳秀斯另两部著名作品的相似性自然会引起人们的疑问："既然同样的原则和信条，由同样的作者

[1] 实际上，《捕获法》只有十五章。

* 格劳秀斯的母校。——中译本注

[2] 参见前引弗鲁因的论文英译本，第 18 页。

[3] 除了斯科特博士在《战争与和平法》英译本(卡耐基国际和平基金，牛津 1925 年，第 9—63 页)说明中的介绍外，就此点而言，如下著作尤其值得关注：J.巴斯德范特，《国际法基础》(巴黎，1904 年法文版)中的"格劳秀斯"，第二部分，"《捕获法》之分析"，第 155—179 页；汉密尔顿·弗里兰，"格劳秀斯，近现代国际法学之父"(纽约：牛津大学出版社，美国分社，1917 年)，第三章，第 39—67 页；W.S.M.奈特，"格劳秀斯生平及其著作"(格劳秀斯协会出版社，第四期，伦敦，1925 年)，第五章，第 79—112 页；J.科斯特思，《国际法基础》(法文版)，(莱登，1925 年)，第 38—43 页；詹姆斯·布朗斯·斯科特，《论〈战争与和平法〉的由来》，载于《国际法与比较法评论》(法文版)第 4 卷第 3 号(1925 年)，第 4—5 期，第 481—509 页。

在其他论著中已更为透彻地阐释过了，而且用许多版本和不同语言出版过，在很久以来得到广泛传播，那么进一步研究格劳秀斯本人都未费心出版的年轻时写的作品，意义何在？”

如果我们脑海里一开始就对《捕获法》的结构和内容有一个比较清晰的认识，那么从它与后来作品之间的关系以及总体上的根据两方面来评估其意义，就比较容易。

构成该书的十五章可归纳为四个部分：第一，基本问题(第一章)；第二，根本教义，格劳秀斯自己用以指代指导一般战争和特定的战利品获取的基本原则或“信条”的术语(第二至十章)；第三，历史事实，或对捕获凯瑟琳号船之前和当时情况的事实记载(第十一章)；第四，对在根本教义题下阐释的诸多抽象原则以及司法外的一些规范在历史事实部分描述的具体案例中的运用(第十二至十五章)。

具体而言，在这四个部分的开头，格劳秀斯就阐明了其目标，即驳斥那些集中对荷兰贸易公司在东印度获取战利品的合法性、道德性和可接受性所提出的恶意批评和令人误入歧途的疑惑。 在简要回顾已引起如此批评和疑惑的事件(对事件前因后果的详细讨论保留至第十一章)后，为达到这一明确表示的目标，格劳秀斯勾勒出了应予遵循的大体计划。 首先他将寻求建立一些判断是非的普遍原则，他通过遵从古时候伟大法学家常用的逻辑推理方式，说明它们主要源于在自然安排中的冥冥固有的法令。 另外，他还根据基于神的权威和人类的实践或法令而提出的论点，证实并确信源于自然理性的推论。 最后，他由此作出的概括和总结将被运用于正在考虑的特别案例中。 然而，就此而言，注意到年轻格劳秀斯已预见到他在《捕获法》中阐释的法律制度有着更为广阔的前途是十分有趣的。 所以，他总结出自认为最基本的观点，断言“与战争法休戚相关且又在此被极度混淆的问题，在所说的前提基础上和通过此处运用的证明方法，是应当可以得到解释和解决(即使在本书中它们没有被明确地提到)的”[1]。

在“根本教义”的最初章节(第二章)中，格劳秀斯通过逐步发展形成的由九项规则和十三项法律紧密结合而成的体系，[2]为其论点打下了坚实的基础，所有这些都直接或间接地涉及自然法的规则，“神意之体现即为法”。他把整章都用于阐述这些基本规范，但是尽管如此，他还是在有些场合界定了许多法律概念，以为随后各章有关论点奠定基础。格劳秀斯自己构建的定义是如此清晰、简明，以致任何试图在此进行解释都是不适宜的，但是读者也许要注意他在这么短小精悍的一章中阐明其体系基本要素的重要性。在“根本教义”的其他章节里，格劳秀斯在回答有关原因、环境或条件、形式、正义战争的代理人或通过战争正当获取战利品的商人、给予在这些事务方面根据他们的信仰强加于基督徒们义务的特别考虑等九大问题时，简述了其九大结论和一些必然结果。

《捕获法》的第三部分，冗长的历史事实章节——格劳秀斯在此形象生动地描述了系争的具体问题——被一分为二：对西班牙人和葡萄牙人给荷兰人带来种种不公和冤屈的一般描述，其中包括自1567年西班牙与低地国家间狂暴冲突的起源；对在东印度发生的一系列事件更为详细的讨论，特别是与希姆斯科克捕获凯瑟琳号船相关的事件。这一章因过于偏见和天真而受到许多批评；但是，除了在格劳秀斯抗辩形成过程中起必要的链接作用外，它并非毫无价值或魅力。作为一个爱国者，同时为联合公司的诉讼法律顾问，格劳秀斯从可能的最好结局出发

[1] 下文第7页。“下文”指《捕获法》英译本。——中译本注

[2] 由于在《捕获法》的全书中，不断地提到这些基本律令，因此无需重复其内容，为方便读者，关于规则与法律的完整表述附在英译本之后(《捕获法》英译本，第369—370页，现为中译本附录一。——中译本注)。

来代理涉及其国家和特殊委托人的案件时，可能寻求的就是这种全身心投入和痴迷。

构成《捕获法》最后部分的其余四章，一部分(第十二和十三章)将其在“根本教义”部分里阐释的法律原则运用于“事实部分”中提出的具体案例。虽然当机会来时，第十二章很容易适应关于海洋自由的论战，它最先被写成时是为了确立这样一个事实，即从法律的原则来看，即使导致该物品获得的战争是一场私人战争，即仅仅依于私人权力而发生的冲突，系争的战利品也是联合公司正当获得的。在同样原则的基础上，第十三章证明在现实中，在公战中，战利品也是正当获得的。第十四和十五章分别从法律外的角度，判定夺取和持有战利品是既荣耀又有益的合理、合法行为。然后，格劳秀斯以根据援引的人类和神的权威，强调应给予在《捕获法》中为之辩护的爱国企业以持续不断的支持，从而结束其辩护词。

那么，无疑格劳秀斯在《捕获法》中面对的宽泛法律问题就是那些在《论海洋自由》和《战争与和平法》中同样引起他注意的问题。而且，不论在结构还是在内容方面，《捕获法》的第十二章和《论海洋自由》这篇论文之间的关系完全相同，而非相似。另一方面，《捕获法》和《战争与和平法》之间的类似性又被过分强调了。

罗伯特·弗鲁因，这位真正对格劳秀斯早期作品充满热情的学者，很高兴在《捕获法》中发现了曾使许多研究人员迷惑不解的问题所在：“格劳秀斯是如何在1623年到1625年这一假定他用于《战争与和平法》写作的短暂期间，创作出庞大博学的里程碑式巨著？”《捕获法》的再现证明：他没有创造这样的奇迹，他的基本论点、充满智慧的引用之语及某些情况下其稍后作品所用的实际语言在格劳秀斯年轻时的著作中几乎唾手可得。弗鲁因对这一点深信不疑，坚持认为：“这两部[著作]的核心部分，即其法律体系，如出一辙。”[1]

当然，对《捕获法》和《战争与和平法》作一番彻底的比较研究，已超出了这篇序言性的评价范围。相比目前已经做的，《捕获法》英译本的呈现可能会带来对这一问题更为穷尽的分析研究；但是，目前我们必须自信于若干观察所得到的观点，即这两部著作在内容上，特别在法律理念方面，的确存在着明显的区别。

《捕获法》中阐释的根本论点也是格劳秀斯成熟作品的基本原则，这一点无疑是真实的；该原则可归纳为：正当战争的理由在数量和种类方面与正当诉讼的理由是相同的；而且，在没有法院审判处理或法院不愿根据这些理由判案的情况下，正当战争和正当夺取战利品是提出和执行权利主张的法律手段。但是，人们不应当从该陈述中得出如下结论：正在被讨论的两部著作的原则性内容无重大区别。

年轻的格劳秀斯将其根本论点建立在其精心构思的九项规则和十三项法律构成的体系基础上[2]，这一点在《捕获法》的概要中已引起我们的注意。然而这些规则和法律的各分散因素可能融入到以后著作的不同段落，整个体系则全然消失。当我们考虑到在其他许多领域，成熟的作家通常遵循其年轻时勾勒的大概观点这一现象，而在格劳秀斯那里却消失了，同样也令人匪思。从形式上看，对如此令人羡慕的基本构思之否定，使读者不免怀疑格劳秀斯的法律哲学是否在内容上发生了变化，从而使他判断原先设计的方案已不可行。

甚至对格劳秀斯后期著作粗粗一看也会增强这种怀疑，并意味着该变化值得关注。在《战争与和平法》中，我们能清楚地看到一种逐步

[1] 参见前引弗鲁因的论文英译本，第58页。
[2] 见上文对《捕获法》内容简介。

增长的力量趋向于越来越远离神学和辩证的法律概念，而日益趋向世俗主义和现代实证主义。

《捕获法》的年轻作者一直坚持认为其整个理论渊源根植于由自然和造物主创造的万物之法。其所有基本规则和法律均直接或间接地遵循第一项规则所确定的原则："神意之体现即为法。"[1]其重点反复地以该事实为基础：在已表达的神意中，所包含的初级自然法就是普遍的法律，它适用于宇宙万物而非仅适用于人类或者理性的生物。只有当格劳秀斯着手讨论"次级"自然法，同时又称之为"初级国际法"，他才将法律制度缩小到只适用于人类；甚至对于特殊的、次级的自然法——即通过人类的理性思考能力达成的"国家间一致同意"——他同意西塞罗的观点，即"传递这一法律的原则除了源于神意的正当理性之外，别无他物"[1]。换言之，在作者早期著作中，他使用的概念仍是经院哲学家和西班牙法学家们的概念，并在相当程度上借鉴后者来解释经院哲学的原则和信条。因此，在人类堕落之前黄金时代的戒规，仍是他体系中的基本规则。

我们现在再转向《战争与和平法》，发现1625年流亡法国令格劳秀斯醒悟而放弃将自然法的经院式概念作为其论点的基本要素。虽然他仍承认——偶尔模棱两可——高于人定法的永恒自然法之存在；但是，自然法不再是他赖以推论构思其体系的中心点，他也不再以原始的黄金时代的人类需求和特征为前提来假定演绎观点。将自然法分为初级的、次级的两个阶段的传统划分法亦被放弃。在格劳秀斯的自然法新概念中，仍保留着起初他视为根本阶段的正当自卫规则；但是，另一方面完全出于实际目的，在《战争与和平法》的体系中，自然法已简

[1] 《捕获法》英译本，第8页。
[2] 同上，第12页。

单地变成了《捕获法》中的次级自然法(或初级国际法)，即由人类理性的运用和代表人类对道德上允许或不允许做的相互同意而构成的戒规体系。

格劳秀斯的自然法定义这一变化不可避免地影响到他对国际法的定义。当格劳秀斯将《捕获法》中归为初级国际法的一个中间分支划到了自然法的绝对领域时，国际法实质上等同于其早期作品中处于第二位的国际法，源于所有或许多国家在国际事务方面达成的重要、并非必须由无可争辩的道德规则预先决定的协议所构成的法律之和。[1]

此外，两部作品不仅分类有所不同，在较小范围内诸如自然法和国际法之类的基本概念也有所区别[2]，而且从这些概念出发的论证方法也不尽相同。显然，1625 年的格劳秀斯正逐步转向国际法的实证体系；但他仍不愿脱离指导他早期著书立说的自然法学派成员的耀眼光芒，这种左右兼顾导致其宗旨不清，使得他不再沿袭《捕获法》那种观点鲜明、贯穿始终的论证。除了轮廓模糊之外，在很大程度上所变化的是重点而非最终结论，因为两部作品最终在共同面对的问题上所制定的行为准则通常是一样的。然而，对格劳秀斯理念演变的研究者不能不对《捕获法》中论述此类问题的直接、连续一致的方法感兴趣。在《捕获法》里，问题的解决总是与永恒不变的自然法规则相符合，该原则在其后期作品中仍被使用，但是，加上如此多的婉转解释和条件，以致读者有时对作者的真实信念产生了怀疑。[3]

---

[1] 《战争与和平法》中使用的国际法(万民法)是如此宽泛和不同，以致难以给出一个精确的定义。然而，此处给出的解释，可以通过查询 1625 年论著的如下章节进行证实：序言，第 17 节，第 15 页；序言，第 40 节，第 23—24 页；第一章第 14 节，第 44 页。均为《战争与和平法》1925 年英译本的页码。——中译本注

[2] 在术语和分类方面，还有一些影响论证的不同之处，但是，上述差异是最根本的。

[3] 关于这一点的一些令人感兴趣的论述，参见 J.科斯特思，《国际法基础》(法文版)，(莱登，1925 年)，第 50—52 页。

《捕获法》其他理念上的特征，诸如倾向于论证战争，甚至叛乱行为的正当性而不是表示悲痛，初看并无太大意义。它所反映的只是写作《捕获法》的爱国目的及作者的年轻自信，所采用的自然不同于《战争与和平法》这部伟大作品中的语调特征，因为在后者写作时，格劳秀斯已是一个成熟的、在外国君主庇护下的流亡者，其写作旨在希望将文明世界从战火中拯救出来。这些不同之处对我们试图解释格劳秀斯最终放弃作为《捕获法》核心的规则和法律体系几乎没有甚至根本就没有影响。我们在上文已强调的区别确实无疑标志着随年龄增长，作者观点的真正转变，即他已开始从日薄西山的经院式自然法向喷薄欲出的近现代国际法思想的转变。

为使《捕获法》的形式清晰、简明，附带的参考文献早已出现；但是，此书风格独特，值得评述。首先，年轻格劳秀斯对其理论的阐释，足以使《捕获法》成为一个有价值的指南，供人们在阅读令人困惑、思想深邃的巨著《战争与和平法》时参考。格劳秀斯思想的研究者会发现篇幅不大的这本著作更为熠熠生辉，因为它以始终如一的论述方法，简明扼要地揭示了在《捕获法》和《战争与和平法》中蕴涵的基本信念，而上文已间接提到了若干理论差异。《捕获法》的文学色彩也可从其自身角度加以欣赏。有序、全面的规划只是作者搭建的一个框架，以便满腔热血地阐述其观点。当我们从他的精彩绝伦的一个论述阶段迈向另一个阶段时，并不是面对没有生气的骨架。学者的博学、哲人的眼光、辩护士的口若悬河、爱国者的火热感情，加之思维清晰，这一切使该长期被人遗忘的论著不失为文学杰作。

当《捕获法》主要因其对法律原则的清晰解释而令人感兴趣之时，

对专家们而言，在法律之外的领域，它也并非毫无价值。 如果历史学家们碰巧阅读此书，可能会在多数读者无意忽略、被作者名为“历史事实”(第十一章)的几页中，惊奇地发现他们的关注是值得的。 特别是荷兰人航行到东印度的相关资料，根据弗鲁因的观点，极有信息价值且非常独特。[1]文献研究者也能发现《捕获法》不仅使格劳秀斯最为著名的两部法学著作的来龙去脉真相大白，也使其他悬而未决的问题，诸如作者在多大程度上归功于西班牙法学家——神学家流派的贡献，大白于天下。

最后，当今国际正义与协调已成为凡有思想者无不关心的问题，《捕获法》应受到的欢迎，甚于那些对捕获物主张权利者对格劳秀斯动笔写辩护词的热烈欢迎。 在该辩护词中，作者形成了对格劳秀斯学派根本概念的最初、也是最清晰的阐释，如今这些概念又流行起来：强调正义和道德为实在法之基础；归因于个人脱离其国家而考虑国际权利和义务；人类认识到在各国大家庭中“因我们生来就是生活伙伴”而须表现出对同胞的容忍和克制。[2]

《捕获法》英译本的出版是 1916 年启动该项目以来，关于格劳秀斯著作的多年研究之最终成果。 无意识和不可避免的出版延误倒也提供了较好机会，以便更充分考虑原稿背景和更多理解先前看似模糊的书稿内容。 而且，更多的学习研究使人们认识到，被格劳秀斯自己在修改第十二章以便单独出版过程中从中删去的章节段落和用语，应在将《捕获法》作为完整一部书出版时恢复原貌。 因此，有必要让译者破译解释这些删去的资料，同时甄别和拒绝编入不是原稿合适组成部分的替代

[1] 参见前引弗鲁因的论文英译本，第 50—51 页。
[2] 《捕获法》英译本，第 13 页。

内容。

该译本是全新的，由基金成员格雷迪斯 · L.威廉姆斯博士为经典文库专门翻译的。除了她的语言能力，威廉姆斯博士作为国际法经典著作的主要研究助手已多年，并成为阅历丰富的格劳秀斯派人物。她的译本表达了一个坚定信念，即符合每一项高尚的学术标准，并证明为权威的。她在《英译者说明》中表示，将格劳秀斯在十七世纪初以拉丁文表达的思想翻译成二十世纪准确、易懂的英文版过程中，还有这样或那样的问题有待解决。

除了翻译工作，威廉姆斯博士还对介绍性分析报告的历史部分作出了许多极有价值的贡献，更新或填补了斯科特博士在十多年前留下的论述方面空白。她还对简要评论负主要责任，这可能指明如何对《捕获法》和《战争与和平法》的内容进行详尽比较——这正是斯科特博士作为总编一直希望，并视之为其工作辉煌顶点而努力实现的事业。

扩充和查证格劳秀斯在《捕获法》中引语的艰巨任务由作为国际法经典文库研究助理多年的基金另一位成员沃尔特 · H.兹德尔先生来完成。其耐心和擅长该细心工作的长期训练使他能准确找到(除极个别之外)所有由格劳秀斯经常不太明确、或有时错误引用的文献。国会图书馆外国法律部主任弗拉迪默 · 格索维斯基博士在迄今许多仍难以找到的民法和教会法资料中确定引语方面给予了帮助。没有这些珍贵的帮助，大量参考资料难以识别，为此，我利用这一机会，谨代表基金向国会图书馆和格索维斯基博士表示诚挚的感谢。对哥伦比亚特区华盛顿圣名学院圣芳济会的神父们在证实来自乔安妮斯 · 顿思 · 斯科特乌斯在参考资料确定方面提供的帮助，也一并表示衷心谢意。被引用的作者索引和主题索引均由兹德尔先生完成。

基金受惠于同意复制原稿的国立莱登大学和该大学图书馆员F.C.韦德在准备珂罗版复本和为基金取得格劳秀斯在原稿末尾列举的德语和荷兰语文件的副本[1]方面毫不吝惜地提供了许多他个人的服务。在相当困难的希腊文段落方面，译者得到了慷慨的专业帮助。为此，我们也要向哥伦比亚华盛顿特区天主教大学文理研究生院院长马丁·R.P.麦奎尔教授表示感谢。

对于基金另一位成员，因其为完善本卷和本卷之前的部分国际法经典文库而做的工作也应得到褒扬。15年来，艾伦·T.赫德先生一直是斯科特博士在学术、文学方面的一个非常有效率和全身心投入的助手。赫德先生大部分时间都奉献给国际法经典文库的研究和编纂工作，他的意见、建议对解决筹划《捕获法》出版期间出现的许多复杂问题有着特别意义。由于长时间、连续不断的紧张工作。赫德先生的健康受到损害，不得不在1944年退休。这一最终卷应当献给他，作为对他长期忠诚服务的最适当礼物。

1943年，作为曾担任基金国际法部助理主任的我晋升为主任。在此岗位，我对国际法部的工作和对包括国际法经典文库在内的出版项目之监督，承担全部责任。正是基于我的推荐，《捕获法》才能以其目前形式和内容面世。

对此卷之前的二十一个标题* 的匆匆一瞥，以及对其内容浮光掠影似的检查，也将令人信服地证明：斯科特博士对专业和职业忠实地并尽全力地履行了其义务，如同上文已用培根的话语表述的那样。此外，在再版国际法经典文库之想法的构建和成功执行方面，作为他选择贡献

[1] 《捕获法》英译本，第366页。

* 指在《捕获法》出版前，国际法经典文库已出版的二十一卷(1912年至1949年)。——中译本注

出自己毕生精力的职业生涯中最为辉煌的华彩装饰之一，斯科特博士也为他的名声赢得了增姿添彩的机会。[1]

乔治·A.辛奇

卡耐基国际和平基金顾问，卡耐基国际和平基金国际法部主任(1943—1948年)

哥伦比亚特区华盛顿

1949年6月3日

---

[1] 在斯科特博士于1906年11月2日的信中倡议出版经典文库之前，卡耐基研究院曾征求过国际法方面颇有建树的权威们意见。研究院的一位理事，威廉姆·W.莫罗法官，为此还特地去欧洲访问，与霍兰、奥本海默、吉利内克、李斯特和其他法学家讨论该项目。回来后，他报告说：他们认为这一出版建议颇有意义和价值；他还说，“最为重要的是，以下有趣的事实非常突出：在每一场合，他们都说如果斯科特教授作为该出版活动的发起人，就会立刻在欧洲被非常热诚地接受……斯科特教授在研究院里被公认为是该领域最能干、较年轻的学者之一”。《1907年12月10日研究院理事会年度会议备忘录》，载于《华盛顿卡耐基研究院档案集》。

英译者说明

格劳秀斯《捕获法》英译本是在他的最初原稿珂罗版复本基础上翻译的。该复本作为经典文库第二卷已公开出版。由于哈马克的拉丁文本《捕获法》除了替换几处不同拼写字体，总体上忠实地展现了格劳秀斯的原稿文本，因此新的印刷版本显得多此一举。然而，在极个别地方，哈马克文本存在不确切之处，会引起对作者原意的曲解；在英译本中，对此附加了脚注，以引起人们对差异的注意。

还应留意原稿页码I、I′这些假定作为著作标题的形式，在印制珂罗版时就没有了，且当时也无法获得相关任何信息。英文标题是由哈马克博士以1864年原稿被发现后不久采用的拉丁文题目“De Jure Praedae Commentarius”翻译而来，几乎同时，罗伯特·弗鲁因教授在他撰写的《捕获法》评析论文中也采用了该拉丁文题目。值得关注的还有格劳秀斯自己在给“韦尔沃德回信”中将其作品说成是“评注”。将拉丁语“Praedae”一词译成“捕获物和战利品”脱离了早先英语世界研究该作品的学者们的做法。当时，他们中多数认为这是指“关于捕获法之评注”。对“捕获物”一词的一般运用可能涉及两个因素。首先，许多译者倾向于采用一个与被译术语在发音方面最相似的单词，至于被隐去的含义，未加认真考虑。其次，既然在过去，学者们只能利用唯一的《捕获法》拉丁文本和(1934年后)唯一荷兰文本，一些评论家显然还不熟悉该论著的全部内容，并由此不适当地以为两个众所周知的事实表明《捕获法》是讨论海洋问题：(1)该书写作是因一艘船的捕获，并连船带其物品作为捕获物而被出售而促成的；(2)第十二章几乎与有名的《论海洋自由》如出一辙。然而，通篇研读后，则不难了解：该船只的捕获事件仅是一个写作该书的托词或起因，而不是其主题。实际上，它讨论的是调整规范所有在战争中捕获的财产之法律，甚至从陆战中得出其主要观点。而且，少数评论家已避免采用过于明显具有“捕获物”(prize)含义的一词，这意味着他们基于合理的原因认为该词并不令人满意。例如，汉密尔顿·弗里兰采用“战利品”(spoils)，杰西·里夫斯采用“战利品”(booty)。也许以下事实也有意义，即戴门斯特在其荷兰文本中使用了“buit”(主要意指“捕获物”，有时也指“捕获物和战利品”)而非“prijis”(捕获物)，尽管表面上看“prijs”与“praedae”之间有相似之处。最后，“praedae”是一个一般词语，当然在古典拉丁语中有着“捕获物”的限制涵义。因此，从准确和完整意义上来说，词组“捕获物和战利品”作为英文本书名，并在正文诸章节中采用，作为格劳秀斯意指一切意义上的被捕获财产。在格劳秀斯心目中明显地有了更有限准确的概念的其他章节里，译者当然乐意免去三个单词的词组之麻烦。

至于其他方面，珂罗版复制的原稿情况之佳出人意料。只有几个词或字母因磨损或边幅折叠而掉失，英译本的脚注对应可能引起对原文疑问之处。同样，脚注也用于说明那些可能由于作者在修改过程中不时进行删除或添加插入引起的问题。出于强调，译本正文采用斜体来印刷格劳秀斯完全用大写字母书写的众多单词和词组，但是，粗体铅字用来表明作者在其边页标题或小标题中强调的单词。带括号的、英译本切口左页的黑体数字代表珂罗版相应的页码。

总之，本书出版旨在准确地再现格劳秀斯思想，并便于英语世界的国际法研究者所理解。因此，依照句法规则的脚注和括号的使用量远少于主要为经典学者们准备的版本。拉丁语以简洁而闻名，在英译本中根据需要对格劳秀斯采用的措辞作了适当扩展；但是，当然在任何可能拓展格劳秀斯思想和语言的地方均插入了括号说明。

英译本的引文处理也要求有简要解释。人们公认格劳秀斯经常引用来自其记忆中的东西，由此许多他强调的段落意味着他引用的内容实际上是一种解释。由于我们旨在展示格劳秀斯的思想而非他的引文，故这些段落的翻译几乎总是基于《捕获法》的正文内容而不在于引用的文本。附加的脚注用以表明任何对这一规则难以避免的偏离及其他的一些情况，譬如，虽遵从了格劳秀斯的用词，但显然有违其真实意思，因此需要评论。在拉丁文本中通常由格劳秀斯本人提供的希腊语引文及其他材料，有时也缺少准确性。既然英译本甚至在这种情况下也根据拉丁文本而翻译，以更加紧跟《捕获法》的论证思路，那么结果就必然地不一定忠实于希腊文翻译。出于同样原因，在翻译任何一段引用时，经典作家的标准译本未被采用。用最适当的语言表达引用的内容之需要远超过对文学色彩的考虑。

序言中有关在查证格劳秀斯诸多引用的过程中碰到的、或解决的难题，已引起了人们的关注。沃尔特·H.兹德尔先生出色地完成了这个任务。格劳秀斯所有直接和间接地引自其他学者的参考内容，凡能够找到这些学者的著作，均已查证。用于核查引用的版本均被详细地逐条列入引用学者的索引清单。在版本没有提及的情况下，说明该专著在美国无法找到。更熟悉的专著题目以英文表示，其余保留其拉丁文形式。对《民法编纂》(*Corpus Iuris Civilis*)和《教会法编纂》(*Corpus Iuris Canonici*)的参考，或对与之相关的注释法学家的参考，根据当代注释符号方法标出，而不是根据引用法律和标题的前若干单词这一陈旧的方法。参考说明的扩展和矫正以括号形式标出，但《捕获法》自身的交叉参考说明除外，因为显然提到的英译本页码不是格劳秀斯提供的。在这方面，应当留意许多交叉参考说明具有一般特性，它们与特定的文章或作者引用的结论的关系，不像与铺垫性论点的关系那样密切，因为这些论点通常出现于拉丁文本切口边注所指示的段落前后几页中。

序言已对在英译本的工作中得到的任何有价值的帮助表示了谢意，但是，在本说明中要再次表示对马丁 · R.P · 麦奎尔教授的感谢，因为他对翻译这部著作给予了直接的帮助。 译者也受惠于奥诺 · 戴门斯特的荷兰文本(1934 年，莱登)对许多专有名词的翻译，尽管我对荷兰文知之甚少，不可能更多受益于戴门斯特博士的学术成果。

G.L.W.

论捕获物与战利品法

第一章

介绍说明：[案件]概要——[讨论]的划分——方法——顺序

前所未有的情况业已发生，并且对外国观察家而言，也难以置信，即那些与西班牙人交战已久，且蒙受沉重个人损害者，正激烈辩论在某正义战争中经公共授权，可否正当地将某践踏国际商业规则的残酷敌人之物品掠为己有。因此，我们发现相当多的荷兰人(期望光荣所得而无可匹敌)似乎没有理直气壮地要求获得捕获物，却怜悯那些在与荷兰人打交道时全然不顾对手法律权利的人！

这种情况部分地缘于某些人口是心非，置公共利益于脑后，部分地因为犹豫不决和过于相信他人的克制。我们决不能姑息这种恶意，同时应启迪那些无知者。没有哪个眼光明锐者会不知道这些争论会引起的结果，也没有哪个心怀敌意者会与他们携手。这就是说，如果荷兰人不与西班牙[以及葡萄牙][1]的海上劫路者作斗争[假如他们努力只是换

[1] 原文 Hispanos：格劳秀斯往往在严格意义上采用“西班牙人”、“西班牙的”和“西班牙”，等。(在前一段落，他提及葡萄牙人未正式参加的战争)；但是，在许(转下页)

来没有任何利益的危险，那肯定就是如此]，那么伊比利亚人未开化般的傲慢将膨胀到登峰造极的地步，整个世界的海岸很快会被封锁，与亚洲的商业也会崩溃，而这正是我国的富裕赖以生存的商业[这是荷兰人
1 明白，敌人也不否认的事实]。另一方面，如果荷兰人选择为其命运而战，那么上帝已为我们准备了刺向敌人权力核心处的武器，除此别无其他武器可保障我们的自由。

不过，这些错误的犹豫反衬出我们有理由表示对祖国的庆贺，因为这强烈地表明荷兰人是无辜的。荷兰人甚至在根据国际道德法则和公法戒律采取行动前，也应三思而后行。贪婪与正义毫不相干，没有诚信，谈何正义。只有在那些如此谨小慎微地(可以这么说)行使其权利者中才会发现正义。所有人都毫无疑问地享有该权利，荷兰人的自我拯救当然也是无可争议的。

然而，千真万确的是，美德在其两个极端都与恶习相联系。有些情况下，非常明显，有些情况下，就容易被忽视，因为与相关美德对立的恶习太多了。譬如，由于我们厌恶某种冲动的安排，因此就对构成另一极端的恶习——迟钝不予关注。希腊人称这种迟钝为“缺少敌意”，而在拉丁文中几乎找不到对应词。希腊语“肮脏的贪婪”是指精神上的卑鄙，以完全无视法律和道德为特征，但是，也有可能与通常所认为的相反，对促进自己利益的机会麻木不仁，对本质上并不是没有荣誉的事情急于回避，加以挑剔。苏格拉底* 早已说过，聪明和善良的人对自己的好处不会视而不见。哲学家们也都否认正义是“自砸家门”

(接上页)多场合，历史的事实或格劳秀斯自己论证的倾向均说明有必要、也可以解释同一词语包括了葡萄牙人，在所描述的事件发生时。葡萄牙人在西班牙国王统治下。在该特定事件中，封锁海路影响到与亚洲的贸易(是葡萄牙人，而不是西班牙人，更有利益所在)，还间接地涉及奖励东印度公司敢于藐视葡萄牙人的威胁。这使得括号内所加是必要的。

为了避免在英译本里插入过多的括号和脚注，不应太关注 Hispanos 与相关词语的广泛解释，除非对作者原意有疑问。

* 苏格拉底(Socrates，公元前 469—前 398 年)，古希腊哲学家。

和“粗心大意”。 正如卢西留斯* 所说，这确实为

有意克制的美德
寻找获益的温和，**

但是，这也是

与其财富相关的美德
完全偿回自己的债务……

即便是这样[没有贪婪]，我们也应谨防过度。 换言之，我们并不设想没有邪恶的堕落；我们也不会在避免对别人施以不正义的同时，对自己却予以不正义。 远离目标，毫无着落的武器并不比达不到目标的武器强多少。 这两个极端都应得到谴责。 两者都是错误的。 这些人的错误在于他们对任何邪恶的行为无动于衷，也许是更令人震惊和可恶的 2
(虽然有人也会想出一种安排防备根本无害于他人的东西，这也许可以说是太过于谨小慎微了)；但是，对正义和平等的极不尊重足以说明其声名狼藉，因为这与人性不符，就更需要防止其他邪恶形式，那种深藏于优越感中的邪恶，理由在于它没有任何突出标志，从而容易被当作美德，并不知不觉地侵蚀到我们的心灵。 这种邪恶在古老的谚语中被概括为“弄虚作假”[即无中生有]。

正义存在于中庸。 伤及他人是错误的，容忍伤害也是不对的。 当然，前者是严重的恶行，但是，后者也要避免。

* 卢西留斯(Gaius Lucilius, —公元前 103 年)，罗马讽刺文学的创始人。
** 中译本以仿宋体表示格劳秀斯引用的所有诗词。

虽然，由于事实上人们更经常地倒向前一极端，因此，我们通常是非常恪守尊重他人的戒律，这意味着我们天生地倾向于非常关爱自我。可是，聪明人既不小看自己，也不会忽视利用自己的长处，因为没有人比他更懂得如何适当地利用之。同样道理，他也会抵制任何对其伤害，只要法律和正义允许这样做。因此，真正善良者将避免任何不当行为，即不再有任何偏离其正当行为的做法。

可以相信，只要这种源于不影响任何人的损失帮助了错误中的个人，那么这种做法习惯上就会引起更多的嘲笑而不是责备，并且，这往往被称为愚蠢而不是非正义。但是，在任何时候，如果私人的损失带来了公共的危险后果，那么我们必须全力以赴地应对，以免个别公民的错误观念导致公众福利受损。是否应将这些拱手让给敌人其财产者的弱点放在这一角度来看呢？有些过于谨小慎微者缩手缩脚，不敢与敌人作战。我们知道犹太人的安息日和希腊人的禁战月[1]。如果哪些人生来还不太了解这一著名诗篇，那就请他们记住它：

为国献躯，血染战场；
何等英勇，无上光荣。

3 我可以举出许多事例说明，他们的过错就在于其谨小慎微的方式，但是，这类举例有什么用处呢？对于那些怀疑希伯来人自认为虔诚和仁慈的人来说，是否因为他们没有野蛮地屠杀过米甸人或迦南人呢？谁不知道索尔赐予被征服的君主之错误怜悯？然而，记载表明索尔和希伯来人都遭到责难和惩罚。进而言之，我们所面临的问题根本就不

[1] 这就是说，某些月份的某特定时期完全是宗教节日，在节日中发动军事远征被认为是不合法的。

涉及屠杀，而仅仅是不让敌产被用于损害无辜。

圣奥古斯丁*，这位怜悯和仁慈的至上权威确实说过，当他谴责战争所带来的恶果——譬如屠杀和抢劫——宣称这是胆小者[1]，而不是虔诚者的特点：

> 因此有必要克服胆怯，
> 不靠阳光的庇护，
> 也不靠闪亮的矛，靠的是翩翩风度
> 与自然的命令所指。

除非我犯了错误，我们或许在此是恰当地引用了卢克利修斯** 的诗句，因为这纯粹来自于“大自然的翩翩风度”，而不是来自于任何其他被人们用于声称多少属于别人或自己的那种渊源。相应地，在仔细地研究了战争法之后，尤其是关于捕获财产的戒律，我们应该发现，对于任何平常人来说，这一问题变得很清楚。

与讨论《捕获法》有关的这一案件概括如下：

从荷兰和泽兰出发启航的商船驶往不隶属葡萄牙统治的印度洋诸岛屿，从事商业冒险，可追溯到1595年。当时，由于葡萄牙或其派出帮手的恶意中伤，从背信弃义到最后公开对荷兰人及其盟友施以暴力，许多荷兰船员被屠杀，他们或盟友蒙受了损失，因此，荷兰人正寻求复
仇。1602年，在双方发生几次冲突后，雅各布·希姆斯科克***（驻扎 4

---

* 奥古斯丁(Saint Augustine, 353—430年)，教会博士、希伯克主教。

[1] 在格劳秀斯手稿中完全是以大写字母所写的词在英译本中为斜体字。在引语中，这不会必然地说明该斜体词是原稿中所强调的(为避免正文中出现过多的斜体字，中译本未采用。——中译本注)。

** 卢克利修斯(Lucretius，公元前96—前55年)，拉丁诗人和哲学家。

*** 雅各布·希姆斯科克(Jacob Heemskerck,　—1607年)，荷兰海军将领和阿姆斯特丹舰队司令。

在新加坡海峡，即将马来西亚半岛与苏门答腊岛分开的两大海峡之一，拥有八艘军舰的阿姆斯特丹舰队司令)迫使一艘葡萄牙船只投降，并遣散其船员，将船只带回荷兰。这艘凯瑟琳号船属于一种大型帆船，装载着货物。此前，也有他人实施了非常相似的行动，并且此后也有，但是，由于许多原因，该特别事件最为出名。我们以此为典型，研究所有此类捕获，也许研究结果可适用于其他案件。

一旦接手所提及任务，我便发现自己涉入了一个极其复杂的争论中：不是因为我们的论题本身多么困难，而是争论中的每个人都有不同观点。有些批评者在谨小慎微的动机指导下，对同意处理捕获物犹豫不定，似乎视为不当获得和不合法之物。还有些人，虽然毫无疑问地接受了处理捕获物为合法的立场，好像害怕其同意的行为给自己名誉带来污点。确实有些个人对争议中的理由正当性并无疑虑，也不认为其名声可能会受损，但是，他们却设想当时这种主张会被认为是有利可图，也许最终会导致某些潜在的损失和伤害。

因此，我们的任务要求结合所有演说者习惯采用的各种演讲方式。这不仅要求辩论上述行为是否正确，就像在法庭上那样争辩，而且考虑到审查员好恶的作用假定，进而言之，由于引起那种行为的情况并未改变，因此，必须建议这种已采取的行动今后是否必要。

5 首先，我们必须研究法律的立场，由此建立一个基础，也就是为考虑其他待解决问题提供基础。

我以上提到的这一论证顺序对于这一阶段的讨论至关重要。因为在我看来，如果完全依据成文法作出关于涉及国际而非国内战争的行为的判决，无济于事。由于其雄辩而被称为“金舌”的戴奥* 将问题点得

* 戴奥(Chrysostom Dio, 40—120 年)，希腊雄辩家。

很清楚，说道："应该相信，敌人间不存在什么成文的东西是有效的，而大家都遵循习惯，甚至在极端仇视中也是如此。"刚才所引的话中"习惯"在西塞罗*的术语概念中，不是等于"成文法"，而是渊源于自然的法律，在索福克勒斯**的表达用词中，"确实不是那些成文法，而是永恒的上帝法律。"然而，拉克坦修斯***更进一步质疑哲学家们，因为他们在讨论军事职责时所根据的标准不是真正的正义，而是民众的生活和习俗。如果这些人[以成文法为依据]没有读过以上引用过的作者作品，应该至少留意他们自己的鲍尔达斯****。他曾经明智地裁决任何主权之间要求引起的纷争只有依自然理性，即善恶之裁判者来决断。其他著名的权威人士也主张这一理论。这与流行的格言没有太大的区别，即在有自然理性时寻求某成文法的人是缺乏知识的。因此，要从来自罗马法典以外寻找渊源，人们必须按照西塞罗所说，从人民、君主和外国部落的条约、约定、协定，或者简言之，从任何战争与和平法中吸取其中包含的卓越科学。

可以说，更好和更可依赖的是那些倾向于以《圣经》为基础裁决此类问题的人选择的方法，除非采用该方法的人常常只是引用历史说明或是神法中的希伯来民法。因为从所有民族记录中无歧视地汇集材料对于阐明问题是极有价值的，而对提供问题的解决却几乎没有什么用处，由于作为一项基本规则，许多人往往跟从错误的做法[在这种情况下，6
这些民族记录有案可查]。

然后，由那些我们崇敬的古代著名法学家和经常提到文明政府的艺

---

* 西塞罗(Marcus Tullius Cicero，公元前 106—前 43 年)，罗马哲学家和雄辩家。

** 索福克勒斯(Sophocles，公元前 495—前 405 年)，希腊悲剧诗人。

*** 拉克坦修斯(Lucius Caecillius Firmianus Lactantius,　—325 年)，基督教的拉丁护教论者。

**** 鲍尔达斯(Baldus de Ubaldis, 1327—1400 年)，意大利中部城市佩鲁贾的法学家和后注释学家，他曾在佩鲁贾等地教书。

术起源的人为我们所提供的真正方法。这也是西塞罗作品提到的做法。因为他宣称法律科学必须是演绎的，而不是启迪者的法令(西塞罗时代的多数人采用的方法)，不是来自《十二表法》(他的前辈的方法)，而是来自哲学家的精神深处。

相应地，我们必须自己首先考虑建立这种自然的演绎。否则，这将对于肯定我们的信念没有任何价值，如果早已由我们在自然理性基础上形成的该信念受到了神的权威惩罚，或者如果我们发现同样的信念在以前由智者和声誉最高的民族所证明。

接着，按照如下顺序展开讨论，便于实现我们的目标：首先，我们要了解什么是真正的、普遍的和一般的建议；然后，我们逐步地缩小这一普遍性，使之适应于所考虑情况的特殊性质。就如在数学上习惯地在进行具体运算前先对某些公理作初步阐明，以便从中确定随后用于证明的要点，这样，我们就可以指出某些最具普遍性的规则和法律，以此作为初步假定，随后论证时可以运用而不至于像是初次接触，其目的是为我们的其他结论打下扎实的基础。

在此背景下，我必须进行很多的探索，因而作品不免显得啰嗦。我恳求读者能耐心点，相信我保证稍后将证明的东西，即：从我们的前提中演绎出的论点准确性会被许多批评者视为早已相当熟悉的，人人都已重复过。而且，我还非常诚实地指出，有些问题与战争法结合在一起，因而极为混淆，在刚才所说的前提上和采用所说的方法，容易进行
7 解释和得出结论(虽然在本书中不会被完全清楚地提到)。

如下是与捕获物和战利品的法有关的理论。[1]

[1] 关于将拉丁文 praeda 扩大翻译为“捕获物和战利品”。见《英译者说明》。

第二章

序言，包括九项规则与十三项法律[1]

我们应该从哪里开始呢？ 假如这并非真正的起点。 就算是起点，让我们将以下规则置于首要的地位，并赋予超越一般的权威：**神意之体现即为法*** 。 该公理直接指明了法的来源，并被正确地确定为首要原则。

确实，“法”这一术语似乎从“朱庇特”** 一词中推演而来，并且，同样的推演过程也恰好显现于“发誓”、“一项宣誓”或“一项以朱庇特的名义所作的宣誓”等术语。 作为另一选择，人们也可以将这些术语的发展归之于这一事实，即古人以“被命令的事务”来指代我们以“法律”指代的概念。 无论如何，命令行为都是权力的一种功能，并且，凌驾于一切事物上的首要权力属于神，这就如同工匠对其手工艺品

[1] 在全书，格劳秀斯反复提到这些有序列号的规则和法律，但没有重复其内容。为使读者能在这些问题上更容易地跟随其论证，关于这些戒律的完整表格附在英译本后(参见中译本附录一。 ——中译本注)。

* 中译本以黑体表示九项规则和十三项法律。

** 朱庇特(Jupiter)，罗马神话中统治诸神、主宰一切的主神，相当于希腊神话中的宙斯。

所拥有的权力以及居上者对居下者的权力一样。

奥斯琉斯[*] 曾宣称："法是神准确无误的意志。"这一思想激励着奥菲厄斯[**] ——和其后所有古代诗人——宣称权利和正义是朱庇特的裁判助手；而阿纳奇斯曾正确地推断(即使他未合适地运用该结论)，某一既存事物之所以为正义，就是因为神决定了它，而不是因为它是正义的，神才决定该事物。 然而，根据普卢塔齐[***] 更精致的主张，权利和正义并非朱庇特的裁判助手，因为朱庇特本身就是权力和正义，是所有法律的最古老与最完美之形式。 克莱斯帕[****] 宣称，朱庇特是一种名称，它赋予"那种与生俱来就存在于可以说是引导着我们的生活并指引着我们义务的、不变的、永恒的法之中的力量"，这也成为后人的观点。

神的意志不仅通过神谕和超自然的凶兆得以显示，而且首先显示于
8 造物主的独到设计；因为正是从这最后一种渊源中，自然法才得以产生。 因而西塞罗非常明智地坚持认为，研究美丽的自然现象对正义有好处，就如同以其他方式进行研究对正义一样，因为学生"变得对最高统治者和君主的意志、计划与目的熟悉起来，真正的理性原则和主权法律顺应最高统治者的大自然(正如哲人们所言)"。 卢肯努斯[*****] 后来作出的论断也切中这一问题的肯綮："造物主在我们出生之际，就一劳永逸地向我们揭示了我们被允许知道的所有东西。"并且，按照克莱斯帕(上引)的说法，"除了神和自然的普遍景象，再也没有其他开端或源头可被认为是正义的起源。"

所以说，既然神创造了天地万物并决定了其存在，其每一单独的部分就从神那里获得了某种自然属性，由此，自然之存在将得到维持，并

---

* 奥斯琉斯(Deeimus Magnus Ausonius, 310—393 年)，拉丁诗人。

** 奥菲厄斯(Orpheus)，希腊神话中的诗人和歌手。

*** 普卢塔齐(Plutarch, 50—120 年)，希腊哲学家和文献学家。

**** 克莱斯帕(Chrysippus，公元前 280—前 208 年)，斯多葛学派的哲学家。

***** 卢肯努斯(Marcus Annaecus Lucanus, 39—65 年)，拉丁史诗作家。

且每一部分都将被指引向自己的善，这个善遵从着所谓固有地存在于该部分本源中的基本法律。从这一事实出发，以前的诗人和哲人们正确地推断出，其主要力量与行为都导向自我利益的爱，是整个自然秩序的第一项原则。因此，霍拉斯[*]不应当由于在模仿柏拉图学派时说权宜主义可能是正义与公平之母而受到责难。正如西塞罗所反复坚称的，本质上，所有的事物都细致地关注自己，并寻求自己的幸福与安全。作为在每一生物形态中都值得称赞的这一真实的被神圣地激发出来的自我爱护的表现，这一现象不仅在人类中可以看到，而且在动物中，乃至在与无生命事物的关联之中都可以看到。就被认为是一种缺陷的自私——或言之，过分的自利——而言，这是那种爱的一种过度的表现。因而苏格拉底(为色诺芬[**]和柏拉图[***]所引用)和戴奥杰尼斯[****]也曾经正确地坚称，正义是对自己、对他人均有用的品德，因此，正直的人绝不会伤害自己，或其任何伙伴，也不会给自己造成痛苦和忧伤。普卢塔齐对该理论作了很好的阐发。他以一种否定性的比喻来说明，宣称正义不像医生们所描述的那种涂在体外有益但摄入体内则有害的油，因为正直的人最关注的就是他自己。其他对诸术语中作出更细微区分的权威学者们则认为，这种关注与其说是正义的功能，倒不如说是爱(及自身)的功能，对自己的爱是自然强加给我们的；但同时，他们承认，在人类事务中，个人义务之首要原则与其自身有关。 9

事实上，所有的责任(按照哲人们的观点)都由那些某种程度上属于自身的事情组成。无疑，这些事情可归为两类。因为有的从善的立场，有的从恶的立场出发，与我们发生关联，的确，正如已经指出的，

---

*　霍拉斯(Horace 或 Quintus Horatius Flaccus，公元前 65—前 8 年)，拉丁诗人。

**　色诺芬(Xenophon，公元前 444—前 357 年)，雅典历史学家、将军。

***　柏拉图(Plato，公元前 428—前 347 年)，雅典哲学家。

****　戴奥杰尼斯(Diogenes，公元前 404—前 323 年)，希腊犬儒学派哲学家。

通过这两种厌恶与渴望的精神态度，自然不仅在人类中，而且在所有生物培植了各种态度。

然而，在我们即将讨论的特定义务方面，注定不关乎一切善与恶，而单独与那些人们既可赠与他人，又可从他人处取得的，既包括具体的财物和伤害，也包括其外在影响的事物相关联。因为只有这些(可转让之物)才能够进入任何一项寻求明确一个人欠自己及其他人多少的比较之中。

一般而言，这些善与恶的事物同样可分为两类。第一类，同时也是最重要的一类，由那些直接与自己身体相关的事物组成；例如，伤害中的死亡、身体组成部分伤残(与死亡相关的)以及疾病；幸福中的平安与健康的生活。第二类由那些存在于我们自身之外但仍然对我们有利或有害，有苦或有乐的事物——比如，一方面有荣誉、财富、愉悦；另一方面有恶名、贫困、疼痛——所组成。因此，当柏拉图说正义涉及对身体的保护和财产的占有，他把因对其占有所产生的后果也列在“财产”这一标题下。

相应地，这一概念的结合产生了两项自然法戒律[1]：第一，**应当允许保护(人们自己的)生命并避免可能造成其伤害的威胁**；第二，**应当允许为自己取得并保有那些对生存有用的东西**。的确，对于第二项戒律，我们应以西塞罗的观点加以解释，视之为一种允许，即任何人在不违背自然戒律的前提下，可选择确保为自己而不是为他人获得那些对其生存至关重要的东西。此外，没有任何哲学流派的任何学者在展开关
10 于(善与恶的)[2]目的之讨论时，不曾首先将这两项法律作为无可争辩的

[1] 珂罗版第6页开始的4个拉丁词 *simililer iurs naturalis duae*(意指类似[存在]两项自然法戒律)在英译本中被删。显然，当第5页的a至a'被插入时，这些词与珂罗版第5页底被删去的段落是相连的，于是也应删除。

[2] Finibus是以大写拉丁文字母写的，并且，格劳秀斯显然考虑到西塞罗名为《论善与恶之目的》(De Finibus Bonorum et Malorum)一书，他在下文很快会提到。

公理加以确定。因为在这一点上，斯多葛学派、享乐主义学派和亚里士多德学派，完全一致，并且很明显，即使是柏拉图学派也未曾提出质疑。

既然我们本身是有形体，那么其他实体就自然地有能力使我们获益或受害。因而第一项法律在实践中禁止他人对一个人的人身侵犯，第二项法律则在实践中允许一个人的人身依附于他人。为此目的，低等动物被赋予其肉体组成部分，而我们被赋予手脚以作为行使禁止和依附这两项功能的工具。依附功能是神所赐予的礼物，因为神赋予生物以其生命，同样赋予其生存所需。的确，在这些事物中，有的是生存所需，而有的只是幸福生活所需；或者，人们可以说它们分别与安全和舒适相关。且在一种广泛意义上，低等生物被赐给高等生物使用。比如，植物和药草被赐予动物，而动物——以及一般来说所有事物——被赐予人类，因为人类在价值上超越所有其他生物。然而，由于神将这些礼物赐予全人类而非个人，并由于这些礼物只有通过个人取得占有权才能被使用，因而有必要遵循“每个人已取得为己有的”事物应当成为该人的财产。这种取得被称为占有行为，它是使用的前提，其后也是所有权的前提。

但是，神断定，如果他建议每一个人只关注其特定个人的安全，而不同时命令个人应当关心其同类的幸福以至于所有人应当好像被一项永久的条约联系在相互的和谐之中的话，那是不足以保护他所创造的人类的。塞尼卡* 曾说：“你若想为自己而活，就必定需要为他人而活。”

于是，爱就是两方面的：对自己的爱与对他人的爱。前一方面被称为“欲望”；后一方面被称为“友好”。尽管一定形式的友好即便在

---

*　塞尼卡(Marcus Annaecus Seneca，公元前 60 年—公元 37 年)，拉丁修辞学家。

非动物的物体中也可以发现，且在低等生物中表现得更为明显些，然而这种爱的体现，在作为不仅被特别赋予了对其他生物所普遍具有的感
11 情，而且被特别赋予了最高理智属性的生物的人类中最为耀眼；也就是说，人是一种源于上帝自身的生物，上帝在人类身上留下了他自己思想的影像。艾皮察姆斯* 在以下诗文中提醒人们注意这一点：

人类的理性源于上帝理性之存在。

一点不假，这一理性的能力已被人类的邪恶黑暗所遮盖；然而，尽管未达到理想程度，仍有数缕神圣之光清晰可见，它们尤其体现于国家间相互协定。因为在某种意义上，罪恶与欺诈本质上贪婪无度，同时内在也不一致，而普遍性条约仅存在于善与真的基础中。的确，很多人称之为次要的自然法，或初级国际法；[1]并且，西塞罗曾说，构成该法律的原则恰恰就是从神的意志中产生的正确理性。他在另一段论述中宣称，无论如何，所有国家的一致同意应当被认为是自然法戒律之一。赫拉克利特** 洞察到了这一真理，因为尽管他假定两类理性的存在——即一种为普遍形式的理性或理解，另一种为个别形式的理性——然而他坚持认为，普遍的理性可以说是真理的标准和法官，“理由在于那些事物如同被普遍认为的那样值得信任。”基于该论断，他又加了如下评论：“所有关于道德的法律都来自神法。”因此，第二项规则就从第一项规则中被引申出来，这就是：**公意所体现之人类共同同意即为法。**

如今，人们在我们理应关注他人幸福这一命题上达成了最惊人的一

---

* 艾皮察姆斯(Epicharmus，公元前 500—前 410 年)，希腊喜剧作家。

[1] 初级国际法是一整套由自然理性施于所有人民的道德戒律，区别于次级国际法，即实在的、合意的国际法，后者由国际社会成员为了普遍利益而共同接受的规则所组成。

** 赫拉克利特(Heraclitus，公元前 535—前 475 年)，古希腊小亚细亚西岸以费所城的哲学家。

致；因为对这一义务的接受几乎被视为人类的显著特征。 正因为如此，塞尼卡充满睿智的哲学[1]赋予善这一概念以既关乎自己又关乎他人的属性。 在此，可以说，我们有了正义之起点，亚里士多德* 和众多学 12
者曾将该正义描述为与他人的善有关，西塞罗和阿普雷斯** 则将之描述为“视野向外”。 赫西俄德*** 对同一主题作出了妙笔生辉的如下评论：

> 法源于至高无上的朱庇特，
> 飞禽走兽、鱼类穿梭水中，
> 互相追食，毫无权利可言；
> 但对我们而言，正义为最佳礼物
> 早已受赐……

塞尼卡曾说：“正如身体各部位互相协调运动而使整体得益于各部位的活力，人类施之于个体以忍耐，因为我们天生就要过与他人交往之生活。 同样，社会只有通过对其组成部分的关爱和悉心照顾才能趋利避害。”他在别处宣称：“唯有相互提供安全，方可获得安全。”这包含了古代哲学家，尤其是西塞罗所继承的斯多葛学派，曾经是那样不厌其烦和满腔热忱地为我们展示的普天之下皆兄弟和世界国家之理念。 这同样是弗洛伦蒂努斯**** 的论断之基础，他认为，基于自然在我们之间建立的某种血缘关系，为隐匿同伴而说谎也是有罪过的，这正是西塞罗

[1] 珂罗版明显的有 sapientia，但应当指出，一个更精确的关于塞尼卡论述的措辞，可以在将该词略微改换为 sapientis 后产生。 于是该措辞可译为：“……塞尼卡的智者之善既属于他自己又属于其他人。”

* 亚里士多德(Aristotel，公元前 384—前 322 年)，希腊哲学家。

** 阿普雷斯(Lucius Apuleius， —130 年)，罗马作家。

*** 赫西俄德(Hesiod，公元前 800 年)，希腊诗人。

**** 弗洛伦蒂努斯(Florentinus)，公元三世纪罗马法学家。

非常准确地归之于国际法的一条戒律。

以上的观察告诉我们，那些学者——那些一窍不通的专家——是多么错误。他们驳斥正义，认为源于自然的正义单纯关注个人好处，政治正义不以自然，而以人们的意见为基础；他们已忽略了作为人类特性的正义之居中方面。

相应地，从第一与第二项规则中产生了两项法律，这两项法律是关于对他人之善，而先前所谓法律则是关于对己之善，后者由此也得以补充并被限定在正当范围之内。这两项法律之一为：**不得伤害他人**。另一项则为戒律：**不得侵占他人已占有之物**。前项为不伤害之律；后项
13 为节制之律。第三项法律使生命得以保障；第四项法律使所有权得以产生，连带形成“我的”、“你的”之著名概念。

当古代人们称谷神为“造法者”并称她的神圣仪式为“造法者大典”，以此暗示法之建立源自于大地分割之时，他们心中所想的正是上述概念。昆廷廉* 以如下表示来阐述第四项法律所包含的原则：“如果我们接受这一前提，即所有按抽签由人们取得并使用之物均为该物占有人之财产，那么无疑，夺走任何被正当占有之物均为错误行为。”可以说，在这一关于守信的原则中隐含着人类社会的起源，亦即由造物主所设计、使得人类较之其他任何生物受到更强有力推动的生活方式。那种社会推动力是相互行为与情感的来源，也是糅合某人与他人的优缺点之来源。从同样的来源中产生了一句谚语：对同伴而言，人是神，抑或狼。

由此，我们感到被准确地称为“社会善德”的那种正义形式[1]之必要性。如今，与这一社会正义有关的善被称为“平等”；与之有关的恶

---

* 昆廷廉(Marcus Fabius Quintilian, 35—110 年)，罗马修辞学家和雄辩家。

[1] 珂罗版第 7 页只有被删内容，因而也从英译本中删除。

被称为“不平等”。因为如同在自然中，也如同在任何社会中那样，正是善在最大可能的程度上被减少为同一；而同一主要隐含着善，但同时在第二种意义上也隐含着均等，故而凡在前一种品德不能够存在之处，后一种就取而代之。

然而，存在两种分别基于数值和比例的均等。例如，根据一种平等的数值差异，即根据 5 个数值的差异，20 大于 15, 10 大于 5；而根据一种平等的比例法，即每个数值的一半，20 大于 10, 10 大于 5。数值仅排列各部分在相互关系中的次序，而比例则使部分与整体相关联。

相应地，凡负责管理某些全局事务者均执行比例正义，或曰“按份额分派正义[即分配正义]”。按此正义形式，一家之主向家庭成员分配份额，该份额则按其不同年龄与状况的比例来量度。宇宙也是由神本人依据同样的正义来排列顺序的，柏拉图称神为“几何学家”，确实是 14
由于神依据柏拉图在《高尔吉亚篇》* 中阐述的某种比例原则来管理法律与公平，而几何学家们所求目的就是使所有事物达到平等。

另一种正义，如今我们择而称之为补偿者[即补偿正义]，它与公共事务无关而与特定个人有关。因此，补偿正义不使部分与整体相关联，也就是说，它只权衡事物与行为，而不考虑个人。该正义之功能有二，即，护善、纠恶。于是，就有了这两项法律：其一，**恶行必纠**；其二，**善行必偿**。

就这种将不同组成因素联系起来的过程而言，可以将之描述为部分地由关于第一序位的法(第一项、第二项法律)的逆向行为，部分地由关于第二序位的法(第三项、第四项法律)的外溢行为[1]所构成。这一过程

---

* 《高尔吉亚篇》Gorgias 是柏拉图记载苏格拉底的对话录之一。据说，高尔吉亚是公元前 427 年访问雅典的一个使节。

[1] 那就是说，关于保护自己生命财产的法律之下行为，其行为效果会作用于代理人自身，而反对加害于他人人身或财产的法律，则考虑对代理人的外部效果。

本身是相互的、可变的。在此，我们有了“报复”，或用学究们的话说，“归还”——补偿正义的任务之源。依据这种形式的正义，从他人善行中获益者要向财产受损而需帮助者偿还其减少的等值财产，而因他人恶行而受损应从其财产增加的恶行者那里取得自己受损的同等价值。因此，两种义务随之而来：用哲学家的话说，就是“自愿与非自愿的”；用法学家的术语表示，则为“因合同产生的义务”与“因加害产生的义务”。在这两种义务下，凡获益者为债务人，凡受损者为债权人，前者是从后者损失的价值中获益；如从债务人那里取回该损失价值，并给还债权人，那就是真正的正义。按照该正义要求，凡被窃物应归还，凡借贷也应归还，并要求哪怕按照采购价格或合同收益支付，也要对所受损害给予补偿。

然而，往往人们并未引导隶属部分的事物去影响整体，但是，该部分确实会影响到整体。在这些情况下，人们不仅必须考虑个人才能，而且要掂量事物的价值或有关行为的力量。这是奖惩之基础。对于贡献惠及普遍者，全世界都应对其表示感激。譬如，各种有用发明的设计者获得全人类给予的赞扬和荣誉。相反，那些害及普遍者，必须付出相应的补偿，绝不应少于对单个人的伤害之补偿。不过，从某种意义上说，即使施加于一个人身上的伤害，也与所有人有关。该命题的正确性主要出于如下事例：正如整个身体与其各组成部分有关，尤其像人体免疫系统可阻止体内某部分受到感染一样，乃天经地义。

惩罚对受罚者是伤害性的，这是正义。出于对所有人的关切而产生的正义却会导致对任何人的伤害，似乎显得令人奇怪。为说明此，我们可观察，尽管有时一项艺术利用罪恶——即使只在必要的情况下——作为一种没有它就无法达到善的中间措施，但是，没有艺术曾以罪恶为最终目标。医生决不会对病人施加痛苦，除非对健康的考虑要求他这样做；他们也不会截除身体的任何部分，除非这对整个身体有好处。可见，痛苦与损毁，尽管其本身原来是恶的，但也可能获得善的属性，因为与本身为恶直接对立的善相比，它们会产生更大的善。

基于对上述比喻的分门别类(哲学家们在这种情况下常常这样做)，我们必须区分不同的处罚种类。盖留斯* 曾发现陶罗斯** 认为有三种类型，柏拉图则认为有两种。然而，陶罗斯把那种只涉及个人间关系的惩罚——“报复”[1]也包括在内，于是，就只剩两种关系全局的惩罚可加以考虑。这两种惩罚中，头一种是责备，用陶罗斯的话说，就是 16
训诫、纠正、惩罚或劝诫，同时，用柏拉图的话说，则是矫枉为正、纠正。责备包含纠正受罚的特定个人的意图，也含有使其成为对社会更有用的人的意图。这是一种“治疗过程”，它通过加诸相反因素(如通过加诸痛苦以救济一种过分享乐的情况；或者加诸损失以救济过多获取的影响)来实施(如亚里士多德所解释)。第二种惩罚类型为惩戒，它通过引发对类似处罚的恐惧以阻吓他人从事犯罪。这种类型就是所谓“预防程序”。头一种惩罚目标是纠正个体行为；后一种惩罚目标除了纠正个人，还要纠正所有其他人的行为。这两项目标的达成将导致地第三种目标：普遍安全。如果每个人都奉行律己，处事正确，则必然无人蒙受不当之难。

这些就是法惩罚不当行为所追求的三大目标(塞尼卡如是说)：这些目标符合多数人利益，并且在这一意义上，按柏拉图学派学者的观点，每当没有其他救济来医治犯罪主体被污染的心灵之时，即使是极刑，在某种程度上也是对他们有益的。于是，很显然，柏拉图所作出的以下

---

*　盖留斯(Aulus Gellius)，公元二世纪拉丁文法学家。

**　陶罗斯(Calvisius Taurus)，公元二世纪罗马哲学家。

[1]　该术语翻译依循希腊文而非拉丁文，后者有 Salisfactionem(满足，修正，赔偿)这一术语。上下文明显地表明，格劳秀斯是特指通过施加惩罚而获得满足，即报复。

论断极为正确："法律惩罚不以恶为目标。"正如学究们所坚称的，把复仇者的精神建立在以任何人的厄运为基础的欢愉上，是不正确的。依据塞尼卡的教诲，以正确方式实施报复者不是急切地、为了自己去实施惩罚，而是因为他理应这样做；不是由于似乎复仇是甜蜜的，而是由于它服务于一个有用的目的；不是愤而为之，而是谨慎行事。这样的人关心可避免之未来行为，而并非过去不可逆转之行为；并且，正如柏拉图所发现的，这不是因犯罪既遂，而是为阻止犯罪才加以惩罚。在这些关于惩罚的戒律中，有一部分确实很必要，因此，有人将正义本身描述为"对先前从事过不当行为的那些人加以处罚"。这就是法律格言"不应姑息恶行"、"人的罪恶意图不应被纵容"，以及其他各种类似谚语的主旨。

17 但是，另一项关于报偿善行的法律(第六项)，则以一种明显的公平为特征。我们在色诺芬论述中找到这样句子："再有，难道知恩图报不是一项普遍的法律吗?"他说："当然是的。"法学家们也认为，回报义务是一项自然法上的义务，并且，一个人靠牺牲他人的财富变得富有或者任何人因善行而受到损失，在自然眼中都是不正当的。塞尼卡宣称，"返还你所欠的"这一格言恰恰是最高程度的国际法所言。

然而，由于善的事物之交换是自愿的(正如我们已指出的那样)，因而有关债权的程度取决于债权人的意志。因为既存在被认为具有绝对意义的一种善，也存在从特定个人的立场出发的另一种善。的确，可以借用亚里士多德的绝妙解释："在既定问题上，每个人所理解而形成的，就是他的善。"由于神所创造的人生而自由，因此每个人的行为及其对财产的使用不受任何他人意志支配，而仅由其自己意志控制。并且，这一观点为所有国家的共同意志所承认。除了个人依自己意志行事的权力之外，"自然的自由"这一著名概念还有什么意义？还有的意义是，行为自由意味着财产所有权。于是，又有了这一谚语："任何人都是与其财产相关事务之管理者、裁决者。"当然，人的意志会变，但是，这不能变到欺骗他人的程度；也就是说，不能变到摆布别人的程度，即使别人轻信对己有利或很好，实际上多半对己有害，因为即使不发生更多损害，欺骗别人的信任，无论如何也是一种罪恶。柏拉图以提问的方式点明了这一问题："或言之，难道在关于真理的问题上被欺骗不是一种罪恶吗？"可以肯定，正当的人不会引起对其他人的这种恶。

从上述思考中，可演绎出关于善意的规则：**每个人所作的意思表示就是关于他的法律**。古老的谚语认为，对于自愿的个人，伤害是不存在的，这与该规则是吻合的；与该规则同样契合的乃是这一传统格言： 18
没有什么比遵守各当事人已接受之协议，更符合自然公平和人类善意了。因而西塞罗也宣称，善意是正义的基础。

但是，由此可见默示与明示之间的区别。默示通过给予任何种类的暗示而实现；明示通过神为此目的所单独赋予人类的方式，即语言媒介而实现。这一恩赐交换祝福与互相表示意志的工具被认为是如此神圣和不可侵犯，以至于在所有人类的严重耻辱中，没有比与说谎联系起来更令人痛心疾首了。在此存在着必然受到上述第六项法律约束的契约之起源。当西蒙尼德斯[*]提出以下关于正义的定义时，他心里所想的正是这项法律："说真话并偿还所得到的。"并且，柏拉图派学者时常将正义称为"诚信"，即阿普雷斯所翻译的"信任"一词。

这些原则一经确立，接下去的问题是，很多人(这就是源于某些人腐败本性的罪恶！)非但不遵守其义务，反而甚至侵犯他人财富和生

---

* 西蒙尼德(Simonides，公元前467年)，希腊抒情诗人。

命，这些人多半逍遥法外，未受到任何惩罚。毫无预见的人遭到这些有备而来者的袭击，或者单个人遭到一群人袭击，诸如此类情况迫切需要新的补救措施，使人类社会的法律不至于被抛弃。考虑到人口数量日益增多，这一需要就尤为急迫。当人口增长形成如此庞大的人群时，那些分居在遥远地区、相互隔绝的人们就会被剥夺互利的机会。于是，较小的社会单元开始将单个的人们组织在某一地方，这无意废除将所有人联为一个整体的社会，而是为了以一种更可靠的保护方法巩固这一普遍社会，同时，也是旨在以更方便的安排，将各种人类生活所必需的、众人劳动创造的产品汇聚在一起。因为事实上(正如普利尼[*]如此生动地指出)，当普遍性的物品分配给个人时，人类的劣性就体现于个人，而当这些物品汇聚并混合时，个人的劣性不再被哪个人所关心，
19 所有的物品属于所有人。在这一问题上，如同在任何其他问题上，人类的勤奋仿效着自然，后者通过一种对其所有部分普遍有效之协议确保整个宇宙的生生不息。相应地，根据为了共同善之普遍协议而建立的较小社会单元——换言之，通过互助，满足于自保及生活必需品之平等获取需要的一定群体——被称为国家；而组成该国家的个人，则为公民。

该组织体系在君临天下的上帝那里寻找到了起源，上帝统辖整个宇宙。对上帝而言，确实(正如哲学家们所宣称的)没有比被称为“国家”的那些人类组织与集合体更配得上领受其在地球上所做的一切。依照西塞罗的说法，神认可该戒律，或曰法，所有对国家有益的事情都应被认为是合法与正当的。

并且，几乎所有人民在这一点上意见一致，因为在世界的每一角

* 普利尼(小普利尼)(Pliny the Younger 或 Gaius Plinlus Caecilius Secundus, 62—114年)，罗马执政官、诗人、雄辩家。

落，我们都发现人们都集合为有组织的群体，于是那些脱离这种已有实践的人显得难以被称为人类。因此，几乎可以说，耻辱之最，莫过于诸如“一个无法无天、没有族群或家庭的人”此类言语所指。

除了人类的共同意见之外，另一项因素也起了一定作用：个人的意志，它或者表现于对契约的正式接受，正如最初契约产生的情况；或者表现于默示的意思表示，正如后来每个人都归顺于已建立的国家实体那样。对于一个国家来说，即使由各个不同部分组成，在作为其基础的目标之下，它也构成了一个统一的、永久的主体，因而作为一个整体，国家应被认为受一种单独法律的规制。

如今，在某种意义上作为那种更大实体[根据自然而建立的普遍性社会]之缩影的统一实体内，上述两种正义形式(即分配正义与补偿正义)的作用更明显地得以展示。因为分配正义在个人禀赋的比较基础上，将公共占有物分配给各所有人。另一方面，补偿正义不仅与在人们之中维护平等有关，而且与赐予当之无愧的爱国者们相应的荣誉和报酬有关，还涉及对损害共同体者的惩罚。并且，这一同样形式的正义向我 20
们显示了针对个人的行为如何与整体利益相关，因为它既赋予公民桂冠，也赋予胜利荣誉，它不只是将公共审判限于严重叛国案，相反还要求对杀人犯、诈骗犯及类似罪犯施以惩罚。当然，这些功能与由自然建立的社会之法律密切相关。

然而，似乎存在与民事约定特别相关的法律，它们从上述三项规则中演绎而出，并延伸至以下已确立的法律：第一，**公民个人不仅应当不伤害其他公民，而且应当保护他们，既保护作为整体的其他公民，也保护作为个人的其他公民**；第二，**公民不仅不应夺取他人占有物，无论是私产还是公产，而且应对这两种对于他人及所有人必不可少的财产有所贡献**。就第一项戒律而言，柏拉图称公民为“帮扶人”；就第二项戒律而言，他称公民为“合作人”，也就是说，公民是其他人的“辅助者”与“合作者”。

于是，这两项法律在某种程度上将被引向共同善，尽管并没有达到涉及第三种序位的法律(第五项、第六项法律)概念的状态，即组成共同体的不同人之善。第七项、第八项法律更加关切被解释为整体善以及(在某种附属意义上)个人善的共同善。相应地，尽管对第一序位法律及紧接其后的那些法律之顺序的阐述表明，个人自己的善优于他人的善——或者我们可以说，这说明，依据自然的命令，每个人应当优先考虑自己而非他人的利益与财富，这正是以下格言的主旨：“我之近邻即为己”，[“我的膝盖比我的胫骨更近”]，“我的上衣比我的外衣更贴近”——然而，在关于单个人的利益与所有人的利益(两者都可以被准确地描述为“个人自己”，因为“所有人”这一术语事实上的确涉及一种集合)之间进行比较的问题上，由于更普遍的概念也包括了单个人们的利益，因此应当优先采用前者。换言之，除非可以救船，否则无法保
21 住货物。赫罗克勒斯* 说：“共有与私有不应截然分开……[1]因为凡是对于某一国家(作为一个整体)有益的，同样符合各个部分的共同(利益)。”据修昔底德** 记载的伯利克里*** 演讲，辨明了为什么以及在何种程度上私人的幸福从属于公共幸福这一问题。伯利克里说道：

“因为这是我的信念，作为私人的公民从成功保持团结的国家中所获利益，远胜于个人利益泛滥而国家自身作为一个实体却陷入毁灭。因为即便他很好地保护了个人财产，但是他的国家灭亡了，个人财产也必定毁灭；另一方面，即使生活在一个繁荣国度的某些个人不是很富

---

* 赫罗克勒斯(Heerocles，约 450 年)，新柏拉图主义者。

[1] 在此，格劳秀斯从其拉丁文本中删去了所引希腊原文含有的一短语。赫罗克勒斯借用该短语以强调其论述，在英文中，其意思是：“但是(这两个概念)应视为同一。”

** 修昔底德(Thucydides，公元前 471—前 401 年)，希腊历史学家。

*** 伯利克里(Pericles，公元前 495—前 429 年)，雅典政治家。

有，他仍然有可能从国家获得保护而不被伤害。相应地，由于国家无疑有能力承担私人公民的贫困，而公民却不能同样地分担公共的不幸，难道所有人民为国分忧、协力护国，不是更合适，反倒是你们如今为私人损失冲昏头脑而背叛国家的做法才是更合适的吗？”

利维* 在以下精辟言论中总结了这一观点：“当国家保持完好时，它就易于保护私人财产的安全。你不能通过背叛公共利益来保护你自己的利益。”

并且，正如我们已指出的，由于相关的意志构成了一项利益的尺度，这就使得整个群体的意志胜过公共利益乃至个人利益，只要后者是附属于前者的。因为，群体的单个成员们自己已经同意了这一协议，自由意志的各种属性之一，就是使自己的意志适应于他人意志的权力。公意，且适用于所有人，即法律[制定法]。该法律源自上帝，因而被称为“上帝的创造与恩赐”。这一点得到所有人类的共同同意，并体现于克莱斯帕的话语：“因为法律是那些从本质上适应于社会生活者之保护者。”简言之，法律建立在互相协议及众多个人意志的基础之上，基于 22
对这一事实的认识，德莫斯梯尼** 和柏拉图有时称之为“国家的共同协定”。

因此，在前述规则的基础上产生如下规则：**国家所示意志即为所有公民之整体的法律。**该原则就是被哲学家描述为实在的、习惯的，乃至特别的、国内的[1]，以及法学家称之为“国内法”的这一法律分类之渊源。这不是绝对意义上，而是相对意义上的法。其区别可通过以下

---

* 利维(Livy 或 Titus Livius，公元前 59—公元 17 年)，拉丁历史学家。

** 德莫斯梯尼(Demosthenes，公元前 382—前 322 年)，希腊雄辩家。

[1] 作为该希腊词在英文中的通常译文，“私人的”这一术语在此可能具有误导性。显然，格劳秀斯不是指作为“公法”对立面的规制个人关系的“私法”。况且，在他从亚里士多德的《修辞学》中引用的段落中，这一形容词被特别适用于由每个国家为“其自己”建立的“特别法”，而不是由自然建立的“一般法”。

类比表示：如一头牛换一只羊，显然所交换物品本身的价值并不相等，但仅在缔约方乐于交换这一点上看，这些物品是等值的。因此，完全可以理解，凡非违法也，在该意义上均可使其然。毫不奇怪，这种实在法随其原因——即：随人类意志的改变而改变，自然法则基于一种不变的原因，保持本身一致性；或者说，前者应以地点不同而变化，因为不同的社会主体在关于何为善的概念上，当然有所不同。

当整体意志出于公共善而适用于特定个人，就成为一项“判决”。因为考虑到这一事实，即人类(往往并非出于真正的自爱，而是由于作为一切罪恶根源的虚假和异态的自爱，导致丧失理智)误认为平等就是实际上不合比例的所有权，且由此引发冲突、骚乱和罪恶，所以为了和谐与公共安全而避免之，极为重要。国家作为居于相互争斗的当事方之间的仲裁者进行干预，并公平地划分各种财产。这就是德谟克利特[*]以下论述所表达的意思：“可以肯定，如果任何人的自由意志中都没有伤害他人的倾向，那么法律就不会禁止每个人依其自由意志来生
23 活。为社会不和而铺路乃错误意志。”于是，判决之源如同法之渊源。人们称这些人为“君主”：

> 将神圣的朱庇特之法
> 带给世上各国的人……

以上引用的诗中还有类似刻画：

> 让农神赋予其金色权杖和法官长袍的

---

* 德谟克利特(Democritus，公元前460—前370年)，希腊哲学家、雄辩家。

那位国王来统治！

还有位作者说：

因为朱庇特的神性充满了所有的城镇
和人类的法庭。

相应地，即便自然戒律允许每个人做出对自己或关于自己的判决，显然所有国家都会认为有必要建立某种有序的司法体系，而作为个体的公民们也同意该计划。对后者而言，他们认识到不是如此，其自身弱点就会妨碍实现应有目标，故而使自己遵从国家的裁决。的确，正如人们公认的，管辖权的本性决定了非普遍合意就绝不可能建立任何管辖权。该事实由以下规则表述：**国家所示意志，即为个体的众公民间关系之法律。**

第五项规则与第四项规则不同，因为一项司法宣判不同于一项国内法原则。这种司法宣判是适用于特定案件的一项法律。因此，对于国内法而言，保护人类社会的最重要戒规就是使司法程序成为必不可少。该戒规是这样：**除通过司法程序外，任何公民均不得寻求实施自己权利来针对他人。**

如今，第九项法律甚至可直接适用于国家本身；因为一旦卷入与任何公民的争端时，国家也有义务按司法惯例行事。然而，由于不存在凌驾国家之上者，那么国家就必然是裁判者，即便是涉及自身的诉讼。因而塔西佗[*]所作的论断是正确的，即，依据一项源自神意的条款，除 24

* 塔西佗(Publius Cornelius Tacitus, 55—117年)，罗马历史学家。

了自己，人民无需听从其他法官。

基于上述考察，显然法律和判决所体现的政治权力首先和实质上存在于国家自身；正如对个人及其财产的权力存在于归属那些个人的财物之性质，除非存在属于所有人的权力，否则就没有对所有人及其财产的权力。另一方面，正如在私人问题上，我们不仅通过自己的行为，而且通过那些我们赋予其管理我们事务的代理人(对于允许我们从事的行为而言，无论是我们直接从事，还是通过代理来行使，并无两样)来约定义务或取得利益，因此，根据已有类似程序，正如在较大社会单元中早已习以为常的那样，对个人实施合法权力的社会已经全部或部分地将其功能授予构成其组成部分的某些特定个人。在各国，并非任何人都可以专司政治事务的管理；并且，通常会有少部分更为令人满意地处理某些情况的代表。那些被赋予如此职责的人，在希腊文中称之为“首脑”，在拉丁文中则称为“执政官”。

至此，应该指出，有的契约平等地顾及缔约双方利益，有的契约缔结仅为一方利益以及暗示从中未获得特定利益一方的缺损将由其意愿的补充因素弥补，而该因素包含以相关成本和劳动换得受到尊重的意愿。因此，租约不同于款待，交换不同于捐赠，合伙不同于无偿的命令。上文提及的执政官概念含有后两种事项，各有不同出发点。对于执政官来说，他们自己也是公民，其行政工作的收益也代表了自己作为公民一分子的利益，即公共善；另一方面，他们是国家管理者，因此被任命担任其职，并非为了自己的幸福，而是为公共福利，好比他们是驾船的舵手。

由此，在该联系中也存在两项法律，均基于其特性，是关于[执政官]命令的契约所固有的：首先，**执政官在所有事务上均以国家的善为**
25 **行为准则**；其次，**国家应确认执政官的行为均有效**。关于君主与国家，塞尼卡正确地坚称，我们不能缺少其中任何一个，否则，两者均将毁灭："因为正如前者需要支持的力量，后者需要一个首脑。"如果我们在此回溯前述关于它们赖以存在的基本原则，那就立刻显而易见，基于国家所给予的普遍同意和赋予执政官们头衔的所有人民之认可，这一安排(即君主与国家关系)的缔造者不是别人，正是神自己。这恰好印证了这一谚语："君主们受赐于朱庇特。"

进而言之，[执政官]命令中固有的权力是与第四项、第五项规则有关的两项规则之基础，并且，首先是为了确认立法者的权威，其次是法官的权威。我提出这两项规则：其一，**执政官所表示的本人意志，即为整个公民体之法律**；其二，**执政官所表示的本人意志，即为个人之公民的法律**。

在此应介绍一项补充性的考察，即存在一种混合的法律，由[初级的]国际法和国内法组成，并被赋予正确的、准确的术语"次级的国际法"。正如私人的诸个体之共同善催生了以上戒律，同样，由于存在国际上的共同善，各自建立国家的人民也缔结了诸多涉及该国际善的协定。在这种情况下，另一项规则油然而生，该规则以第四项规则为模本，并反过来从第二项、第三项以及第一项规则中演绎出其基本原理。依据该第八项规则，**所有国家所表示的意志，即为关于所有国家之法律**。

作为这一戒律的说明，人们也许可以提及大使的不可侵犯性(所有组织为国家形式的人民所给予的平等神圣性)、与掩埋死者有关的诸事项及其他类似规定。

的确，这些规定可分为两类，因为有些具有国际协定之拘束力，正如刚才提及的情况；有些则却缺乏拘束力，我倾向于将其归在已接受的惯例项下规定，而不是法律。

然而，即使这些习惯上的规定也经常被说成是(次级)国际法的组成
26 部分。例如，这种情况见诸于有关地役的条款，某种合同条款以及继承顺序的条款。所有国家，或至少大多数国家根据其各自利益以相同形式——要么模仿、要么巧合——采纳了这些条款。允许个别国家摒弃这些规定，因为基于这一事实：这些规定不是由共同[国际的]协定订立，而是由有关国家的独自行动所确定；就好比在一个既存政治共同体中，并非所有在多数人中成为惯例者都立刻构成法律，仅那些涉及公民间相互关系者才有可能。有许多私人性而非公共特点的习惯做法(比如古物研究者编撰的书籍所记载的大量关于服饰、宴会或丧礼的惯例)即便被广泛接受，任何一个家长都可随意地摒弃。

在其他如同以契约拘束力来约束各国人民的国际法戒律中，最重要的是类似于国内法的第一项戒律(第九项法律)。该法律可以表述为：**非经司法程序，任何国家或公民不得寻求对其他国家或公民行使其权利**。该戒律之必要性不证自明，并可从已有观点中推演而出。

但是，在此出现了一个新的困难，而在国内法中是不会出现的。因为公民均隶属于各自国家，所以，如与他国公民或国家发生争端，理所当然地由其隶属国裁决；然而，一个国家则迥然不同，也就是说，一国不隶属任何他国，相互地位平等，并且一国公民与他国公民也处于对等之地位。诚然，人们不无同意应由国家行使司法职能，然而，有可能对哪一国应行使该职能，意见不一，因为确实每个国家都会援引这些脍炙人口的话语：

我们对所有居住在这些城墙内的人们，
27 均有权力执行我们法院的裁决。

毋庸置疑，国家权力为至高无上的主权者权力，因为国家乃自给自足之集合体。欲使所有与某项争端无关的国家达成由他们对争端方的特定案件展开调查的某一协定，也是不可能的。

因此，有必要求助于某些区分以解决此类任何争端。譬如，这种区分存在于以下规则：**就司法程序而言，被告国或其公民为被告的国家应行使该程序；但若证明该国未履行其司法义务，则原告国或其公民为原告的国家应成为裁判官。**事实上，这种争端不可能以任何其他方式解决。任何诉讼均有原告与被告双方，且在我们讨论的情况中，绝对有必要由代表其中一方的国家行使法官职责；因此最合适的程序是首先将争端案件交付最易于执行判决的国家，或者说是占有剩余捕获物、作出对所有人公平分配的国家。友好国家间通常也依据该原则起草条约。譬如，高卢人与汉尼巴尔人之间的条约规定，如高卢人起诉一迦太基人，则该案应由迦太基人审判；相反，如后者起诉一高卢人，则应由高卢妇女(因为在高卢，女性享有很大权威，甚至在公共事务中也是如此)裁决争端。以同样方式推理，一旦被命令交出某些同胞接受惩罚，迪莫菲尼[*]回答尤瑞西斯[**]，塔提斯国王回答劳伦提斯，雅典人民回答亚历山大[***]，以及在许许多多此类情况下，其他人在回答另一方时都会说，如任何人提起控告，他们自己会依照正义与法律实施惩罚。

另一方面，如一国固执地为一项由其公民或(正如更经常发生的那样)其自己造成的损害辩护，且如果它既不承认伤害业已发生也不作出相应补救，那当然，依据上述自然法，判决的执行转移给另一方，即，自己或自己所属的公民就所受到的伤害提出控告的国家。相应地，在 28
此类案件中，仅像某一法官在某一国家适用法律那样作出任何形式的判

* 迪莫菲尼(Demophoon)，希腊神话中的人物。
** 尤瑞西斯(Eurystheus)，公元前十二世纪希腊的斯巴达城首领。
*** 亚历山大(the Great Alenxander, —公元前 356 年)，马其顿国王。

决是不够的，因为这并不是出自于规定一国可对他国行使权力的协定，而是来自于允许每个人寻求其权利的自然力量。可见，这种权利的存在是一个初步的必要条件。这是以下公认原则的关键之处：一国因违法而受制于他国。因为任何正当地发起战争者必须在该种程度上成为其敌人的法官，或(正如柏拉图所言)成为后者的检察官与惩罚者，所以依据允许每个人为自己理由而成为法官的自然法，有必要回到实施体制中去。

至此，我们一直在讨论与已确立的惯例一致的法律。

所有这些戒律都具有一种普遍的、必要的特点，除了它们无不自然地、隐含地受制于这一例外，这就是说，每当发生某一法律显得彼此冲突的案件——修辞学者所说的“情势引起冲突”——更高法中包含的原则得到支持，而体现于低级法中的原则被搁置。相应地，所有法之法也许可表述如下：**当[法律]可被同样遵守时，让[所有]法律得到遵守；如不可能，较高等级的法应当优先于较低等级的法。**

现在，关于何种法处于更优越地位的问题，取决于所涉戒律的起源和目的之双重基础。从起源角度出发，神法优于人法，人法优于民法。从目的角度考虑，关于个人善的法优于关于他人善的法；涉及较多善的法优于较少善的法。譬如，如在荒僻处因某人袭击而使你的生命处于危险中，限于当时的时间、地点而不允许去求救于法官，那么你就可以正当地保护自己而不考虑有关司法程序的第九项法律，因为在此情形下，即使是禁止伤害他人的第三项法律也不会妨碍该正当防卫。否则，你就不可能根据鼓励自我保护的第一项法律行使你自己的权利。同样的，如任何人占有我的财产而不为此给我补偿，且该人正准备逃避以致无法传唤其到庭，那么我必须求诸于要求善行者得善的第六项法
29 律，或者说，通过获益补偿[收益人所受]损失，因为在这种情况下也不

适用于司法程序之戒律。禁止取得他人财产的第四项法律不会妨碍我依据第二项法律获得有利于我生计的补偿，因为不应迫使任何人抛弃自己财产。但是，一旦那种迫在眉睫的死亡或损失之危险消失，人们就有义务一并地、同时地遵守那些不再相互冲突的不同法律。

我们已明白何为“权利”(法)，由此概念而演绎出“不法”或“损害”之定义，这种推论以如下基本信念为指导，即该术语是指任何与权利相悖的行为。相应地，根据许多规则和法律，某一权利理应赋予一当事人，其行为则是正当的，性质相反之行为则是不正当的。

如今，就如同行为始于我们的意念，在我们体内也会积聚行为的能量，这一过程也可称为“执行”。但是，人类躯体天生是虚弱的、不坚强的，因此，体外的工具被用来为人类服务。我们称这些工具为“武器”。正当者用之于保护和[合法]取得，不正当者用之于攻击和掠夺。“战争”一词是指以武力执行对付武装的对手。如某一战争基于某一权利的执行，则为“正当”，如为损害的执行，则为“不正当”。当依据国家意志发起战争，则为“公战”，而且，国家的概念包含了执政官[譬如君主]的意志。进而言之，公战既可为“国内”(对本国的某一部分发起)也可为“对外的”(当对其他国家发起时)。所谓“同盟战争”是对外战争的形式之一。那些由其他主体(而非公共意志)发起的战争，乃“私”战也，尽管有的权威人士倾向于将这种冲突描述为“争执”而非“战争”。这些冲突同样可以是对内的，或对外的。本书中“战利品捕获”、“捕获物获取”[1]等术语用于指代通过战争获取敌方财产。 30

[1]　这两项英文表达在此用于翻译一个拉丁文单词：praeda，见《英译者说明》。

第　三　章

问题一

第一条　任何战争都正当吗?

第二条　对基督徒而言,任何战争都正当吗?

第三条　对基督徒而言,针对基督徒的任何战争都正当吗?

第四条　从所有的法律角度看,对基督徒而言,针对基督徒的任何战争都正当吗?

相应地,在关于捕获物和战利品的讨论之前,我们必须谈及战争的一个特定问题,即:任何战争能够为正当吗?

诚然,无人曾成功地将该问题作为有疑问的命题而提出,同时又不反对《圣经》的大部分内容,以及伴随神圣的永恒精神所赋予的最高恩惠,亦即国内秩序与执政官的合法权威。在更早的时代,狂热主义者属于这一离经叛道的群体,且如今甚至还有人在一种新的名义之下重复他们的许多错误。然而,狂热主义的无知说教,无论是以上提出的问题还是其他问题,都早已为奥古斯丁所驳斥;且在我们这个时代,也不乏权威学者以无可辩驳的论证回击宗教狂热者们兴起的迷信逆流。

我们以为,驳斥这些狂热者的教条固然必要,但是,对于那些并非拥护这些教条，却对采取另一信仰的理由缺乏足够了解的其他人而言，加强其立场更为必要。 为此，我们应在下文中阐明这一点。

欲达到既定目标者，也是欲得到为该目标所必要的物品者。 神的旨意是我们应保护自己，保持对生活必需品的占有，获取我们应得之物，惩罚犯法者，并且同时，要保卫国家，执行国家之命令及其执政官的指令。 所有这一切都明白地反映于前章所列诸法律之中。 但是，这些神圣目标有时也会成为发动和从事战争的理由。 事实上，这些目标的性质既然如此，如果我们要实现之而不诉诸战争，几乎是不可能的。可以说，就像某些自然冲突形成于干燥与湿润之间，或冷与热之间，正义与非正义之间也有类似冲突。 的确，事实证据清楚地表明，有许多 31
人嗜血成性、掠夺无度、蔑视公正、穷凶极恶，许多卖国贼背叛祖国、损害主权。 这些人也很强大，全副武装。 只有在战斗中制服他们(正如塔西佗所说)，从而将其作为罪犯送上被告席。 因此，某些战争的发动乃神的意志所使；也就是说(用神学家的术语表示)，某些战争依神之善意所发动。 没有谁会否认神意是正当的，因此，有的战争是正当的；或者说，允许发动战争。

甚至没有任何理由来反对这些正义战争。 凡厌恶战争者，无不将其厌恶，或归结于战争之原因，或归结于战争之后果。 神学家和哲学家们早已对诸如野心、贪婪和争吵此类战争原因口诛笔伐；同样是这些权威人士也从未以任何方式否认过某些战争的正义性，尽管他们对非正义战争持批判态度。 基于战争后果而予以谴责的批评者常犯一个错误，即未区分“必要的与偶然的”。 姑且承认，即便是正当地发动一场战争，战时也经常引起损坏与毁灭的后果，然而，当那些为正当理由而战者怀有保卫其生命财产的目标时，我们不能以此为由提出任何反对。判断每项行为都应以其本质特征，而非其他外在因素为基础。“善德绝不会因其后果而增加”，因而也不会因其后果而减损。换言之，正如斯多葛学派非常正确地教导我们，源于善德之行应被视为正当，这是考虑其行为最初之善并非其实施之完善。不过，目前依多数战事的实际结果来看，可以说，上帝习惯于将其判断与战争运气相连，往往却令胜利眷顾正当行为一方。

至于一些人怀有的某种奇幻信念，即：原本战争是允许的，现在却被禁止，因为基督阐明了其教诲，或至少对基督徒之间的战争是如此。
32 我们也许要容忍这种假定，看看是否可以从中解读出这一含义，即任何战争的一方或另一方中会犯有辱基督徒之名的某些罪行；但是，在当前情况下，当这些人坚称战争双方肯定都犯有罪行时，其言论则荒谬透顶。

自然法——即由神自创造万物之初，就赋予其灵魂以生生不息之法——是无论何时何地均适用之法，如同神意是永恒不变的。这是由苏格拉底得出、柏拉图在《米诺斯篇》* 中引用的结论。当索福克勒斯宣告该适用于任何时代的法律之有效性时，他说道：

既非今日，也非往日，
这些是适用于任何时代的[天堂之法]。

埃姆彼得克勒斯** 在如下诗句中确认了该法适用于任何地点的有效性：

该法具有普遍约束力，并且得到确认

* 米诺斯(Minos)，公元前2500—前1400年地中海克里特岛米诺文明时代的国王。

** 埃姆彼得克勒斯(Empedocles)，约公元前450年西西里地区的哲学家、诗人和自然历史学家。

在那缥缈无际的天堂和宽广无边的人间。

但是，战争法是自然法的一个部分，这是上述讨论所支持的，并由约瑟夫斯* 在以下论述中正确解释的一个问题：“因为自然法是对所有生物具有拘束力的法，它赋予其生命的意志；并由此提供了确切理由，将那些明显意欲剥夺我们生命的人视为敌人。”而且，我们看到其他生物同样陷于互相竞争，这是由某种自然本能所驱动的，并不仅仅为了保护自己生命而且也为了其配偶(姑且这么说)与后代、家园及世代存续的缘故。因此，如果该法在所有时候都有效，它就甚至对耶稣降临后的时代也有效；如果该法在所有地方都有效，它就甚至在基督徒之间也有效。

让我们以另一种方式说明同一问题。为所有人民所普遍同意和承认的法是对所有人有效的法，也是关于所有人的法。但是，战争归于该法名下，因为任何自然法戒律由于显然得到理性的支持而必定为国际法的戒律。为此，赫莫吉尼努斯** 将战争的授权归于国际法；弗洛伦蒂努斯基于保护人们自身和抵挡所有伤害而推演出同样的授权来源。作为法学家中最好的哲人，鲍尔达斯说到凡非经武力不能保证正义而理性地诉诸武力之时，也采纳了相同观点。再者，综观全球，审视当今 33
几乎所有国家，无不认为即便采用武力追求其权利也是合法的。那些城墙高筑的都市堡垒(即使在和平年代也是如此高大！)，边界工事，驻防城市大门的卫兵，无不隐含着敌人的威胁。如果这不是战争威胁，又是什么呢？但是，如果相关法律是为了所有人而存在并涉及所有人，那么它必定甚至也是为了基督徒之间的对抗而存在，因为后者也是

* 约瑟夫斯(Josephus, 37—95 年)，犹太历史学家。

** 赫莫吉尼努斯(Hermogenianus)，公元四世纪罗马法学家。

人类的一部分，且从有关的逻辑原则来看，基督徒既遭受伤害也导致他人伤害，甚至有时是武力的伤害。因为在此所说的“基督徒”这一术语，是指拥有这一称谓而非指对基督生活的模仿，从而证明我们确实是基督徒。假设我们皆兄弟，但是，除非我误解。否则我理应以武力击退另一个急欲杀我并已挥动其武器的兄弟！

可见，依据任何类型的法，发动战争都是允许的。我们已充分说明，战争符合神法，也就是说，符合自然法与国际法；并且，这两种法的戒律肯定都不会因国内法而无效。正如西塞罗所说，国内戒律并不必然构成国际法一部分，而后者的戒律理应被视为国内法一部分。因为即使是公民，同时也都是人，也应当欲求所有人所欲求者，并且，人类作为神之创造物，有义务遵从神由自然所发布的指令。再者，战争不仅对个体安全有意义，而且对保护国家及其执政官也有意义。正是出于这一原因，没有哪个国家会全然不考虑制定有关战争的法律条款。事实上，最著名的立法者无不煞费心思地对待如何奖励勇士、惩罚懦夫。就其影响之广与延续之长而言，罗马法之完善程度，当之无愧；而且，如果我们在战争法领域中搜寻法学家的权威观点和罗马皇帝的诰命，就会发现“关于俘虏和战后公民资格或财产的恢复权”、“关于军
34 事”、“关于老兵”以及其他有关军人特权的许多章节。同时，如果我们转向教皇敕令，也会发现许多由教皇自己发布、或根据古代学者论述汇集，明确宣布战争正义性的敕令。

现在，让我们考察《圣经》的证言。尽管这一举证方法“并非源自(逻辑)艺术”，它无疑是最确定的方法。正如神意——如我们早已指出的，构成正义之规范——通过自然使我们领悟，它也通过《圣经》启示我们。

但是，神已指令战争之发动须符合其意志，并进一步宣布自己为这

些战争的缔造者与援助者，甚至认为不妨称其为“战斗者”。法老受神灵激发所言也体现这一点，他向亚伯拉罕* 确认，神已将亚伯拉罕的敌人交给他处置；聪明的女人阿碧盖尔的话也有所体现，她对大卫国王说：“陛下为神之战役而战。”的确，作为一种保护形式，神赋予其建立的国家以战争体制的事实本身就足以证明该体制是正当的，并且，只要相同理由存在，其他国家也应采用。进而言之，我相信理智的人会同意，制订法律以规范一项既有行为的人并不反对该行为本身，对神而言，尤其如此，神不会没有目的地或错误地做任何事。然而，正如《新约》中所记载的，神通过摩西以及基督的先行者，为战事制定了规范。对此，奥古斯丁说：“……如果基督教义谴责所有战争，寻求[约翰的意见]的[士兵们]，依据[路加]《福音》，将收到以下的拯救劝告而非[他们真正收到的意见]：他们应抛弃武器并完全退役。然而，给予他们的意见却是：不对任何人施暴……；并满足于你的酬劳。显然[约翰]不是在禁止兵役，因为他告诫：他们[作为士兵]的适当报酬应当是足够的。”

上述原则[1]——即：怀有令人愉快的既定目标者，不能受该目标是否必要所累而烦——可经由权威论述而非逻辑过程推论出来，因为《圣 35
经》早已记载了神所阐明的全部法律。神要求我们爱邻人如同爱自己，赋予真正的自爱以首要地位。自爱为原本，他爱为摹本。如果将该公理与造物主确定的戒律相结合，我们就不仅可推导出体现于第一项、第三项法律中的结论，而且也可得出体现于第二项、第四项法律中的结论。[2]的确，由于神劝诫我们为濒临死亡者说话，因此我们负有特

* 亚伯拉罕(Abraham，公元前 2000 年—　)，《圣经 · 旧约》中故事人物，希伯来人长老。

[1] 见英译本以上第 31 页，“第一条的正式说明”。

[2] 关于格劳秀斯在此以及在本书其他章多处提到的编序法律与规则的内容，见中译本附录一。

别庄重的自我表达之义务。依神喻，我们还要继续“给予他人所需”，因而也要转换自身所需。同样，第五项、第六项法律隐含于这些语句：“种种权衡、种种尺度，都一样为主所厌恶”；“……度人亦度己”；“你们愿意人怎样待你们，你们也要怎样待人”(欲人之施于我者，则我施之于人)。[1]基督的确告诉我们，国际法要求对之善行者以善；但他还说：“……所有拔剑的人都应为剑所消灭。”《旧约》也有同样的道理，乃至严禁我们对作恶者表示怜悯。但是，由于对手力量所及，除非求诸武力，我们往往无法保护自己及其财产、或要求我们应得之物、或执行惩罚，因此，发动战争是允许的。

同样，在《圣经》中也可发现其他法律的坚实基础。例如，[《传道书》]告诉我们有关社会组织的好处，我们便获得了对国家起源的理解；当保罗以无可置疑的口吻宣称执政官“是由神任命的”，我们逐渐理解了执政官的神圣性。从同样渊源中，如判决的拘束力一样，国内
36 法的拘束力也来自于作为造物主的耶稣本人。因此，神的智慧——所有人类的智慧只是其中“一个不完整的部分”，或其支流——得到如此表述：“我之建议，乃卓越智慧；我即领悟；我力量无比。按照我旨意，国王们进行统治，君主们行使正义。按照我旨意，君主们，贵族们乃至世界上所有的法官们实施治理。”并且，还有比保罗的如下劝诫更明确吗？“让每个心灵都从属于更高的权力。因为除了神，没有其他权力：存在的权利是由神赋予的。因而任何抗拒这种权利的人都是在抗拒神的命令，他们将受到谴责。统治者不因善行而因恶行使人恐

[1] Quae nolis, ne feceris：这四个词在拉丁文书稿中加了下划线，表示格劳秀斯视之为所引事项的一部分；但这一措辞显然是他自己用以强调黄金律与有关法律的关系。拉丁文书稿边页对应于黄金律的消极解释这一引语就是《马太福音》第6章第46节。由于詹姆士王版本中被引用的章只包含34节，因而转而参考《马太福音》第7章第12节，在该处，黄金律以实质上相同于以上刚引用的《路加福音》(第6章第31节)的段落的方式出现。

怖。于是你就不惧怕这一权利吗？行善，你将得到同样的赞扬，因为他对你来说永远就是神的大臣。但若你作恶，要当心；因为他所配的是剑而不是摆设：因为他是神的大臣，是对作恶者执行愤怒的复仇者。因此，你必须不仅由于愤怒而且由于良心的缘故而受制。”在哲人们的所有作品中——无论如何多，也无论在何处找到的——再没有更好的关于执政官之正义的论述。你问谁是[真正的]这一劝诫的作者吗？他就是神。为了何种目的而陈述之？为了你自己的善。并且，由于神决定执政官的权威是神圣不可侵犯的，难道他没有批准有时保卫这种权威所必需的武力吗？但是，神会把执政官的复仇之剑扩展到用来对付手无寸铁的犯人而拒绝给予他们某一武器来对付武装的犯人，从而为所有邪恶的引发以及“法不责众”的信念提供基础吗？决不可能！较之那些在其直接的罪行上累加其他罪恶者——即，使众多人民遭受诸多犯罪侵袭，以及对法律和公共和平的公然侵犯——以及那些不比其他罪犯更有理，反而更加不懂恐惧和羞耻者，单独犯罪者不应处于更不利的位置。

综上所述，可见有些公战是正义的。同样的结论，也可由另一种方法加以证明。

任何赞同为达到某一目标而建立机制的人，几乎都更加侧重于赞同该目标本身，而且，无人不知晓这一事实，即战利品制度主要是为战争
目的而建立。塔西佗说得完全对：“没有武装就不会有国家间和平；没 37
有军饷也不会有军队，而没有战利品的获取就不能提供军饷。”但是，神自己通过基督和使徒保罗指示，规定战利品的支付。因此，基于这一主张，可见有些战争是神同意为正义的。

对上述论断，我要加上一句：“即使是基督徒的战争。”因为任何在基督之法建立前，且没有为基督所明确反对之事，对基督徒而言是允许

的；我们已说明，且这已被广为承认，基督时代之前存在正义战争；他没有禁止任何恰好符合自然法的东西，其中(正如我们所论述的)包括战争。再者，基督未改变无疑属于人类行为中正义与道德惯例的《旧约》任何部分。我们在此名下可找到战争。其中，关于战事得到明确同意的论断得到了十分明确的支持，并为上述施洗者约翰和保罗的观点所支持。

因此，某些战争对基督徒是正义的。这一结论甚至适用于某些针对基督徒的战争，也就是说，针对声称信仰基督教者。因为通过定义以及依据对方的特定性质，当发动战争以对抗从事非正义者时，即为正义；然而，有的基督徒作恶多端、行非正义之事，这是基督可证明的事实；故而以武力对抗这类基督徒，为合法。

同样的，基督徒可受到惩罚，前引保罗所言就是针对他们的。的确，尊崇最神圣的人物的那些人已不能克制自己实施伤害行为，他们应得到的惩罚绝不应亚于其他人。但是，有的刑罚非经战事不能施加，由此，如同在希伯来人中，肯定有过正义战争，而不论他们彼此不仅在宗教上，而且在政府和血缘上相联这一事实，质疑同样的冲突会发生在基督徒之间也是不正确的。

同时，必须承认，基于其有害行为作为战争理由的人，肯定没有遵守施加于基督徒的义务，因为基督追随者受制于一种特别的、庄重的关
38 于爱与和谐的义务，该义务胜于将全人类联合起来的共同约定。另一方面，上述主张决不抵触基督本人以及哲学家们(尤其是柏拉图主义者)制订的禁令，反对“损害之偿还”。基于我们已对惩罚的主题所作相当广泛的考虑，恰好能发现这些权威们所谴责的，究竟是什么。

首先，很显然，有关戒律对作为个体的私人而言，或对基督选择在这一情况下作为私人的教会服务人员而言；且同样明显的是，那些行为

(私人复仇)是被正确地加以禁止，如果允许它们的话，就将扰乱整个国家的秩序，破坏公共和平。这一点我们在讨论第九项法律时已提出，因而古代法的一项规则宣布，可通过一个执政官公开实施的行为来禁止私人实施，以防混乱不堪之局面。在另一种环境下，我们应知道该规则适用到什么范围。与此同时，只要指出我们所讨论的戒律明显不牵涉公共使用武力，这已足够了。如果我们采取相反的观点，就会倒向支持与我们信仰格格不入的塞尔苏斯* 和朱利安** 所提出的指控，他们虚伪地宣称，基督徒在废除复仇时也废除了所有的法律和执政官以及对罪犯的惩罚。这决不是什么真理，相反，我们的神学家将惩罚之神归入品德的范畴，认为她是正义的侍女。第二种是在涉及复仇的问题上容易加以谴责的错误，显而易见，不必赘述。这是在复仇者出于非正义的理由时所涉及的错误。第三种错误是相对犯罪程度而言的过分复仇。塞尼卡曾说，第二种错误不符合正义，第三种则不符合仁慈。第四种是在非正义的精神支配下实施复仇，或者说丝毫不考虑受罚者本人之善或共同之善时所产生的错误。塞尼卡在他一段[描写柏拉图对施加惩罚表示克制并以“我很生气”的话语解释其自我克制]话中也提及上述两种错误，说道：“我很乐意严于律己。”

以上对术语的分析表明，惩罚乃罪有应得，是特定的部分因其错误
行为的结果向整体适当地偿还所欠，且应有利于公共利益。与这一观 39
察相结合，人们应考虑这一事实(前述分析早已提及)，即罪有应得，通常对罪犯本人来说，也未必不好。正如奥古斯丁所言，世上没有比行恶者之幸运更不幸之事。

当然，这样说来，如赦免惩罚不总是我们的义务，我们则更无义务

* 塞尔苏斯(Publius Inventius Celsus)，公元二世纪罗马法学家。
** 朱利安(Claudius Flavius Julian, 331—363 年)罗马皇帝。

免除那些基于相互正义而欠我们的，因为即便明显偏好赦免的戒律也不要求我们一概放弃归属我们之物。 事实上，品行高尚者也从不犹豫获取其应得之物，或通过司法程序，或在缺乏其他手段时采取正当之武力。 那些戒律所命令所指，乃我们应放弃使自己涉足犯罪，或有碍公共福利之偏好。 然而，在很多情况下，占有当属我们之物不仅有利于自己，而且可告之于世人。

因此，依据前述诸观点，神法并不一概反对所有战争。 由于法作为整体被正确地分为神法和人法，且我们已说明由于有些战争在神法中具有某一根据，每当人法与神法相冲突时，前者则失去其效力，因此基于该原则，有些战争不论从哪种法律角度看，都是正义的。

至此，我们的引证都来自于《圣经》。 假如我们将之与前述建立在自然本身基础之上的逻辑考虑相结合，从这相同渊源中还可推导出很多其他论证。

我们再转向世俗权威，这自然更容易产生疑问，然而，这种权威具有相当分量。 如今，这种权威分为两类：源于事实、或出自学说权威。

假设正当行为者被正确地视为正当——或曰，在所有问题的决定中，该假设具有最重要的意义——我将举出以下来源：人类在自然指导下生活的时代就有亚伯拉罕交战之例；以摩西和大卫作为世人楷模之《旧约》本身；屡次提到百夫长及保罗要求士兵抵抗敌人抓捕的《新
40 约》历史；以及其后数以百年来，无数记载有关那些虔诚的皇帝们和绝大多数的基督教君主们发动的战争，甚至是针对那些冠有基督徒之名者。 至于那些垂名史册的先知，像吉迪恩*、巴拉克、萨姆森**、耶弗

*　吉迪恩(Gideon,　—公元前 1236 年)，古代以色列的法官。

**　萨姆森(Samson,　—公元前 1155 年)，古代以色列的法官。

他*、撒母耳**，以及与我们一样受虔诚信仰基督而鼓舞的先仁所经历的战事描述，又意味着什么呢？从这些事例中可见，某些战争对信教者来说是正义的。

再者，由于正确地坚持凡正当虔诚之事均为正当虔诚之人所为(不用说有多少哲学家或法学家，他们对这一点都未曾提出疑问)，因此，我应列举极少因其虔诚和博学而备受崇敬的人所提出的观点。以下是奥古斯丁的论断：“由品德高尚者依高尚品德之意图来履行复仇之功能，未尝不可，就如同由法官或依法来实施复仇一样。”他还写道：“这些体制之建立，目的在于：王权、司法裁判者的合法权威；刑讯者利爪般的刑具；士兵的武器；不可违抗的主人之严峻乃至善良父亲的严厉。所有以上提及的事物都有其方法、由来、原因、用途。当它们为人所惧时，恶者受制，善者在恶者中倒还能安然生活。”此话也出自奥古斯丁：“贪婪者急欲加害于人，残忍而深重的复仇心，未安抚也无法安抚的灵魂，野蛮的叛乱，强烈的控制欲望，以及在战事中所能发现的任何类似特征，无不应受到法之谴责。通常，为了对此依法加以惩罚，战争本身——无论是奉神之命令，还是依合法确立之主权权力，有必要发动的对抗敌人暴力的战争类型——由善者实施，而善者会发现自身受制于某一项对其颁布或为正义目的而遵守的人类活动之命令。因此，约翰没有指示士兵们丢弃其武器，基督指令向恺撒支付战利品；就战争而言，必须向士兵提供军饷。”奥古斯丁还留给我们如下一段话，正确而又精辟无比：“在真正崇拜神的人们中，战争本身甚至不乏和平性质，
它不是因贪婪或冷酷而发动，而出于限制恶者、支持善者之目的，对和 41
平的热切渴望。”基于神法和人法，他说：“当一士兵服从合法征召其的

* 耶弗他(Jephthah)，《圣经 · 士师记》中的以色列士师。
** 撒母耳(Samuel)，《圣经》故事人物，希伯来领袖和先知。

权力而杀了某一人，依其本国之任何法律，都不会被控犯谋杀罪。”杰罗姆* 的诸多观察之一是：“给予恶有恶报的邪恶者以重击，并将可置于最邪恶者于死地之工具掌握在手者，乃神的大臣。”他还说：“杀死残酷者并非冷酷者。”不妨再以安布罗斯** 所言为例：“不惜以类似战争方式的英勇气概保卫祖国不受敌人侵害，或保护家中的弱者，或保护同伙不受强盗袭击，乃最充分地体现了‘正当’一词意义。”

综上所述，无论我们是否遵从自然的指示(我们必须遵从，即使不情愿)，无论我们是否留意《圣经》的教诲(反对则为邪恶)，也无论我们在某种程度上是否受这些事例或名人名言之影响，简言之，无论采纳何种推理思路，无论接受什么权威论述，我们都必须得出这一结论：从所
42 有的法律角度看，对基督徒而言，有些针对基督徒的战争是正当的。

---

* 杰罗姆(St.Jerome, 340—420 年)，教会学者。

** 安布罗斯(St.Ambrose, 340—397 年)，米兰城的主教、教会学者。

第　四　章

问题二

第一条　捕获物或战利品之获取[1],是否正当?

第二条　对基督徒而言,这是否正当?

第三条　对基督徒而言,捕获基督徒之物,是否正当?

第四条　从所有的法律角度,对基督徒而言,捕获基督徒之物,是否正当?

我们完成了有关战争的[正义]问题讨论之后，转向捕获法的另一问题，即捕获物或战利品之获取[相关的正义性]。 该第二个题目中产生的问题与上述战争题目下包含的问题没有什么不同，并可能在早已提出的论证基础上加以解决。

当一特定事物正当地依其趋向达到一既定目标之时，该目标本身在更高程度上也是正当的。 但是，战争是正义的，正是基于该战争倾向于取得权利这一原因。 在获取捕获物或战利品中，我们通过战争取得了正当属于我们的东西。 由此，我相信那些权威学者是完全正确的，他们支持这一观点，即正义战争的本质特征首先是在这种战争中的捕获

[1]　这三个英文词都翻译一个拉丁文术语，praedam。 见《英译者说明》。

物成为捕获者的财产这一事实：这一结论既来自德语中的“战争”一词(源自高地地区中部的意指“运用”、“努力取得某物”[1]的德语)，也来自希腊文中的“战神”一词，因为“战神”显然源自表示“拿走”、“捕获”的词。因此，获取战利品必然在某些场合是正当的；再者，对于同样的人，依据同样体现于我们论证战争正义性的标准，它必定是正当的。

然而，由于这一部分的讨论应当被理解为特别重要的，且由于这一
43 问题尚未被其他战争法专家完全讨论过，在这种情况下再次审视在回答前述问题中已考察过的对象之区分是合乎时宜的。

相应地，为了理解捕获战利品是如何符合通过战争体现的神意，必须认识到这种捕获由两个因素构成，即：剥夺原先的所有权，取得新的所有权。因为正如一件既定物品不可能看起来是一件东西同时又具有两种不同形态一样，也不可能同时存在两个对同一且同样的事物的完全占有者或所有者，所以正如对旧形式的去除必须先于任何新形式的引入一样，剥夺必须先于(新)占有的所有权之建立。

剥夺的概念也有双重性。它可以是绝对的，[即对所有权的完全否定]，正如自然主义者坚称这是在原始状态下由自然配置的，也正如我们[法学家]发现所有的物尚未进入任何人占有的情况，我们称之为“所有权的缺位”。因此，我们说，“自然甚至赋予无语言能力的动物以自由”，就是指这些动物只要未被捕获，就不归属任何人所有。再说，正如自然主义者在第二种情况下所描述的，剥夺也许是特定的，一旦所有权在事实上被夺走后，我们就使用这一术语。

后一种过程有各种表现，其中最简单的是随占有的丧失而丧失所有

[1] 格劳秀斯可能希望给予“德语”这一术语以最广泛的含义，因而将其讨论建立在泛指的德语群体，尤其是他自己的母语——荷兰语之上。荷兰语“战争”一词的词源 krijg 近似于德语“战争”一词的词源 krieg。

权，恰恰正如随占有的取得而取得所有权一样。因为这是诸事件的自然线索，所以如果第四项法律不阻止的话，人们总会发现接受的。按照该项法律，违法的捕获是无效的，而不考虑[既存事实的]占有产生法律权利要求。

但是，第四项法律不能无视第一序位的法(第一项、第二项法律)而起作用，而且由于后者允许我们采取任何必要手段以保护自己的生命财产，无疑，就允许夺取攻击我们的工具。如今，无论在私生活领域还是在国家事务中，财富肯定是数不胜数的普通工具。因此，所有的敌占物都是准备毁灭我们的众多工具；也就是，敌人以此来供应武器，维持军队，攻击无辜。夺取这些东西是完全必要的，从敌人手中夺取之，不亚于从疯子手中夺走其剑，如果我们希望保护自己的财产、甚至 44
于生命安全。奥纳山德* 支持这一观点，说道：“因为造成敌人的财产损失和收入不足可削弱以财富为依靠的战争力量来源。”的确，在这种情况下，不应受到命令我们不夺取他人占有物的戒律限制而却步，因为即使不伤害他人的禁令都失去了拘束力。人们须依不同法律的重要性顺序而遵守之。进言之，关于“允许给予较多，则不应不给予较少者”的规则，恰恰是建立在有关确定性的相同基础上，如同对数学家有效的规则“较大者总是包含较小者”。这也是法学家采纳的原则，并且非常正确，因为在法律方面对比例的关注与在数目、大小的测量方面同样重要。但是，杀人比抢夺更严重，如同我们在计算幸福时，生命优于财产；因此，一个人不会在正当的战争中杀了敌人而被控谋杀，那么，一个人更不会由于夺取敌产而被控强盗。法学家们津津乐道于引用西塞罗的话：“掠夺[如可以]任何有权杀死者的财产，并不违反

* 奥纳山德(Onasander)，公元一世纪希腊的哲学家。

自然。”

为什么敌产应被剥夺的原因，如今已显而易见了，但是，人们仍怀疑对已引用法律的公平审查是否会导致将不可取消的所有权分给了夺取财产者。

有些人认为，由于先前所有者的财产被合法剥夺，且该财产随后归(同其他归入此类事物一样)最先占有一方所有，因此该捕获物是无主的。这似乎是小尼瓦*和其后的保罗斯**所采纳的观点，这些权威学者把战争中获得的财产归入最先占有者所自然取得的财产(基于它们本是无主物的事实)。该论断将进一步得到我们自己以上刚引证的观点支持，即：较高序位的法与我们自己的善有关，一旦与较低序位的法冲突，不会为了他人的善之缘故而让位。仔细阅读涉及该问题的有关文献，我们不难看到，西塞罗发现卡修斯***说明“如人们遵守成文法，
45 某一地方被认为属于他人，但是，当推翻这类戒律后，该地方依据自然法就属于他自己”，即依我们列为第二项法律的戒律，这时，西塞罗心中已有了这一原则。

然而，无论谁费心思量一番：只要普遍遵守成为可能，所有法都应平等得到遵守，那么他就不难认识到在这种情况下应作出正当的区分。他会充分地理解，由于战争的持续性及随之而来的持续危险，因此不允许捕获的占有物又被宣布为失去占有物的人之财产。但是，他也不会发现有任何理由在恢复和平之后不应归还纯粹为了自己安全而夺取的东西，因为第四项法律与这些情况下任何其他法律都没有冲突，且由此应重新发生效力。可见，取得真正的无主物与取得原属于他人所有物之间存在极大的区别。对于无主物，仅依占有足以取得，而将他人财产

* 小尼瓦(Marcus Nerva the Younger)，公元一世纪罗马的法学家。

** 保罗斯(Julius Paulus, —235年)，罗马五大法学家之一。

*** 卡修斯(Caius Cassius Longinus，公元前85—前42年)，罗马爱国者、将军。

据为己有，不仅要求占有而且要有理由，即无论该财产原所有人情愿与否，其财产都应被剥夺这一理由为依据。因此，我们求诸于获取原本为无主物的一般权利，还不足以建立对敌产的完全法律权利。相反，我们还需要其他权利。不过，战时从来就不缺少这一权利，这是根据以下方式也许可推演的事实。

第一，就我们拿起武器以夺回自己的财产这种情况而言，无疑我们有权采取武力从一个武装的占有者那里夺回那些被不当占有物。当我们被赋予权利为自己取得有用物，并在已取得，或重新夺取被他人夺走之物的时候，同时也隐含着我们有权保卫这些物品，谁能否认这一点呢？但是，如果我尚不能够重新夺回所涉财产的实际部分，那么就该财产的价值而言，该不当占有人就成了我的债务人。因此，应允许我从其财产中取得所欠我的等同债务。进而言之，假如我始初未想到行使取回自己财产的权利，而只是准备作为债务处理，那么也适用同样的论证。由于他人不当占有的过多部分正好是我自己占有部分的亏缺，46
则该多余部分应从他处取回给我。同样，在执行某项司法裁决的情况下，我们看到将债务人的财产归债权人占有以满足其权益要求。当然，将这类财物交由公开拍卖以将收益单独给予债权人的这一规则，不仅来自国际法而且来自国内法，甚至在报复案件中，也效仿这种做法。然而，自然本身赋予我有权以任何方式，从他人处取回因该人而遭受的自己财产损失的完全等同份额，由此取得物就归属我所有。这一原则也为神学家们所接受。确实，依自然秩序，自己不是某物所有权人，却将某项有效权利转化为所有权，这是不可能的。而且，这一规则已被纳入[人定]法中。

第二，如果惩罚罪行也是我们的战争目的，那么这种惩罚就不仅必然针对罪犯而且针对其财产，法院判决也通常将财产判给受害方。特里芬尼诺斯* 解释了该惩罚方法的理由，说道："理应领受国家所施加之痛者也应尝受赤贫之苦，以此警示他人勿重蹈前辙。"西塞罗的话也同样切中这一问题的肯綮："[甚至除了没收财物]可能随之而来的是为此目的而施加的所有心灵与身体的痛苦，包括匮乏与贫困。"同样，关于勒皮达** 的一段话尤为恰当："如果他放下武器之后，将因他的暴行而受到谴责(这是一项对他来说无法提供任何抗辩的判决)，那么其子孙还将通过(他的)财产被没收而分担同样的灾难。"我们还发现关于李必达的这一质问："如果所有刑罚都适用于在法庭上受谴责的公民，我们怎么能对人民公敌更宽容呢？"

第三，取得敌产的权利——不论是为了(夺回)财产本身，还是在仅收回一笔债务的过程中，或在这种收回之时伴随惩戒目标的情况下——并不必然先于战争而存在，但有时会与之形影不离。

这是因为，首先，有哪些敌人只求我们的生命而不求我们的财产
47 呢？ 或相反，什么敌人只求我们的财产而不求我们的生命呢？ 于是，如果我们通过战争夺回敌人在过去岁月里从我们手中夺走的东西或其等同物，那么就是正当地行事。 在这一基础上，人们普遍地认为，战争隐含着一项默示的交换协议，即，每一交战国默认在殊死搏斗过程中，各国可夺取得他国财产或失去本国财产。 这也就体现了梅纳德*** 的论断：

意欲取得邻人财富者，
时常从希望走向毁灭性的挫败，
将自己的财产归入那邻人的仓库中。

---

* 特里芬尼诺斯(Claudius Tryphoninus)，公元三世纪罗马的法学家。

** 勒皮达(Marcus Aemillus Lepidus, —公元前77年)，罗马元老，公元前78年任罗马执政官。

*** 梅纳德(Menander，公元前342—前292年)，雅典喜剧诗人。

亚里士多德也提出同样的观点，说道：“因为该法律是一种共同协议，根据此，战争中捕获物均为捕获者财产。”

我以下讨论的第二点考虑具有经常的效力，而且总是存在于战争之中。 有什么战争是在不花分文也无损失的情况下发动的？ 假设所有其他的事情都如人们所希望的那样成功(尽管这从未发生)，被迫参与战事者此时仍不会从其对私人事务的管理中转开注意力。 任何正当地拿起武器者均有权视所有损失与费用为欠他的债务并由此索求赔偿。 这如同诉讼中的权利，在法庭上，故意违法者不仅要补偿诉讼本身有关的成本和费用，而且应补偿那些执行判决的相关花费。 这就是“根据对被征服者适用的法律而必须赔偿战争费用”的公式之下的原则。

最后，不可辩驳的事实是：蓄意反对一场正义战争者是犯下一项重大犯罪。 即便这样的敌人在某种程度上是成功的，充其量也是一个小偷，一个武装的强盗，一名刺客。 如今，此类罪行会导致被告受到如此罚金：剥夺其所有财产，或至少大部分财产；被剥夺的财产应分给受害方，不论是个人或国家。 而且，神学家们规定以下教规：如在战争初，敌人不仅对已造成的伤害和财产损失，而且对损失和费用给予了充分补偿，那么应给予其听证的机会；但是，如战事已酣，则完全不同，
因为该受谴责的交战国无法纠正其所为；相反，这将[1](罪有应得)施加 48
(比始初伤害更大的刑罚)，当然，这由对峙一方充当被授权的法官(依据其自己的决定施加刑罚)。

[1] 手稿第 22 页的一部分于此处遗失，并且，哈马克于 1868 年发表《捕获法》的拉丁文版时，这已被毁坏。 上述英文解读实质上建立在哈马克对残缺文本的推测重构基础上，即为：sed [illatis graviora haud injustum] est pati, altero videlicet judice jam consliluto, qiu [de poena pro libitu statuere] possit。 建议的词语 pro libitu[如人所愿]可能并不令人满意，因为它暗示完全没有道德限制而施加于受害交战国的判决。 所以，现在的译者假设格劳秀斯使用了一些温和词语，例如“依据其自己的决定”。

还应指出，illatis 之前的 sed 一词在珂罗版中只是部分地可以看见，而且哈马克所遵循的拼写体系与格劳秀斯手稿中所采用的不同(比如，哈马克以 injustum 表示 iniustum，以 poena 表示 paena，等等)。

基于上述讨论，很明显，不夺取敌人战利品，甚至连维持国家的和平与执政官的权威也成问题。这是千真万确的，首先，维持这一和平与权威以及不得不惩罚那些鲁莽的抗拒者，必将耗费巨大。相应地，我们早已明确表明，应保护自己的幸福、保卫或夺回自己的财产并收回欠我们的债务，所有这些无不是行使权利，因而完全是正义的。这是神自己所乐意看见的，神没有迫使我们赦免任何他人利益，主要是根据恶行必须受惩罚，且国家及其执政官们应积极保护大众利益的这一事实；除非剥夺敌人的资源，这些目标均无可能实现，况且，若不通过战争夺取那些原属于敌人的财产，我们自己是无法取得这些东西的；最后，由于这样做构成了所谓获取捕获物或战利品，因此毫无疑问，结论就是：这种捕获往往是正当的。

我们已阐明，捕获战利品制度源自自然法。这一渊源[不仅在人类中，而且]在其他生物中，甚至那些成群蓄养的、那些翱翔蓝天的飞禽中也是非常明显的。尽管有时这类生物会向后占有者弃让已为自己占有的东西，然而当它们为战斗所激怒时，则所作所为完全不一样。在这
49 一情况下可引用普卢塔齐的话：“你未作任何粗鲁或不正当的事；相反，你遵循着最古老的法律，它将居下者的财产赋予居上者；这是一项源自神且最终作用于所有动物的法。”在柏拉图的《高尔吉亚篇》中和其他作者的作品中可发现同样的论断。约瑟夫斯和亚里斯蒂德* 也在不止一段话中将同样的戒律归于自然法，理由是即便在野生动物中，这也具有约束力。而且，亚里士多德宣称：“在自然秩序中，某种意义上，关于战争的艺术是关于获取的艺术。”西奥菲留斯** 称这样的获取为“自然的占有”。由此可见，即使在基督徒之间，也有捕获法的一席

* 亚里斯蒂德(Aelius Aristides, —117年)，希腊博学者、修辞学家。

** 西奥菲留斯(Theophilius)，公元六世纪罗马法学家、《学说编纂》和《法学阶梯》的编纂者之一。

之地。

关于捕获物和战利品的制度也可相当准确地追溯至国际法。为此，德莫斯梯尼说："于是乎，难道这不令人忧伤——噢，天堂与人间！——当我的财产被人以暴力的敌对方式夺走，我却被禁止以牙还牙地回报，难道这不是明显的不正当，不仅违反成文法而且有悖人类普遍法律吗？"同样，居鲁士大帝[*]认为，"这是一项长期的人类社会法律，即，当一个属于敌人的城市被夺取，属于该敌人的货物与财富都应转归胜利者。"(我说的是那个神本人赋予其通过武力所寻求建立东方帝国的赛勒斯。)

战争法是国际法的一部分。相应地，埃希尼思[**]说："倘若在一场针对我们的战争中，你已占领一座以武力夺取之城市，你就依战争法正当地保持对该城市的占有权。"其他人称同样的法为"胜利之法"。而且，所有的哲学家都坚称，有一种从敌人那里取得的特殊物品，分别为通过战争取得、海盗取得、在战斗中取得及征服取得。色诺芬也告诉 50
我们，苏格拉底如何依据他从已在人类思想中扎根的种子中(通过类似于助产术的技术)引出真理，习惯性那样做，带领尤斯德摩斯通过一种审讯的过程得以承认这一事实，即，当对一个敌人实施某一特定掠夺行为时，与正义一致，即便尤斯德摩斯在非正义名下已将掠夺分门别类。柏拉图也作了如下论述："所有那些被征服者的财产，都变为胜利者的财产。"

因此，显而易见，认为应从基督徒之间的战争中排除战利品捕获的信念是荒谬的，除非恐怕将所有这样的战争都视为非正义。但是，其他权威学者已说明了固持上述已见者的无知，因此相信这一问题已如此

---

* 居鲁士大帝(Cyrus the Great，公元前 599—前 530 年)，波斯阿契美尼德王朝开国君主。

** 埃希尼思(Aeschines，公元前 389—前 314 年)，雅典雄辩家。

明确，不必再作更多讨论，并且，我们进一步可以看到，持不同观点者甚至对何为捕获物都缺乏足够的理解。

我们的反对者从内战中推导出的有关主张，则是双重荒谬的。首先，谁会默认其所假定的基督徒之间的战争就是内战，简直就如同说整个基督世界构成了单一国家一样？其次，甚至于他们关于战利品的获取在内战中并无恰当地位的论断也是错误的。因为，且不论历史的事实早已告诉我们，在内战中获取的战利品是如此之多，以致人们在很多情况下因贪婪战利品而反叛，有什么合乎逻辑的主张可用于表明执政官不应靠武力收取欠国家之债，即便该债务仅由对反叛者的刑罚构成，他也不能以其他任何方式征收？事实上，尽管柏拉图坚持在国内冲突情况下的战争应尽可能温和地进行，但他也承认，“胜者也许从败者手中夺走一年的收获”。此外，还有什么比允许屠杀的情况下却禁止捕获，更不一致呢？

51 可以肯定，由于国际法允许掠夺敌产，因而也必然为国内法所承认。许多不同国家关于战利品分配的法律与习惯已明确证明这一推论，而且在世界上任何地方，此类法律与习惯数不胜数。再者，罗马人的《学说汇纂》多次提及在战争中捕获物可成为捕获者的财产；同样的规则也为教会法所承认。从整体上考虑上述事实，使我们深信捕获敌产为所有法律分支所允许。

同样的观点也得到《圣经》的明确支持。还有什么比通过一项明确的法律戒律而表示的命令更真实的意愿吗？我们在关于军事法的戒律中找到了关于被征服之城市的神意：“……由此，所有的战利品，你都应自己取得；并且你应吃作为战利品的食品，这是神主赐予你的。”相应地，正如胜利来自神一样，关于捕获的制度也是如此。而且，据记载，一部分的战利品为神所要求并贡献给神。即使异教徒的国家都

不会不熟悉这一实践；因为他们把从战争中获取的财产拿出来，作为贡
物献给掠夺者朱庇特和战利品分配者密涅瓦*，而且也确实贡献给马耳
斯** 或赫克勒斯**** 或伍尔坎**** 。战利品的神圣性来自同样的渊
源。另举一例，当约书亚***** 着手攻打艾城时，在神为他制订的戒律
中，我们发现以下命令：“……由此，在城里所夺的战利品与牲畜，你
们可以取为自己的掠物……”[1]况且，谁能否认以下由约书亚宣布的命
令是(受神意激发)，并由神意制定的？“带着众多财富回到你的帐篷，带
着众多牲畜、银子、金子、铜、铁、衣服：与你的同伴分享敌人的战利
品。”然而，仅这一事实就足以证明，根据神意，以色列人作为神自己
形成的一个民族，应以此方式保护他们的权利；或者还有，神为获取战 52
利品设立了界限并指出了应予以分配的方式。

在这样的情形下，引用阐明战争正义性的权威论述并非不合适，因为不论是在一种绝对意义上还是在(正义)起源的基础上，那些说明基督徒的战争和针对基督徒的战争之允许性的论述，同样也适用于捕获品问题。无疑，本质上不可变者是不可能改变的，在依据诸《福音》制定的原则指导下的道德行为中也未曾有过任何革新。

不可能相信由约翰和浸信会教友制订的“不以暴对人，也不责难任何错误；安于你的酬劳”等戒律与神的明确旨谕相冲突。就此而言，

---

* 密涅瓦(Minerva)，罗马神话中的智慧、艺术、发明和武术女神，相当于希腊神话中的女神雅典娜 Athena。

** 马耳斯(Mars)，罗马神话中的战神。

*** 赫克勒斯(Hercules)，希腊与罗马神话中的大力神。

**** 伍尔坎(Vulcan)，罗马神话中的火与锻冶之神。

***** 约书亚(Joshua)，《圣经 · 旧约》中的人物。

[1] 这一句以拉丁文的形式作为一句插入语出现在手稿第 24 页之首。珂罗版中没有发现任何对应的插入语标记，但是，上下文显示这一句在英文译本中应有赋予其的位置。也许，需指出的是，以英文形式表述的被插入的句子和紧随其后的句子，完全可能被以相反的顺序放置(正如哈马克的拉丁文版所做的那样)，如果不是出于修正第二句的(依据英文顺序)Josuae 一词的 ipsius 这一词(同样的)将由此失去意义的话。我们的解读同样为这一事实所支持，即 ipsius 本身显然是事后被插入进来的，因为在手稿的第 4 行最末处，这一词显得特别的小，且笔迹紧缩。

我们应注意，不仅那些为战斗所束缚的和准备与敌较量的士兵，而且那些驻扎在朱迪亚要塞的士兵，无不请教过约翰。如今，那一时代的作者对罗马士兵给那些不幸的省份所致伤害，以及罗马统治时期造成的无穷凄凉提供了证据。因而约翰禁止这种烦扰的行为——他描述为“暴力”，这一词沿用至今——以及所有的虚假控诉，并告诉士兵满足于他们的报酬(因为那是在《福音》中所用术语的通常含义)。[1]他的劝告也不要求除农夫和士兵主人之外的任何人节制，士兵们太过于经常地对他们实施侵犯。这是对有关段落的公认解释。对无辜农夫的掠夺是最严重的不正义行为，这些农夫为了自身保护和供给士兵，正承担着以国家名义施加的义务。然而，无论如何，上述段落不指敌产，其主旨也不会不同于由约翰在答复公众时所订立的权威格言的主旨，即他们应在法律所规定的限度内行事。因此，如果那些指挥者这样下命令，战利品将正当地从敌人转移到士兵手中；并且它们甚至会被认为是士兵报酬的
53 一部分，或者说，是依据保罗的证言而正当地赋予他们的一部分战争收获。由此，约翰为在朱迪亚服役的士兵制订的规则，在实际效果上与奥里廉努* 对其军队指示的规则一样：“使每人安于自己的口粮；使其靠从敌处取得的战利品而非各省人民的眼泪生存。”

同样的，已引用的从所有法律的角度证明战争为正义之权威论断，也足以从所有法律的角度证明战利品的捕获为正义。

圣人们所举的例子仍值得我们思考。

亚伯拉罕轻而易举地引导了他们为我们提供丰富的观点。首先，当亚伯拉罕以武力夺取本由敌人占有的财物时，他非常明确地说明，不

[1] 关于希腊文《新约》中“金钱”一款，拉丁文《圣经》中有 stipendiis，在詹姆士王版本的《圣经》中被译为“报酬”，在杜埃版《圣经》中被译为“酬劳”，尽管对于该拉丁词语还有其他几种理解(税收、贡品、收入、军役期、义务等等)。格劳秀斯使用了更为特定的术语 salariis(给予士兵的“辛苦钱”，因而就是“薪水”或“津贴”)。

* 奥里廉努(Lucius Domitus Aurelianus)，公元 270—275 年在位的罗马皇帝。

应由于是他人的财产，并且敌人试图占为己有而放弃之；由此，我们应在这一点上正当地模仿其做法。其次，当他将一小部分战利品给教士时，就认可了战利品制度，这是在他致希伯来人的使徒书中明确陈述的事实。再次，同样关于十分之一战利品的实践在其他人民中也能发现。最后，较之亚伯拉罕为了随从的生活维持而分配某部分战利品，并愿意将其余部分给其盟友的做法，他不可能更明确地肯定取得战利品的权利。亚伯拉罕不是那种人，授予别人某礼物，而该别人却不可能沽名接受。

另一方面，他拒受多余的捕获物，不是由于它被非法地取得(因为他已公开宣布在这一点上持相反态度，在这一问题上也没有任何解释者作出的关于其行为的推论)，而是由于一项完全不同的原因。的确，有的人在解释有关段落时断言，亚伯拉罕在开始远征之前，已通过一项誓言约束自己，令自己不为本人获取任何战利品。现在，不能否认，我们为约定而非为那些构成(其本身)不可逃避的义务规则而盟誓；且在任何情况下，不论亚伯拉罕是否为这样的一项誓言所约束，促使他弃绝战利品的任何份额的原因体现于此话：“以免你会说我使自己富裕。”可见，由于某种精神的高贵，他完全自愿地放弃了其权利。这位纯洁的人很正当地担心那些对真正信仰怀有敌意的邪恶者会肆意地诽谤他，造 54
成他纯粹出于对赃物的贪婪而介入原本与他无关的战争之印象。

于是，亚伯拉罕的情况基于特别的动机，他的行为与承受个人损失以免被不当怀疑的伯利克里和昆塔斯 · 费比斯* 相比，没有太大差别。法布里修斯** 也有(依据狄奥尼修斯*** 所述)类似不为自己取得任何战

* 昆塔斯 · 费比斯(Quintus Vibulanus Fabius, —公元前 287 年)，罗马执政官。

** 法布里修斯(Gaius Luscinus Fabricius, —公元前 283 年)，罗马执政官。

*** 狄奥尼修斯(Dionysius of Halicanassus，公元前 70—前 7 年)，希腊历史学家和评论家。

利品的做法的解释，尽管他可以那样做：“与荣誉相比，拒绝财富，尽管那些是正当地取得的。”法布里修斯进一步声称，他这样做，是在追随瓦莱瑞斯·帕布里考拉以及其他人所作出的表率。马库斯·卡托[*]在西班牙胜利之后，以几乎同样的方式行事，他说(几乎与亚伯拉罕所用的话一样)没有任何战利品将由他取得，除了他已吃掉喝掉的那些东西。他补充说，在采取这一立场之时，他不是在责备那些获取战利品收益的其他领袖们，而只是在善德上向品性最好的人看齐，而非在财富上与那些最富有者竞争。

亚伯拉罕可能也为这一事实所影响，即发现许多被征服的国王所占有的东西在从前并不属于他们，这些东西是最近从所多玛城的市民那里掠取来的，而后者当时是亚伯拉罕的盟友。由此，对他而言，依据罗马法(所谓)物归原主的法则，有理由将这些财产退还给其原主人或后者的统治者。同样，罗马人关于衡平的司法原则，也曾有过涉及某些事项的类似程序。再者，我们有时会发现这种程序是出于仁慈而被采用，即使法律并没有规定这样做。因而在这种情况下考虑亚伯拉罕的行为，与罗马人在其他场合所为是一样，后者在夺取沃尔西人的营地后，发布敕令将拉丁人和厄尼逊人的盟友召唤来辨认其财产并归还已辨认的财产。在对萨谟奈人的征服中，瓦诺木尼斯和后来的阿提流斯都遵循同样的行为方式。格雷切乌斯[**]和卢修斯·爱米留斯[***]通常也
55 这样做。西皮奥[****]在打败卢西塔尼亚人后也颁布类似命令，并在夺取迦太基后，曾就归还属于西库利安人的战利品标准和奉献物的事项发布类似命令。

---

* 马库斯·卡托(Marcus Porcius Cato，公元前234—前149年)，罗马政治家。

** 格雷切乌斯(Tiberius Sempronius Gracchus，公元前168—前133年)罗马护民官。

*** 卢修斯·爱米留斯(Lucius Aemilius Regillus，—公元前190年)，罗马执政官。

**** 西皮奥(Africanus Marior Scipio，公元前237—前183年)，罗马将军、执政官。

对其他情况而言，如有人对上述示例感到不快，让他顿足而思，究竟谴责哪些人，是哪一类人。我们知道，无论是摩西(这是远比莱库格斯* 或亚里斯蒂德可靠的正义典范)，还是卓越的神圣领袖约书亚；无论神最欣赏的国王大卫，还是流便** 的儿子们以及迦得*** 的孩子们和半个玛拿西部落，无不夺取战利品。据记载，由于对神旨深信无疑，因此随着战利品的获取，他们变得富有。因其虔诚而最受称赞的国王阿萨**** 也这样做。同样，如果我们将注意力转向基督教世界的君主们，我们会发现没有谁不遵循这些先例的。尽管基督徒在实践中不再实行奴隶制[在以后的时代，可以肯定，且由于不同于(谴责战利品)的原因，我们应简要地说明这一点，以免我们在拟定的讨论中迷失方向]，所有权威法学家无不认可的结论，并至今有效的原则为："战争中捕获的东西应由捕获者取得。"

然而，没有必要在这一点上堆积太多的证据。我们是在寻找神学家的观点吗？那么让奥古斯丁代他们所有人说话吧："如果你被剥夺了任何原属于你的东西，那是神主赋予我们从你处夺取东西的缘故，我们不会因此(被视为)妄图占有属于他人的东西；因为那些财产，依据全能的神之命令，已成为我们所有，并正当地作为我们所有物而保存。"我们希望听取教会法学者的看法吗？英诺塞特***** 教皇自己宣称："合法战事中取得之物可合法持有。"并且，这一论断为霍斯提尼斯****** 、帕诺米塔努斯******* 和阿基蒂克努斯******** 所反复确认。我们在罗马法的

---

* 莱库格斯(Lycurgus， —公元前 323 年)，雅典雄辩家。

** 流便(Reuben)，《圣经》中的故事人物。

*** 迦得(Gad)，《圣经》中雅各的第七个儿子。

**** 阿萨(Asa)，犹大国王(公元前 929 年在位)。

***** 英诺塞特(Pope Innocent Ⅳ)，英诺塞特教皇四世(公元 1254 年在位)，意大利教会学者，曾在波伦亚讲授教会法。

****** 霍斯提尼斯(Henricus Hostiensis， —1271 年)，意大利教会学者。

******* 帕诺米塔努斯(Panormitanus, 1386—1445 年)，意大利教会学者。

******** 阿基蒂克努斯(Archidiaconus， —1313 年)，意大利教会学者。

解释者中找到了什么呢？ 巴托鲁斯* 说：“在战胜情况下，那些夺取战利品的人不受民法之约束而归还。”鲍尔达斯走得更远，他宣称：“即使在良知的内心审判前，拥有在正义战争中捕获物也是合法的。”鲍尔达斯的观点为贾森** 所引用，并不仅得到法学家而且得到特别关注这一问题

56 的《圣经》评论者的广泛承认，如西尔维斯特*** 、阿德里安**** 、安杰勒斯***** 、卢浦斯****** 和(西班牙的)维多利亚******* 与科瓦卢维斯******** 。的确，如果我们审视所有权威的言论，我们会发现无人谴责夺取战利品，尽管许多人确实谴责这一做法中表现的贪婪，即“夺取超过某人应得之物”；正如我们认为应责难的不是战争本身，而是战事中的残酷。

57 因此，从所有的法律角度来看，有时基督徒从基督徒处捕获战利品是正当的。

---

* 巴托鲁斯(Bartolus of Sassoferrato, 1313—1356 年)，意大利法学家，注释派之王，被誉为“法律之光”。

** 贾森(Malnus Jason, 1435—1519 年)，意大利法学家。

*** 西尔维斯特(Prierias Sylvester, 1460—1523 年)，意大利多米尼加学派神学家。

**** 阿德里安(Adrian Ⅵ, 1459—1523 年)，阿德里安教皇六世，荷兰神学家。

***** 安杰勒斯(Angelus de Ubaldis, 1325—1407 年)，意大利佩鲁贾的法学家。

****** 卢浦斯(Joannes Lupus, —1496 年)，西班牙神学家。

******* 维多利亚(Franciscus Victoria, 1480—1546 年)，西班牙多米尼加派神学家。

******** 科瓦卢维斯(Diego de Covarruviasy Leyva, 1512—1577 年)，西班牙教会学者。

第　五　章

问题三

何种捕获物或战利品之获取为正当？

问题四

哪些战争是正义的？

于是，基于承认一定情况下捕获物或战利品之获取应视为正当的前提，我们仍要确定何种情况在该名目之下。这一问题不需考虑太多，因为前文所述明确地证明：所有源于正义战争的捕获物或战利品之获取均合法。那是公认的结论。

全部的争论如今转到这个问题上，“哪些战争是正义的？”

首先，我们必须澄清正义这一术语所附带意义(正当、恰当、完善等)的模糊性。当我用这一术语时，我不是指它有时暗示固有潜在力的充分展现的那种含义(正如在“一个恰当的时代”、“一艘完美的舟船”、“一项至善的工作”的表达中那样)，我也不指获得某种形式的外部特征(隐含在短语“一位完美的家庭主妇”中的概念)。这些暗示肯定在我考虑之中，因为一场正义或恰当战争的表述是该主题的作者们在上述两种意义中都采用的。不过，我采用正义这一词纯粹是为了表示那些具备任何人法或神法所要求的各种条件的战争。

如今，不同的权威学者以不同的、且有些杂乱的方式讨论着这些条件。有的作者为战争罗列了七种名称。并且，他们的罗列还不是完全的，其中有些内容也不足以与其他相区分。也有作者坚称，正义战争须由(有能力的)法官依法指导。有的研究该问题的人，探究战争背后的权力、缘由(指代战争起源的术语)以及相伴随的意图(或各参与方之目
58 的)。有的研究涉及“缘由”、“模式”和“必要性”。另一些参与该讨论的人认为，只有在国家陷于危险时不得已而战，并应有一项正当理由，在正式宣战并通知敌方后，根据最高执政官的命令而发动战争，该战争才是必要的。也有权威学者，在这些论题下讨论“争端的对象”、“缘由”、“意图”、“权力”以及“相关人”。

然而，如果我们在四种原因的基础上分析战争，那么上述的每一种分类的缺陷或肤浅之处将显而易见，因为不少其他事项的行为，习惯性地在这四重基础上加以解释。的确，任何一项行为之下的原因缺陷将足以使该行为有瑕疵；为了使该行为是正当的，有必要将所有的原因以正确的形式共存，因为正当性必定符合一项单独标准。一则希腊谚语指出了该区别：

> 善只有一种形式，恶的形式多样。

因此，我们得出结论：所有完全源于正当缘由的战争均为正义战争。

由此，有必要审查缘由的主体。我们须确定，第一，什么人正当地发动了战争；第二，他们以何种理由、针对何人发动战争；第三，以何种方式——即：在何种范围内——发动战争；以及第四，为何种目标

及何种意图而发动战争。

而且，应了解，我们并非由于不赞成其他学者在关于战争法方面所做的工作而从事这一事业，实际上，这些权威论述对我们很有用。不如说，我们为这一信念所激励，即通过目前为止已积累资料的帮助，我们应能够更深入地在那些先前学者传承下来的原则基础上作出准确的贡献，或至少对这些原则的清晰、有序安排有所贡献。 59

第六章

关于战争的有效原因

问题五

第一条　什么是私战正当有效的原因?

第二条　什么是公战正当有效的原因?

我们知道，引起特定结果的诸原因，有些是主要原因，有些是起辅助作用的次要原因，有些仅被视为工具性的。当然，上述三种原因在人类自愿的行为(包括战争在内)中是很难辨别的，对大多数其他的事物而言，情况同样如此。

如我们已经指出的那样，根据自然法则，每一个人都有权行使自己的权利。因为从观念上看，我们都是为了行使权利而由思想和肉体组成的结合体，而且，可以说肉体的存在是为思想服务的。这一点可以通过我们肢体的使用尤其是手的使用表现出来。例如我们自卫时通常掌心向外，而当我们用手护住某物时，一般是主张对该物的所有权。

我们之间相互善待，相互帮助，乃自然本性。因为当我们陷入困境时，我们有理由请求他人给予我们所希望的、我们之前给予他们的同等待遇。关于责任问题，许多学者已经作了详尽的著述：根据上帝的意志，除了上帝自己，万物皆由众生平等享用，无人拥有特权。进言之，人类用一些特定的术语表明相互间的情谊。依据亲戚这一用语的内在含义，亲戚之间应团结互助；邻居则意味着在需要帮助时，可以向他们求助。在一个社区中的所有市民都应被视为一个整体同等对待。此时，我的脑海中浮现的是舞台上那句著名的台词：前进，罗马公民们！因此，(据说)梭伦[*]曾制定法令：国家境内的每一个人都将对他人的侵害视为对自己的侵害，如此，这个国家将成为幸福的国度。德谟克利特曾说：我们有义务尽我们所能去保护那些遭受非正义压迫的受害者，不能对他们视而不见，因为前者是正义的、善的，而后者是非正义的、邪恶的。在亚里士多德的著作中，我们也可以发现如此精彩的篇 60
章：当侵害已经发生时，我们应当挺身而出，无论是为了自卫还是为了家族的利益或是报恩；另一方面，如果我们的盟友遭受侮辱，我们向他们提供帮助也是合情合理的。此外，即使彼此之间缺乏其他的联系，人类之间与生俱来的普遍的友情和交往，仍能使我们对他人所遭受的苦难感同身受。因为人类不能对事关人类重大利益的事情置身度外。依据这一准则，在一定的情况下，由于当权者和神学家及法官们拥有很大的权威，如果他们本来可以阻止伤害的发生而熟视无睹不加阻止，应对他们施加惩罚。

但是，一个行为的发起者们和他们的同盟者是以自己的力量做出行动的(前者肯定代表自己，后者代表他人)。在另一方面，工具只能依赖使用者而不是工具自身在发挥作用。因为在特定的意义上，肢体不过

---

* 梭伦(Solon，公元前638年—)，著名的雅典立法者。

是身体的一部分，这一部分又自愿地服从于整体。如此看来，手不过是所有工具中的一种。卢西留斯在其诗中写道：

> 古代人的武器是手、牙齿和指甲。

相反，武器操控于士兵之手，但是当我们谈及战争工具时，我们不希望将战争工具简单地理解为抛石器、剑与长矛，因为这些东西很少与正义问题有关。我们更愿意把人看作是工具，因为人的活动只不过是执行他人的命令。以儿子为例，因为从自然的观点来看，儿子实际上是来源于父亲身体的一部分，因此，前者的存在源于后者。也可以用奴隶来说明这一点，因为在一定程度上，像其他财产一样，奴隶也是他主人财产的一部分。因为正如事务的某一部分并不总是仅仅凭借相同的关系而从属于整体，在这些关系中，整体不能脱离这既定的部分，更进一步说，整体是由组成它的各个方面共同作用的结果，即使是一项财产本来就是占有者本人的东西，情况也是如此。德谟克利特曾建议我们："使用你的仆人就像使用你的肢体一样：要因人而异，不同的人有
61 不同的使用目的。"亚里士多德曾说有的人天生就是奴隶，这句话并没有什么错。不是因为上帝造人时没有赋予某些人自由，而是因为有些人在本性上就倾向于受他人统治而不是由自己来主宰命运。因此，就像过去一样，家庭由多个人组成但却由一个人管理；而且，每一个服务于他人的人都绝对像工具，为此，我们把那些向我们提供劳动的人当作我们的"手"。让我们把"臣民"一词赋予所有的人吧。

因此，根据前述的观察，我们可以得出这样的结论：私战(这应当首先论及)可以由任何人以任何形式发动，包括连同其同盟者或通过其指使的代理人发动等情形。关于这一点，人们可以引述鲍尔达斯的

话：有些人直接发动战争，而不通过其他的代理人；有些人伙同他人直接发动战争；有些人并不直接介入，而是指使他的代理人发动战争；有些人则既直接发动战争同时又让其他的代理人参与战争。 上述讨论的三种战争(亲自参与发动战争；伙同盟友发动战争；指使代理人发动战争)都可以在亚伯拉罕的故事这一个事例中得到验证，在亚伯拉罕的战争中，不仅亚伯拉罕本人亲自发动战争，还有他的盟友(亚乃、以实格和幔利[*])参加，而且包括他的家奴在内，在故事里称他的家奴为“年轻人们”。

而且，我不把任何人排除在我上段论述所得出的结论当中。 因为假使一个人被禁止发动战争，那么这种禁止也不是因为其没有资格发动战争，而是因为程序上的缺陷，换句话说，是不符合第九项法律的规定，关于第九项法律的效力问题，我们将在其他的部分讨论。 这其间的区别，我们也可以依据奥古斯丁的教导来加以说明：在这种情形下，正义之人首先应当考虑的仅仅是：战争只能由有权发动战争的人进行，并不是所有人都可合法地参与。

可以肯定的是，学者们在使用“战争”这一术语时，大多数情况下指的是公战而非私战，公战是惯常讨论的主题。 现在，就让我们将注意力转向公战方面。

就像发动私战的权力掌握在个人手中一样，发动公战的权力主要由国家掌控。 先不理会争端产生的主题从一开始就是公的，还是通过司 62
法程序从私的转向公的。 现在，一个国家必须是被认为“自给自足”的，在这种状态下，它本身即为一个完整的实体，就像修昔底德所说的那样：拥有自己的法律、法庭、税收和执政官；就像卡杰坦[**]和维多利

* 亚乃(Aner)、以实格(Eshocl)、幔利(Mamre)，均为《圣经·旧约》中的故事人物。

** 卡杰坦(Cardinal Cajetan, 1469—1534 年)，意大利神学家、哲学家和《圣经》的注释家。

亚在文章中描述的那样：有自己的议会和权威机构。维多利亚确立了这样准则：没有什么可以阻止几个君主或者独立的国家臣服于某一国王，或是通过条约紧密地团结在一起。但如果一个国家无权发动战争，那么在防御方面就难以做到自我保全。所以，罗马人有权发动战争，埃图斯卡斯人、萨姆尼提斯人、泰伦提尼斯人等拉丁人也可以对外宣战，以及同罗马人作战的一些其他意大利人(我们听说是这样)也有战争权。更不必说同时期非洲的卡萨吉尼斯人、希腊的斯巴达人和雅典人，以及许多其他的国家。古代的希伯来人和凡是享有自己权利的人也都有权发动战争。因此，巴托鲁斯宣称自由国家之间的战争是正义的，且在这样的战争中捕获的财产可以为捕获者所有。

进行公战的权力也掌握在执政官的手中。因为一旦国家将其意志交付给执政官来掌控，那么为了自身的利益，国家可做的一切，同样也可以由代表国家的执政官来实施。当然，这里执政官一词指的是已经被赋予发动战争权力的人。但在一定意义上，所有的执政官都被赋予了这种权力，除了一些特殊的例外情况。因为对判决宣示和管辖的维护、法令的颁布和实施都隶属某一人和同一机构。而且，这些职权如果不借助战争有时难以得到行使。进而言之，对国内敌人的惩罚和对国外敌人的惩罚本质上也属于某人或同一权力。当然，即使如此，还应考虑官职的高低。由于没有什么比战争对国家利益的威胁更大，因此毫无疑问，国家希望将发动战争的权力交付于最值得信赖的人。而且，由于国家已经建立了执政官的不同职级，国家意志再也清楚不过地表明，如此重大的事项，理所当然地应当由最高执政官来决定。如果最高执政官一时难以找到或不能履行职责，则由职级次之的官员行使权
63 力，再出现相同的情况，以此类推。因为国家总是希望安全得到保障，正义得以伸张，维护共同利益是所有行政官员的职责。

因此，在有些地方，人们并不习惯于全体人的大会，而且，他们也不认为这种大会对其有利。那么发动战争的权力就首先赋予某些人或某人，对其而言，早已被赋予所有或大部分的国家权力。对某些国家而言，这种权力被赋予某些个人，例如，一部分特定的人民或贵族；而在其他一些国家，发动战争的权力则被赋予某些被称之为君主的个人。奥古斯丁说：根据自然法则——这些法则用来维持所有人类间的和平，要求君主拥有进行战争的权力与自由裁定权。在我看来，如果君主缺位或懈怠，而且没有法律明令的禁止，那么毫无疑问，地位上仅次于君主的大臣就不仅有权保卫国家，而且有权发动战争去保卫国家，甚至处死坏人。

另一方面，如果出现这样一种情况，我们是否能称之为“公战”还是有争议的，我本人认为是可以的。因为这种战争是由国家意志所支持的，而根据国家的意志，无论是明示或默示都肯定被视为有战争权的，这一点不仅早已为西塞罗，而且也为卡杰坦(诸多神学家之一)所论证过，卡杰坦论证的依据在于公认的一则古代谚语：“让人民的利益成为最高的法律”。实际上，在包括罗马和其他的地方在内的许多场合，这一问题已被多次强调。根据《奎里特斯法》，不经人民的同意或由议会通过法令，是不可能发动一场战争的(至少一般而言是这样)。然而，当纳伊斯·曼利厄斯* 对格拉提斯人发动战争时，虽有开战的理由但事先未作任何的警告，他不仅被宣告无罪，甚至被授予凯旋勋章。此外，卡托将朱利叶斯·恺撒** (已经被派往征服高卢并拥有了至高无上的权力)对阿里维斯图斯人和德国人的战争，以及恺撒对英国的战争定
义为“私战”的观点受到驳斥。就我而言，我并不怀疑曼利厄斯和恺 64
撒会这样为自己辩护：无论何时，如已经对某国公开宣战，所有可能帮

*　纳伊斯·曼利厄斯(Volso Gnaeus Manlius)，公元前195年罗马执政官。

**　朱利叶斯·恺撒(Gaius Julius Caesar，公元前100—前44年)，罗马将军、独裁者和历史学家。

助该国的人都不言而喻地成为宣战的对象。事实上，我认为，布鲁特斯* 作为高卢的统治者对安东尼** 的战争是一场公战。因此，根据上述的论点和事例，我倾向于反对英诺塞特以及追随其后的巴托鲁斯的权威观点。他们的观点肯定对有关公战和国际法的问题而言几乎没有什么价值，尤其是考虑到反对的观点甚至在西班牙都不乏支持者。在法理上，任何种族都不应受到歧视。特别需要指出的是，任何人都不能否认这种观点可能招致报复，而报复可以被视为是一种战争。

现在，正如私人可以通过其他人来发动战争一样，某一个国家或国家的执政官不仅可以通过个人甚至可以通过其他的国家或他国的执政官来参与战争。这里，我们探讨一下联盟军队的起源问题。关于联盟军队，希腊人使用专门的术语给出了清晰的界定，分别为以任何形式而建立的各种联盟、依据第一项法律仅为防御而建立的联盟。

战争的发动者(是指那些受到某一国法律约束的人)同样地起着公战的工具作用。这就是第七项、第八项法律及第十四项规则的部分含义。据此，没有人可以不受上述法律的约束，除了可能依据基于某国的特殊法律或者特殊的习惯之考虑：例如，由于不同的原因，奴隶被排除适用于罗马法之外，而牧师只受教会法的约束。臣民对公战的参与程度则是在其他章节将要讨论的问题。

就目前而言，我们仅仅关注的是(不同等级)的人(被视为潜在的公战的参与者)的权利，这些人的权利可以被概括为：**公战只能由某国或该**
65 **国根据职级由相应权力的官员来发动，可联合盟国或盟国的执政官发动，也可通过其代理机构发动。*****

---

* 布鲁特斯(Decimus Brutus， —公元前 33 年)，高卢的罗马统治者。

** 安东尼(Mark Antony，公元前 85 年—)，罗马将军和政治家。

*** 中译本以粗体表示英译本正文以斜体表示的句子。

第七章

战争中的主体问题，以什么原因和在什么情况下发动的战争是正当的

问题六

第一条　对于自愿有效的战争代理人而言，出于何种原因可以成为合法的战争主体？

第二条　对于自愿有效的战争代理人而言，在参与作战的情况下，如何能成为战争的主体？

第三条　对臣民而言，出于何种原因可以成为战争的主体？

第四条　对臣民而言，如仅参与作战，如何成为战争的主体？

由问题六引申出的问题

存在对双方都正义的战争吗？

第一条　关于自愿的战争代理人？

第二条　关于臣民？

接着，让我们转向下一个问题：出于何种原因及为反对谁，我们可以发动战争？ 我们也可以用一个合适的词“战争的原因”来表述这一问题。 亚里士多德对此的表述是“战争的起源”，还有其他一些人更特别地将其定义为：战争的借口或依据。

事实上，一场正义的战争是在行使一项权利，即一场正义的战争必须以一项权利为前提条件。

但是，关于这一点，应当注意的是，虽然我们在前面提到两种参战的人——一种是主动发起战争的人和另一种起辅助作用的人(我们称之为“臣民”)，但“权利”一词在上述两种情况下不能以同种方式加以解释。 因为许多学者坚持认为：享受权利的主体并不是绝对的，而是相对的。 实际上，从严格意义上讲，权利仅应属于那些自愿行为者。 进而言之，为使一项权利得以存在，意志应当是源于智力活动的一种领
66 悟，这种领悟最终必须来源于事实本身。 先哲非常恰当地将法律定义为“正当理性”，而且，告诫那些发动战争的人：除非是基于正义的理由，否则不要使用战争这种最后的救济方式。 西塞罗曾经说过：“没有正当理由而发动的战争是非正义的战争。”

现在，我们拥有的任何权利都应当符合四项法律之一：第一项、第二项、第五项和第六项法律。 第三项和第四项法律关注的是个人利益，与第一项和第二项法律根本不同，除了同称之为法律外，其含义是相反的。 但第七项法律及其后的法律都可以追溯到第六项法律(也可以说受第三项规则的支持)。 因此，所有的战争必须具备四种原因之一，方可能为正义。

首先是自卫，它源于第一项法律。 原因正如西塞罗所描述的那样：……当杀人意味着以暴力反抗暴力时，它不仅是正义的甚至是必须的。 我们可以在许多学者的著述里找到相同的观点。

其次是保护自己的财产，其依据是第二项法律。第二项法律不仅容许反抗他人侵犯自己的财产，而且容许作为惩罚剥夺他人的财产。此外，这里的“财产”一词不仅仅指的是物质财产，还包括道德高尚者的良好名誉和其他那些绝对不能被剥夺的东西，这些也应被视为财产而受到保护。

第三个原因——一个被许多学者所忽视的——这就是源于契约或其他类似形式的债。可以肯定地是，我认为第三个原因之所以被一些人忽视，因为欠我们的，也可以称之为我们的财产。尽管如此，对此再给予专门的提示似乎效果更好，因为唯一的解释方法出自众所周知的法谚：“债就是那些应当给付、履行、偿还但还没有给付、履行和偿还的东西。”柏拉图在《阿克拜第篇》中也讲到人们不仅可以在受到暴力侵犯或掠夺时发动战争，而且受欺骗时也可发动战争。我们还可以引述塞尼卡的观点：甚至城市可以因为应提供的服务没有提供，而对其他的城市提出控诉。而且，鲍尔达斯就金钱之债也表达了相似观点。

第四种原因源于不当行为和各种侵害——无论是言词还是行为——只要是为了不当目的而实施的。亚里士多德写道：“确实，正义战争 67
习惯地被定义为对侵害而实施的报复。”因此，应当打击那些对本国国民所实施的邪恶行为视而不见、不加惩罚的人民或国家，或将不当手段掠取的财产归还其主。

现在，我想阐明上述四种发动战争的原因作为合适的主题，无论公战还是私战都具有相同特征。但是，对于公战来说，权利及相关的例子更为确定；而私战与公战的区别在于有效的代理人及其采取的形式问题。不过，在其主题方面并无区别。所有生物所提供的事例表明：使用武力以防卫、保护自己的身体免受侵害是正当的，而且，为了保护或恢复自己的财产而使用武力也是正当的。以武力索取债务也不失为正当。甚至，私人用武力去惩罚罪犯有时也是容许的：例如，对通奸者(在一定的情况下)、抢劫者、反叛者、或逃兵使用武力也是容许的，正因为如此，特图里安* 说："每一个人都是反对叛逆者和公敌的战士。"这不是使用武力的仅有原因，有些法律也规定了对滥用权利者可实施报复。

在另一方面，某些私战也会由于其原因而成为正义战争，而公战则可能因为缺乏正当理由而成为非正义战争。因此，塞尼卡抱怨说："我们总是盯着谋杀或某一个杀人犯不放，但战争和肆意的屠杀却给整个国家带来怎样的不幸？贪婪和残忍之间并无界限。……残忍的行为非须经元老院和平民大会颁布的法令不能从事，而公共权威机关须禁止私人实施这些行为。"塞普里安** 赞同塞尼卡的观点，说道："当某个人杀人时是一种犯罪，而公共权威机关杀人时，就被赋予高尚之名。"这句话的本意是："法律使犯罪名正言顺。"据此，亚历山大大帝对亚洲发动战争时，如果没有正义的理由，他被强盗们认为是犯罪同伙，也无可厚非；正是基于这一点，卢肯*** 称亚历山大为世界的盗贼，而塞尼卡将他描绘成一个"抢劫者"。同样的观点也适用于克拉苏**** 对帕提亚人的战争。

因此，对两种战争(公战和私战)而言，人们必须考虑战争的原因。
68 正如我们已经指出的，战争的原因有四种：对当权者来说，他们认为战争的原因有三种(根据其分类为：自卫、求偿和惩罚)。这并不包括一般性原因，即，义务未得到适当的履行。实际上，就我们关注的主题而言，在战争和诉讼中都一样，我们可以说，有多少种战争就该有多少种

---

* 特图里安(Tertullian, 160—240 年)，拉丁人的教会之父。

** 西普里安(St. Cyprian, 200—258 年)，迦太基的主教。

*** 卢肯(Marcus Annaeus Lucan, 39—65 年)，拉丁史诗作者。

**** 克拉苏(Marcus Licinius Crassus，公元前 108—前 53 年)，罗马执政官和最初的三人执政官之一。

法律行为，两者应完全一致。可以肯定的是，在人们考虑发动战争的首要原因时，很少依据法律上的判决，因为出于自卫，并不容许时间上的拖延，而在法律上判断得出之前，抵抗外来进攻的命令就先要下达。与财产相关的行动，我们称之为民事请求，源于第二种理由，同样，出于保护财产的目的，禁止侵犯他人财产的禁令同样也应下达。第三和第四种原因导致的是个人行为，即基于契约或受到侵害后的赔偿请求。

但是，即使是在一个诉讼案件中，也如同战争一样，只要原告是正直之人，那么他采取诉讼活动的理由应当是正当的，正义是主张权利的前提，而不能依据不具有正义性的权利提出控诉或为自己辩护。例如，对本身属于我们的财产提出权利请求。强迫我们去做我们没有义务做的事，或者让无辜之人遭受惩罚，这些行为都是非正义的，那么，根据第一项法律，对非正义的反抗就是正义的。

此外，包括战争在内的各种争端，就像在法庭上的争端一样，并不是每一项正当的请求都可以不经执行程序就可以实现。因为某个人对其权利的行使本身就是一项权利，这一点在我们讨论捕获问题时已经论及。

因此，根据前述的观点，很显然，为了不正当的占领或分裂而使用武力是不正义的，而为了能够保持已经获得的正当占领或自由，即使冒着战争的风险也在所不惜。但是，我们应该看到，(尽管这不是类似于自由裁量的问题)我们不应该仅因为很小的侵害就火冒三丈，因为与忍受随战争而来的苦难相比，忍受这些微小的侵害并不困难。我们既要冲破激流漩涡而又不能跌入噬人的深渊之中。在法庭上的相似原则是在任何情况下，即使是正义的，也不要轻易地提起诉讼。

我们对权利问题的观点既适用于发动战争者也适用于其同盟者，同 69
盟者同样也应该慎重以免卷入非正义的战争，他们不是必须要参与战争的，因为从法律的角度来看，无条件的战争同盟条约是无效的。正因如此，亚伯拉罕要求其盟友考虑其战争理由的正义性。在描写阿基利斯* 帮助希腊人时，拉丁诗人斯塔修斯** 首先探讨了战争原因，指出：

> 战争如此严酷，那么希腊人发动战争的理由何在？
>
> 告诉我！我只是希望在此认识上添加正义之火……

因此，**对自愿参与战争的人而言，战争要有正义的理由。其中包括已经提过的：人们保卫其生命和财产，或是在生命或财产遭受侵害后要求赔偿，或是索取自己应得之物或对违法行为加以惩罚。**

解决这一点之后，解决第二个问题就丝毫不感到困难了。因为隶属于某一行为的任何事物或受其影响而产生的结果，也都习惯地被视为这一行为的主题。关于这一主题的、也与战争问题相关的例子，我们可以在针对战争的发动一方，换言之，在敌对方那里找到，虽然后一术语既有消极的，也有积极的含义。因为根据自然规律，当原动力以热能发挥作用时，就意味着其消极的受体相对来说是冷的。准确地说，与此相同，显然，如果一方以合理的理由发动一场正义的战争，那就意味着发动战争者的敌对方应当被置于相反的方向。我们已经说明了正确的对立面是错误。因此，简言之，如果轮到发动战争的人实施了错误的行为，正确的一方也可能是被动承受战争的一方。奥古斯丁认为："对方的不正义会导致针对自己的正义战争。"承袭了奥古斯丁的观点，利奥*** 大帝也宣称："对侵害者实施的报复是正义的。"[1]神学家

* 阿基利斯(Achilles)，著名希腊武士，荷马时代的英雄。

** 斯塔修斯(Publius Papinius Statius, 61—96 年)，罗马英雄史诗作者。

*** 利奥(Flavius Leo I, —474 年)，康斯坦丁堡皇帝。

[1] 与希腊文本相比，格劳秀斯的拉丁文本的翻译对利奥所言的翻译也许有些过了，希腊文本中的理由指的是自卫而不是报复，文字上翻译成英文应该是这样的："保护自己免受侵害的人是正义的。"但这里，像其他的情况一样，并不强调希腊文本与拉丁文本的不同，在此，翻译的注解依据的是拉丁文本。

们也以自己的方式表达了他们的观点：“被合理地置于战争的消极一方
是不愿意满足对方要求的一方。” 70

但是，为了更准确地阐明该观点，我们必须解释“错误行为”的概念。

相对于“正确”的“错误”表示有三种含义，区别于希腊语中三个不同术语。我们不仅可以从哲学家那里学到，也可以从乌尔比安* 和西奥非留斯那里学到这三个术语。此外，同样的区别也清晰地展现在特米斯修斯** 与韦恩斯的谈话中，以及狄奥德拉斯*** 引述的吉利普斯**** 的话中。这三个希腊语分别是：第一是“一般意义上的错误”，即不正确、或不正当；第二是“故意的错误行为”，一般表现在两个方面：故意的违背义务或损害；第三是“习惯上和典型的错误和不正义”。哲学家希拉克斯***** 在他关于正义的书中，对上述三个词作了清晰的界定，认为：第一个词是指完成或结果；第二个词表示行为；第三个词是指一种习惯或一种思想状况；换言之，是一种已完结的行为或结果，行动的执行或安排，这些概念之间的差异就像一幅已经画完的绘画作品与绘画行为及不同绘画艺术之间的差异一样。根据第一个概念，适用于“受错误影响的人”这一术语；第二个概念是指“故意实施错误行为者”；第三个概念是指“不正确的人”。现在，每一个习惯上和典型的错误和不正义都包含着故意错误的成分，而后者又总是包含着一般错误的成分。但反过来，就不一定正确。因为虽然对于受侵害者而言，这些概念并无不同，但对施害者而言，则有差异。因为除非通

*　乌尔比安(Domitius Ulpian, 170—228 年)，罗马著名法学家，《学说汇纂》收录其学说。

**　特米斯修斯(Tnemistius, 315—390 年)，希腊雄辩家。

***　狄奥德拉斯(Siculus Diodorus)，公元一世纪希腊历史学家。

****　吉利普斯(Gylippus)，公元前 414 年奔罗伯尼撒战争中的斯巴达城将军。

*****　希拉克斯(Hierax)，年代不明的古希腊哲学家。

过事先的预谋，习惯上和典型的错误和不正当是不可能产生的，但是，故意的错误有时无需预谋也可以产生，尽管这种故意的错误总是伴随着对先例的认知和主观意识或是出于自愿，也就是说，上述的情况表明，行为人很清楚他以什么方式，因何种原因而做出对他人不利的行为，事
71 实上，其违反义务的意图就包含在其行动中。另一方面，一般性的错误——与形式上的不正义相反，学者们称之为“实质的不正义”。但鲍尔达斯称之为“事实上的错误”，因为它区别于所谓良知上的错误——这种错误甚至存在于有些非自愿参与的行为中，这时不幸和错误一同降临在某人头上。可以肯定的是，后一种形式的错误发生时有其主观上的原因，尽管其行为可能是受到他人欺骗的结果。但不幸可能有其他的原因，就像在人们拥挤的场合，某人武器从手中滑落一样。

古代的罗马法学家们将每一个关于一般性错误的事例都普遍地理解为伤害、侵害、冒犯，有些特殊的情况与故意的错误无关，他们使用“非故意引起的损失或损害”一词来表示。动物缺乏理性，不会依据对或错来行事。换句话说，对动物而言既没有故意错误，也没有希腊文习惯上和典型上的错误和不正当。因为动物天生没有类似人的意志，也几乎没有预先判断做出选择的能力。但是，它们可能会做出错误的行为。因为“错误”是一般性的用语，可能被用于主观上并不想造成伤害，但实际上造成了伤害的情况，就像《阿奎利安法》所指出的那样。

也许，如果我们说，这三个希腊语分别是指“做出错误行为的人”、“有错误意图[1]并做出错误行为的人”和“作为错误行为者的人”，也没有什么错。与上述用语直接相连，我们还可有如下的希腊语

---

[1] facere iniuria(以错误的方式行事)；格劳秀斯接下来的一段和本章以下的部分中显然需要对这样的术语 facere iniuria 和facere iure(正确的行事和以正当目的行事)加以解释。

表述：“做正确的事”、“依正当目的行事”和“像一个正直的人那样行事”。 上述的用语与马西努斯* 在论述公诉时的措辞是一致的。 还有三个希腊语分别是指“一个人偶然做出错误行为”，“一个人因一时的冲动而做了错事”和“一个习惯于做坏事的恶棍”。

据此，我认为在论及敌人所犯的错误、或侵害时[1]，即使是非自愿的侵害，我们也包括在“侵害”范畴。 对此，也许需要如下的澄清。 72

就像权利在构成第一项、第二项、第五项和第六项法律的各要素中已得以体现一样，同样的，错误和侵害与第三项、第四项、第五项、第六项法律之间的冲突也同样可以体现出来。 因为第一序位和第二序位的法律(分别为第一项和第二项法律，第三项法律和第四项法律)都具有非混合特征，而第三序位(第五项和第六项法律)则具有混合特征，可从这两方面(与权利和侵害相联系)加以考虑。 因此，如果一个人在作梦的所作所为对我构成威胁(根据某些权威学者的说法，这是基于事实的假设)，或者他处于疯狂状态之中(在任何时候都有可能发生)，毫无疑问，我有权以暴制暴，在没有其他方法确保我的安全时，我甚至可以杀死对方。 然而，这样的攻击者在攻击时并不带有错误的意图，因为这些攻击者在当时并不具有做出错误行为的主观意图。 但其行为已足以与第三项法律相冲突，因为根据第一项法律，我甚至可以先考虑自我保护，然后再考虑他人，无论如何，我有权用尽一切办法来防止他人对我的侵害。 正如塞尼卡所说：“为保护薄弱之处免受攻击而进行的自卫，在必要时，可以不受任何法律限制。”实际上，正如我们一开始就看到的那样，必要性是自然界的第一法则。 同样的，我们可以对善意取得的财

---

*　马西努斯(Aelius Marcianus),公元三世纪罗马法学家，《学说汇纂》收录他的论述。

[1]　这三个(实际上只有两个。 ——中译本注)英文单词是对一个拉丁词语 iniuriam 的翻译，有时这个词最好的翻译是“a wrong” (例如，就在前面的关于对与错的讨论中)，但是通常指的是“injury” (格劳秀斯在做一般性的论述时是这样翻译的)。

产提出权利主张。也就是说，虽然财产占有人不是有意识地违反第四项法律，但依据第二项法律来反对其主张，也未必不合适。而且，可能由于若干原因中的任何一条，某财产占有人由此成为我的债务人，而他本人都没有意识到这一债务。这种情况是可能产生的，例如，在上述的情况下，一个继承人因为不能偿付被继承人的债务而违反了第六项法律，尽管这种违反并非出于故意，但是，法律给我带来的好处是不能否认的。一个人因他人过错而丧失自己权利，还有什么比这更不公正的呢？而且，前述观点同样可适用于战争，就像适用于法律争端一样。

73 只有与第五项法律有关时，才应考虑意志因素。因为罪犯违背这一戒规的行为不应受惩罚，除非他们故意这样做。如有例外，那是因为对罪犯的惩罚应与其以不法方式，即利用他人的错误而获得利益相称。但是，谁也无权从他人受损中获益，除非对方自愿。而且，不仅有关一般性错误，而且故意的、或习惯错误的事例都可以在这方面得以充分体现。接下来，让我们来看看这些不同形式的侵害如何以不同形式实施。

现在，显然那些在战争中以任何方式造成侵害的人都应当受到法律上的起诉。按照德莫斯梯尼的观点，因为法律既惩处故意犯罪也惩处非故意犯罪。因此，那就顺理成章，不仅仅以意志自由行事的人即主要的行为人及其盟友，也包括其追随者，或换句话说，臣民，都隶属于“敌人”的范畴。因为臣民们在服从命令的过程中，即使不具有故意的犯罪意图，但客观上至少做出了错误的行为。对于(敌方的)臣民，以下的罗马仪式正好适用于他们：(战争宣告)“我对古拉丁人的国家宣战，包括古拉丁人的臣民们”；(在对人民质询的回答中)“他们是否希望，并命令依据菲利普国王和马其顿人在该国王统治下(以及根据辛修斯* 讨论

* 辛修斯(Alimentus Cincius)，约公元前200年时罗马编年史作者、法学家。

军事事务时提到的法令)宣战。”“罗马人将对赫尔曼杜兰人及其附庸们宣战，包括他们盟友，无论任何人，只要站在他的阵营里，就是我们的敌人。”

另一点需要指出的是：我们提出与侵害有关而拥有物品权利之原则，也可以相反方式推理，也就是说，当行使一项权利时，可能会受到某些损害。无论明知还是疏忽，只要是妨碍正当权利行使，就构成对权利的侵害，例如，将他人之物占为已有，或不履行应尽义务，或冒犯了不该冒犯的人。因此，对一国发动战争是合理的，不仅因为该国实施最初的侵害行为，或是为了其利益通过其执政官而实施或借该国权威 74
机构而实施的(因为我们也实施了这类行为，只不过以另一种形式)，还可能是因为该国保护了实施侵害行为的公民。相反，当一国公民为保卫国家、执政官或抵御侵害者时，以相同的方法去对付该国公民也是可以的。换言之，像第七项和第十一项法律这样的下位法(因为它们是派生于第三项和第四项规则)，在涉及任何第一序位的法律(均为以第一项和第二项法则为基础的自然法与国际法戒规)时，不是与权利的行使，而是与导致伤害的犯罪有关。

根据上述事实，**主动地发动一场针对某些人或某个国家的战争也可以是正义的，因为这些人、国家或者其执政官给他人造成了损害。如果一国保护侵权者，那么对该国发动战争也是正义的。如果一国及其臣民有可能成为带来侵害的敌人，那么针对他们的战争也是正义的。**

在严格意义上，以上论述中有一个问题尚未提及，即几乎没有考虑臣民所为。这是因为他们的行为并非他们自己所掌控。我们已对此作了论述，这一问题的基本要素是意志，而意志由理性所指导。这一点得到了神学家们的肯定，而工具性行为则取决于他人意志。另一方面，相应地必须考虑这样的事实，虽然他们被当作工具，但毕竟也是人，只要是人当然天生就具有一定行为能力，拥有自己的意志力。那么，我们应如何协调上述矛盾的观点呢？

我们可以做如下的论证：臣民的意志受发号施令者的控制，这一点在任何地方对起工具性作用的人来说都是如此，但是，其理由的辅助条件是不反叛，这一条件本身构成了正义的某个阶段。让我们通过考察奴隶的本质特征这一亚里士多德曾详细论述过的问题，来阐明这一观点。虽然，有些人坚持认为奴隶不具有任何追求美德、乃至正义的能力，但是，也有人认为，奴隶与自由民一样具有寻求美德的能力。亚里士多德对此作了详尽的区分，并解释说，奴隶对美德的渴望与其主人相比是不
75 完善的，只是为了完成奴隶的使命而必备的，况且，这种美德在程度上也有极大局限。只要奴隶具有理性能力，他们也许就没有被剥夺追求美德的权利要求。但是，他们不能与自由民享有相同地位，因为他们不具有“协商能力”。为此，我可以归纳出这一点：某些方面，奴隶具有理性能力，有些则不具有。著名的《荷马史诗》对此有恰如其分的描述：

> 朱庇特取走了这类人的一半灵魂，
> 希望他们应终生为奴。

类似的，奴隶具有一半的美德能力，而另一半则不具有，因为

> 只要缺少一半美德，他们注定受奴役……[1]

---

[1] 这里对《荷马史诗》的引用出自于《奥德赛》中的一页(第 17 章，第 322—323 段)，但是，做了过于扩张的意译。显然，格劳秀斯的引述不仅是来自本人回忆，而且受到了其他关于上述两段话的读物误导。《奥德赛》的利奥柏版中关于引文的第一段话用的是“价值”而不是“思维”，全句的翻译如下：当一个人沦为奴隶时，万能的宙斯从他身上拿走了一半价值。另一方面，柏拉图在引述这一段时(《法律篇》，第六章，第 777 页)用的是“思维”，不是“价值”。格劳秀斯引申了《荷马史诗》，即指的是奴隶的价值(或美德)与思维。

而且，适用于奴隶的原则同样适用于其他从属者。因为就像我在
前面引述(亚里士多德)的话，一个孩子的美德“并不是他自己的，也与
他本人无关，而是属于对孩子进行监护的，作为更完全发展人类的成
人”。这一区别具有普遍适用性，也就是区分“命令者和服从者”，后
一类包括公民，甚至在被视为个人时，也是如此。根据西塞罗所说，
公民是法律的仆人。进言之，如亚里士多德所解释，所有命令是服从
者品德之原因。塔西佗内心也有同样划分，他说：“诸神赋予君主至高
无上的决断权，留给臣民只有服从的荣耀。”因此，关于臣民，有一点
千真万确，那就是卡尼艾德斯[*]和学院派哲学家们错误地将之适用于所 76
有的人，即正义是一种观念问题，“不是以自然而是以法律为基础”。
因此，它必须与各国已有体制相一致。佩里帕特梯克学派[**]有时将这
种正义(臣民的特征)描述为“法律的”，有时描述成“一般的”，因为就
像所有的美德都符合相同的根本原则一样，也符合一定的戒规。学者
们更是认为，甚至作为交换的正义某阶段也是发生于整体的各不同部分
之间，而分配正义则由整体到部分，所以，我们这里所说的正义是从部
分到整体的过程。

我最初认为，如与理性相悖，即使对于臣民来说，他们参与的战争也是非正义的。这相当于神学家们的下述观点：“任何行为，如其本意非善，即为恶。”因为正如学者们观察到的，理由不一致的意志支配行为是邪恶的，甚至理由只是错误而已；确实，理性是反叛的，只要任何时候理性宣布某些国家或执政官的命令、相应的较低序位法律与较高序位法律相冲突，于是根据第十三项法律，就成为非正当的。这一点已被相关法则及派生出相应的法律所确认。“与其服从人，不如服从上

*　卡尼艾德斯(Carneades，公元前 215—前 129 年)，希腊哲学家、新学院派创始人。
**　佩里帕特梯克学派(Peripatetics)，亚里士多德及其追随者的学派。

帝”是耳熟能详的谚语，也是安布罗斯通过一个具体实例为我们确立了一个原则：“朱利安皇帝是一个叛教者，尽管被基督教的士兵逮捕，他还是对身后的士兵说：‘请你们为保卫我们的国家而战’，士兵们可能愿意服从。但是，如果他对士兵们这样说：‘拿起你们的武器，反对基督徒’，士兵们是不会听命于他的，而只会服从教会的命令。”同样，所有的法学家都会宣布，当国王发布非正义的命令时不要听命于他，而且，他们还认为，一个人做了错事，不能以他只是在执行命令为借口。因为即使是一个奴隶，如果按主人的命令去从事盗窃或其他类似的本质是错误的行为，也不能免于惩罚。塞尼卡曾说：“我们不可以命令奴隶为所欲为，奴隶也不是任何命令都无条件服从。所以，奴隶无需服从不利于国家的命令，也可以不做助纣为虐的事。”在此前章节中，塞尼卡也同样指出：士兵与将军、臣民与国王的关系就像奴隶与主人的关系一
77 样。杰罗姆谈到奴隶和孩子时，也有类似观点：“他们应该服从主人和父母，前提是他们的命令不违背上帝的意志。”同理，人们也不能借口害怕死亡或财产的损失而要求免于处罚，因为他们当时正在成为已知或可能的非正义行为的帮凶。亚里士多德也提出了相似观点：为了坚持正义，我们宁愿忍受邪恶也不能与邪恶为伍。

另一方面，如果理由正当，那么从臣民角度来看，即使给他人造成了侵害，他们参与的战争也是正义的。这一原则(维多利亚在反驳阿德里安的观点时坚持这一原则)甚至在臣民参与的战争正义与否难以确定的情况下，也能适用。我们已确立了这样一条规则：“必须服从权威。”除了依据第十三项法律，没有人可以例外。但是，一个人是否援引第十三项法律并不确定。“如果心存疑虑，那就不要行动”，这一准则适用是无条件的。因为如果对受命于他人的战争之正义与否难以确定，并不立刻产生新的疑虑，即：是否因为这种疑虑而不去服从命令。

前述观点即使是在战争的原因还没有得到清晰界定的情况下依然有效。在臣民的推理倾向于发动战争时，这一观点就更有说服力，这已在很多事例中表现出来了。

因为权利基于事实，而事实——或者某些特定的事实是难以通过技术或者科学来认定的，它们是纯粹的普遍意义上的自然状况。并且，只有很少的事实可通过感觉感知，因为在特定的时间点，我们不可能身处两地以上，我们也只能感知临近于我们身边的事物。然而，现在还没有其他的方法来发现真相，这就迫使人类的推理方法只能是可能认定事实的规则，或者只能对事实做出判断，非事实本身。这些推理规则由许多预先的假设构成，它们并不像科学规则那样确凿无疑，不可更改，而是尽可能接近于事实真相，即通过大量相同事实得出基本一致的结论。在这个意义上，事实也可以说是推测而来的，因为我们用来形 78
成判断的诸多证据中，没有一个绝对确定的，相反，所有的都源于前述的基于惯常认识的预先假设。

现在，在认定事实的各种预先假设中，首要的原则是我们假定那些推理能最大程度地趋向于事实(例如趋向于真和善)，而且源于内在的可以普遍适用于万物的方法。我们已拥有了一些让后世子孙都笃信不疑的观念，如财产所有权人获益，目击证据和书面证据及庄严的誓言值得信赖。此外，不仅仁爱原则教导我们要善意地看待他人，而且(这一点特别重要)理性与圣谕都禁止诋毁执政官。执政官受到最重要的一种假设的支持，部分是因为他们已按照传统宣誓，部分是由于国家已表示普遍的同意，公民也已授予他们委任状，正因为如此，任何对执政官持有异议的人实际上是在控诉执政官背信弃义，也是在谴责大多数公民是愚蠢的。因为所有的这些控诉不符合自然动因，我们称之为“倾向”。而且，如果我们将具有某些专长或技术，并在其特定领域里埋头苦干的人恰如其分地称之为专家的话，那么我们为什么不把执政官看作是一个英明的决策者(只要他们是正义的牧师)，而认为他们可以对战争的原因做出合理的判断呢？ 一个称职的执政官职能之一就是做出并阐明这样的判断。 当执政官们认为根据已知的事实，战争不可避免时，我们为什么不能信任他们，就像信任那些讲真话的人呢？ 而且，如果我们相信较低秩序的法律并不违背较高的法律，而执政官的命令符合上帝的旨意，又有什么不对呢？ 任何时候这种信任都没有障碍。 简言之，附属者隶属于一个国家或执政官，就像奴隶和孩子隶属于主人或父母一样，他们各自臣服于护国者和主人的权力。

但是，如果我们先假定发动战争的原因不是为了反叛，那么，我们对基于可能性的推理就很容易理解了。 因为如果既不是出于极度的无
79 知(例如，对自然法的无知)又不是缺少每个人都具有的认定事实的知识，那就没有犯罪的借口了。 需要强调的是，一个人不能因为无知就免受谴责，根据法学家们和哲学家们的教导，应受谴责的无知者在符合条件时也应受到惩罚。

但是，我们已经证明了这种观点的有效性，尽管这对许多人的良知，并没有多少安抚。 奥古斯丁已经如此阐述其观点：如果正义者只是偶然地成为某个不虔诚的国王手下士兵，他可以在国王的命令下心安理得地投入战争，只要是他必须服从国家为维护和平而确定的职位安排。[1]有一点可以肯定，那就是下达给他的命令与上帝的法律不相冲突，或者，至少是否冲突尚不确定。 所以，国王也许要为非正义战争

[1] 引用奥古斯丁这句话的正确原文：*Si civicae pacis ordinem servans*，不是 *Si vice pacis ordinem servans*(……前提是，他要服从上级的命令而不是那些和平……)。 但格劳秀斯确实在这里引用了这段话。 因为格劳秀斯在自己的著作《战争与和平法》中引用了正确的原文，又因为两句话在发音上的相似性，这可能说明，两处引文上的不同不是有意识的，而是语音上的误解(这可能是因为在听写下别人对奥古斯丁的引述时造成的)。 Contra faustum 一词已经在英文翻译时直接使用了。 其他在引文及出处上的细微的差异并不影响本意，这里就不再指出了。

负责，士兵则似乎是无辜的，因为其职位要求他必须服从国王的命令。

我们每个人都应得出这样的结论：**对臣民而言，只要居上者发动战争的理由是正义的，而臣民们对战争正义与否的推理没有得出相反的结论。他们就可以参加战争。**

通过同样的推理过程，我们可以对另一个问题得出结论：在战争中，什么样的人被臣民攻击是正当的？ 根据市民法，罗马人的敌人是那些在罗马依法宣战后反抗罗马的人。 实际上，在世界所有的地方，只要经国家或臣民们的执政官下达战争令，那么臣民们对反抗者的战争都是正义的，除了上述提到的极为有限的例外情况(例如，在对各种可能性做出评估后，得出的结论是发动战争是为了反叛)。

但是，就这一点，我们还会遇到一个困难的问题。 因为我们已经说了，在根本非正义的战争中，虽然臣民的行为可能是无辜的，但毕竟“做出了恶行”[1]，因而受到攻击也无可厚非。 然而，就目前我们讨论 80
的问题来看，同样是那些臣民，他们是无辜的，在战争中是作为“正直者而行动”，但当他们作为“正直者而行动”的同时，他们又是带着“正义目的”而行动，应产生“正义结果”。 现在，一个行为不能既是对的又是错的，因为对和错是截然对立的，并且在另一方面，可以肯定地是，一个人不能既作为正直者又作为不正直者而行动，因为这两种行为形式与行为人性情有关，一个人对某一事物不可能同时具有两种截然相反的感觉。 但如不是仅出于一个单个目的，同样的人在同一时间可能会导致既对又错的结果。 因某个确定的原因而做出的行为可能基于不同的目的产生不同的结果。 例如，黏土经火烤会变硬，而蜡经火烤则会变软。 同理，臣民受合法权威的驱使而参与一场非正义的战争，

[1]　这里格劳秀斯的观点必须根据他关于“对”与“错”的相关概念的一般讨论来理解，因为英语中的“对”与“错”在有些地方用拉丁文可以表述为正当的、不正当的。

从结果上看，对于战争直接的敌对方来说，臣民的行为无疑是错误的，然而，从下达命令的一方的立场上看，他们有权向臣民们发号施令，这不仅是一项权利，本身就是正义。因为(像我们前面指出的)服从权威的命令是臣民的一种美德。以下讨论将能证明这一点：任何人发布的命令如果有所隐瞒，那就不是正直者所为，反之，如果不加隐瞒则是正直者。如果执政官下达了战争令却不告知战争是不正义的，那么臣民们就是“作为不正直者而行动”，他们应拒绝参与战争。而且，如果他们不这样做，那么其所作所为不仅有辱公民身份，而且也将拷问自己的良知。就像奥古斯丁所阐明的那样：“如果一个战士服从于凌驾于自己之上的合法权威，而杀了一个人，根据本国的任何法律，他都不犯谋杀罪，反之，如果他不听命行事，他不仅仅是叛国，而且藐视主权者的权威。但是，他做同样的事是按照自己的意志、依据自己的权力，那么，他就可能因杀人而承担责任。”因此，如果一个战士不执行命令，他会受到惩罚，对他最好的惩罚是执行未竟的任务。所以，顺理成
81 章，如果臣民在战争中“作为正直者而行动”，就不应当视为不正义，尽管错误给他人带来伤害。

对这一结论没有任何理由感到惊讶。当一个无辜者受到指控，而证据是合法的，法官判其有罪也是“作为正直者行事”。如果他不那样做，他就是在犯罪。在这种情况下，无辜者所遭受的错误伤害不会减少。同样道理也可适用于即将行刑的死刑犯身上，除非能证明死刑的判决是不公的，否则他注定会被执行死刑。尽管事实上，由于偶然发生的判断错误会导致这类案件的发生，但这种出现错误的可能性并不有损于相关法令的正义性。因为(就像学者们所说的那样)基于错误的推理而导致的错误判断，只在应该知道相关的知识却不知的情况下才是邪恶的。进而言之，发动战争有许多正当理由，但有时这些理由不宜公

开，或在一定情况下，让个人了解也不合适，因为让每个人去审察战争的原因可能会贻误战机，而让敌人有机会做好防御。

根据上述的观察，我们可以得出这样判断：侵害是由发号施令者做出的，而必须服从命令者是无罪的。我们还可以得出这样判断：如果一个自由人受命于他人而亲手实施了侵害行为，可以对发号施令者采取行动，前提是他有权发布命令。如果他没有命令权，那只能对做出侵害行为者采取行动。同样原则也可以用来解释奥古斯丁的话：正义者仅仅关注发动战争的人拥有发动战争的合法权力，除此之外，根本不予考虑。因此帕诺米塔努斯对霍斯提尼斯的反战宣言加上了一条极为英明的限制，帕诺米塔努斯认为：如果战争被居上者权威所宣布，那么战争可以被认为是正义的。不仅帕诺米塔努斯持这样的观点，而且所有的神学家、教会法或民法学者都一致同意，在任何这种情况下，臣民们的战斗都是正义的，并且免予任何谋杀指控。

简言之，这些权威学者们的观点与接下来我们将要阐明的结论是一致的，这一结论是：对臣民而言，如果对手的上级已下令发动攻击，那么对敌人的战争是正义的，前提是在衡量了各种可能性之后，臣民的推理不能得出相反的结论。 82

是否可能一场战争对双方来说都是正义的，根据已做出的评论，可发现要证明这一点是很困难的，并存在诸多要探讨的问题。毫无疑问，正义必须得到坚持，例如有关权威、战争形式和战争目的等，如果交战双方都能提供上述的正义理由，那么所有的困难就是我们如何公正地看待它们。实际上，下列的情况似乎是不可能的：一个人拒绝他人行使权利，却又是正当的。同样地，我们也不可能完全制止坏人实施恶行。因此，我们有必要区分接受战争命令的臣民和其他人。

如果我们讨论由国家或执政官发动的战争时，我们更有可能会发现双方都是不正义的。举例来说，一个人欠了五元钱，当他无论如何也不能偿还债务时，对方要求他偿付十元。这样，我们就会面临这样的一种情形：双方的主张相互矛盾，两种主张可能都是错的，或者两种主张不可能同时都对。当然，君主可能在法律或事实方面犯错，并且错误也许是可以原谅的。但是如果这种非故意的过失发生在司法审判中，我们就不能说这是一个合法的诉讼了。对自愿参与战争的人来说，如果他们的行为被认为是正当的，那么，其行为本身必须与法律相一致。所以，对自愿参与战争的人而言，不存在对双方都是正义的战争。

另一方面，如果我们仅仅讨论在战争中服役的人，那么就有可能出现对双方而言都是正义的战争。正义问题作为整体并不决定于某个单一事实，而是取决于发布战争命令时，不同人的相互冲突的命令和观点，而且，不同的命令者发布的法令可能相互矛盾，但不必然意味着对方的法令就是无效的，因为有可能相反的观点，对不同的人，就某个相同的问题，在本质上都是可信的。

> 我们不可能知道战争中哪一方更加正义，
> 因为每一方战争的理由都有最高权威的支持。

以下引述西塞罗的话表明，他也探讨了相同的议题。事实上，普
83 遍存在这样的误区：最具声望的将军们总是相互诋毁。许多人对什么是最好的方法而困惑；有些人对什么是最有利的而困惑；有些人对什么是适宜的而困惑，甚至有些人对什么的是合法的而困惑。所以，在许多文章中把一些人称之为“正义的敌人”，指的是那些依上级命令而行事的人。故在一个国家里，暴君和反叛者都不能被称为“正义的敌

人”，在任何国家疆域之外的土匪和海盗也不属此类，尽管，迄今为止，我们并未充分地探讨将他们排除在外的原因。

但是，所有的神学家和法学家都接受这样的原则：**就战争中臣民而言，战争可能对双方都是正义的，当然，前提是在依据命令进行战争前，对各种可能进行评估，发布战争命令不是为了发动叛乱。** 84

第八章

论进行和发动战争应遵循的形式

问题七

第一条　进行私战时，何为正当形式？

第二条　进行公战时，何为正当形式？

第三条　对自愿参与战争的代理人而言，发动战争时，何为正当形式？

第四条　就臣民而言，他们发动战争时，何为正当形式？

推论一　在何种程度上，对敌人的臣民发动进攻是容许的？

推论二　对臣民而言，捕获行为对双方都是正当的，这可能吗？如果可能，那么在何种程度是可能的？

推论三　永久占有捕获物的行为对双方都是正当，这可能吗？如果可能，那么在何种程度是可能的？

战争的方式和形式，也必须根据自愿参与的代理人和臣民的不同情况而有所区别。而且，正如大多数事务在初始阶段有一种形式，在常态中有另一种形式。即使如此，有一种自愿进行战争的模式，同时，还有一种在战争中自愿选择使用的模式。

(根据古代哲学家们的观点)形式由某种秩序性安排所构成；而且，正当的形式是依据法律或者说各种法律间内在的协调而做出的秩序性安排。这种和谐一致(可以这么说)受第十三项法律的支配(它要求根据重要性的不同来服从不同的法律)。但是，正如我们已经指出的那样，战争是一种执行过程，只有第九项、第十二项法律(关于在行使公权利和私权利时对司法程序的尊重)与这一过程的适当启动有关。

首先，我们先来讨论那些由私人进行的战争。在这方面，我们立刻遇到一个很大的难题。因为审判的权力由国家掌控，一场私战不可能事先经过司法裁决，而一旦国家公权力介入，就不再是一场私战了。那么，如何证明私战在外在形式上是正当的呢？因为第九项法律、第
十二项法律要求司法程序作为前提条件。 85

即使对私人而言，这种要求也为先贤们和市民法的权威所肯定。因为任何人都无权未经统治者肯首就动用军队进行军事行动。如此行动，实际上不是正义战争而是私人的劫掠行为。所以，那些未得到人民或君主的授权就私自发动战争或征税或组建军队的人，根据朱利叶斯·恺撒的法律要依谋反罪而受到惩罚。而且，如果不是为了防止任何私人防御的借口，为什么要在公共场合维持治安？为什么要把对侵害他人的进攻行为的禁止和警告写进法律？就(未经授权的)私人保护自己财产而言，众所周知，有这样一条准则：如果一项财产所有人未经司法程序以暴力去夺取财产，那么该财产将归被夺走财产的一方所有，原所有人的权利将被剥夺。同理，对一项债务而言，如果债权人不经司法判决而使用暴力索取该债务，那么当债务人依法寻求法律的保护时，

债权人将失去自己的权利。在刑事案件中，事情就更加清楚了，保罗斯说：“复仇并非私事。”塞尼卡认为：复仇尽管已具有正当的内涵，但它依然是非人性的用语，在程度上，与“暴行”[1]并无太大的区别。以牙还牙者只能使罪恶变得更加可宽恕了。在哲学家和基督教学者们关于反对暴行的言论中，我们可以找到同样的观点。就像昆廷廉所说：报复行为不仅违反法律，而且有害于和平。除了偶然的情况，可能有人羞于用法律维护自己的权利，人人都可以诉诸法律、法庭和法官而维护权利。昆廷廉的话与罗马狄奥多西皇帝的法令规定是一致的：即使他们(犹太人)中的某人确实犯罪了，也不能对其进行报复，因为我们已
86 有了司法权威和公法的保护，其目的就是避免让个人进行直接的私人复仇。西奥多里克* 也持同样的观点：对法律的崇尚缘于这一原则：不能以暴力行事，不能冲动行事。

另一方面，在前面的章节中我们已经指出：私战的正义性出于四种原因。在一定情况下，第九项法律和第十二项法律可能无效或不适用。现在，由于要服从第十三项法律所确立的原则，它们就不能再适用了，也就是说，这是由于必须以较高法律为基础的结果，而且可以理解在保障我们权利的司法手段不足时必然发生。正因为这种缺陷的存在，在一定程度上，借助暴力——或者说，根据自然法则，私人报复行为也是正当的。但是，一旦司法手段可以利用，那么，就像我们在讨论第十三项法律时所说的，上述法律必须同时得到遵守。而且，需要强调的是，司法救济的缺失有时是短期的，有时或多或少是一个持续的状态。

在一时缺乏司法救济时，尽管我们的权利尚未受到侵犯，但是，事

---

[1] 格劳秀斯使用的是 contumelia 一词(暴行、虐待、侵害)，而实际上塞尼卡使用的是 ialio 一词(报复)。

* 西奥多里克(Theodoric，　—526 年)，东歌德族国王。

态已不容许去等待司法程序的救济。那么，首先如鲍尔达斯所说，在这种情况下，无论自卫是不是权宜之计，都是容许的；因为威胁我们生命的危机不容任何迟疑。实际上，法学家们也赞同，当人们出于恐惧死亡、保护自己人身或反抗暴行，且不可能以其他适当或有效的方式保护自己时，可以采取一切措施消除危险。这一观点与经常援引的正当防卫规则相一致。同理，为保护或追索我们的财产，甚至容许借助他人集体的帮助，但是，只允许一次性采取这种行动。如经过一段间歇，已有时间诉诸法院，就再也不能行使武力了。关于追索债务，我认为，除非获得质押物，或者“实现对物的领管”(像法律用语所说的那样)，否则没有什么让步的余地。这样，可以防止因债务人逃跑而使我们面临丧失权利的危险，一旦争议被诉诸法院，法官而不是债权人自己，就可以裁决以债务人的财产偿还欠债权人的债务。我们可从雅典 87
人那里找到相应观点，即：允许私人捕获他人作为人身抵押，但是，这种抵押的对与错，则是公开判决的事项。在刑事案件中也有类似让步情况，当罪犯可能即将逃脱惩罚时，也可对其采取行动，因为根据公认的法律(特别法有时更宽容些)，容许个人抓捕和扣留犯罪人，但是，前提为必须立即将犯罪人移交给法官，因为法律禁止私人监禁。

至于司法解决手段的持续缺失，权威学者们则认为，这可能由于两方面，即法律的或事实的缺陷造成。在没有任何人拥有司法管辖权的地方，就会出现法律上缺失，如某一事件发生在荒漠、海岛、海上或无政府的人民生活之处。事实的缺失是对于争议当事人而言，存在可适当行使的司法管辖权，但是，当事人却没有接受管辖或来不及诉诸法院。诚如卡斯特里西* 所说，在国家和法院建立之前，这些情况司空见

---

* 卡斯特里西(Paulus Castrensis,　—1438年)，意大利法学家，曾在锡耶纳、弗罗伦莎和帕多瓦等地教书。

惯。但是，那时人们相互间关系完全受着上文所述前六项法律的支配。这六大戒规既是所有法律的渊源，也是每个人行使其权利的原则，正如我们早已指出的，该原则与自然秩序相协调，并在其他生物的行为中也有所体现。

88 因此，我发现，正当的私战也许是由于上述四种原因中的三个所引起的，[1]这是公认的事实。[2]

余下考虑的是第四种原因：过错；并且，除非我搞错了，否则没有人会怀疑，该原因通常仅导致受害方的求偿，却也会正当地引起私战。因为我可以就侵害行为造成的损害请求赔偿，如同我可以设法占有我自己财产或由于其他原因应属于我的财产，无疑这是我的权利。

私人可否在任何情况下对罪犯施加惩罚，是很难定夺的问题。实际上，很多人认为惩罚权早已被赋予国家单独行使(因而判决也习惯地被称为"公判")，似乎完全排斥了私人行使暴力。但是，我们在接受这一点之前，最好探讨一下在国家建立之前，允许个人做什么。

当西奥多修斯* 皇帝(在上文刚援引的法令)宣称，司法制度的建立就是为了防止任何私人间的复仇时，当然意味着在该司法体制建立前，私人复仇是容许的。但是，由于自爱或憎恨他人而很容易失去克制这一事实，因此这种特权就会产生变化。复仇问题上的变化，相比在财产保护和债务求偿等问题上的变化，并无任何明显不同。虽然以前每个人都可以自己实施制裁，但是法庭的建立，其目的就是为了避免这种早期做法带来的危险。事实上，卢克利修斯以如下话语，清晰地表达

---

[1] 见前述第七章。

[2] 从此处开始，有较长篇幅被删，包括珂罗版的 38 页的下半页和第 38′页。正常的情况下，这应持续到第 39 页，也就是我们当前翻译的这一页。被删除的还包括第 43 页、第 43′页、第 44 页，均在修订过程中删除，但保留了第 44 页一小部分，参见英译本第 95 页脚注 1。这些被排除在格劳秀斯的修订文本中的内容大部分被保存在珂罗版其他页码里。

* 西奥多修斯(Theodosius Ⅱ, 410—450 年)，东罗马帝国皇帝。

了同样看法：

每个人因愤怒而激动，曾习惯以牙还牙，以血还血，

而不是像现在，依正义之法行事，

人们已厌倦暴力的生活……

西塞罗发现自然法乃天生根植于人们心中，而非靠观念之灌输，因而作为感恩的对立面，报复是自然法的一种表现。我注意到，即使最杰出的神学家也没有为此而谴责他。而且，为使“报复”一词所包含的概念范围不至于引起争议，西塞罗将之界定为：“为抵抗暴力和为使我们自己和珍爱的亲人免受暴力和欺辱而实施的防御性或惩罚性行为，
且是对他人的错误行为加以惩罚的行为。塔西佗引述西维利斯* 的话 89
说：“根据国际法，我命令实施惩罚。”在《圣经》述说的历史中，参孙也宣称虽然他伤害了非利士人，但他是无罪的，因为非利士人在掳掠他妻子时，也给他造成了伤害。后来，在他完成复仇行为之后，他以同样理由宣称，他所做的一切不过是他们(非利士人)早先对他所做的。可以肯定，参孙是受上帝精神的指引(寻找一个与非利士人冲突的理由)，[1]他得以免罪的事实使他无须求助于公权力。但无论如何，他保护自己反对异教徒国家的行为，根据国际法是合法的。据此，对作恶之人施加惩罚的法律原则要比市民社会和市民法更加古老。因为它源于自然法或万民法。这种看法似乎也为《圣经》所印证。因为我在大洪水(期间，生存下来的人类都在一个家庭里生活)以后的所有文明国家

*　西维利斯(Julius Civilis)，公元 69 年时强大的巴达维亚(荷兰人的古代称呼)将领，领导抵抗罗马人的战争。

[1]　格劳秀斯参考了《圣经 · 旧约》“士师记”第 15 章，并没有包括关于参孙的故事全部内容，可参考“士师记”第 13 章、第 14 章，尤其是第 14 章第 4 节。

里找不到可以印证上述观点的依据，而此前的时期里(期间，主张对邪恶行为加以惩罚)，有这样一条法律：血债必须血偿。

也许还要提及这一事实，即这一法律还从属于另一法律(依同样的原因制定)，[1]那就是让其他的动物服务于人类。因为，当神学家们探究惩罚的起源时，他们利用了一个经过比较而得出的结论，即所有低价值的生物注定要服务于高价值的生物，尽管野兽也是上帝创造的，但人类有权杀掉它们，或者把它们变为自己私产，或者视它们为有害物而加以消灭，这两种目的在我引述的《圣经》中提及过。同理，神学家们认为，那些令人叹息的道德低下者，就像以前有过的情况，注定要被剥夺上帝赋予的秉性或人性，从而被强制地归入较低的等级，并指定为服
90 务于他人，在一定意义上，由人变成了物。这一过程也成了自然秩序中的奴隶制起源。并且，为避免他们伤害于人，或作为有用处的范例，允许消灭他们。塞尼卡对此作了很好的阐述，指出："他们之死可作为对所有人的警告，并且，对于那些活着不愿意成为有用之士者，他们之死也许对国家来说至少是有益的。"我们会说明塞尼卡有关国家的评论也适用于全人类。德谟克利特在探讨自然法时，也举了野兽的例子来证明惩罚犯罪的正当性。他说：关于是否应当杀死动物的问题，我的观点如下：无论动物正在，还是想要伤害人类，都可杀死它们，而免于获罪。事实上，杀死动物比禁止捕杀更合理些。德谟克利特还进一步说："有些动物带来的伤害已超越了法律界限，任何人可以任何方式杀死它们。""而且，似乎我们在谈到狐狸和毒蛇的所作所为，同样也适用于人类。"接下来，他认为：人们无论以任何方式杀死窃贼或强盗都是无罪的，不管是他亲自动手，还是命令他人去做，或是主张对坏人

[1] 参见《圣经·旧约》"创世记"第9章第2节、第3节。

定罪。也许有人还会提出塞尼卡引述德谟克利特的另一段话，他说：“当我判处一个罪犯死刑的时候，我的感觉与我杀死一条毒蛇或其他毒物时完全一样。”在其他章节，塞尼卡写道：“我们尽量不要杀死毒蛇或水蛇，或者其他以咬或叮来害人的动物，前提是我们(像对待其他的动物一样)能够驯化它们，或者使它们不再对我们和我们的同伴构成威胁。同样，我们与其等一个人做坏事而去惩罚他，不如尽可能地防止他作恶……”

根据上述讨论，实施惩罚的原因是自然的，并根源于所谓第一项法律。即使如此，惩罚权难道不是本质上属于国家吗？根本不是！恰好相反，就像执政官的所有权力来自于国家，国家的权力则来自于私 91
人，同样，国家的权力是共同合意之结果，正如我们在探讨第三项法律时所论证的。可见，由于没有哪个人能够处分不属于他的财产，因此，显然在惩罚权由国家掌控之前，归私人行使。接下来的论证对此更有说服力：国家不仅可以对自身错误实施惩罚，而且可以对本国国民和外国人的错误行为加以惩罚，但是，对外国人的惩罚权不是来自于市民法，因为市民法基于市民的共同同意而仅对市民有拘束力。于是，自然法，或万民法就成了国家惩罚外国人的权力依据。

但是，也许有人认为，国家只应出于善意而下令惩处。这种观点可能令人难以接受，因为惩罚之理由出于自然原因，国家则是协议的结果，并非自然形成。人类社会源于自然，市民社会则是人为设计而成。那些持相反观点者主要依靠亚里士多德，而他本人恰恰说过：“人是一种政治动物，但本质上更是一种社会动物，因为相比国家，家庭实际上形成更早，更加必不可少，而且繁衍后代是动物世界里更为一般的特征(与群居本能相比较而言)。”这一结论也为神的历史所证实。创造万物的上帝在其完美设计过程中，创造的不是国家，而是男人和女人。

因此，人类社会那时已经存在，而国家并不存在。随着人类的迅速增多，自然权力(如《荷马史诗》告诉我们的)就归属家长。

每个男人为妻子和孩子制定法律。

92 因此，有理由假定家长为保护自己和家人，享有对内和对外的管辖权。塞尼卡称家长们为“家庭执政官”。如今，无论初世之时先于国家建立而存在的法律是什么，对于那些尚未建立法院的人们而言，这种法律必定继续存在，并且对他们来说(用塞尼卡的话)，“这也许是权利的措施”。昆廷廉也持同样看法。无独有偶，大马士革的尼古拉斯也告诉我们，在意大利的翁布里亚人中间，每个人都习惯于靠自己来复仇。而且，如今的萨尔马希亚人也有同样习俗。实际上，这种自力救济仍在许多地方保留下来，我们可以把它看作是上述习俗的遗风和第九项法律的(从一定角度上看)例外。古罗马人亦曾赋予主人、父亲、丈夫及其亲戚以生杀予夺的大权。

依据特别法将行使惩罚权赋予私人，诚然有其特殊原因。战争会导致兵戎相见，在这种情况下，更应称之为“公”而非“私”，因为正是国家进行着那些战争，并且，本质上也是为了上述这些人而下令发动的。可以肯定的是，在大多数情况下，国家间的冲突原因与私战是一样的。譬如，某些法律授权私人行使自卫和报复[1]，这正是因为很难通过法院的中间作用来对抗士兵和拥有公共财源者，并且，这些特殊的戒规相应地也体现了我们所保留的关于惩罚之自然法，可以说是该法律的遗迹。

---

[1] Se vindicandi potestas:这一拉丁语既指惩罚又指复仇，这段话引自于罗马法典，其中包含两个概念，故在英译时，作双重解释。

不过，有一点还需澄清。如果国家不介入，那么如何判断私人复仇者目的之正当性？我们很容易在塞尼卡的教导中找到答案。这位哲学家坚持认为存在两种国家，即世界国家和城市国家。换言之，私人复仇者的着眼点在于整个人类利益，就像他杀死一条毒蛇一样，具有同样的效果，并且，这一目的完全与共同善相吻合，正如我们说过，所有的惩罚都遵循着大自然的旨意。普卢塔齐对这一点做了令人信服的阐述：正义与上帝同行，将惩罚那些践踏神法者。根据自然法则，我 93
们，作为人类，应以心中之正义对付所有具有其市民特点的人们。普卢塔齐的解释与经院学者们的下述观点并无太大的差异：我们应当为自己遭受的侵害而寻求报复，如果他们的所作所为可能会对教会产生危害，即可能会危害所有善者。

看来，对共同善的同等关注是每个人的适当所为，不论已造成的侵害是针对受害人还是其他人，唯一的不同是，受害人仅为自己所受伤害而实施报复更加危险，因为在这种情况下，很难保持适度的克制和正当目的。一般情况下，人们的行为往往不是受目的而受愤怒所驱使(借用塞尼卡所言)，这一点在亲自实施报复而非委托他人者的思想和行为中表现得尤为突出。正因为如此，在已建立司法体制的情况下，君主是唯一不能遭复仇者，除非其亲自介入，通常告诫他们在权衡采取报复时，不应以施加痛苦为目的，而是为了杀一儆百。

但是，自然理性告诉我们，国王被赋予的权力来自这一事实：政治权力肯定早已由他人拥有过，以前就曾归属私人。并且，无论在何种情况下，也无论何时何地，在法院建立之前已有的，之后仍存在着。在我看来，这一论断已经作为该信仰的基础：除掉某一暴君，或某一诋毁法律和法院者，乃私人之权利。也许可以这样解释斯多葛学派的观点：他们认为智者永远不仅仅是某个市民。西塞罗以西皮奥为例，赞同这一观点。霍拉斯在其诗句中说道，“执政官年年有新人”(引自《洛利修颂》)，也有这一看法。甚至普卢塔齐也同意这一点，尽管他代表了不同学派的思想。相反，他宣称，大自然持意让政治家成为执政官(并且，在永恒意义上)，并强调法律总是规定将君权赋予能依正义行
94 事，且知道国家利益所在的个人，虽然，只能在人民所选举者背信弃义或玩忽职守，导致情况危急时，这个人才能行使该赋予的权力。当恺撒(后来成了独裁者)还只是作为公民的私人时，曾率领一支舰队追击早些时候曾捕获他的海盗。有些海盗船逃脱了，有的则被恺撒击沉。当地方总督疏忽而未惩罚这些罪犯，恺撒再次扬帆出海，并最终将罪犯钉死在十字架上。毫无疑问，在恺撒看来，法官玩忽职守，未审理好他所提起的案件，并且认为在海上采取这样的行动，显然是无罪的，因为在海上不受成文戒规约束，而依万民法行事。

对以上所述加以反思，就会产生这一观点：可能存在这种情况(尽管很少，但由于人性之弱点，还是可能)，对某个人来说，依据自然法对他人实施惩罚是无罪的，而且他作为管辖他人的执政官也是可能的。但是，前提是要求即使在惩罚他人时，也要服从法官的审慎判决。卡斯特里西从多方面论证了这一理论。(在卡斯特里西看来)法律旨在促进人们的福利，而非损害其人。而且，普通的救济在特殊情况下起不了作用。法律并不禁止一个人身处危难时采取措施保护自己或他人，就像一个被水手遗弃于即将沉没的船上的人，或者如被医生放弃的病人所做的那样。在必要的情况下，为了防止其权利受到损害，许多原本不能做的事情也容许了，且当一种方式行不通时，我们就求助于另一种。世上有识之士大多持这一观点，如康南*、瓦泽克茨**和彼特·费伯***等人。也

---

* 康南(Francois de Connan, 1508—1551 年)，法国著名法学家。
** 瓦泽克茨(Menchaca Vazquez, —1559 年)，西班牙法学家。
*** 彼特·费伯(Peter Faber, 1530—1615 年)，法国古典学者。

许阿亚拉* 也名列其中，他引述索西诺斯 · 尼波斯** 的话阐述自己的观点。[1]

据此，我们的结论是：**私战的正义性在于司法救济的缺乏。**

另一方面，公战有时也是因为司法救济的缺陷，有时则与司法程序 95
无关。

公战有时是因为司法救济的缺陷而引起，这一点与私战的起源是相同的。 就像西塞罗所说的，这种[论证法律外的战争正当性]理由是存在的，任何时候，只要受害者选择等待(法律授权)，那么在他实施正当的惩罚之前，不得不为他人不正当的行为而付出代价。 而且，一般情况下，如事态不容拖延，这种理由也是可行的。 显然，如敌人发动了不正义的战争，那么我们就可以对之发动正义的战争，而无需求助司法程序。 罗马的祭司团学院关于阿托联斯人(他们对罗马人实施了近似战争的行为)的决定肯定了这一观点。 因为正如艾廉*** 引述柏拉图的话作为权威，认为任何有必要追偿损害而发动的战争无需由传信员或传令官宣告，大自然的声音本身就是宣战。 这一观点同样适用于其他的一些情况，如对冒犯外交官或破坏国际交往的人的制裁等。 因为对那些不让人们安全通行于彼此国家的人来说，不能期望他们有什么司法程序的救济。

然而，我们必须牢记已提到过的一点，即一旦危险消失，人们就有义务转而服从法律。 例如，如果一个外国人想要夺走某人财产，那

---

*　阿亚拉(Balthazar de Ayala, 1548—1584 年)，西班牙法学家。

**　索西诺斯 · 尼波斯(Socinus Nepos, 1437—1507 年)，意大利锡耶纳的法学家。

[1]　手稿第 42 页显然是在修订过程中加进去的，在英译本第 88 页注释 1 中，手稿第 42′页(即第 42 页的背页)是完全空白的，并且，现在第 43 页和第 43′页，以及第 44 页上半部分只包括被删去部分。 所以，关于这一点的英文翻译是从拉丁本第 42 页到修订文本继续开始的第 44 页那一行。

***　艾廉(Aelian)，公元一世纪时关于战争题材的希腊作家。

么，不仅可以向他索回自己财产，而且可采取安全的方式获取他的其他财产，条件是如果判决一旦下达，应将获取的财产返还给对方。不过，无论如何，只要时间容许，发动战争和被迫应战的人都应当将争端提交司法解决。

因为国内战争要遵守第五项和第七项法则以及第九项法律，而对国外的战争要服从第十二项法律和第九项法则，所以在国内战争中，人们期盼的是执政官或国家做出对某人有利而对他人不利，或者是为保护国家利益的决定，除此之外，别无他求，可是国际战争就大不相同。西塞罗正确地划分了两者区别，指出：不应向安东尼派出使节，因为安东尼必须放弃对马提那的占领。西塞罗强调，争端不是发生在[罗马]国家与敌国之间，如汉尼拔，而在罗马人内部。塞尼卡论及对邻国宣战和
96 国内战争时，也隐晦地指出了两者区别。在国内战争中，宣战并非惯例，也没有必要。在反抗暴君、强盗、海盗和所有非外国人的战争中，情况同样如此。就国际战争而言，前面提到的第十二项法律和第九项法则已明确规定，宣战是战争法中的重要组成部分，关于宣战，古人有不同的观点。

我们自己的观点是：全部问题取决于前述的那些先决条件。

特伦斯* 的作品描写士兵思拉索** 如何自己管理各种事项(而不是让他的同伴使用武力)，这是很合适的。特伦斯是品德高尚的作家，其作品简洁有力。在此，我想引用他借思拉索之口所作的忠告：

> 智者先礼[1]后兵。你怎么知道
>
> 不使用武力她就不会屈服呢？

---

* 特伦斯(Publius Terence，公元前 195—前 159 年)，希腊喜剧诗人。

** 思拉索(Thraso)，特伦斯作品中的人物。

[1] 在特伦斯的文本中没有“劝说”这一用词。

尤利皮德斯* 也这样写道：

> 我应该用语言达到目的，但是，
>
> 如果劝说失败，那么我将借助武力……

西塞罗以更清晰的方式表达了同样的看法，说道："有两种解决争端的方式，首先是磋商，其次是动武(并且，前者富有人性，后者则是残忍的)。[1]只有在无法通过磋商解决时，方可求助于武力。"我们还可以引用修昔底德作品中的话："在对付某不义之徒时，如他已同意司法解决争端，那么再向他动武就是不合法的。"西奥多里克的话也同样重要："只有当对方拒绝正义时，才能使用武力。"该原则部分地构成了前述经院派的学说，即对不思悔改者发动战争才是正当的。我们可以看
到，这已成为以色列人的处事哲学。他们希望便雅悯族** 去讨伐吉比 97
哈人，并在要求得不到满足时宣战。[2]同样，狄奥德拉斯将米诺斯对雅典人的战争描述为"正义的"，原因在于雅典人杀了米诺斯之子，且米诺斯的正义要求未得到满足。

当然，诉诸仲裁也是值得赞许的体面方式，但是，仲裁出于自愿，而不是必须的措施。人们公认，仲裁人必须被赋予一定权威，但是，人们并非必须要将这种权威给予某人。然而，我们要以必须的方式来解决问题。显然，根据第九项法则，打算发动战争者人必须履行双重

---

*　尤利皮德斯(Euripides，公元前 480—前 406 年)，雅典悲剧诗人。

[1]　格劳秀斯并未引用括号内这句话，但是，它确实是被引用的西塞罗《论义务》一书中那段话的一部分。加上这句话可使观点更完整。

**　便雅悯族(Benjamin)，《圣经》中所说的以色列 12 个部落之一。

[2]　由于在珂罗版中，这里少加了一个符号(也许是因为格劳秀斯没有写，或是因手稿空白处是被磨损的)，在拉丁文本中，前一句的合理位置就会出现问题。但是，对珂罗版仔细加以研究(显示关于这一点的插入部分，还有一个插入点)，并且也是最重要的，就是留意上下文，应可以满足读者需要，因此，英文版的翻译次序是正确的。

义务。

首先，在一定案件中，应当给被告国或其作为被告的公民利用司法程序解决争端的机会，而且，如果该国未能履行其义务，那么受害国或其受害公民也必须诉诸判决。以前，按照罗马的祭司团法律(在细心对待该法律方面，罗马人从未落后于他人)，该首要程序被称为“救济之诉求，同时宣布三十天内得不到该救济即开战”，或者称为“物或权利之偿还”。后一表述(如瑟维斯* 所说)包含了各种可能的侵害案件，因为“物”和“偿还”都是一般的用语。现在，这一表述包含三重主张：恢复原状；满足；投降。第三个词具有多种含义，既可能仅指投降，也可能包含惩罚。换句话说，这三重主张分别依据第二项法律及第四项法律，第六项法律及第五项法律。如出现第一项法律与第三项法律冲突的情况，我们已指出，在这种情况下，无需求助司法措施。

98 第二个必要步骤是发布战争令，或由一受害国或其公民受害国，或由该国执政官颁布对敌谴责令。某些惯用语产生于该实践。第一个是：“我确信该国所为是不正当的，也没有给予正当补偿。”第二个惯用语是：“在这些事、主张和理由方面(你的观点是什么[1])，考虑到奎里特斯的罗马人通过祭司官已正式向古拉丁人国家的祭司官及其人民提出了权利请求，古拉丁人国家没有赔偿或返还原物或按请求做，难道他们不应该这样做吗？”“我认为，这些事只能用合法的、无可指责的战争手段加以解决，为此，我投票并赞同发动战争。”第三个惯用语是：“因为古拉丁人部落的所作所为已冒犯了奎里特斯的罗马人，奎里特斯的罗马人

---

* 瑟维斯(Maurus Honoratus Servius),公元四世纪罗马的语法学家。

[1] 利维写此段时，采用对话形式，但格劳秀斯以一个人的语气再现这段话。为了更贴切惯用语的精神，也是因为格劳秀斯过于简略的解释，使得这段拉丁语，显得非常模棱两可。括号里被翻译成英语的话，在一定程度上体现了最初的原文，尽管在《捕获法》是没有的。不过，按照翻译一般原则，译者可对极少数略微不准确或不重要之处稍作修润。

要求向古拉丁人开战，而且奎里特斯的罗马议会也已表决并同意对古拉丁人宣战，所以，我，罗马人一起向古拉丁人国家宣战。”

可以肯定，这两个步骤(要求偿还和宣战)可单独进行，也可并行。如单独的(以上述方式)进行，两者便有时间上的间隔。在并行时，如受害国给予对方采取司法措施的机会，在对方未做出公正判决时，受害国可在宣战时，附上自己对该事件所作判决的宣言。在后一种情况下，宣战的惯用语几乎都是如此：“如侵害者本人不消除侵害，那么只能用自己力量和行动来对付外来侵害。”也可能这样：“除非侵害国告知受害者，侵害者已被处以极刑，否则，受害者将采取不分青红皂白的屠杀作为报复。”(如尤利皮德斯所说)塞秀斯[*]在指示传令官向克里翁传送命令时，程式如下： 99

塞秀斯，一位邻国的统治者，
要求领回尸体以便埋葬，
为了赢得雅典人的友情，请答应我的请求吧。
如果答应了，传令官，你就回来；
如果不答应，你就对他们说：
“等待你们的是大军压境。”

而且，相似的话在塞秀斯和克里翁那里都可找到。所以，古希腊悲剧清晰地展现了当时希腊的风俗习惯。罗马史中许多段落也有类似习俗的描述。

现在，当上述两个步骤以这一方式合并时，所涉及的程序可以恰当

* 塞秀斯(Theseus)，古希腊雅典城邦阿提卡传说中的民族英雄。

地称为“警告”或“宣言”，并且，早已采用请求偿还这一手段的人，[依照国际法的立场]就没有义务再发布一个警告。相反，如同判决后的布告不是依据国际法而是源自各国已有做法，战争进行的各种习惯形式，凡是上述情况之外的(例如，正如他们所做的，反复发出警告)，不是来自其他什么渊源，而是出自于各国的习惯。因此，如戴奥告诉我们，梅西纳斯[*]显然支持这一观点。罗马人从伊奎尔人那里继承了很多这样的习惯，譬如，对他人展示带血长矛等类似活动。又譬如，在法律审判中，宣布推迟对受谴责方的判决后，恰好也是给予三十天的宽限期。同理，在宣战后，再给予对方同样宽限期。这种做法一点也不足以令人奇怪，因为许多其他国家在战争可能爆发时，会提前宣布作战时间和地点，这一过程有时让人觉得很高尚，但同样也是不必要的。因此，我们发现，即使在其历史上最谨慎的时期，罗马人也未曾向除导致实际损害者或其执政官之外的任何人发出过要求偿还令。可以肯定的是，在宣战后，罗马人习惯于将宣战的事实，不仅通告于刚才提及的
100 当事方，而且出于形式上的原因，也通知邻国。在一定情况下，如已合法地将请求偿还令送达对方，而对方拒不服从时，罗马人也会省去这一步骤。而且，瓦拉[**]和阿诺比斯[***]证实，就像市民法中的其他做法一样，正式的宣战习惯最后在罗马也被废除了。

上述观察告诉我们，对于著名权威学者的论断应作适当解释。没有比西塞罗的如下一席话，更好地解释这一观点，即战争未经合法宣告，则为不正义。西塞罗说：“除非在要求对方赔偿损害或通告和警告之后，正式宣战，否则，战争是不正当。”西塞罗要求两者之一，而不是两者都应当予以满足。

---

* 梅西纳斯(Gaius Cilnius Maecenas，公元前 73 年—)，罗马政治家。

** 瓦拉(Marcus Terentius Varro，公元前 116—前 28 年)，拉丁作家。

*** 阿诺比斯(Arnobius，—327 年)，非洲的修辞学家。

即使这一论述也必须在有限意义上加以考虑。当敌方的行为表明战争显然已开始时，(我们在前面已经指出)就无需向对方发出警告了。伊西多*的作品中有一段著名论断与此有关：“已采取要求偿还的步骤，警告对方注意有关问题，或者是为了反抗公敌[1]而发动的战争为正当。”“公敌”这一术语，其法律含义不仅包括我们公开向其宣战的人，也包括公开地向我们宣战的人。因此，对那些其行为就表明是我们国家的敌人者，没有必要再发出警告。该原则已为法学家们所公认，他们认为，那些公然侵害或冒犯我们的人应为其恶意[2]而被宣告没收财产。因为在这些法学家们看来，这种宣告相当于正式的宣战。我们可
从以色列人的历史中找到一个著名例子。上帝要求以色列人首先应当 101
邀请其他人民，正式通知要与对方建立和睦关系，否则，不能对任何人民实施武装进攻。以色列人认为这一禁令对坎南尼提部落是不适用的，因为在此之前，他们已受到坎南尼提人的攻击了。我们由此可得出结论：如已作出赔偿损害的通牒，相关法令也应发布，就没有必要提出进一步的求偿要求或裁决以确定只在执行过程中才能产生的权利。因为在这种情况下，人们不是在发动一场新的战争，而只是在进行早已开始的战争。可见，事实是正义的要求已经提出，却没有实现，于

---

*　伊西多(St. Isidore of Seville, 560—636年)，西班牙历史学家和神学家，塞维利亚的主教。

[1]　关于这一点，《捕获法》原文既没有准确地引述伊西多本人的原话，也与《教令集》的引文不尽一致。格劳秀斯显然受到后者的影响，因为他用“敕令或命令”(edict or commond)一词来表示“命令”(commond,伊西多用的是这个词)，用“人”(hominum)代替“公敌”(hostium，伊西多的用语)。因为“公敌”一词更符合格劳秀斯的观点需要，其他的变动并不重要。英译本对全部引文的翻译依据的是伊西多作品的牛津版。

[2]　“那些公然侵害或冒犯我们的人应为其恶意而被宣告没收财产”中的“恶意”(bad faith)是根据拉丁词 diffidatos 翻译而来。首先，这个词指的是缺乏善意，《捕获法》中引用的话来自《学说汇纂》,但是，原文中并没有包含任何形式的 diffido 一词。其次，格劳秀斯知道西尔维斯特对 diffidare 与 bannire 这两个词所下定义是一致的：“没收”(confiscate)。目前讨论的这一段的前提是证明没收敌产的合法性。第三，有些中世纪的文件中使用 diffido 和 diffidatus 等多种形式来分别表示“挑起战争”、“挑衅地”、“好斗的、好战的”等含义，下面格劳秀斯引述了鲍尔达斯的许多话都表明，格劳秀斯的思想中也包含了这些含义。为了充分体现三个概念(恶意、没收、警告)的全部英文含义，必须参考那些冗长的拉丁语句。

是，我们就有充分理由求助于自然法，也就是说，求助于该戒规：容许我们以武力获取本应属于我们东西。不过，哪怕不要正式通知，发布一项一般声明也未尝不可，例如，与索取债务，尤其是惩罚性债务有关的声明，以便好像是经过司法授权而捕获敌产。

当战争的主要发起者已向对方发出通牒，其他人，即盟友们就无需再发通牒了，他们只是帮助别人实现权利，而不能单独地提出任何自己的要求。同样，当针对某国或某执政官的战争已正式开始，也无需向其盟友或所属臣民发出正式通知。我们的评注者们以他们的方式表达了这一结论：当有人向国王宣战时，他的臣民、盟友和支持者都成了该宣战的对象。而且，当纳伊斯·曼利厄斯因为迦拉太战争而受到使节指责时，这一结论成了他为自己行为辩护的核心论点之一。

102 但是，回到以上引用的伊西多观点，我们发现，显然与我们以下结论一致，那就是：**在缺乏司法救济情况下，公战是正当的，或者如采取了正式要求赔偿的程序，且国家已颁布了战争法令，那么战争也是正当的。**

现在，让我们转向另一个问题：自愿参与战争的人需要什么资格，他们可以做什么？这当然是个很宽泛的问题，我们只能在几个方面作扼要的讨论。

正如我们已指出的，战争的形式要符合法律，才是正当的。如今，即便从事某战争的行为与司法程序有关的法律似乎不一致(虽然我们已说明，根据较高序位的法，这些法律是部分无效的，但是我们能够对这些似乎不一致之处，加以部分协调)，如同第三项法律、第四项法律与从事某战争的行为似乎也不一致。假如弗吉尔[*]所言是真实的：

* 弗吉尔(Virgil 或 Publius Virgilius Maro，公元前 70—前 19 年)，罗马史诗作者。

当那一刻来临(冲突的合法时间)，
怀着满腔怒火与敌搏杀，一切皆合法，
并且，扮演掠夺者的角色……

我以为，如果屠杀、劫掠是战争所致，那么我们应该怎么来对待那些禁止伤害他人或侵犯他人财产的法律呢？ 在许多情况下，第三项规则似乎也构成了一个障碍，因为一旦战争爆发，一切基于人法的交往都没有了，如同人们所说，一旦战争打响，

谁，包括敌人，还会问：这是谎言，
或是英勇？……

因为我们所要做的就是如何打击敌人，

不论是靠欺诈还是赤裸裸的暴力，
是秘密进行还是公开进行……

然而，首先我们来考虑第二序位的法律，即第三项和第四项法律所
带来的问题。(正如我们在其他地方指出的)根据第十三项法律，它们是
无效的，不仅与第一项或第二项法律抵触，甚至还会与第五项或第六项
法律冲突，因为第五项、第六项法律本身包含了第一项和第二项法律，
以及第三项、第四项法律。 但是，同理，如果任何行为超越了第一序 103
位和第三序位的法律(第一项、第二项法律，第五项和第六项法律)，或
者伤害了不属于上述法律约束的人，该行为就超越了战争正当模式的有
限范围。

敌人攻击我们，反过来，我们攻击敌人，无不以双重方式：对人身和对财产的攻击。因此，需要考虑四种情况，或者说“彼此相反的结合”。敌人攻击我们人身，那么我们也攻击他们人身；或者，我们夺取掠夺者；或者，我们破坏威胁我们生命者的财产；或者，我们拔剑保护自己财产。上述这些做法，本质上没有不正当的。现在，就让我们来看在何种范围，这些做法是可允许的。

假设，我们容许伤害他人，或掠夺他人财产以保卫自己生命与财产(我以这些术语来假设，旨在可援引第一项和第二项法律，而不考虑犯罪问题)。但是，一旦危险解除，我们就不应再对他人施暴，比如，在获胜情况下。如我们主张归还自己财产或是应属于我们的东西，一旦我们获得了所要求的东西，就不容许冒称归还任何其他额外的东西。如我们欲对他人过错行为进行报复，这种报复应与该过错相对应，符合

> 惩罚与罪行相当的规则……

当然，现在我们讨论的问题与前一章涉及的问题不太一样。先前，我们考虑的是发动战争的必要性问题，本章则增加了在战争中适度节制的原因分析。塞尼卡认为那些有权实施惩罚，但毫无节制滥用这种权利者也是残忍者。

此外，关于这一问题，必须强调，为避免某人从他人的战争苦难中获益，人们有义务为自己的行为负责，或者为与他人共同实施的行为负责。有时这种责任是他人行为的结果，但该行为是由你先前或后来的行为导致的。考虑到第一序位的法律，这种区别实际并无意义，因为这些法律只关注行为本身而不考虑行为的主观目的。但是，在合同案
104 件中经常有这种区别，有时也体现于犯罪案件，只要对犯罪的惩罚只是

罚金或与财产有关。保释金制度就是根据这一原则产生的。但是，法律拒绝接受以体罚代替财产赔偿，因为一个人不能承担不属于自己的责任。上帝赋予了我们对物所有权和对自己人身所有权，人身权只能自己享有。因此，我们乐意转让自己所有物，也许就可以转让，但是，我们却不能像对待私有财产一样转让生命，本人没有权利使自己成为奴隶。

由此，首先，战争中的一方盟友因其盟友行为而承担责任，这种责任源自于具体的行为，而不只是盟约的结果。因为就一项所发生的债而言，神学家们已经以令人极为钦佩的方式，基于自然公平而宣布，以任何方式导致不公的所有人，均有义务去促进公正的实现。而且，他们还坚持认为，不公的始作俑者不仅有那些实施暴力抢劫或拘禁的个人，而且还包括那些发号施令、出谋划策者和教唆者，以及那些后来阻挠赔偿的人。但是，凡承担责任的盟友，至少实施了上述一两项行为，由此，共同责任的设置就成为必要，从而约束任何帮助不正当的一方实施暴行或使对方感到更加恐惧的人。这是适用于所有战争的永恒不变的原则。其次，关于惩罚，无疑，那些没有提供实质帮助，却向敌方出谋划策者，也应得到惩罚，甚至受到与战争主要参与者同等的惩罚，因为这类人本身也是侵害者。

说到国家，它受执政官行为的约束，如受条约约束一样，好比在某些事项指定代理的合同一方受到约束。有时，这些义务甚至包括接受惩罚。因为有些人将自己的权力授予给他人，而这种授权也许是以后侵害他人的根本原因，所以他们要承担责任。既然他信任了那些今后可能涉事，却不值得信赖的人，那么他无论如何也要承担责任： 105

希腊人要为他们国王的每个愚蠢的行为

> 而受到惩罚……

我们现在很容易理解赫西俄德的悲叹了：

> 真是国王造孽，
>
> 人民受苦啊……

上帝自己也身体力行，将同样的原则付诸实践，他经常因君主的罪恶而惩罚其臣民，这一点已体现在很多著名事例。受祝福的查斯丁*说过："对君主最好的惩罚就是惩罚他其人民。"安布罗斯也说过："国王失职导致臣民受罚，因为就像我们依靠国王来保护我们，也同样会因为国王的过错而身处危难之中。"

此外，国家受其臣民行为的约束，当然，这不是在绝对的意义上这样说，但是，在国家未能行使正义的情况下，就为其管辖下的罪犯提供了借口。因为责任产生于对行为的批准，这不亚于命令该行为。正是这个原因(如我们所读到的)，古代的邻近各邦联盟谴责西利安人，他们杀人越货却不受惩罚。在一定意义上，国家不完全受个人行为的约束，因为它自己参与其中。这不仅因为国家(未行使正义)阻碍他人实现权利，而且它的罪过触犯了第九项法律，该法律要求为任何外国人及本国公民提供正当的司法救济。而且，毫无疑问，一个人如对他应禁止且能禁止的行为不加禁止，那么，他就应当为这种行为承担责任。该原则既可适用于涉及惩罚的债务以及其他债务。赫西俄德已意识到这一点，说道：

---

* 查斯丁(Justin 或 Marcus Iunianus Iustinus)，公元二世纪拉丁历史学家。

国家经常受惩罚
仅为某人的邪恶……

对赫西俄德的观点，普罗克鲁斯[*]作了令人钦佩的解释性评价：“因为国家没有禁止该邪恶，尽管它能够禁止。”普罗克鲁斯还举了两个 106
例子，一个(霍拉斯也注意到了)是取自《伊利亚特》的开篇与有关阿伽门农的，另一个是有关被烧毁的希腊舰队的例子，

只因为一个人的疯狂罪行，
那就是阿加克斯，奥留斯之子的罪行。

这就是说，因为希腊国家对阿加克斯的可耻行为没有表示愤慨，于是就成了被要求赔偿的依据。在这方面，我们在《圣经》中也发现了许多众所周知的证据，说明整个民族为个人所犯不可饶恕的罪孽而承担责任，符合上帝旨意。阿加皮图斯[**]在其向查士丁尼皇帝的陈述中，解释了这一点：“纵容犯罪人的行为本身就是犯罪。因为一个管理国家者，在其他方面是正当的，但如果容忍他人不正当行为，按上帝旨意，就是教唆他人作恶。”

另一方面，每个市民也受国家行为的约束。因为我们从市民社会获得利益，所以也应当承受市民社会的不利之处，实际上，这与自然正义相吻合。市民法的解释者对此已表达了各种观点，但是，无不依据自然法。无论是作为集体的人民，还是单个人的人民，在自然法则面前，并无不同。只是在人为的虚构和市民们的同意之间还是有区别

---

*　普罗克鲁斯(Proclus，412—485 年)，新柏拉图哲学家。
**　阿加皮图斯(Agapetus)，公元六世纪康斯坦丁堡的圣索菲亚执事。

的。但是，万民法并不承认这种区别，而将公共机构和私人公司归于同一范畴。如今，人们公认各种私人社团要服从这一规则：不论该公司本身欠什么债，都可要求其个别的合伙人偿还。进而言之，国家显然是由个人构成的，就像国家任命执政官一样。因此，如涉及损害赔偿，乃至就被认定的不法行为提出权利请求时，执政官有责任以同样的方式以国家名义行事。但是，我们还远远不能说是国家实施的犯罪导
107 致无辜市民丧失生命，或者说应受到惩罚，尤其是可以如此惩罚国家本身。因为某一国家的生存会被削弱(就像有些情况下，根据教会法的制裁做法，该国沦为附庸国)，而且，在一定意义上，国家会遭灭亡。“当一城市成了废墟时就灭亡了。”譬如，迦太基和其他一些城市在遭敌人洗劫之后，作为政治实体便不复存在了。但是，显然，国家所承受的金钱惩罚可由其臣民承当，因为没有臣民就没有国家。圣托马斯宣称，这些人实质上是另一实体的拥有物，并且是其组成部分——可以说，该实体应拥有这些臣民，如同家长拥有孩子和奴隶——有可能由于另一实体所遭受损失而受惩罚。然而，就像我们已指出的，臣民也经常被免罪。确实如此，但是，上文提到的经院学者们(圣托马斯和西尔维斯特)告诉我们，无罪就无惩罚，但是，总是有这样或那样的理由，有一些无罪者却受到惩罚。在目前讨论的情况中，理由很明显。报复的习惯不仅是现代社会，而且是古代社会的做法，在此我们论证的唯一依据是众所周知的捕获质押物，或抓获人质以代人受罚。当国家不能实施正义时，其国民所欠我的就要由该国承担；并且，某国所欠的也要由其国民承担。巴托鲁斯谈及过这一点。另一需考虑的因素是便利，因为债权人用其他方法很难实现其权利要求，而对于公民自己通过诉诸法律求偿因特定个人过错而蒙受的损害，不至于太困难。

简言之，我们也许可将这一问题上的形式限制归纳如下：**由自愿参**

战的代理人正当发动的战争仅限于有争议的权利范围内，且只能针对应履行义务者。

对某些特殊情况的讨论有助于我们澄清该结论，尤其涉及公敌的臣民问题，对于战争法学者们来说，作为一项规则，这些公敌构成了主要的原因。相应地，我们应确定在什么范围内，尤利皮德斯的如下名言 108
是对的：

> 杀死公敌者，
>
> 无罪，且为尽忠职守……

我们也必须决定，塔西佗所言正确与否："和平时期，人们会斟酌各种原因与好处，但是，一旦战争爆发，无辜与犯罪之类却被混为一谈。"如将这一常理特别地适用于捕获法的问题，该法律就变得更难以理解了。

对人身的攻击而言，根据不考虑敌人主观意图的第一序位的法律[第一项和第二项法律]，容许对所有抵抗我们行使权利的敌方臣民予以打击的，而不论其是否明知。这类臣民毫无例外地都是"造成"损害者，即使该损害并非出于其本意。[1]这已为神法所明确肯定，神法命令将暴风般夺取的城市中所有成年人杀尽，尽管其中许多人肯定是无辜的。在守卫一座城市时，也适用于同一规则。因此，奥古斯丁说："修筑城墙保护其财产者将城墙用于杀伤敌人，没有任何罪过。"

不过，有些人可从敌人阵营中分离，且他们不妨碍我们行使权利，这种人当然应免受攻击。西塞罗警告我们："进一步说，我们应当友好

[1] 对这句拉丁语"faciunt … iniuriam and [faciant] non iniuria"翻译时，依据了前述第七章对这些术语的讨论。

地对待那些放下武器，接受我们将军的善意庇护者，即使我们战车已攻破敌人城池。”此外，权威学者们也表达了这样的观点，可看作是塞尔苏斯所言的准确解释：根据战争法，我们可收留[1]逃兵，即放弃敌方军
109 衔者。然而，如衡平法与神法的戒规所规定的，这些可靠的公正指南指导我们赦免投降城堡中的所有人，还指示我们在攻占敌人城堡时，尽可能地赦免那些不妨碍我们行使权利的人。为此，塞尼卡在其悲剧《奥克塔维亚》中建议：不能将妇女视为敌人。同样，卡米卢斯* 也说过，他不以武器对付妇孺老幼等孱弱之人，即便城市被占领，也应当赦免他们。亚历山大也宣称：“我不愿对俘虏和女人动武，但是，我所憎恨之人定会受到战争的惩罚。”对战俘动武是应受谴责的，因为有人(好战的暴君帕尔霍斯**)口出谬言，这位爱考士*** 后裔的本性极度残暴，他说：

> 没有什么法律规定赦免战俘
> 或者禁止惩罚战俘……

以下回答不是针对他的，

> 法律未禁止，乃羞于禁止。

但是，这已足够回应他的，因为帕尔霍斯所为是法律禁止的，事实

---

[1] recipimus这个词，也在以上引用的西塞罗文章中被使用过，它的含义是指赞成或是有保留的接受。但是，应指出的是，这个词也被翻译成“我们抢夺”，斯科特在引用《学说汇纂》中的段落时就是这样翻译的(参见S · P · 斯科特,《市民法》，第九卷，第173页)。

* 卡米卢斯(M.Furius Camillus, —公元前364年)，罗马独裁者。

** 帕尔霍斯(Pyrrhus，公元前318—前272年)，埃皮勒斯国王。

*** 爱考士(Aeacus)，传说是希腊神话中的宙斯王之子，死后为阴间三判官之一。

上也为最神圣的自然戒规所禁止。它宣称：人类不能对自己同类肆无忌惮为所欲为。塞尼卡认为，衡平的基本原则和人类美德要求仁慈对待战俘。神学家奥古斯丁告诫我们："杀死战场上的敌人，并非出于选择，而是必须这样做。"如同对好战者要以暴治暴，对胜利后被俘虏的人则应给予仁慈，特别是那些不再威胁和平的人。从尤利皮德斯的悲剧中，我们知道尤瑞西斯也宣布过：对战争命运注定赦免的人不加以宽恕者之手将永远无法洗净。那些手无寸铁，在田野里生活的农夫们与那些举手缴械者一样，或多或少地属于同一类人。既然他们并不妨碍军事行动，那么有什么理由要迁怒于他们呢，难道就像波利奥所说的，是奖励胜者吗？但是，这一观点会引发另一不同的观点：如果不牵制农业生产，敌人就会更强大。

此外，上述看法对善意行事者，或者说，对品行端正者来说，也是适用的。如塞尼卡所说，智者会让敌手安然离开人间，甚至于往往还说几句好话送行，假如他们对待战争是以高尚动机自我约束：[譬如]诚 110
信；恪守条约；或捍卫自由。

但是，根据第五项法律，犯罪无论如何须受惩罚。依据该法律而获得的权利不因战争获胜而消失，(通过战争旨在获得的)其他权利也是如此。如果人们全面认真地思考这一问题，其区别是显而易见的。因此，有罪之人定受惩罚，甚至于肉体惩罚，唯一的条件是所受惩罚与其罪行相适应。当这种情况出现时，在战争中也要像司法审判一样，作出相应的判决。柏拉图对战争中的这种有争议的做法表示了令人钦佩的赞同，指出："对已犯罪的人而言，无辜的受害者可用武力迫使他接受惩罚。"按狄奥德拉斯所说，吉利普斯在针对雅典战俘的演说中，坚持认为那些战俘在因其邪恶和贪婪而招致的战祸中被击败，徒劳无益地抱怨时运不济，并希冀得到哀求者的待遇，可是这种辩解只适用于心地纯洁，因情势所迫而误入歧途者。对于请求宽恕者，立法者旨在给不幸者以仁慈，而对心怀不轨违法犯罪者，则坚决给予惩罚。然后，吉利普斯得出以下结论：“既然他们根据自己的自由意志而发动不义战争，就让他们忍受自食其果的不幸吧。”特米斯修斯也有类似想法，指出，应宽恕不幸，纠正错误，惩罚不义。第三类不义者是那些煽动叛乱者，应受惩罚；第二类误入歧途者是被卷入战争的；第一类则是不得不屈从于当时强势一方的人。同样，维尔留斯·帕特克卢斯[*]认为在米瑟利戴特[**]时代的雅典人在敌人的压力和朋友的围攻下，身不由己，被迫服从。此例也许可用于确定以下说法隐含的区别：“有些人本身就
111 是敌人，有些人则与敌为伍而已。”因此，胜利者在掌握了司法权后，可按上述方式灵活地予以惩罚。

人身攻击方面的问题，不胜枚举。

现在，转向财产损害问题，对此，我们将毫不困难地得出结论。夺取他人财产可能是为了躲避危险，因为这些财产可能会危及一个人的生命和财产安全，或为了要求偿还债务，这一点我们已在其他地方作了解释。前者的权利从第一序位的法律(第一项法律和第二项法律)引申而出，后者源于第二序位的法律(第五项法律和第六项法律)。但是，我们也说过，在战争中，即便对无辜者也可实施攻击，只要他们阻碍了我们权利的实现。现在，任何人，即使是那些未以士兵身份参战者，由于其提供的财政资助可用来采购作战物资从而也威胁到我们的生命，正是利用其资源的手段，使我们的努力受阻，因此不仅妨碍我们财产的返回，而且使我们遭受更多损失。可见，此类战争资源必须加以剥夺，除非我们自己对这类权利之追求的惩罚被认为是正当的。这一点，在

* 维尔留斯·帕特克卢斯(Caius Velleius Paterculus,公元前19年—),罗马历史学家。

** 米瑟利戴特(Mithridates)，黑海南岸古王国的第六代国王。

不同的情况下，对不同的人，都没有任何区别，因为正如我们已反复指出的，法律所考虑的不是一个人的对手之动机，而是其行为。

由此可推断，我们不仅可用武力夺取那些敌国臣民的财产，而且也许可将这些财产占为己有。因为一方面，这些财产是被这些人从我们手中夺走的，我们认为由于这些人的侵害行为或其他什么理由，这些个人对我们负有责任。以武力夺回自己财产，是完全正当的，且除了使用武力，我们别无选择。另一方面，因为一国侵害了我们或欠我们的债，故没有任何理由可以阻止我们夺取这些人的财产作为补偿。我们已经说明，可以夺取敌国臣民的财产以作为该国家偿还的债务，但是，这限于所获得的财产不能超过我们应得部分，在计算我们应得部分时，应包括偿还损失及其求偿的成本。并且，求偿主张应持续不断，甚至 112
持续至战争获胜以后，直到消除威胁的必要性这一首要理由不复存在之时，因为我们发动战争之目的只不过是为了取得战争的胜利，从而实现我们的权利。用利维的话[1]来说："当所有的物品都呈交给军队统帅时，他就有权利和特权决定挑选哪些东西归胜利者所有，并从被征服者[2]那里夺走作为某种惩罚。"

因此，我们的结论是：任何时候，都可以掠夺敌国臣民的财产，但不应伤害其生命，因为考虑到我们自己所面临的危险，而且有许多敌人也没有对我们进行人身伤害。此外，以任何形式的暴力伤害对方人身并不能带来任何好处。但是，伤害我们的敌人，无不借助其财产，即使他们很不愿意那样做。或者，如果我们从维护债权人权利的视角来

[1]　用 victor(征服者)代替 victos(被征服者)，格劳秀斯削弱了利维所言的力度。利维的原话可翻译如下："当所有的物品都呈交给军队的最高统帅时，他有权和有特权决定挑选哪些东西可以还给被征服者，哪些作为惩罚被剥夺。"如此替换也有损这句话的语法，参见下一个脚注。

[2]　这个简化词 eos(他们)，在利维的原文中指的是前述被征服者。上一个注释中提及的用 victor(征服者)代替 victos(被征服的)使 eos(他们)这个词是缺少了语法上的对应语，但通过上下文我们可以看出,有些指代被征服者的词要理解为它前面的对应语。

看，可以发现对敌国所欠债负有偿还责任的，应当是被夺取的其臣民之财产而非其人身。在寻求报复的情况下，也是这样，夺取对方的财产是容许的，但应禁止人身攻击。所以，与物有关的论证适用于人身时，却是无效的。对他来说，容许做一些不甚重要的事，并不立刻意味着也可以做更重要的事。

此外，虽有些学者对该观点的理由颇有微词，但所有的神学家和法学家都支持这种观点。他们认为，那些被称为“战利品”或“捕获品”的财产，在正义战争中，可以归劫掠者所有。而且，应认识到，这些战利品或捕获物不仅来自于发动非正义战争的人，还来自其臣民(女人和小孩也不例外)，不论是实施了侵害还是冒犯行为，也不管是对人身侵害还是财产损害，也不考虑损害之原因，直到正义的交战方应得的财产得到全部补偿，或者敌人承诺准备满足我们的要求，或者确信他们将遵守法律。卡杰坦和(西班牙人中的)科瓦罗维斯宣称，关于这一点，某
113 人是否无辜不在考虑范围之内。然而，另一个西班牙人维多利亚则认为，如果敌方拒绝赔偿其不法行为所造成的损失，而受害方也不能从其他渠道得到很好的补偿，他可以任何方式来获得满意的补偿，不管针对罪犯，还是清白无辜者，商人和农民也不例外。这就是维多利亚所采纳的观点。其他一些学者认为，在这方面，对商人和水手应有所克制，他们解释说，在此，水手是指由于狂风暴雨而搁浅在他国海滩上的水手；商人仅指正在从事公共事务的人。作为一般臣民的商人，即使是在报复的情况下，也不能免于攻击。

如今，上述观点都是有效的，除非通过条约或双方认可的默示形式，对某人或某些人或某地区的人的安全做出承诺，这就是说，基于诚信，这正是我们要讨论的问题。于是，我们读到，印第安人宽恕农民；拉特兰的理事会颁布法令给予牧师、僧侣、改变信仰者、朝觐者、

商人和那些生活在乡村或从事农业生产的人一定保障，并延伸至农村用来耕地或播种的牲畜。这里对“商人”最适当的解释是仅指外国人。卡杰坦说：“我对‘商人’一词的解释是，它不是指定居于此地的商人，而是指在此作客或逗留者，这并不意味本地的商人比手工业者的地位高。”事实上，圣典学者拒绝接受现在完全依照罗马教皇法令的做法(即所谓“教会休战协议”)；当然，该法令并没有基于永恒的理由。不过，显然当有些人的财产不属于敌人时(也就是说，财产既不属于盟友又不属于其臣民)，即使财产在敌人领地，夺取该财产者也不能取得所有权，如同债主不能将债务人财产中借来的或偷来的财产据为己有。

在这一点上，我们可以顺便考虑一个经常被其他学者们提及并已深入探讨的问题，即对敌人中间的外国人和以货物形式向敌方提供援助者[外国人]，我们允许做什么？首先，显然，在敌人领地偶然发现一个外 114
国人，根本无需大惊小怪，因为地域本身并不是承担责任的原因，但是，那些被容许夺取其财产的外国人肯定是(对当地的义务)负有责任者。所以，所谓旅行者只有像敌国其他臣民一样为其组成部分，方可为战争的合适目标，且在此，“部分”应解释为(就目前考虑的问题所指)那些在法律地位上有义务保卫该国，或向该国进贡缴税的人。因为如阿加西亚* 所正确说明的，假如一个人被视为敌人，不是因为在偶尔情况下他与敌方有关，而是基于他是否热心以及做了哪些敌人希望或对敌人有利的事。对于运送物品的人，神学家和法学家们已得出的结论是：人们不应为其行为结束后的损害承担责任，除非他就是导致该损害的人，而且，人们也不应为其行为之前的损害承担责任，除非他本人阻碍该损害赔偿。无论以任何方式要求他提供理由，都是过分的。相

* 阿加西亚(Agathias, 530—582 年)，希腊历史学家。

反，不论有无邪恶动机，关键在于至少参与了犯罪。因此，为敌人运送武器或其他可用于战争的物品者应当向正义战争的一方承担责任，只要有证据表明该运送正是造成该行为之后的损害原因，或者他阻碍了求偿程序。因此，只要其行为具有参战目的，在帮助非正义的交战方后，他就应承担责任，尽管他在做这些事时欠考虑。换言之，其行为如同某人出于同情而帮助债务人越狱，或向被控罪犯指出逃脱法律制裁
115 的方法(或其行为导致对方蒙受不当损害)[1]。因为根据权威学者的一致看法，在任何情况下，这种行为都会导致赔偿义务。这是阿曼拉苏撒* 在答复查士丁尼时的核心思想，就效果而言，通过向敌人提供必需品而帮助敌人者，也应被视为敌人。[2]此外，如果提供的货物本质上不是为战争服务，但却有助于非正义一方拖延战争，我们也可以得出同样的结论，推断运送货物者知道其行为可能产生的后果。如果他不处于这样位置，他就不应受到惩罚，除非发动正义战争的国家已正式通知他这一真实情况，并附有表明其(开战原因)正义性的证据。我们可从塞尼卡的言论中找到一个著名论断来支持这种区别，他认为，回报暴君给予的好处，应把握好尺度，遵循以下规则：“如果我给予暴君的利益[作为获益的回报]，既不可能增加其造成公害的权力，也不会加强他已拥有的权力，而且，只有上述利益既可使我回报，又不至于给公众带来灾难，我才可回报他。”塞尼卡进一步说：“我不会给他金钱，让他可用来酬劳警卫。而且，我也不会向他提供士兵和武器。”塞尼卡还宣称他宁

---

[1] 手稿第 50′页。关于这一点的论述，存有很多残缺。翻译括号中的句子是严格依据这一事实，即 litis patrono(诉讼中的律师)出现在第 50′页的顶部，紧接着残缺部分，显然与这里引述西尔威斯特(《辩护》第 16 章中的话)的段落有关,在该篇章中，作者认为律师应补偿辩护不力而导致当事方的不当损害。

* 阿曼拉苏撒(Amalasuntha)，公元五世纪时作为其子的摄政王曾统治西哥特王国。

[2] 严格来讲，由拜占庭的历史学家普罗科皮斯(Procopius, 495—565 年)所归纳的阿曼拉苏撒观点与格劳秀斯的观点相反，也就是说，阿曼拉苏撒似乎宣称：“根据其每一行为被实际认定在战争中帮助另一方的人”可以恰当地被称为盟友和他所支持一方的朋友。

愿送给暴君游船，而拒绝给予三层桨座战船[即战舰]。 简言之，为敌效力所致预期损失越多，或对愈加妨碍敌人守法的过程，就越发促使人们通过求偿手段获取战利品，而不是求助任何司法措施，因为在一定意义上，战争结果之一就是获得赔偿。

让我们从以上题外话回到讨论针对臣民的战争正当形式，我们发现所有的观察无不集中到此点，构成了一个令人印象深刻的观点：**可以加害于敌国臣民的人身，只要他们因其不法行为而罪有应得，或妨碍(尽管可能是疏忽所致)正义的实现。但是，任何时候从臣民那里夺取战利品都是正当的，直至敌人的债务全部偿清。** 116

既然我们已看到第二序位的法律(第三项、第四项法律)也许会与关于战争的发动有所协调，那么就让我们将注意力转向第三项规则。

根据该规则，无论我们可能蒙受什么损害，我们都有责任履行已承诺的，当然也是我们控制之下的事项。 这与第二项法律是吻合的。 我们自己的占有物受自身意志的支配，并且依据我所说的第三项规则而享用，如果根据我们一开始所做出的分析来看问题，将更容易理解这一点。

相应地，如果万民法被视为一种标准而不是某些市民法的戒规，那么在对敌的各方面必须信守约定(如西塞罗坚持的)，并且(安布罗斯为此特别指出)甚至当某人正在对付一个邪恶敌人之时，也是如此。 不过，这一观点必须有一个前提，即敌人还没有明显地违反以诚信为基础的特定条约。 在这种情况下，基于义务的相互性，一旦条约被违反，所承诺的条款就不复存在。 除此例外，可以说：

他是最好的战士，
在战争中自始至终保持诚信。

恐惧不能成为不诚信的理由，因为即使他为了避免灾难降临而被迫做出承诺，这也是他在可选择的方案中做出的有利于自己的选择。简言之，被迫的意志仍保留着自愿的特征，一旦这种意志得以表达(尽管是向对方表示)，就发生约束力。关于这一点，我们更应该接受神学家而不是法学家的观点，因为前者受自然理性的指导，后者则遵循市民法的准则，并经常为追求一定利益而容许做一些本不容许做的行为。

进一步说，人的意志不仅受到条约和契约，而且受默示协议之约束。例如，任何一个人，如果将自己置于他人保护之下，借助他人的财产或庇护于保护者的权力之下，使自己当时似乎成了保护者的一部分，那么其默示的承诺就是他不会做出任何有损保护者利益和统治地位
117 的事。所以，我们鄙视叛国者和被收买的刺客，尤其是下毒的人。[1]这种鄙视同时伴随着这样一种认识，即该不法行为来自于命令的发布，更离不开执行命令，因此，该邪恶行为的命令者和执行者所犯的罪行相同，而且，我们注意到，早期罗马人从未有过上述行为(收买凶手下毒或其他的行刺方式)。

其余所有战争的计谋，凡能使谨慎之敌感到恐惧的，都是正当的，不存在友谊之类的虚假托辞。当从事一场正义战争时，只要能够实现正义，根本不必考虑战争是光明正大地进行还是使用阴谋诡计。在这个意义上，我们同意乌尔比安和苏格拉底的观点：用于对付敌人的计谋都是善的。

简言之，在本章的前一部分所得出的结论是：自愿参与战争是正当的，只要参与者在主张的权利范围内行事，且战争的对象是与该权利相关的义务承担人，只不过，这种权利应当依诚信原则加以解释或补充。

---

[1] 这就是说，下毒是一种更为狡诈和邪恶的策略，参见引述的真提利所著《战争法》。

我们必须要考虑的下一个问题是对臣民而言，何为发动战争的正当形式，因为实际上由臣民进行的战争问题还不甚清楚。

对自愿参与战争的代理人来说，战争背后的实质因素是有关的权利，但是，对臣民而言，这是居上者的命令。相应地，前者不能超越权利者享有的权利范围，后者则不能超越命令的范围，就像我们在其他场合下所指出的，法律与臣民的理性是一致的，前提是我们相信居上者的命令符合正义，并且，这一原则不能成为臣民超越命令的有限范围而为所欲为的借口。所以，只要他们按照已下达的命令去做，臣民进行的战争就是正当的。臣民们并没有被要求行动划一，只是均贡献其财产为战争所用，这确实是共同的。但是，不能要求所有的人都投身战争(被称为“服兵役”)，可以肯定，这样的普遍性命令也不是权宜之计。相反，必须遵循某种有序的方法和选择的原则，就像谈到司法判决，不是每个人具有相关的实施能力，而只有那些专门负责实施者才具 118
有这种能力。而且，选择服兵役者要通过明确指定或以(所谓)集体为基础，也就是说，通过召唤来完成，就像鼓动造反一样。这种号召最著名的例子是执政官们的演说：“那些愿意誓死保卫国家的人，请与我并肩作战吧！”关于正当的驱逐令(授权将放逐者杀死)，我们有其他的例子。此外，选择服兵役不仅可采用直接方式，而且可通过潜入敌方等形式。我们发现，国家或君主为战争选择统帅，而统帅一旦受命，就会任命护民官和百夫长，然后他们作为军官，再挑选士兵。卡托确实已敏锐地发现，只有服从命令才是正当地服兵役。为此，在自己儿子履行义务后，他告诫说：小心参加战事而不再进行军事宣誓，因为不以士兵身份对敌作战，是不合法的。

军事命令的效力也约束个人的行为。未经上级授权而烧杀抢劫的士兵是在犯罪。事实上，我们知道，早先对任何未经其指挥官命令而实施对敌行动的个人，不管其战果多么成功，都要给予惩罚。相反，居鲁士赞扬了那些一听见撤退的号角就立刻插剑入鞘的士兵。

由此，我们得出结论：**只要战争是奉居上者命令而发动的，臣民参加该战争就是正当的。**

如将该结论适用于个人，即便对掠夺战利品或捕获物，也必须持有善意。因为这种掠夺行为如同战争中的其他行为，均受战争法的约束。因此，既然我们已经论证，战争对双方臣民而言可能都是正义的，这种可能性是存在的，只要臣民们均依居上者命令行事。同样，以下观点也必须接受：第一,在这种战争中，双方获得战利品都是正当的，第二，这些战利品可以合法地保留。当某人认为某国家或执政官有权将敌人财产授给他，为什么他在接受该国家或执政官授予敌产时应
119 具有的掠夺意识，相比他根据这些相同权威者的命令去杀人时应具有的屠杀意识，须更强烈一些呢？再说，如我所买的一些财产是经司法判决没收而归为国库的物品，对我来说，就不必置疑该司法判决的正义性；那么该同样原则难道不应适用于战争中的情况吗？神学家们正确地主张：以诚信作战者在置留其战利品时也具有清醒的意识。他们正确地补充：对这类人而言，即使以后被告知他参与的战争是不正义的，他也没有义务偿还那些已被他消费掉的物品，除非他由此变得很富有。

事实上，这种(置留财产而不必偿还)的特权与善意占有密切相关，并且，因为我们将这种占有归到该主题下，即任何人从非所有人处接受任何财产，但他从内心将其看作是所有人，我们就不能禁止他享有该事实上已从真实所有人转移给他的所有权，因为战利品是通过公共授予这一建立真实所有权之程序而给其臣民的(正如我们将在其他场合说明的)，并且作为某种赠品。进而言之，任何人，只要他坚信国家或执政官发动的战争是正义的，也会坚信该国家或执政官有权处分该战争中获

取的战利品。因此，这种情势也形成了一种所有权取得的模式，这与通过法律裁决取得所有权的程序没有任何不同，也就是说，发动一场正义战争的国家也设置了一位对外敌拥有管辖权的法官。于是，这就应验了一句众所周知的话：正当的所有人是通过司法裁判官(专门掌管司法事务的执政官)的权威而获得或占有财产的。

所以，我们认为，即使在类似情况下，战争为正当时，**也要考虑对交战双方而言，夺取并保留战利品的正当性，一贯的前提是在权衡各种可能性之后，符合理性的命令已下达。**

但是，双方取得的是否属于不可取消的所有权，值得进一步思考。

从源于自然的初级国际法角度看，我当然会毫不犹豫地说，这种取得是不可能的。因为只要某一所有权人不愿放弃，那么任何人就没有
充足理由从他那里(不可取消地)获得所有权，并且，根据自然法诸戒 120
规，我们有义务不仅归还不当取得的他人财产，而且不论是用何种方式事实上占有的。根据该初级自然法，这是无可置疑的，甚至于根据命令取得的权利，也不例外。

然而，在回答上述争议问题时，也许有人会说这一不可取消的权利源于次级国际法，而这种国际法是源于市民法。实际上，许多国家间有协议，规定战争中捕获的财产应归捕获者所有，并且，有很多理由支持这一观点。

当那些公民一旦失去其财产，且物归其主的希望在某种意义上已破灭时，在个人利益驱动下，会更加满腔热情捍卫其国家，更加甘心情愿承受战争重负。根据上述协议，国家并没有损失什么。战败国有的权利空空无物，而战胜国所取得的则是战争中捕获的敌产。另一赞同这一理论的重要观点基于这一事实：当和平降临之际，那些未被明确协定归回其主的物品，只要还留在占有者手中，就是战利品。于是，虽然

应该以条约规定归回的事宜，但是，优先适用的普通法似乎与此相反，并且，这种法律形式除了源于公民们的默示同意，没有其他任何渊源。该理论的另一论据来自于这一事实：战争中获得的财产，要么属于战后公民资格或财产的恢复权范围，要么不属于。如不属于该恢复权的范围，可以肯定(即使在被重新夺回后，也不可能归回最初所有人)原所有人就失去了所有权，而敌方夺得该物就事实上成为其所有人。另一方面，如属于战后恢复权的范围，那就得保留该物的原所有权，因为“战后公民资格或财产的恢复权”意味着恢复对该物的权利，该项权利并没
121 有丧失和转让，用这种方式将物恢复原状，就像它从来没有落入敌人手中。而且，我们已清楚地被告知：在所有权保留的情况下，也不需要战后恢复权。我们还可参考这一事实：从敌人那里恢复的物即成为恢复该物者之财产，反之，战后恢复权就让渡给提供该战利品者。

如今，法律明确规定，所有这些法律原则对交战双方都同样有效，当然，我不知道哪个国家持相反的观点。因为即使在《圣经》中，“大卫的战利品”一语也是指大卫从亚玛力人那里得到的东西，这些东西是亚玛力人从他们自己的敌人那里夺来的。所以，显然，这些“战利品”的所有权经过了两次转移。著名法学家富尔古修斯* 认为两次转移本质是一样的，贾森也持同样的观点。罗马人，这一最崇尚公平的民族，对这一问题的看法是明确的、不容置疑的，即使罗马教皇的法律有不同解释也不能改变之。

于是，似乎很清楚，一个善意参战的臣民根本就不必交回他所获取的战利品，即使后来才知道他参与的战争是非正义的，因为我曾以自己行动合法获得的东西不可能不归我所有。同样，一个善意的占有人将

---

* 富尔古修斯(Raphael Fulgosius, 1367—1427 年)，意大利法学家。

该争议财产作为自己所有物而取得，并且，这些财产就自然地属于其真正所有人。还有，如果一个人通过时效而善意地取得他人财产，他就成为该财产的合法所有人，这不是因为时间流逝本身产生所有权，而是因为市民法创设了这种权利，所以不能说利用该法律的人是不正当的、缺乏道德的。在我看来，事实上，许多学者对此早已作了正确的阐述，认为这项权利的内在约束力是如此宽泛，以至于在善意的时效期过后，他就依法享有了所有权，即便此后存在恶意，他也没有道德上的赔偿义务。

另一方面，我完全不能赞同西班牙学者阿亚拉的观点。他认为在一场显然是非正义的战争中，尽管如此，却仍可以(永久地)取得对捕获物的所有权。我相信这种原则不可能从任何现有法律中推导而出，且 122
从依据其他支持捕获物的法律所确立的先例来看，即使曾经有过，我认为这种戒规也不可能得到适当的遵守，因为它不仅缺乏合理的基础，而且是在教唆人们行恶。

简言之，我们所说的权利对合法的敌人来说，是有效的，正如塞维鲁斯皇帝的法令规定的[1]。而且，我们已经说过，这些敌人奉执政官命令而行动，这是完全可能的，因而是合法的，或者说是正当的。其他的敌人则与强盗无异，因此，他们抢劫的东西不会发生所有权的转移，请求归回这些东西也不需要依据战后恢复权的规则。

可见，上述观点只适用于对外战争，而不包括内战，其原因有二：一是在内战中，交战方几乎不可能有同等的权力地位；二是作为个人的市民们未曾同意(在自己的国家内)如此转移财产权，就好像国家之间同意(在国际领域)那样转移所有权。在市民之间也不存在签订国家间协议

[1] 格劳秀斯引述的这句话，在塞维鲁斯皇帝的法令(Imperial Regulation of Severus)中没有找到，倒是出现在《法学阶梯》第一卷中乌尔比安所言，这收录于《学说汇纂》，而不是《法典》。

的动机，因为对他们来讲，在战争结束后很容易通过法院来解决彼此争端。

因此，就对外战争而言，(永久)获得所有权的依据是上述普遍的国家间协议，其限制性条件是在一定程度上，提出的财产要求应该是合理、可靠的，也不存在什么争议。似乎我们作为原始所有人，并没有失去所有权，直到我们试图追回财产时才发现是多么困难，几乎不可能了。如今，假设根据军事法，只要财产落入敌方城内或界内，所有权就算失去了。有些学者还认为，不仅要考虑地点，还要看时间长短。例如，经过二十四小时，即一天的时间，所有权就算失去了。可以肯定，在关于海上捕获船只方面，我倾向于认为第二个标准并不可靠，除
123 了我所承认的事实，这是公认的，并非没有理由。

总之，根据国际法，不是根据自然国际法，而是实在国际法，也就是说，根据至少许多国家已同意的条约，可得出如下结论：**在对外的公战中，对交战双方而言，(永久)获得捕获物的所有权都可能是正当的，一**
124 **贯的前提是在权衡各种可能性之后，符合理性的命令已下达。**

第九章

有关战争之目的

问题八

第一条　对自愿参战的代理人而言,何为战争之正当目的?

第二条　对臣民而言,何为战争之正当目的?

出于善良目的而发动的战争旨在伸张正义，并且，如波卢斯·卢肯努斯* 令人信服地解释，正义与涉及共同体的所谓“和平”具有非常相似的性质，相反，如果考虑臣民与统治者之间的关系，正义则可解释为“甘心服从”。

让我们先来探讨问题中与自愿参战的代理人有关的第一条。

和平是正义之果。柏拉图表达了同样的观点，他说：制定法律是为了实现正义，也是为了实现和平。西塞罗坚信战争应以如此方式进行：“以确定和平为追求之唯一目的。”此外，在另一著作中，他还指出：“和平”的用词应适用于宁静的自由状态，而不是指“有拘束力的

---

*　波卢斯·卢肯努斯(Polus Lucanus)，公元前四世纪雅典的雄辩家。

公约”。在以下这段话中，他将这两个概念结合起来：“发动战争只应为此目的，即我们可以在和平中生活，不再受侵害。”克里斯普斯说：“智者开战旨在和平，忍受辛劳则希望未来享乐。”在他另一著作中，克里斯普斯阐明了这一观点，指出：“我们的先辈，最谨慎的人，除了为所欲为给被征服者造成损害之外，一无所获。”在神学家中，我们可以引用奥古斯丁的话，他说：“对和平的追求，不是为了进行战争，相反，发动战争是为了长久保持和平。”他将和平定义为“良好秩序下的和谐”。古代的神学家也用麦基洗德* 的故事来说明这一点：和平与正义除了字面上不同之外，实际上没有什么差异。

所以，和平作为交战者之目的，不是其他形式的和平，而仅是指正当的、光荣的和平。否则，我们作为必要手段而迫不及待发动的战争，就是徒劳之举，因为有时(借用弗洛罗斯** 的话)法律比武力更残
125 暴。西塞罗警告我们，谨防和平中的陷阱。塔西佗则告诫我们：战争本身并不比和平危险，和平有时是邪恶的，或交杂着各种猜忌。[1]德莫斯梯尼的传世名言为：“宁愿选择光荣的战争，不要苟且求生的和平。”修昔底德也说过：“战争可以巩固和平，因为热爱和平而避开战争的人们并不能使其脱离危险。”为论证上述观点，修昔底德还说：“可以肯定，当人们还没有被伤害所激怒时，人性中的克制促使人们保持和平，但是，当人们受到伤害时，勇敢也是人类的天性，它让我们放弃和平走向战争。当时机成熟，争议得到解决时，为了恢复友好关系，人们又会放下武器。”对此，他还说：“任何人因其在战争中的胜利而备受赞颂

---

* 麦基洗德(Melchisedec),《圣经 · 旧约》中的故事人物，撒冷王。

** 弗洛罗斯(L.Annaeus Florus),公元二世纪的拉丁历史学家。

[1] 格劳秀斯引用的这句话译成“公开的猜忌”可能更准确，但是,关于这一点，行文中引用的塔西佗所言原意不是指充满猜忌的和平，而是指那些在和平时期被怀疑，因而认为战争时期可能更安全的人。这里，就如在整部《捕获法》翻译中所举的其他例子一样，格劳秀斯通过引用这些话，以表达他自己想说的含义。

是不合适的，但是，任何人因其沉湎于和平的闲适而遭羞辱，也是不合适的。对于那些贪图和平的舒适而在战争面前畏缩不前的人来说，惬意的宁静很快就会被击得粉碎，但是，他过分沉湎于这种宁静的生活，以至于太懒惰而不能拿起武器了。”这就是修昔底德的理念。同样，托马斯·阿奎那[*]也说：“可以肯定，发动战争是为了和平，为了善良的和平，而不是邪恶的和平。因为确实有一种和平，基督宣布永远不将之带到人间。”除了圣托马斯所言，其他神学家也认为，战争之目的是为了消除对和平的威胁。这些神学家们还认为，当任何人受到非法的攻击，或被夺走财产，或将受到伤害，此时，如果抑制正义或合法的惩罚，就意味着威胁和平。当然，上述每一种看法与我们已提出的关于战争原因的论述，完全一致。

因此，这种和平观告诉我们，战争之适当目的不是别的，正是为了对侵害实施报复或者(最终是殊途同归)实现权利，不仅为了自己的权利，而且有时也是为别人的。 126

当盟友参战时，上述最后之目的显然存在。该目的同样也为煽动战争者所寻求，这种情况很可能发生，例如，当受害者已被完全击垮，丧失了抵抗能力。这也是亚伯拉罕代表洛特和撒旦的公民利益发动战争的原因。康斯坦廷大帝[**]同样为了罗马人与马克辛提尤人作战。西奥多修斯也为了基督徒与波斯人作战。安布罗斯说：“保护弱者的勇气”可称为“正义”。塞尼卡也说：有的人虽然并没有攻击我的国家，但是在自己的国家里恣意妄为奴役民众；尽管他没有触怒我，但是由于他精神上的堕落，我们之间以共享的人权为基础的友谊，已遭到破坏，因为相比对他个人的责任，我对整个人类的责任关怀则更为根本，也更

* 托马斯·阿奎那(St. Thomas Aquinas, 1227—1274 年)，意大利多米尼加派哲学家、神学家和教会学者。

** 康斯坦廷大帝(Constantius the Great, 272—337 年)，罗马皇帝。

重要。西塞罗问道:“只为达到自己目的而行事，这样的人是好人吗?”毫无疑问，我们既要为自己的利益奋斗，也要努力为他人谋福利。大家的共同安全很重要，应避免伤害(任何人)，要警惕罪犯借违法行为壮大自己的力量，以免在将来的某个时候再次侵害我们。要用大量的事例来告诫人们不要实施违法行为，在这些事例中，违法行为都遭受了惩罚。而且，值得关注的是，就像国家经常为了市民的个人利益而发动一场攻击(这一点我们已经提到过)，市民们也会自发拿起武器捍卫国家利益。有时，这种情况会在国家被击溃，已经完全不能作为整体保卫自己时发生。纳斯卡采取这种行动来反抗格拉切斯人,他的行为当然受到了所有正直之人的赞扬。渥太维* 以一己之力反抗安东尼，也受到了所有想诛杀暴君的人的称颂。但是，显然这些人的行为部分也是为了个人利益，因为市民安全得到保障和个人生活富足也是国家利益所在，在更大意义上，保卫国家事关所有市民的利益。

此外，无论是任何人，只要为了他人权利而投身战争，有必要在考虑损害和成本时将别人的权利视为自己的权利。因此，我们发现所有发动战争的人，即使是出于正义目的，如果他们过于贪婪且带着不正义
127 的思想，也应当受到谴责。因此，要让国家、执政官，或者市民以及所有参战的盟友们，完全摆脱对极具诱惑的地位和财富的渴望，摆脱塞尼卡所描述的那种情感:

> 邪恶的贪念，不计后果的愤怒，
> 破坏了盟约……

奥古斯丁也对类似情感作过描述，我们可以从已引用过的其他学者

---

* 渥太维(Augustus Caesar Octavian，公元前 62—14 年)，第一位罗马帝国皇帝。

的论著中找到他说过的话："贪婪导致伤害和残酷的报复。"这位神父还说："对真正信仰上帝的人来说，战争本身具有和平的因素，战争的发动不是因为贪财或残忍，而是因为对和平的热切渴望，目的是惩恶扬善。"

总之，**自愿参战的代理人参战之正当目的是为了实现一项权利。**

现在，就臣民而言(就像我们在本章一开始指出的)，应强调服从的因素，这也是教皇格里高利在教会法令中指出的："在涉及军事服务的各种善和其他优点中，最值得称道的就是服从国家的需要。"因此，臣民也必须摒弃作为自愿参战的代理人不该有的缺点。

然而，以雇佣军为例来说明这些缺点，再适合不过了，就如同柏拉图所做的。他引用泰尔塔尤斯* 的话来说明。因为很明显，雇佣军冒着枪林弹雨就是为了有所报酬。安蒂芬尼斯** 用很简洁的语言描述了这些士兵：

为了生存，不得不奋不顾身地
冲向死亡……

保罗亲眼目睹允许士兵们接受报酬，名义上是报酬(像我们以前提到的，还应再提及)，实际上包括国家和执政官奖励给他们的战利品。另一方面，以获得战利品作为首要目的而发动战争，是一种非常邪恶的做法。打个比方，我们知道，行政机关人员有权收费，包括偶尔由市民支付的罚款，因为如果以个人利益为代价来谋取公共利益是不正当的，但是，执政官应有不同的目标观念，为公共福利尽力。奥古斯丁

* 泰尔塔尤斯(Tyrtaeus，　—公元前 640 年)，希腊诗人。
** 安蒂芬尼斯(Antiphanes，公元前 408 年—　)，希腊喜剧诗人。

也试图阐明这一点，说道："当兵绝不是犯罪，但是为了获得战利品去
128 当兵，那就是犯罪。统治一个国家并不受谴责，但为了增加个人财富而统治国家显然就是一种受谴责的行为。"不过，对那些自己遭受损失的人来说，即使是为了获得战利品而参战也是合理的，换言之，为了获得他们的权利，这一权利实现的过程也伴随着一个劫掠的过程，直到损失获得补偿。

关于个人目的正当性讨论，现在已完全进入了审视其内心思想的领域，也就是上帝对人的审判或者人对自己的审判领域。然而，无论何时，将这类案件诉诸法院时，譬如由某些法官在和平的环境中，审判有关战利品案件，除不受情感影响的证据，其他因素都不予考虑。而且，即使在道德法庭里，为了不正当目的发动战争者会被判有罪，但是，他仍可合法地保留战利品。为此，经院学者们明智地指出："正当之目的并不是合法占有战利品的前提条件，法官判决的过程是根据行为人主观目的的执行情况。"有些人夺得某些东西是出于非法目的，但非法目的本身不会产生赔偿义务。

站在人们良心领域之外设立的那些法院的视角看，在诚信方面的同样原则，或对某种原因正义性的信仰，即我们对臣民[发动战争]的要求，都没有变：就是说，除非有时，战争原因的非正义显而易见，否则不考虑诚信及正义等因素。因此，只应该把那些有合适的证据所证明的问题，诸如居上者权威此类事项提交该法院。这就是所有法学家一致确定的规则。

另一方面，如一定要将良心的标准问题考虑在内，我们可以这样
129 说：臣民们发动战争是服从居上者的命令，其目的即为正当。

第　十　章

问题九　谁可以取得捕获物或战利品?

第一条　在私战中,谁可取得?

第二条　在公战中,谁可取得?

推论:在什么范围,允许那些以其自己代价参与公战的人取得捕获物或战利品,在缺乏任何相关补偿的协议条件下,通过其代理人,弥补其自己损失[个人利益的损失][1]风险?

我们已满意地说明，因而我也坚信该主张的真理性：可以合法地捕获和取得敌产。

我们所研究的问题中，还有一点分歧没有解决，即谁应成为战争中捕获的财产之所有人？ 在考虑这一问题时，我们也采取讨论的自然顺序，先考虑私战，然后是公战。 这一研究方法将大大有助于澄清问题。

而且，就整个问题来说，基于已有证据，在战争中捕获所得与在司法判决基础上所得属于同一类东西。 对战争而言，如果这是由公共权

[1]　拉丁单词“periculo”似乎需要更一般的解释，譬如，“对他们自己的危险”。 但是，在本章结尾处，格劳秀斯以更加充分的形式提出该推论，采用了短语“suarum rerum periculo”[文字上理解为：并以个人利益的风险]；因而加了英语翻译。

威所支持的，与司法判决执行的不同在于事实上由于敌方掌握权力，因而必须有军队来实施；或者，如果系私人行为引起冲突，情况会回到由每个人自行裁决其事务的早期法律。相应地，没有谁可成为战利品的合适所有者，除非他有合法的权利主张，也就是说，具有主张某些东西归其所有的根据。因此，在人们的思想中应清除那种虚假的观点，即根据处理“无主物”的做法，某敌产成为公产，预定是要给获取该敌产的人，就像在对敌中，人们的友情约束都不复存在了。尽管根据许多古代权威人士的说法，通过比较追击猎物而获得之的过程，似乎都支持
130 这一观点。同样的观点可以从我们一开始就引证过的雄辩家和哲学家的表述中推断出，以确立取得分配物的权利。尽管事实上，甚至在权威法学家中，我们也可以发现，保罗斯肯定地将战争中取得的东西列入无主物的范畴，因而可以归最先取得者所有。我再次重复，无论这些提示如何反其道而行之，也不能否认，无主物与敌产毕竟显然不同,甚至连我们的法学家也并非没有看到。如果我们承认那么多的仇恨要求带来的力量而非自然之力，就会发展到在敌对方之间取消要求我们节制[1]获取他人财产的法律，然后，就必然会取消诚信守约的原则，乃至整个被称为武装冲突法的戒规。但是，我们接受苏格拉底的观点，他认为(在柏拉图的《理想国》第一卷)，任何这类(批判敌对方之间的正义)行为本身是不正义的。平达* 在其论述中也没有离开哲学家的方法：

你有权利为所欲为，

你凭什么诋毁敌方。

---

[1] 读一下 abstinere iubet (要求我们节制)或可能 caperr veial (禁止我们获取)，实际上，格劳秀斯所用的术语是“禁止我们获取”。上下文清楚地提示格劳秀斯是指第四项法律所确定的原则，并说明他笔尖下流露出对其自己思想的偏离。

* 平达(Pindar，公元前 522 年—　)，古希腊最伟大的抒情诗人。

我再重温西塞罗的话：“即便在对待曾伤害自己的某些人时，也有某些需要恪守的职责。对报复和惩罚也有限制。”我也回想起你们所言，啊，罗慕勒斯第二！[1]因为当你将导师送回到费莱利*，你说道：“在我们与法利斯肯之间没有任何建立在人与人间约定基础上的友谊；但是，源于自然的友谊肯定[2]存在，并将继续存在。战争法的存在如同和平法存在一样。”塞尼卡也未以任何其他根据对法布里修斯大加赞誉 131
[相比较他引用法布里修斯关于对待敌人的正义那段话中，对他的描述]：“坚信崇高理想，武艺高强，即便在战争中也不心虚；因为他相信确实这是罪恶行为，哪怕是对敌人的。”战争将政治友谊扔在脑后，但是没有抛弃人的友谊。因此，即便是第四项法律还在起作用，也要设法不让第二项法律超越之；正如我们看到的，第二项法律的力量也包括在第五项、第六项法律中。因此，人们也就不要求用敌产来抵债。也就是说，除了占有的事实，还需要原因，该原则在前一章已阐述，不过，在此重复一下，也未尝不可。

现在，让我们关注这一问题：“在私战中，谁可取得捕获物或战利品？”

任何人提出这一问题，无疑是假定存在着从私战中发展而来的调整捕获品或战利品的法律，相反，教会法或民法的许多解释者或战争法学者似乎都对此持批判态度。但是，我们在好几处提到，没有任何理由为什么我们应该总是接受这些人的观点。这些人精通民法，却忽视了他们也熟知的，以万民法基本原理为依据的戒规。

---

[1] 即卡米罗斯。利维在关于卡米罗斯的逸事中引用了这段话。意思是：卡米罗斯不愿意利用法利斯肯(Faliscan)的导师背弃自己承诺将费用交给罗马人所带来的好处。

* 费莱利(Marino Falieri，—1535 年)，威尼斯总督。

[2] 在格劳秀斯的文本中是“ulique”，在利维的文本中是“ulrisque”(双方、双方人民)。两位作者引用的细微差别在《捕获法》里，不是例外，而是规则。这种特定的不准确需要解释，部分地因为这是如此细微，以致可以被解释为是格劳秀斯实际上想用的词被拼写错误，部分地因为强调相互义务的因素，使该引用对其目的而言更具说服力。

在这方面，有必要提及费伯提出的决定性原则。他反对在私战中允许捕获物和战利品的制度，理由是成文法中没有这种明文规定。该观点实质上是否认与民法关系最密切的罗马法典中的内容，从而留下许多未提到的问题。这些问题最好是根据理性的共同标准，而不是由任何[政治]权威机关去判断。在任何情况下，这都不难说明为什么[在罗马法中]未发现我们所关注问题的处理规定，因为罗马帝国的执政官及其权力是如此强大，以致在罗马哪怕司法程序的缺位(即任何持久的缺位)，也不会有什么麻烦。正如我们所指出的，在私战的发展中，司法程序是一个特别重要的因素。

然而，如果我们要寻找解决问题的合理论证基础，有什么比在战争中——不论私战，还是公战——的这一事实更加确定，即允许尽其所能
132 保护其权利。这确实必要，如果我们希望得到应属于我们的东西，我们就应得到敌产；并且，此类财产的取得只不过就是将那种我们称为捕获物或战利品的“取得”而已，除非可能事先反对将私下攻击我们的某人定性为敌人，反对在这种情况下正当取得的财产为“捕获物”或“战利品”。虽然，我并不想卷入该定义问题上的棘手争议，只要我们所说的实质上能够被接受，但是，我认为不同的术语不应归在一种权利中讨论，这对于整个问题的澄清极其重要。

现在，如果我们小心地考察一下以上提到的法学家形成的观点，我们将发现他们的表述似乎与我们的实质相同，虽然术语不同。因为他们的理论是这样的：在私战中，如果没有法官，如果我们的目的是重新得到我们自己的财产以及归还属于我们的债务。我们就可以获取我们敌手的占有物，甚至超过我们可获得与债权相等东西的有效期。但是，如果对于所有应属于我们的债权来说，这还是允许的，那么肯定对取得我们权利过程中发生的损害赔偿与成本，也是允许的；并且，同样

的推论还可适用于所涉及的收益损失和停止，或者，换言之，适用于外在的损失和所有附属因素。 这是由神学家提出的观点，并且，以此为基础发展为如下论点：如果确有可裁决的东西，法官自己就会将所说的东西判决给无辜一方，因为这是上述要求肇事者应赔偿所有损失的权利。 确实，人们还可以进一步说这种捕获是允许的，甚至可以采取有罪的相应行为。 对于司法判决来说，判处偷窃犯赔偿损失方的被盗物两至四倍的价值是应该的，抢劫犯被判必须赔偿被害方三倍金额。 也可以计量已发生的伤害，法律支持被害方，处罚类似于在诉讼中支持原告。 因此，当贝修斯[*]被问到根据他的判断，假如作为法官，应如何适当给予惩罚，究竟是依据实施伤害的行为，还是以受害方为基础，他回 133
答说，毫无疑问，他将判给受害方损害赔偿。 这就是说(如同某些作者在论战争的书中已正确指出的，并且，亚里士多德也提到)，“损失”一词包括任何所受到的损害，只要该损害带有恶意；并且，收益对立的因素,只要具有善的特点(比如正当的报复)，自然也是受害方理应得到的。我们在其他地方已讨论过这一问题。

相应地，我们得出了涉及公战与私战的同一结论。 但是，假如这是公认的结论，那么两种战争之区别究竟何在?

也许，该区别在于许多权威人士明显支持的论点中，即在私战中取得物应予以严格的计算，公战中获取物则不必考虑与主要债务相平衡，并且，也许可由该物取得者置留，即便超过其损失之价值。 然而，如此论证的人却未认识到，这些远超过损失以及提起该案所需代价总和的战利品在[公战]后还会被置留，只要它们代表着受害国对损害国的惩罚，但是，置留物价值不应超过该惩罚。 他们也没有考虑到该事实，

* 贝修斯(Anicius Manlius Severinus Boethius， 480—524 年),罗马哲学家。

即任何超过正当惩罚的部分都应当归还，正如西尔维斯特所作裁决恰如其分，并且，我们自己表示同意。如今，根据以上所述和本书先前详细的讨论，我看没有理由为什么在私战中，人们不应该作出同样的让步[作为惩罚而置留战利品]。当然，在私战中获得的战利品(即便战争是正当的)大大超过了在公战中所获战利品涉及的债务、损失和惩罚。因为在后一种情况下(无疑是由于公战的持续时间长、范围广)，从敌人中
134 获得的东西几乎不能与所付出的代价相比，所以，那些在实践中多少“有点忽略提及[这类情况]屈指可数”的法学家们也声称，在公战中的捕获物取得可以无限制，而在私战中此类捕获物取得限于补偿相关私人损失。

在所提到的这一点上，涉及捕获物的公法和私法都是相互的协定。但是，我们不能轻视两者存在细微区别。就我们所提的某些涉及公战(即对善意参战的臣民而言，双方交战国获取物完全可列在获取物项下)的要求而言，我认为在私战中很难适用。私人间对此没有共同协定，而各国则已做到，并且，在此类缺乏特定协议的方面，上述观点中最令人满意的解释也存在于某些权威学说中。该解释裁定在私战中捕获物不可成为那些捕获者的财产。换言之，如果没有其他真正的正当理由，战争本身尚不足以产生这种效果。

如果我们首先回答了这一问题，接着就有一个将得以澄清的区别，即：“私人与国家有何区别？”我并不认为，对此回答会涉及许多考虑，因为个人集合到一定数量，就足以建立一个国家，但是，可以举行集会，充其量也不过像一、二个人那样表示其法律立场。此外，究竟数量多少才足以构成大的团体，它可以排除少数人的任何反对呢？什么才是该区别背后的基本因素呢？无疑，该因素是由共同同意所建立的政治权力；并且，该共同同意(如我们早已指出的)是法律判决的渊源。

现在，在司法特性方面的这一区别形成了有关战利品取得的特点。国家本质上具有司法权威，而私人则没有该公权，因而有缺陷。我们已将这些有缺陷的权力相当简便地分成两类：一类缺陷显示的期限短暂，另一类则持续期间较长。

当该缺陷具有短暂性，就必须尽快恢复法律的实施。相应地，上
述权威机关作出的判断具有这一效果，即在私战中不允许报复，也不可 135
能如此[适当地]取得捕获物。人们将该判断解释为私战因司法程序的暂时缺位而产生。我们对涉及该问题的段落进行仔细核查，并对实践加以观察，认为这种解释得到逻辑本身的支持。在这些权威学者的其他陈述中也可发现进一步的确认，即任何人的财产被偷或被抢，可给予等同的补偿，只要是居上者判给。尽管报复的法律可适当地适用于最初的抢夺者，但是，对第二个抢夺者[即，复仇者]也必须有所限制，将他所得到的补偿限制在另一方实施的抢夺或伤害。因此看来，复仇者最初享有的，与捕获的财产有关的权利，只是将该财产作为保障的权利，而后者则是经司法判决而获得的所有权。于是，我们可了解到抵押物[1]这个术语的起源，并且，与报复相关的，可观察到的事件也具有同样顺序。但是，我认为，甚至在这一情况下，如私人捕获物被公开用于解决某债务，那么，就应该尽可能反对使用“捕获物”或“战利品”的术语，否则我们通过民事判决而获得的财产(如法学家告诉我们的)，似乎是从敌人那里得到，而不是经法官获得的。

然而，如果司法救济的缺位具有持久性(譬如，在某地没有这类管辖权)，该案件显然就归自然法管辖。在建立正义的法庭之前，自然法存在于任何地方，因此，一个交战方自己以法官身份采取行动，要求捕

[1] “抵押物”显然在市民法和教会法中等于“报复”。参见巴托鲁斯：《论报复》。

获物作为从另一交战方取得的抵押物。如前一情况没有出现，而后就有可能由法官解决，产生归还义务。这种豁免的理由与经院学者在一些类似文章中反复引证的观点相同。学者们指出，本身结案的而不需要任何其他行动的案件，不能重审，即便其背后的诉因也许以后再消失。进而言之，如果有必要，甚至在这种情况下，基于民法而不是国
136 际法的判决，也不应解释为所有权的终结，而只是宣告该权利已取得。显然，这一程序的引入，部分是为了揭露不诚实者的欺骗，部分是为了通过宣布，使所有人(这些人也许希望质疑这些捕获者的权利)保持沉默而为合法捕获者提供更大程度的安全。不过，其他原因也可能导致采用相同程序。我们经常听到，真正的财产所有者对所有可能涉入该财产争议的人提出诉讼要求，其目的在于增加所有者未来的安全。

那么，事实上在私战中，并非不允许捕获战利品。确实很难证明亚伯拉罕对埃兰人国王及其盟友的战争不是私战，但是，亚伯拉罕在夺取该冲突中的战利品时肯定毫不犹豫。同样地，恺撒年轻时指挥一支私人舰队追捕曾抓过他的海盗，并将其货物作为战利品。无可争议的是，渥太维对安东尼采取的行动也具有相同性质。索西诺斯·尼波斯的观点显然与我们的陈述一样；并且，似乎阿亚拉和西班牙人已采纳他的观点，主要以此为基础，认为如果这种战争是正当的，那么应承认与战争有关的权利与后果[一般地]是该问题的特别情况。

因此，捕获的事实已建立。但是，我们还没有考虑这一问题：“谁在私战中实施了这一捕获?”

现在，由于任何主要代理人必定是主要为他自己利益而行动，因此，我认为作为私战的主要发起者就成了在该战争中取得物的所有者，只要他始终要求获得该权利；并且，我认为该表述应进一步解释为：即便在敌人也欠其他当事方的债务时，上述主要代理人也要坚持对于战利

品的特权地位。因为卷入战争的当事方首先要考虑所有的损失和代价，他自然有义务根据国际法对待其盟国和臣民的总花费和代价[他的一方];并在列出债务人的所有财产前扣除这类实施成本。这是根据必要 137
性的效力所确定的原则，因为不这样的话(也就是说，除非这种成本得到补偿)，一个人甚至连做另一件事也不行。再说，如果战争的发动者在实施其行动前，已经取得作为战败方的债主的权利要求，我毫不怀疑，根据已有关于特定债权人优于其他债权人的先例，他也应获得这方面的权利。从一个对许多债权人有义务的债务人那里善意获得他应获得的人，即便根据其良知的判断，也没有义务作出补偿。

然而，此后如果任何东西仍由对方[即债务人]占有，债务人对其有义务的另一债权人应有权获得剩余部分。最后，在满足他们的权利请求之后不管留下什么，都应保留给为自己而战应获得战利品的人，且在战争结束，危险消除时，交付给他。法学家们都同意即便在报复的情况下，这也是优先考虑的做法，并且，在基于司法判决的有关获得债务人东西的情况下，也奉行这一做法。

但是，如果战利品由参与私战的一方取得，于是，捕获战利品的个人不能取得；这就是说，他们不是在基本和直接的意义上，或者说，在事件发展的自然过程中和不需要任何其他行为的意义上取得。战争的发动者自己不可能亲自去捕获，对于这样做的根据不可能有任何异议，因为他是通过其他作为臣民或助手的个人捕获。臣民问题早已考虑到，并得到解释。因为[以类比为例]正如法学家已解释的，通过其子女或奴隶取得，在任何意义上如同他自己取得。问题是如何通过助手实现取得，然而——这就是说，通过有独立能力的人——这似乎更难解决。不过，该问题也能很容易解决，如果可以理解我们将“助手”或“战争中的盟友”定义为将自己隶属主要代理人，本身不具有主人地位

的人。如果他们假定具有同样地位，将享有上述主要当事方的同样权
138 利。然后，我们说，这些人从战争发动者那里接受命令；并且，我们也许这样说，正如通过领受我们命令的自由人去捕获东西，我们也通过同样的占有行为取得所有权。

以上所说，值得特别斟酌。因为如果反对这些观点，我们取得的就不是对系争财产的所有权，而只是个人行为的权利。这是非常不同的问题。可以相信，在同意这些观点的法学家论文中，如下观点变得非常熟悉：通过我的代理人，我让另一人占有；因为以自己名义占有的人本身就是占有者。并且，该代理人提供其服务，完全是为了其他人可能占有。

然而，问题可能产生：这些戒律是否源于自然理性，抑或来自于罗马市民法中的人法和塞维鲁斯皇帝的法令，尤其是对上述戒律的接受显然被归入权宜之计的问题。然而，在我看来，它们无疑来自万民法。这一结论得到如下论证的强有力支持：该情况不同于民事上取得，譬如，不能以他人名义通过口头合同取得。进而言之，莫德斯特努斯* 提醒我们注意这一区别，指出："通过自然过程取得——譬如，占有——可能通过任何人的代理而取得，只要我们愿意这样取得。"

但是，还存在一些古代法学家们争论不休的问题，譬如："在什么范围，当我们自己不知道交易时，这种占有可以取得？""在什么范围，凭时效取得财产权以明知为追加因素？"塞维鲁斯颁布了有关这类问题的法规，并且，根据其裁决(如他自己解释)，这不仅以[公共]权宜为基础，而是以法哲学为基础。我们在一开始时就明确宣布，占有来自双重渊源，观念上和实际上的：因而应该具有代理人的观念渊源，根据自

* 莫德斯特努斯(Herennius Modestinus),约公元240年的罗马法学家，《学说汇纂》收录其观点。

然规则不是由幼童取得，也不是由精神不正常者取得，或任何无意取得者获得。但是，躯体必须服从大脑，如果占有是通过自然过程取得，虽然这种服从并不必然依靠一个人自己的躯体来实施。保罗斯在他学
说集中陈述：“我们通过观念和躯体而取得占有，虽然在任何情况下， 139
这是指我们自己的观念，并通过我们自己或他人的躯体。”但是，另一个人的躯体适应为我们观念服务，条件是得到他人的明示同意。这就是说，他的观念肯定接受我们的命令。这正是应该适用这一阐述的解释，即一个人可以通过其他一个有权直接做的人来实施，并通过他人的行为，该人被视为具有如同自己行为的同等地位。就自然规则而言，它要求人们互相合作，因而无疑允许采纳这一做法。在一个人虚弱或缺席时，这是必不可少的做法，即一个人通过他人来作为，虽然后者可能是自由人。相应的，为了使他人为我们而取得占有，必须具备这一条件：应指导他人仅仅向我们提供服务。实际上，这些正是保罗斯所言。

而且，在具备其他构成所有权的必要特点和仅缺少占有的情况下，我们同时要求所有者地位和直接占有取得物。法律规定这一事实，并且[通过新的所有者代理人]销售或财产赠予等事例，该事实得以肯定。因此，接着无论何时，对于所有权的产生，占有本身是必要时，通过他人的代理而成为所有人，比其他情况来得更容易。为此，在奥林匹克运动会中，那些将胜利者送上赛场的人发现自己名字却记在碑铭上，成为奖品所有者。只要如此，无论捕野禽者、渔翁、打猎人和捞珍珠人获得什么东西，立即变成我们所有，只要这种人是我们雇用的，或其他方式为我们利益而工作的。这不同于基于未来偶然性的买卖，正如合同本身不足以构成所有权的转移。

在实施战争行为的情况下，同样的推论更为确定，因为通过这种行

为取得的东西要么是代表捕获者，要么是代表从事战争的人。如果是为战争发动者而捕获，捕获者又缺少意图，而没有这种意图就不能占有。另一方面，如果这是为捕获者自己的，而他们没有个人的理由对
140 敌人采取行动，结果要么取消这种获得，要么就是抢夺或偷窃。我们早已下结论，没有债因，就不允许取得战利品。进而言之，从自然法最初产生的时代起,就有亚伯拉罕的故事作为明显的论证支持我们的推论，也就是说，圣人所作的陈述承认将作为他的战利品分给其的部下，并且，他也可能选择分给其盟友。亚伯拉罕宣称除此以外，他不会获取任何东西。

因此，在考虑基本权利的范围内，**在私战中，战利品既不是由臣民取得，也不是由盟友获得，而是由战争的主要发动者本人获得，直到他的合法要求得到满足。**

另一方面，每个人对自己的财产当然享有权利，因此任何个人可以转让早已归他所有，乃至他未来肯定享有的所有权。因为我合法地转移尚不属于我的东西，所以可推论未来会变为我所有。进而言之，对于已受让财产的当事人可能以我的名义占有，如同委托人；并且，这种占有行为在我的同意之下，将具有受让财产的效力，就如一个人将物作为赠予或购买物[1]给他人一样，其中某些权项早已归他人行使。因此，该委托人首先以我的名义占有财产，而后，他将通过我的转让，以自己名义占有。正是以这种方式，我们可以通过自己的债务人向自己的债权人支付，并且，当发生这种转移时，事实上有两种取得过程，虽然其中一种取得(如乌尔比安所解释)是很快将两种行为结合起来。这是我们

[1] Muluo,恰当地指以消费为目的之贷款，根据规定等同补偿的协议而作出。该引语出自于《法学阶梯》,显然是指这种情况："任何人已出售或给予你，有些东西早已归你自由使用"；并且，即使在格劳秀斯的说明中，Muluo 也被翻译为"贷款"，不免有点令人混淆。为此，英译者假定格劳秀斯是指该术语含有的支付概念。

所提到的，与罗马法有关的方法，作为即时给付或虚拟给付。因此，一旦战利品成为我的财产，我就可以将该财产转让给他人作为礼物或还债，或以任何其他方式给予，这是完全允许的。对我来说，也允许给他人以我名义将要取得的战利品。当发生这种转让时，顺序如此：战利品通过他人努力先到我手里，但是，这并不打算由我占有，而是将立刻转移给他，因为他已给予我占有物，并依然拥有较早的所有权基础。 141

基于这些原因，我们已说过参与战争的人首先直接成为战利品的所有人，除非他以前已作出相反的协议。有两种情况，要么他自己成了所有者，**要么由他事先就同意转让任何将获取物的人所有。**

我们讨论的下一问题与公战中获得战利品有关。确实，在相关条件下，这当然要求我们更关注自己的利益，因为较晚近的法学家按照教会法的解释，将源于习惯(和来自某种非普遍性的习惯形式)的术语依据初级国际法分类。而且，这些法学家以如此歪曲的流行方式发展了其论证，甚至在反复阅读了(罗马市民法中的《法典》)之后，他们还指出捕获物为捕获者之财产，并且，按照(教会法)，战利品是根据国家意志分配的。他们一个接着一个得出结论：捕获物首先为捕获者之财产，然后，必须交给上司，由他分给众士兵。

这种观点毫无理性依据可言。我们早已解释过，这些单个捕获者没有[个人的]理由反对[敌人]，并且不能在公战中取得战利品，就如同他们在私战中也不能这样做。初看，臣民和盟友的损失和代价是发动战争(我们已说过，并将更充分地说明)的国家所考虑的问题，这些损失和代价的等同物必须从战利品中扣除。这种权利请求具有根本的重要性。而且，在反对敌人的每一权利中，国家应优先考虑这一权利请求，因为国家已警觉到这一点，且这一人们普遍接受的规则，即国库应具有“在严格偿还款项方面的优先权”，其次是所有与严重叛国罪有关的损失。一个国家实施的破坏和平以及其他无辜国家公共秩序的不公正行为，与叛国也许可相提并论。

142 根据以上所述，我们得出如下新的观点：在公战中捕获物应成为发动战争的该国财产，直到该国满意为止。但是，为何我说这是“新的”观点呢？在伊西多的作品中，有许多源于他之前学者的论述，从中可发现影响所谓军事法[1]的两个术语表述：根据有关人员资格和贡献分配战利品；君主可得部分。如果我们对此不予研究，就会清楚地看到，由此所说的权利不是根据数量平等[2]来调整的交易方面的权利，而是[分配的概念]，它强调比例，或者说几何平等，而不是数量原则调整的分配。我们已说过，两个概念中，后者为分配正义，前者是补偿正义。现在，该分配权利如同所说的，既没有以个体间相互关系为基础的东西，也不是从部分到整体；相反，它从整体到部分，这在价值以及与整体的关系上是不同的。于是，系争权利仅以一般的或公共的问题为基础。从这一说明出发，我们可以说，在自然秩序中，公战中的捕获物在被分配之前就是公共财产。安布罗斯持同样观点，宣称这是军事科学的法则：“任何东西应归君主。”当安布罗斯采用“君主”的术语时，他也提到了代表国家的个人。然而，他补充说，一部分取得物可以正当地分给为社会效力者，作为对其工作的酬劳。确实，如今该酬劳还不是我们的；但是，这是欠我们的，并且，这可能从任何可能的来源中支付。这是西皮奥的思想，他在罗马的盟国之一马西尼萨的演讲中说，“在罗马人支持下，西非克斯已被征服并占领。因此，他本人、他妻子、他的王国、他的土地和城镇以及居民，所有以前属于西非克斯

[1] 格劳秀斯在此未提及的各种术语，包括在伊西多关于军事法的定义中。该定义被认为比现代的“军事法”定义宽泛得多。另一方面，伊西多对该术语的解释不包括格劳秀斯的“战争法”的全部领域，因此，对英译者来说，最好是直译为“军事法”，而不是“战争法”。

[2] 希腊语中，这是指“纠正[即补偿]交易”。

的一切，统统作为战利品归罗马人所有”。如利维引用的，卢修斯·爱 143
米留斯也宣称过当一个城市被攻占后，关于战利品的处置权由指挥官，而不是由士兵行使，也就是说，由国家授权的人行使，这是我们通过引证所清楚说明的。

在上述理论与著名公理(即在战争中捕获物立即成为捕获者的财产)之间不存在任何不融合之处。该公理与我们的观点相当融合，我们认为被捕获物不再是敌人的财产，虽然“捕获者”的用语应解释为国家，它影响到通过其他人代理的捕获。当然，如果这一最后假定不可接受，对国家而言就没有什么可通过捕获程序来取得，因为整体必须依赖于个体的服务。

相应地，在关于公战的讨论中，我们将适用于私战中孩子和奴隶的要求，同样地适用于公民。公民如同真正作为主体的个人一样，就其能力而言，他们是国家本身的一部分。事实却不是如此：他们也许认为有个人能力为自己获得战利品，与此有关，涉及公战的活动从公民角度看也是这样进行的。而且，正如以下两种情况之区别：其一，一个儿子以自己名义占有某财产，该财产是经其父亲同意,自己服兵役而获得的；其二，一个属于两个或多人共有的奴隶，或者由主人以外的人对该奴隶享有用益权，或者善意地为他人服务的某人之奴隶，因此，在目前的情况下，我们完全有理由说，无论要求通过受命的公民做什么，都是为了国家的利益，乃国家所需。

对于因[主要的交战国]命令获取东西的盟友，已在分析私战中说过，同样适用于这一点。

对于其他人，有一个观点足以驳倒某些人的观点。按照这种观点 144
解释有关在战争中获取的物品是指，根据初级国际法，这类物品成为个人的获取财产。我提到这一事实：该初级国际法也可称为自然法，不涉及在有关捕获这个问题上区分可移动和不可移动占有的必要性。因此，海上隆起的海岛成为占有者的财产，同样地，珍珠成为从海里捞起的人之财产。然而，事实是从敌人那里获得的土地和城市是公共的财产，而不是获得人的财产，这已由历史上许多记录和彭波尼*的权威阐述所明确建立，无人否定过。因此，同样的结论对于其他捕获物也是完全对的，正如我们所说明的，以后的法律明确地做出了这一区别。

所有民族的同意和所有时代的传统也都肯定了这一原则，我们早已通过逻辑加以证明，即：对战利品的权利不属于捕获该物的个人，而属于国家，或是统治国家的君主，或是指挥战争的领导人，只要这种权利已由国家给了君主或领导人。我们知道在希伯来人中间，战利品是交给领导人，而不是给那些亲自捕获该物品的人，甚至根本就没有给实际参战的人；相反，一部分给作为整体的军队，一部分给人民，还有一部分根据神的命令和惯例作为贡品。再说，有没有看到在希腊人中也是如此?《荷马史诗》写道：

所有已分配的捕获物

无不来自于我们在诸城镇中的掠夺……

出自同一诗篇,阿基利斯夸口他曾征服的城镇:

从所有这些城镇,我们获取无数珍贵的战利品

亲手点检;但是作为胜利者我将所有东西带回给阿特柔斯* 嫡

* 彭波尼(Sextus Pomponius)，公元二世纪罗马法学家，《学说汇纂》收录其观点。
* 阿特柔斯(Atreus),希腊神话中的人物。

子,他在那
靠他的快捷船只,赐予一丁点东西
给别人,绝大多数统统归为己有。 145

也正是阿基利斯，他对阿珈门农说：

因为如果希腊勇士们洗劫了特洛伊人的财产
我所占有的战利品就不会像他们那样。

并且，同样的，这是代表了该国家，

凤凰与恐惧的尤利塞斯,精选的卫兵,
监视着所有从特洛伊中捕获的战利品和财富,
无不来自火光冲天的神殿;诸神的祭坛;
船上装满掠取的金器和服饰等战利品
从被打败的敌人那里——所有这些堆积如山。

该习惯后来也未被废止：我只要列举几个著名例子就可证明。 亚里斯蒂德保卫从马拉松平原捕获的战利品。 在普拉特俄战役之后，希腊人颁布了公告，禁止取走任何个人获取的物品，这些物品是分配给他们的，而不是按照每个民族团体的功过。 当雅典人被征服后，莱桑德[**] 将获取的所有东西作为公共财产。 如果从亚洲人做法中可以找到一个例子，那么你发现特洛伊人习惯于(如弗吉尔所观察的) “抽签获得

** 莱桑德(Lysander)，公元前四世纪希腊的斯巴达城政治家、将军。

战利品”。在这类事项上，指挥官拥有裁决权。否则，多伦不会要求赫克特*给他阿基利斯的马，赫克特也不会允诺满足该要求。这是荷马和尤利皮德斯都记述过的事件。进而言之，当亚洲被征服时，多少划分给居鲁士大帝？多少给了亚历山大大帝？我们是否应该将我们的请求推广到非洲和迦太基？当阿格利根塔姆和其他城市被征服后，我们知道迦太基要求从肯尼亚的战斗中所获得的。

但是，在其所有观点与法律各分支有关，尤其与战争法有关的人民中间，罗马人是最值得我们关注的。无论如何，我不是第一个宣称在罗马人中间，任何战利品包括动产，不是归获取者的战士所有，甚至不归行使其权利的指挥官所有，而是由罗马人民所有。

这一声称似乎恰好与塞尔苏斯所说的观点对立：“我们所发现的敌
146 人财产不是公共的财产，而是获取它们的个人所有。”然而，除了这一观点属于整个法律的事实，这已经被脱离上下文而如此歪曲，人们很难指明其想要适用的领域。这些话当然说明是塞尔苏斯自己讲的，但不是说武力夺取的敌人东西，如我们在此讨论的情况，而是在战争爆发时敌人从我们手中夺取的东西(我认为这是动产)。这类东西由于它们不是以公共代价获取的，因而在变成无主财产时，肯定由夺取之的个人所有，虽然这没有多少像符合罗马民法那样，符合万民法。这就是说，在引用的塞尔苏斯所言的实际标题(“考虑财产所有权的取得”)之后，然而，根据万民法，该标题下包括了许多东西，代表了对普遍法的偏离，并且，这以法规或习惯，或公认的观点为基础。因为这一标题包含了各种法学家的阐述和帝国政令的汇编。

至于其他已经误导法律评注者的信条——即，捕获物为捕获者的财

---

* 赫克特(Hector)，《荷马史诗》中所述的一勇士。

产——我们早已经明确该信条应理解为指的是国家。而且(至少，在我看来)，任何对罗马法的解释者都不能超过哈利坎纳苏斯的狄奥尼修斯；并且，这位在有关罗马史领域辛勤耕耘的作者对捕获法作过如下阐述："法律命令所有捕获的战利品，作为士兵英勇善战的结果，无论通过什么方式从敌人那里获得，一律为公共财产，个人，甚至于军队指挥官本人都不能成为所有者。相反，夺取者拿到战利品，将出售所得，如数归还给公共机构。"根据狄奥尼修斯，也是狄奥尼修斯继承人采用的语言。部分地，他们是对的；部分的，充满了妒忌的表示，话说过头。可以相信，战利品的主人不是战士，也不是指挥官，而是罗马人；另一方面，确实根据罗马法，指挥官是负责战利品，并拥有相应的 147
最高处置权。利维引用了卢修斯·爱米留斯的话："拒绝投降而被征服的城市可被抢劫一空；并且，在被征服的城市情况下，决定权也在指挥官，而非士兵。因此，有时，指挥官会转移其权力，授权于他人，以便不要产生妒忌(譬如，卡米卢斯将该权力授予元老院)，在其他情况下则自己保留该权力。"

我们还发现那些采纳后一种方式的人，会根据不同时代的特点，或依据他们对公平的声誉、虔诚或雄心大志的追求，以各种手段行使其权力。

那些希望被人们认为是品行高尚的人对战利品避而远之，但是，这些人命令罗马人的财务官取得包括钱币的战利品部分，其他通过财务官的拍卖来出售。出售所得用于则用来建筑胜利纪念柱。其余收入归到国库，虽然在庆祝凯旋时要举行一个公共仪式来表示这一收归国库。庞培继承了这种做法，正如维尔留斯·帕特克卢斯的作品所描绘的："根据庞培的习惯，由蒂格拉尼斯支付的钱被送到财务官那里，并记在公共账户上。"类似措施在由西塞罗进行的帕提亚战争中也采取过。西塞罗在给萨卢斯特[*]的信中说过："关于我的战利品，除了城邦的财务官——也就是说，罗马人民——无人已经或将要触及从该战争中获得的一分钱。"这就是在共和国时期最通常的做法。普劳图斯[**]也记着那些习惯，他写道：

> 如今我将拥有的战利品如数上交财务官
>
> 毫无迟疑……

普劳图斯又描述了俘虏：

> 我将之当战利品给财务官。

而且，短语"根据奴隶项圈出售"就是指这类俘虏。

不过，其他有些指挥官没有按照这一惯例将战利品交给财务官。
148 他们习惯自己出售战利品，并交给国库，就像狄奥尼修斯在紧接着上述反对马修斯·科里奥利努斯[***]的谴责的陈述中,明确提及的。同样，我们从史书中读到在很早时,国王塔昆[****]在安排好萨拜因人后，就将战利品和俘虏送到罗马,并且,[因为]国库越来越枯竭,执政官罗慕勒斯[*****]和维图利斯[******]出售从阿奎尼乌斯获得的战利品,这是军队看来很不愉快的事。

然而，需要对这一问题做专门研究,以便我们能够确定每位将军究

---

* 萨卢斯特(Sallust, Gaius Sallustius Crispus，公元前 86—前 34 年)，罗马历史学家。

** 普劳图斯(Titus Maccius Plautus，公元前 254—前 184 年)，罗马喜剧诗人。

*** 马修斯·科里奥利努斯(Gaius Marcius Coriolanus， —公元前 490 年)，杰出的罗马勇士。

**** 塔昆(Tarquin， —公元前 578 年)，罗马城第五世国王。

***** 罗慕勒斯(Titus Romillius)，公元前 450 年罗马两执政官之一。

****** 维图利斯(Gauis Veturius),公元前 450 年罗马两执政官之一。

竟直接送给国库的数量,通过财务官呈送多少,先是作为在意大利的胜利结果,接着是在非洲、亚洲、高卢和西班牙的胜利，因为在罗马历史上，这样的事并不太多。 此外，从同样的历史记载中了解到，那些将军们并不一定要照以上两种方式做，正如指责他们的人似乎会宣布的。 战利品也常常被用来供奉神，有时给那些在战争中冲锋陷阵的人，有时则给其他人。

供奉神的战利品要么是原物，正如在罗慕勒斯供奉朱庇特神的情况，要么是利用出售战利品所获的钱，如同塔奎尼乌斯[*] 决定建造一座庙宇敬奉凯比托兰尼山丘[**] 的朱庇特神，所花的钱就是出售帕密坦的战利品所得。

在古罗马人看来，将战利品赠予士兵是含有野心的出风头。 譬如，据说，塔奎尼乌斯国王的儿子塞克斯图将战利品慷慨地赠予士兵(可以相信，这不是在罗马，而是他在咖庇利逃亡时)，以便他能够夺取权力。 阿丕尤斯 · 克劳迪厄斯[***] 在元老院发表演讲时，抨击这种赠送极不寻常、肆意浪费、显失公平和受人谗言所致。

如今，给士兵的战利品是通过分配程序，或作为捕获者获取。 分配可能通过支付酬劳，或是奖励。 阿丕尤斯 · 克劳迪厄斯竭力主张分配应以酬劳支付，假如来自战利品的金钱不允许放在国库。 波利庇 149
斯[****] 解释了这种分配的整个程序：在每天或每一观察期内，通常派出一半或少一些的军队，收集战利品；并且，任何人无论发现什么，都将汇总送往军营以便由护民官平等地分配，那些应招驻扎军营里者均有一份，因生病缺席或履行特别职责未在军营者也得到一份。 有些情况

---

* 塔奎尼乌斯(Tarquinius Superbus, —公元前 495 年)，罗马城最后一位国王。

** 凯比托兰尼山丘(Capitoline Hill),古罗马的七个山丘之一。

*** 阿丕尤斯 · 克劳迪厄斯(Appius Claudius Caecus)，公元前 300 年罗马的检察官。

**** 波利庇斯(Polybius，公元前 208 年—)，希腊历史学家。

下，这不是实际的战利品，而是分给士兵相当于战利品的金钱。后一种程序通常是在庆贺胜利时采用。我发现以下所采用的分配比例：步兵一份，百夫长双份，骑兵获三份；或在其他情况下，步兵一份，骑兵双份；或在另一情况下，步兵一份，百夫长双份，护民官和骑兵均获四份；也有如此分配：海军士兵一份，舵手双份，船长四份。不过，经常会给予特别奖，譬如，像马修斯* 那样勇敢行为，由帕斯图尤斯奖给他一份在科林利捕获的战利品。

无论采取何种分配方法，最高指挥官可得到一份特别荣誉的战利品，或由他挑选一份。因此，图留斯国王[塔奎尼？][1]为他自己选了奥科利莎。根据狄奥尼修斯所说，法布里修斯在帕尔霍斯之前演讲时，说道："我完全可以随心所欲地获得战争中的战利品。"伊西多对此也表
150 示赞赏，说，根据他的"军事法"[2]定义，[该法律]同样也[包括了]战利品的分配，并且是根据所涉及的个人资格和努力，以及君主部分的因素，进行公正的分配。塔奎尼乌斯国王(因此，利维也论及)希望不仅使他自己手下的人获利，而且以战利品来安抚民众的精神。瑟维留斯** 在代表卢修斯·保罗斯发表演讲时,宣称后者可以使他自己通过战利品分配而致富。确实有些人倾向于以"胜利纪念柱"一词表示属于最高指挥官的那部分，而不是以上定义的那样。[3]

---

* 即杰出的罗马勇士科里奥利努斯。

[1] 依据上述引用的狄奥尼修斯所言，奥科利莎(Ocrisia of Corniculum)是图留斯国王的遗孀和遗腹子瑟维斯·图留斯(Servirus Tullius)之母。她是塔奎尼国王在罗马人攻占科尼可卢城以后，作为战利品选择的，而奥科利莎的丈夫在该战役中阵亡。但是，在狄奥尼修斯的述说中，没有提及在任何情形下是奥科利莎作为战利品被选为图留斯国王或瑟维斯·图留斯共享。但是，格劳秀斯多处提及该令人迷惑的事实，包括在以后《战争与和平法》也提到(第三卷第 17 章第 3 节)。他可能记错了，或者在《捕获法》中将"塔奎尼"(Tarquin)拼写为"图留斯"(Tullius),而后的作品又照此引用。参见哈泼：《古典文学与考古字典》(第 2 版)，关于"瑟维斯·图留斯"条目解释。

[2] 参见英译本第 143 页关于"军事法"的脚注。

** 瑟维留斯(Gaius Servillius Geminus，—公元前 180 年),罗马政治家，后成为独裁者。

[3] 参见英译本第 148 页关于"胜利纪念柱"的说明。

然而，那些节制的领导人得到了最高的称赞。 他们要么放弃自己的权利，要么完全不接触战利品(上文提到法布里修斯、西皮奥在征服迦太基以后，都是这样)，或者像庞培那样只取其中一小部分，卡托(卢肯的作品提到)也对他贡献给[国家]的远远多于自己拿到的,赞美不止。

在分配过程中，根据希伯来人的习惯，通常也考虑缺席者。 费比斯 · 安布斯图斯* 在征服安息时就命令这样做。 在其他时候，某些出席者却被从分配名单中除名，正如在西西纳图斯** 的独裁统治下，在米努修斯的军队中发生过的。

还应提到，在旧共和国时期，总司令拥有分配战利品的权利后转移到其他官员。 在《查士丁尼法典》的某些段落明确地提到了这一事实，包括免除将捕获敌产分给士兵的动产部分进行公共注册的要求，原先无论在实际的战场，还是在士兵可能居住的地方,由该官员[总司令]负责该注册。

[一般来说]，虽然这种[在士兵中][1]分配战利品的做法通常受到批
评：不是因为任何人可以说这种程序超越了最高司令官的权限，而是因 151
为这代表了一种通过分配公共财产来施加个人影响的企图。 因此，责难是针对瑟维留斯，[马修斯]科里奥利努斯，卡米卢斯等人，理由是他们将属于公共资源的物品赠给自己朋友和部下。 不过，在有些情况下，这种赠予源于最平等的动机，“目的是对那些作出自我牺牲,愿意投身新的探险的人而言，只是得到他们应得到回报的东西”。 有时，在战

* 费比斯 · 安布斯图斯(Marcus Fabius Ambustus)，公元前 350 年罗马将军，后成为独裁者。

** 西西纳图斯(Lucius Quincitius Cincinnatus，公元前 520 年—)，罗马爱国者和独裁者。

[1] 初看，“Divisio ... hacc”(该分配)似乎指上文刚谈到的分配方法，即由下级官员而不是总司令来分配战利品，但是，接下去的几行文字清楚表明该术语必须作宽泛的解释。通过目前对战利品的分配讨论，可见格劳秀斯划分的论证不如通常那样界定清楚，可能是在这一点上，手稿中的许多缺少或插入所致。

斗或攻城之后，根据原定信号，士兵们四处分散，允许通过无限制的掠夺程序获得战利品。在古代，这种方法很少用，但是，偶尔也用一下：譬如，卢修斯·瓦勒里斯* 在爱琴人的领土上；昆塔斯·费比斯在沃尔西人被征服、埃西托罗被攻占后的情况，在以后的时代，这种情况经常发生。有些人谴责这种习惯，有些则为此辩护。谴责者坚持认为，抢劫战利品的贪婪之手掠取勇敢的武士所获得的奖品，“因为这通常是发生的”。(如利维引用阿丕尤斯·克劳迪厄斯的话)“他是不太热心夺取战利品，而他英勇过人则习惯于甘心承担主要的艰苦任务与危险。”[1]在回答这种观点时，阿丕尤斯的反对者告诉我们：“在任何情况下，不管某人亲手从敌人那里获取什么，并带回家，都会产生极大的自我满足，并且，甚于其他很多情况下他所获得的快乐，要比根据别人决定所得的更有价值。还要考虑的一点是，事实上，有争议的做法往往很难检查，或者只有在引起士兵的极大反感和愤慨时才可能。”我们在
152 科尔图萨的咆哮中看到早期就出现的困难，[2]因为执政官很晚才决定被征服城市中所获取战利品应属国家财产[并且，不能从士兵那里再拿走，以担心激怒士兵。]在以后时代也可以发现另一例子：因违背盖尤斯·赫尔维修的意志，加拉提亚人的营地被其军队洗劫一空。

至于我的主张，战利品或由此产生的金钱通常给予士兵以外的人，这种授予一般采取支付给这些人实际补偿的方式，因为这些人为战争作出了贡献。但是，我们也应注意到利用战利品收益而举行运动会的做法，即便在君主统治罗马的早期，也有这种规定。

---

* 卢修斯·瓦勒里斯(Lucius Valerius Publicola, —公元前 503 年),罗马两执政官之一。

[1] 在此，格劳秀斯不寻常地偏离了所引用的作者原意。我们略为将利维的原话部分摘译如下：“……因为通常情况下，一个人寻求主要的艰苦任务和危险，相应地获取战利品的行动就慢了。”

[2] 在珂罗版(第 65 页最后一行)，缺少[ius](of this)“该法”一词。在该页，如同手稿的许多页，由于边页磨损而缺少各种词汇，虽然在大多数情况下，无疑可以加上。

在不同的战争情况下，处置捕获物和战利品的不同方式都已得到支持。相反，经常发生的是，在一次战事中所获战利品被用于多方面，因战利品本身的分配和分类不同而有所不同。一个与分配有关例子也许还可以从卡米卢斯的行为中得出。他模仿希腊人的做法，保证十分之一的战利品用于他对阿波罗的誓言。[说到分类问题，]作为规则，各种战利品根据以下方式分成各类：被捕获的人；禽兽群；在希腊被适当地指定为[抢掠的财产，尤其是牛，与俘虏不同]；金钱；最后是其他可移动的物品，不论是否值钱。在每个时期的档案中可以很容易发现[以该分类体系为基础的各种程序]。昆塔斯·费比斯在击败沃尔西人之后，命令将牛和[其他可出售的]战利品通过财务官出售，同时，他自己将已取得的金钱交给国库。但是，同样是费比斯，在沃尔西人和爱琴人完全被征服后，将战利品(除了图斯克兰斯)都给了士兵，并允许将在埃西托罗领土上的人和牛都作为战利品获得。在占领安梯时，卢修斯·科尼利厄斯* 将黄金、银子和瓷器交给国库，通过财务官的代理出售了许多其他战利品，并将战利品中的食品、衣服给了士兵。西西纳图斯在夺取爱琴人的一个城镇考比奥时，也采取类似方案，他将更多有价值的战利品呈送给罗马，并把留下的物品分给不同的随从。卡米卢 153
斯在法利斯凯斯和卡培那塔斯被征服后，带回了大批战利品给财务官，并将同样多的战利品给士兵。该独裁者在征服维利后，却什么也没有给国家，截留下了许多从出售战利品获得的金钱。当埃图斯凯尼斯被征服时，被带回的捕获物出售后，他又支付那些主妇，作为她们贡献的金子所产生的利益；并且，他还在凯比托兰尼山丘上神殿里建了三座金质祭祀茶托。法布里修斯在征服卢卡尼斯、布路提尼斯和萨米尼特斯

* 卢修斯·科尼利厄斯(Lucius Cornelius)，公元前 280 年罗马执政官。

后，让士兵致富，补偿其公民的贡献，并将四百名有才华的被捕获者出售，所获收入给国库。昆塔斯·富尔维斯[*]和阿丕尤斯·克劳迪厄斯曾在夺取汉诺的营地后将战利品出售,并分给那些贡献突出的人。当阿西留斯[**]取得拉米阿后将分配了一部分战利品，出售了一部分。在加拉提亚被征服后，根据罗马的迷信，销毁了敌人的武器，纳伊斯·曼留斯命令所有人应带走其余战利品：一部分集中起来供他出售(该部分是给公共财政的)，其余分给士兵，并关心尽可能平等。当打败波斯后，保罗斯将被征服的敌军战利品给步兵，将从该国周围捕获的战利品给骑兵。接着，当整个战争结束时，取得胜利后，他将被推翻的君主的金钱给了国库。

根据上述事实，根据罗马法，战争中的战利品显然属于公共财产，并且，只有高级指挥官能允许分配这类战利品，因为人们相信他们会依法负起责任，当然他们也曾滥用授予其权限，谋取私利。卢修斯·西皮奥[***]的案件清楚地证实了这一解释，他由于“侵吞公款”而受到审判,并认定(如瓦莱里斯·麦克姆斯[****]告诉我们)他私拿超过四百八十磅的银子，比他交给国库的还要多，因此有罪。同样，上述提到有些人被指控怀有野心而过分地分配战利品，这也得到证实。根据奥卢斯·盖留斯[*****]所说，马库斯·卡托在其《论士兵中的战利品分配》演讲
154 中，也激情昂扬地抨击那些未受惩罚的“侵吞公款”和无法无天者。在其演讲中，盖留斯引用了以下论述：“窃私者在脚铐手镣中度过余生，窃公者在纸醉金迷中欢度人生。”在另一场合，同样的演讲者惊奇

* 昆塔斯·富尔维斯(Quintus Fulvius Flaccus)，公元前237年罗马执政官。

** 阿西留斯(Manius Aciilius Glabrio)，公元前190年罗马两执政官之一。

*** 卢修斯·西皮奥(Lucius Cornelius Scipo)，公元前190年罗马两执政官之一，因侵吞来自战利品收益的公款被认定有罪。

**** 瓦莱里斯·麦克姆斯(Valerius Maximus)，公元前一世纪的罗马历史学家。

***** 奥卢斯·盖留斯(Aulus Gellius)，公元二世纪拉丁文法学家。

地说："任何人都不怕在他家中置放战争中获得的家具、雕塑。"西塞罗也同样猛烈抨击维莱斯侵吞公款而引起的弊端，指控维莱斯取走一座雕塑，且是从战利品中拿走的。

未能上缴战利品的士兵也犯有侵吞公款罪，如同他们的指挥官那样。所有这些都受到(如波利庇斯所证实的)以下誓言约束的效果："任何人都不能窃取任何战利品，但是，每个人应该小心谨慎地恪守誓言。"也许，我们在此有盖留斯所保存的正式誓言，据此禁止士兵在军队驻扎地或方圆十英里范围内取走任何价值超过一个罗马货币单位的物品，如果有人取走这样物品，将命令其将之带到执政官那里，或者在此事发生后三天公开忏悔。

上述规则使得我们可以理解莫德斯特努斯的话："窃取战利品者，以侵吞公款论处。"甚至从该论述中包含的证据中，我们的法学家应可以推演出这一戒规：战利品本质上是公产；侵吞公款只有在涉及公共的、神事的或宗教的事项上才会发生。因此，在这个问题上，罗马人与希腊人以及其他人民一样，观点完全一致。所有人民都赞同将战利品的获取划分到公权范畴，而不是私权。这一重要概念应被承认是公认的法律原则，即便其有效性还没有在自然理性的基础上得到说明。根据法学家们的一致认可而建立的该原则，对于那些还未以任何所有人的名义取得，但也可被任何人取得之物，国家拥有无限制的权力，国家 155
也许可以将该物奖给任何它认为最值得取得者，或将之留给自己。因为在这些情况下的取得权本质上是共同的权利，并且，这是属于国家的共同权利。相应地说，我们发现在许多涉及捕鸟、捕鱼、打猎、追索被侵占财产、被弃占有物和类似问题上的权利都属于国家，并由国家转给统治者。在绝对意义上，**发动公战的国家取得由此得到的战利品，直到国家的权利得到满足为止。**

但是，进一步允许国家，犹如私人一样可以转让这种取得物，无论是取得之前或之后。譬如，在取得之后，由财务官将战利品奖售给购买者而进行转让；或者，当将它们作为赠品赠予某人，如同大卫赠给牧师，恺撒在其独裁时赠给士兵，或者(经常发生的)由国家赠给一些英勇作战的将军。因此，根据罗慕勒斯的命令，从敌人那里取得的土地分给了退伍军人，以后在相当长的历史时期里，这一做法得到秉承。在取得前，转让者可以明确为特定的或不特定的人。譬如，任何人从汉尼拔[*]那里购买了罗马的店铺[预期由他取得]，这可以是特定人，如同阿基利斯允诺给多伦的马匹[预计在特洛伊战争的胜利中取得]。另一方面，可以将战利品合法地赠送给不确定的，但预定要成为确定的人这一事实，由罗马时期两执政官的习惯做法所证实。这包括先答应给予任何可能获取该赠品的人，尽管执政官们自己也不知道哪些人会得到，就像举行盛宴的主人为客人们准备了美味佳肴[压根不知道究竟每个客人会吃什么]。因此，我得出这一结论：**要么国家成为战利品的所有者，要么得到国家转让的战利品者成为所有者。**

后一种情况可能产生于两种方式：特别让与，或根据永久的法律规定。法律创设所有权是不容置疑的。这种情况也会产生于特定的授权，譬如，人们得到特定信号后便分头夺取战利品；不过，同样的结果
156 也会产生于法律规定。两者没有什么区别，但法律戒规是根据有一定拘束力的原则，即衡平原则而制定的。

衡平原则在于努力平衡收益和损失。但是，损失是多样的，有些遭遇损失的人不情愿，而有些受损者却心甘情愿。被敌人夺走的东西受损失是不甘情愿的，而我们自己付出劳动或财富时，是自愿的。

---

* 汉尼拔(Hannibal，公元前 247—前 183 年)，迦太基将军。

现在，这是已确定的事实，即某人雇用他人履行其委托的义务，该人对受托人此后并非偶然因素，而是委托结果导致的任何损失负责。至于由此产生的费用，毫无疑问，基于委托事实而作出的判决，可给予补偿。在考虑对已付出劳力的报酬方面，罗马法确实没有规定如何计算这种报酬，除非已缔结相关协议，但是，根据要求我们负有行善义务的自然法，这种报酬应不少于收益人从我们这里获得的回报。事实证实了这一权利要求：在许多情况下未提起民事诉讼时，委托人也有义务这样做，好像超越通常约束的自然衡平法给予已履行事项的报酬。这是称为“代理手续”[翻译费]、[提供信息费]、[赠物]和其他各种名义而付酬的基础。我们也要提及在其他情况下，缺乏补偿的苛求则不是合适的国际法原则，除非为此目的而给予民事授权。譬如，这一推论意味着根据《奎里特斯法》[1]，这些契约不包括[提供报偿的]规定；按照柏拉图的观点，这意味着以善意为基础达成的买卖；根据斯巴达的习惯，这意味着尚未经证实的盗窃；在早期东印度人中间，这意味着贷款与存款。塞尼卡说过，有许多事情既不是法定产生的，也不可通过法院诉讼解决，而在这方面，人类习惯的效力甚于任何法律，为我们指明了解决问题的方式。当然，这决不假定任何人都是不关心自己，而完全关心他人，因为大多数人都靠自己劳动谋生。为此，塞尼卡宣称，我们
支付体力劳动者和教师所作工作的酬劳是补偿他们所碰到的麻烦，因为 157
他们兢兢业业为我们工作，不顾自己利益，将人生时光都贡献给我们。根据《奎里特斯法》，对演讲人的类似补偿也是正当和必要的，因为他们的职业所需要的实际劳动使得其放弃任何额外赚钱的手段。但是，在法律上找不到可比较的工作及所给予报酬的规定。

---

[1] The law of the Quirites,即 the ius Quirilium,或称为罗马市民法(Roman civil law)，与之对应的是 the ius praelorium,或称为衡平法(equity)。

相应地，基于互惠的友谊，依据自然戒规，照顾他人利益者也约束着他人有义务支付超过起码补偿的那部分。这一原因促使罗马人将从敌人那里夺取的物品归还给从前是该物品的主人之盟友和承认这是其所有物的人。这也是允许那些盟友(譬如与拉丁姆人的条约所规定的)与罗马人分享同样战利品的原因。而且，我们也必须对上文引用的安布罗斯所言[1]，作类似解释，他说："可以相信亚伯拉罕宣称一部分战利品作为对劳务的奖励，给予那些跟随和支持他的人。这些人可能具有盟友的地位。"这一同样原则——即盟友和臣民应分享战利品——在上帝选民中，在所有时代，即从亚伯拉罕时代起到马加比的史书所说的时代，永远有效。

由此产生的问题，尤其是臣民有关的问题要求我们更深入地考虑。在这一背景下，我们坚持必须承认如下事实：对于参战的盟友和臣民，对于他们的损失和付出的成本，以及付出的努力，都有义务给予补偿。即便每个臣民有义务为公益服务，但是，比例正义的原则要求，不管何人为共同体付出什么——捐款或实际的努力——只要超出其个人义务，就可以再要求从共同体其他成员中获得回报。该戒规坚持(如我们发现的)共同体的善。然而，臣民不同于盟友的一个方面是：盟友不能减少
158 他们在协定中的承诺义务，而臣民的权利则根据国家的法律经常变化，因为人们公认，并且经验也肯定私人利益应服从公共利益。为此，臣民从国家那里得不到其战争损失补偿的事，司空见惯。让我们举一些例子说明从罗马法中得出的这一点。

起初，按照已确定的原则，在双方交战中捕获的东西应属于捕获者。这也得到公认：一旦罗马公民财产被敌人夺取后就变成后者的财

---

[1] 参见英译本第 143 页。

产；根据法律，如果从该敌人处夺还，它应还给国家，而不是该公民，因为这些东西无可争议属于相对国家的债务人所有物。因此，罗马人民根据明显的义务对被掠夺的公民损失给予补偿，但是，该义务在有些情况下不适用，以避免由于过度支出而导致公共财产被耗尽(特别是战时)，在其他情况下，不适用的原因则是防止任何人由于受到该轻而易举获得补偿的方式之诱惑，对自己财产的保护不太关心，从而增加了敌人的资源。

在不久前，一些特定的情况本身似乎说明，更衡平和便捷的做法是：只要对国家本身未造成任何损失，国家应放弃自己权利，直到公民损失得以补偿为止，或者说，以允许将从敌人那里获取的东西物归原主为限度。于是，产生了战后公民资格或财产恢复权这一众所周知的罗马法制度，尽管早期的解释者并没有清楚地理解该制度。让我们先不谈战后公民资格或财产恢复权的概念，只要注意到与我们就战利品的讨论有关就足够了。专题讨论遥远民族的战后公民资格或财产恢复权以及在战争中捕获的人员回归或重新夺回，对于我们目的而言不免单调乏味和令人陌生。

根据战后公民资格或财产恢复权，罗马人保留土地归还给原主。确实，有些关于补偿的协定是必要的，以鼓励人们保持和耕作其土地，因为军事行动不可能没有自然产出而得以维持，并且，由于许多人因危险的胁迫而放弃了他们的农作，特别是他们被赶出家园不是由于自己失误而是敌人的武力，并丧失了对未来恢复其土地的信心。在涉及土地 159
时，这是通常的情况。在动产情况下，情况就完全不同，不仅因为调查这类财产很困难，而且事实上在迁移时，动产是累赘而无用的，有时还会造成人们对战争的胆怯和厌恶感，以至于同样的罗马人将之称为妨碍或行李，这未尝不合适。然而，有必要将战时有用的动产作为例外，譬如战船和运输工具(不是捕鱼或休闲的船只)、种马和母马(但只是少量，而不是所有种马和母马)，可做运输的骡，等。在战争中没有什么比得到大量那些在战事中特别易消耗的东西更宝贵了。鼓励公民贮备好这些物质是明智的，多多益善，因为这些东西经常损失，不是由于谁的过错，正如马塞留斯所说的马匹。另一方面，也同样容易理解，士兵武器等损失是可耻的，不属于战后公民资格或财产恢复权范围的动产。而且，由于事实上在商业交易过程中，归入该恢复权范围的物品在自己方面的人手里，而不是先前所有者的手中，结果“负有法律责任”的问题，如同我们所说，就是前一所有人和买主之间的衡平解决问题，不得不规定该所有人通过返回给买主的支出而恢复其财产。

当然，如今并非所有这些建立在以前罗马法基础上的原则都得到普遍遵守。举一个例子，在大多数地区，船只不属于战后公民资格或财产恢复权范围，除非在战后这些船只立即被重新获得，或者是在被驶往敌占区之前，方才将之归还前船主，并且要给予重新获得该船只的人一定费用。因此，现在[大多数地方]关于船只和商品的法律没有区别，法国、意大利的海事规则可以证实这一点。

可以相信，上述补救只有在考虑到对物的适用时才确定，也可以说
160 [对特定损失和重新获取的物而言]。罗马法没有规定人们应从其他来源中为涉及不归还自己一方的占有物损失提供赔偿，并且，同样的陈述在目前时代也有效，除了那些偶尔很特别的情况，有些要取得的战利品被转让给在战争中受损失的个人，并具有战争中报复的含义。

另一方面，对服兵役的奖励,最简便的莫过于授予战利品。作为这一支付方法的结果，国家承担所有费用，同时，使得敌人变穷，因为如果士兵知道这是为自己打仗时会更加希望获得任何收益。然而，战利品并不都以这种方式分配，因为这样是过分的。相反，只有特定部分

才是这样分配，并根据以下规则分配：每个人成为自己从敌人处获得物的物主。因此，战争的不确定危险以同样不确定的奖励作为补偿。

无论个人根据合法分配获得什么，在严格意义上都称为私人战利品，并且，该术语具有特定意义，而在其他场合有其他含义。瓦拉认为该术语也许可追溯到[武力取得]的形式，但是，我认为这更可能源于[被夺取]一词，具有较强声的元音。因此，[成为公产]的表述与[成为私战利品]互相是对立的。

现在，不同国家在这方面有着不同做法。

人们公认从敌人中获取的土地不属于私战利品，相反成为公产。在动产和可以自己移动的东西方面，相反的观点似乎占上风，因为将这些东西从持有人手里取回，太困难，几乎不可能。

相应的，根据对民法、罗马教会法以及一些神学家的解释而确定原则，从敌人处获取的动产成为取得的个人财产，较之以上讨论，这与目 161
前的情况更密切相关。因为该原则不是产生于我们所说的初级国际法，而产生于多半由习惯做法构成的实在法。而且，该原则不是建立在对各国有拘束力的普遍同意的协定之上，而是来自于偶然的协定，也就是说，个别人民自由地选择何时采取这类步骤是可行的。进而言之，甚至在遵守该原则时，取得也不是直接的，而是通过拟制送达程序。

该标准也不应无差别地适用。战利品或在袭击中，或激战中获取。在提到这两种不同情况时，意大利法学权威们说的分别为“袭击”和“抢劫”。

我认为在袭击中获取的动产，也就是说，不是靠整个军队的共同勇猛，而是靠一帮人行动，就要授予获取的个人，除非有些情况下，显然还采取一些行动。因为对敌人施加的损失实际上是这类抢劫的唯一目的，此外，对这类情况的任何调查是困难的。然后，我们看到即便根据罗马法，在个人间格斗中从敌人处获取的战利品也是作为胜利者的财产。

但是，对于在正式战斗和通过袭击夺取城市[获取物]方面，可以得出什么结论呢？从胜利后占领取得的物品不应作为军事战利品[这就是说，分给个别士兵的战利品]。希腊人在希望区分时，他们提到这些物品为[从敌人那里剥离的]战利品。另一方面，我发现这是许多民族的习惯，将从激烈战斗中或在风暴般袭击中夺取的物品分给个人，并且，希腊人将之命名为靠暴力夺得的战利品，换言之，物品被夺走，同时：

> 怒剑出鞘，不能
> 收鞘或限制刺向……

显然,对于公共的,而非私人的敌产必须给予一个例外。当然，我们知道在马其顿人在皮刺摩斯河畔取得胜利后烧毁大流斯营地时,他们夺走了无数的金银财富,只留下国王的营帐未动,“于是胜利者”[这是昆塔

162 斯* 的话]“可以在被征服的国王营帐里按照既定的习惯接受”。在阿贝拉，甚至有人指控某些士兵共谋蔑视习惯，擅自侵吞所有战利品。把将军营帐洗劫一空。我们也注意到，在希伯来人中也有类似于前述的习惯：将被征服的国王王冠放在胜利者的国王头上。在查理曼征服匈牙利后，私人的财富都落到士兵腰包，皇家的财富都归国库。然而，根据旧的罗马体制，没有习惯禁止将战利品给士兵，甚至在城市被风暴般摧毁后。这一点在利维记述的卢修斯·爱米留斯的话中，看得

* 昆塔斯(Quintus Curtius Rufus),公元一世纪罗马的历史学家。

很清楚，在本章前面已经引用了。然而，我并不想质疑该事实，即，由将军作为好处赠予的做法早已有之，现在通过内战特有的允许变成了习惯。[1]这对于士兵来说，比其领导人更得到纵容。譬如，恺撒在法撒莱战斗后采取的第一个步骤就是让士兵抢劫帕比尼的营地，并说：

> 奖励必须给我们的伤员，
> 对我来说，指出该奖励；
> 我不会说“给予”，因为每个人
> 会自己去拿。

在另一内战中，法拉维军队被引到了克里莫纳，希望通过袭击夺取该富裕之地，尽管夜幕正在降临；因为黑暗对于抢劫非常有利，并且，他们害怕居民的财富都被指挥官和副手们抢走。正是这一事件使得塔西佗记下了著名的观察：“风暴般袭击后的城内战利品归军人，投降后的城内战利品归官员。”这一评论界定的习惯渐渐变成了法律。不容怀 163
疑，这种过渡是由正当的担心引起的，即拒绝士兵在战斗后有权获得战利品，那么在战斗中可能就不重视敌人和考虑战利品的负担，在许多情况下，贪财的形式本身也足以影响到胜利的途径。因此，休托尼乌斯* 在与英国人冲突中，极力鼓励他的部下坚定不移地投入浴血奋战，不考虑战利品，但是伴随该警告的是承诺，即一旦胜利后，任何东西都

[1] 虽然手稿显然是“习惯”。哈马克将之扩展为“相反的习惯”，但没有说明原因。可能他会解释，前句提到好处是将军们享有的，而不是他们给予的，因此，“相反的”一词是需要的，以便使以下字句更加完整：“由将军作为好处赠予的做法早已有之，现在通过内战特有的允许变成了(相反的)习惯。这对于士兵来说，比其领导人更得到纵容。”

然而，如果我们将“好处”看作是将军将战利品授予士兵的，就没有必要修改格劳秀斯的原文。

* 休托尼乌斯(Paulinus Suetonius)，公元 60 年罗马将军和执政官。

将给他们。其他类似的记载也可在各种上下文中发现。根据普罗科皮斯，当某些士兵要求取得在范达尔斯战场上的获得物，帝国卫队的指挥官所罗门[**] 回答说，要区分动产和不动产。他解释，后者可以给士兵，而前者应留给国家，这部分将供养士兵，奖励那些有资格和荣誉地位者，而不是在战事结束时，他们可以自己取得从反对罗马执政官的蛮族人那里夺得的东西，相反，将这些财产收集起来归国库，在必要时，这些战利品还会给同样的士兵和其他人。在所罗门所做的陈述中，可以引用以下所说："确实，这并不意味都是不合理，士兵应得到捕获物和其他动产；但是，土地本身属于统治者和罗马帝国。"该段话的意思说，存在某些普遍法律具有同样效果，源于这一事实(对此，我们已经暗含了)，即这对土地而言根本就没有发生过，分给士兵的只是例外措施而已。

进而言之，即便在确定对士兵贡献的补偿时也可能作出所有的让步。好像这种让步的方式说明战利品是给他正常支付以外的报酬，或说明由于他从战利品中获利，因此得到较少的现金。在世界上几乎任
164 何地方，士兵薪金都是很少的，以至于很难发现军队生活有什么吸引，如果没有期望有什么额外收入。实际上，士兵的努力包含了这一信念，也就是说，确信

> ……某一短暂时刻，
>
> 死亡突然降临，或者享受胜利。

确实，目前无论在何地，一部分战利品奖给获取的士兵，另一部分

** 所罗门(Solomon)，公元530年罗马驻扎贝利撒利斯(Belisarius)的部队将军。

给国家，或由国家授给战争中的指挥官，不论其官位如何，以嘉奖他们的战绩。在所有国家的法律中都记载这一与海战或陆战有关的事实。譬如，根据西班牙宪法[或皇家命令]，往往五分之一的战利品落入士兵手上，三分之一，或有时一半归国王；七分之一或十分之一归军队领导人。在某些情况下，这不仅是瓜分战利品，而且所有相关战利品均授给一定军阶者，只有一个例外：根据上述西班牙法律，战船为主权者之财产。

估计到所作大量的努力和已有的危险，人们在分配战利品时，采取更平等、更公正的做法，考虑到私人为公战已付出的代价；并且，国家对于这种代价所欠的债，除了用战利品支付，没有更好的方法。根据意大利的习惯做法，一艘敌船被捕获，三分之一的捕获物归取胜船的船长，另三分之一给其货物在被捕获船上的货主，还有三分之一分给参战人员。这就是说，补偿时首先考虑付出的代价，其次是风险，第三才是业绩。在意大利之外地区，这也是公认的习惯，凡是将马借给战士的人可根据这一代价与该战士分享他的战利品。在斯巴纳德人中间，海战的捕获物均为国王财产，只要国王提供了战船，并为战士和武士提供了武器，因此，在这种情况下，根据海军司令的命令，任何捕获品均不分配。另一方面，当战船不是由皇家费用装备的，在国王和海军司令已获得应有部分后，取胜者就可瓜分其余战利品。如果某人为公战
贡献力量(不论间接的或通过代理)，包括提供其资源，承当所有损失和 165
风险，且没有得到公共财政的任何支付，(按照所有权威法学家的一致观点)该人从敌人那里夺取的一切，全部都归他所有。简言之，(如保罗在他给科林斯信徒的第一封信所说)要求任何人以“他自己的责任”来参战(或者，允许叙利亚[圣伊弗雷姆*]解释“以自己代价”，也就是说没

* 圣伊弗雷姆(St. Ephraem)，公元四世纪叙利亚教会学者。在拉丁语中，简写为Syrus。格劳秀斯肯定是指四世纪的圣伊弗雷姆，他出生于尼斯比斯(Nisibis)，往往被称为“叙利亚之子”。圣伊弗雷姆的作品包括对《圣经》旧约和新约的评注。

有补偿希望，如保罗的说明提及葡萄园主人和牧羊人时清楚指出的)，这是不正当的。 相反，这是由自然衡平所构成，凡是在任何行动中失去的，根据默示协定，失去者应享有后来的好处。 例如，在与反基督的誓言有关的情况下，显然，如果国家想打击敌人而自己不付出成本，那么就要放弃对敌产的权利，而给那些自己承担所有为国家而战的责任者。

现在，这是不成问题，正如我们的法律解释者所坚持的，绝大多数国家认可的一般战争法应得到遵守，除非协定明确规定一些不同的行动。 有什么障碍可以排除关于战利品及相关事宜的正当、合法协定的存在呢？ 国家有权将战利品归自己，或根据补偿方式给其他人一部分，甚至那些战利品是以私人代价取得的，但不给有关士兵其他任何东西。 好像由这些战利品建立了一种合伙关系，根据该关系，国家出自发动战争的理由，臣民[自己承担代价]提供其他所需。 根据法国法，在海战中，十分之一给司令，其余给付出代价者；并且，出于这一特别规
166 定以及其他理由，动员尽可能多的人为公共事业而战，贡献船只，以自己资源抵御敌人，对于国家来说，至关重要。 在荷兰人中，五分之一给国家，十分之一给司令，除非现在，这一分配规则仅适用于夏时制的地理范围内，超过该范围，则分三十分之一。

在本章先前论述中，我们已说明可直接取得或通过代理取得战利品，并且，该原则适用于私战和公战。 为了支持该论断，我们还提出了无可辩驳的论点，推导出该结论：如果任何私人以自己代价，包括自己的损失，危及他个人利益的风险承担，参与公战，同时，他所雇用的其他人为此战事所付出的确定成本或通过约定部分战利品归他的协议，那么该人就将立即获得由这些雇用者从敌人那里取得的战利品，因为他经可代替他的代理人实际参战，且为了国家的利益。 当然，在大多数情况下，通常也给予代理人，譬如海战中的水手，相对很少的战利品。

法国宪法[或皇家命令]规定这种程序为掠夺，并适用于服装、或不超过十克朗斯的金银等战利品。 有些情况下，作为习惯或根据与实际参战者之间的协议，允许给予比较多的战利品。

可见，这是绝对的、无可争议的权利：**以自己代价参加公战，承担自己损失和其个人利益的危险，通过自己的代理，在没有任何补偿协议的** 167
情况下，所有适当夺取的战利品归他，除了根据特别法律或协议。

[以下是对这段历史的介绍

第 十 一 章[1]]

第一部分　一般讨论,涉及以下主题:

第一条　荷兰向阿尔巴、西班牙人以及菲利普等开战的原因。

第二条　战争中荷兰给予对手的恩惠。

第三条　荷兰向葡萄牙开战的原因。

第四条　荷兰给葡萄牙的恩惠。

第五条　在葡萄牙境内,葡萄牙人对荷兰人造成的伤害。

第六条　在其他广泛分布的地区,葡萄牙人对荷兰人造成的伤害。

第七条　葡萄牙人对荷兰人造成的伤害,其借口是后者为商业的目的进入了他们的领地。

第八条　同样的借口,只不过特别针对东印度地区。

第二部分　关于对东印度发生事件的讨论,涉及以下主题:

第一条　葡萄牙人捏造对荷兰人的虚假指控。

第二条　受葡萄牙人唆使而针对荷兰的敌人。

---

[1]　本章原先的标题被删掉了,代之以一个比较详细的题目。格劳秀斯在修改时,显然忘了加上过渡的字句"历史性介绍"以呼应一些说明大段讨论的类似字句(第一章末尾、第十二章、第十三章和第十四章的开头)以及第十一章的主要题目。

第三条　葡萄牙人对荷兰人犯下的欺诈和背信弃义的行为。

第四条　葡萄牙人挑起了针对荷兰的战争。

第五条　葡萄牙人向荷兰的盟友发起的战争。

我们已概述了有关法律原则，现在应转向众说纷纭的事件事实，以帮助我们思考以下问题：这些事实与我们所说的法律原则是否吻合？本案是否满足了那些原则所要求的各种要素？

不过，在我们看来，没有必要赘述所有以这种或那种方式引起捕获的一连串事件。那是无尽头的，恐怕只能留给严格意义上的历史学著作去完成了。而且，难道谁不知道荷兰已与西班牙打了三十多年的
仗？难道谁不知道这是由阿尔巴公爵费尔南德* 引起的？他被菲利普 168
二世** (当时统治西班牙以及上述国家的国王)封为低地国家[1]总督，率领一支西班牙军队开进了这片原本平静祥和的地区。

费尔南德依仗着拥有军队，便改变当地法律、司法和税收体制。然而，除了在他到来之前当地曾发生一场与宗教有关的骚乱之外，费尔南德再也找不出其他借口来证明其举措的正当性(就连那次骚乱，也不过是极少人的过错，这一点连希望证明当地确实存在问题的人也不得不承认，因为该骚乱违背了大多数行政官和公民的意愿)。而且，他的这些行动，也违反了许多君主曾发誓遵守的法律。这些法律在君权与自由之间保持了难能可贵的平衡，既维护了王室权威，也是地方政权的

* 费尔南德(Fernando Alvarez de Toledo, 1508—1582 年)，阿尔巴公爵(Duke of Alba)，阿尔巴(Alba)原意是法国南部普罗旺斯地区的传统抒情晨曲，又为费尔南德公爵的别称。

** 菲利普二世(Philips Ⅱ, 1527—1598 年)，西班牙及葡萄牙的国王。

[1] Terram Belgiciam 的字面含义也许是“比利时的土地”。格劳秀斯关于“Belgium”和“Belgicis”的概念是很宽泛的，在《捕获法》中，这多指低地国家的比利时和荷兰的有关省份。格劳秀斯的另一著作——《编年史》——可证实这一推断，其英译本题目是《低地国家战争编年史》(伦敦：1665 年)。所以，英译本将该术语都译成“低地国家”(Low Countries)，尽管格劳秀斯有时仅指荷兰人或比利时人。

基石。

阿尔巴的行为所导致的危急情势迫使公民奋起反抗：因为他们的人身遭受处罚，财产被没收，或入王室金库，或为贡品。这一切都是蔑视上述国内法所致，而他们却没有其他方法来保护自己。紧接着，独立的各城市也采取了同样行动。不久，荷兰的各省大会[1](七个世纪以来真正意义上的共同体)便加入到他们的行列中去了。众所周知，该大会是君主和摄政官员之外，人民权利的另一个守护者。在公共集会上，大会向阿尔巴和西班牙人宣战。其他低地国家也加入了这场战
169 争。战争持续了多年，从反抗阿尔巴到反抗他的继承人，因为后者和阿尔巴一样贪婪和暴虐。

这段历史真是一言难尽。战争，从开始的那刻起，便是一出血流成河的惨剧。西班牙人的劫掠和战争的巨大花费给低地国家造成巨大的创伤(代价是如此高昂。事实上，准确的计算将表明，这一代价比其他任何民族在历史上任何时期所承担的都要多)。而西班牙人背信弃义的行为，无论是在战争中还是在和平的幌子下，都是罄竹难书。这些完全可从以下事实中推断出来：西班牙人把所有与罗马教廷在解释圣经或者宗教仪式上意见相左的人一概称为“异端者”；把所有不同意永远绝对服从王室的人称为“叛逆”。同时，西班牙人还拒绝任何要求调解或者宽容的论调，公然宣称，与“异端者”或者“叛逆”没有任何“情谊”或者“善意”可言。

菲利普国王没有保护好被托付给他的人民，也没有给予行恶者应有的惩罚。非但如此，他竟然在后者回到西班牙时给予其荣耀作为奖

[1] 格劳秀斯在《捕获法》本书中多次用的“Ordinum”一词，或指荷兰的各省大会，或指联合各省(更大的政治共同体中的一个内部政府分支)总督。在绝大多数情况下，该词涵义可根据上下文推断，而在这些情况下，英译本都将此词作扩张解释，而不再依靠注释或者括号内解释的方法加以区别。

赏，同时还不遗余力地压迫前者。这使得任何人都不会怀疑(菲利普也不隐瞒这一点)，这场针对荷兰的战争是由他发动、支持并且资助的。显然，菲利普希望通过武力来掠取更大的权力，即使这种权力是不正当的。在这种情形下，人民不得不拿起最后的“武器”，来捍卫他们被践踏的自由。这种“武器”就是低地国家的法律明确规定赋予人民为逃脱国内暴政而进行反抗的权利。因此，各省总督代表着这一地区更强大的权力，以一纸法令剥夺了菲利普二世在这些国家的王权。许多世纪以来，在服从王权还是可能的时候，这里的人民忠心耿耿，没有任何人能在这一点上超过他们。就这样，反抗菲利普的运动拉开了序幕，人们纷纷宣誓效忠各省总督的主权。

菲利普异常地凶猛和好战，不仅如此，他还雇佣刺客(混杂在军队 170
中)刺杀地方法律的支持者，这一切致使抵抗运动一直进行下去。人们继而反抗菲利普的儿子和继承者，菲利普三世* 以及现任西班牙国王的姐姐伊沙贝拉和她的丈夫奥地利的阿尔伯特(他们俩宣誓继承对低地国家的权力)，还有所有菲利普、伊沙贝拉或者阿尔伯特的党羽们。

在整场战争中，荷兰人独一无二的宽容和仁爱，就像他们非凡的坚毅和勇敢一样，得到了充分的体现。凭着他们坚忍不拔的品质，荷兰人在长期的苦难中，一边抵御着威胁自身生存的暴力，一边还把相同程度的自由播撒到邻邦。除此之外，他们并没有向敌人采取更严厉的行动。同时，荷兰人也十分注意保护所有战时的商业权利(如果这个说法可以被接受的话)，只要它们没有给国家造成威胁。有时，即使无情和残酷的敌人迫使荷兰人变得严厉起来时(他们的本性并非如此)，荷兰人也表现出极大的诚意，愿意做出和敌人相同甚至超过他们的让步。确

* 菲利普三世(Philip Ⅲ, 1578—1621 年)，西班牙国王。

实，在这场战争中，敌人就是残酷和背信弃义的代名词，而荷兰人就是仁慈和诚信的化身。

举一个例子来说。所有人都知道荷兰的地理位置及其民族勤劳刻苦的特性使得荷兰成为天然的货物中转站，从这里可以方便地把货物运到世界上任何一个地方。而拥有航海天赋的荷兰人也自认为这份职业是天底下最令人愉快的：贸易不仅为他人提供方便和帮助，还可以从中谋取自我生存和发展。通过互通有无，所有人都可以在不损害他人的基础上获利。即使是战争，哪怕交战双方在其他方面斗得你死我活，也不曾消灭这项高贵而且和平的事业。到目前为止，贸易显然是荷兰人最看重的；武力只是在迫不得已的情况下才会被使用。而且，效仿
171 雅典的蒂莫修斯[*]在与萨摩斯人交战时的做法，荷兰人不仅用贸易给养了那些在低地国家中被看作对手的人，甚至还给养了战争的罪魁祸首，即在西班牙国内的西班牙人。这一做法一方面有利我们自己的商人，另一方面也救了西班牙人，因为在许多场合下后者因此而免于遭受严重的饥荒。荷兰人之所以这么做，是因为在战争中完全可以做到尊重一些人道方面的义务，没有人说战争不能这样进行。这也是符合以前科林斯人和麦加拉的居民所立下的规矩的。因此，西班牙人自己也承认：在协议或者默契的基础上，甚至可以与敌人做生意。

菲利普二世被剥夺在低地国家的王权之前不久，他当上了卢西塔尼亚，也就是葡萄牙的国王。我们并不关心菲利普是靠什么权利、或者不正当的手段当上这个国王的，因为葡萄牙人在他坐上这个王位之后便承认他为自己的统治者，就像现在他们承认菲利普的儿子为统治者、以通常对待国王的方式向他致敬、进贡和效忠一样。也就是从那时起，

---

* 蒂莫修斯(Timotheus of Athens, —354 年)，雅典统帅。

葡萄牙人成为了西班牙的一分子，并开始和卡斯蒂利亚人、莱昂人、阿拉贡人以及所有西班牙国内的人一样对荷兰采取一种敌对的态度。于是乎，既然荷兰已经与西班牙国王、他的所有臣民以及所有西班牙的盟友处于战争状态，它就不可能不向葡萄牙开战。首先，这是不可避免的，因为从葡萄牙这个富裕民族获取的税收大大加强了菲利普的力量，然而，不仅仅是葡萄牙人的钱在威胁荷兰人，连那支由梅迪纳·西多尼亚公爵率领的恐怖舰队(西班牙无敌舰队)，绝大部分是由葡萄牙船只和葡萄牙水手组成的。既然荷兰不可能向敌人屈膝投降，他们便决定派出舰队应战。他们要么和英国人一起，要么自己单独行动，攻击葡萄牙和葡萄牙的领地。体现这种决心的一个例子，便是由彼得·冯·德尔·多斯指挥的舰队公开攻击了圣多玛斯岛* 和巴西的领土。

这样，荷兰人和葡萄牙人便处于交战状态了。然而，我们仍然要 172
确定，在战争中哪一方表现出更大的诚信和仁慈。

显然，先前提到的一点——即，敌对方之间也可以有贸易——不可能超越双方之间已经存在的关系。荷兰人和葡萄牙人的主要利益都在于航海和贸易，后者还是长期联系双方的纽带。因此，还是让我们来比较一下谁给予对方更多的优惠吧。

两个国家之间的联系可追溯到古代。我们知道，在摩尔人还在统治西班牙的时候，低地国家的人民就已经有了非凡的航海能力了。因此，当驶往叙利亚的[佛兰德人]十字军因为暴风雨而被迫开往伊比利亚的海岸时，他们攻击并一举拿下了里斯本(当时还是阿拉伯王室的一个据点)。在葡萄牙人的请求下，他们把这座城市交还给了葡萄牙[1]。为了报答他们，葡萄牙人在其境内给予低地国家的人大量的特权和豁免，

---

* 圣多玛斯岛(Santo Tomas)，葡萄牙在几内亚湾的殖民岛屿。

[1] 事实上，格劳秀斯提到的这件事(把摩尔人从里斯本赶出去)发生在 1145 年。而组成十字军的有英国人、诺曼人以及佛兰德人，而不只是佛兰德人。

这些好处可一直上溯到遥远的古代。

作为回报，低地国家的统治者也给予葡萄牙人同样的恩惠，他们承诺，凡是与低地国家的人从事商业活动的葡萄牙商人都可以得到保护，这使得这些葡萄牙人在遭遇危险时处于一种更安全的状态。这么做秉承了一项广泛接受的传统，其目的就是要加强各个民族之间的商业联系。当国内局势日趋动荡时，低地国家的执政官还向葡萄牙商人签发了书面文件以证明这一安排，以防在“战争状态”的借口下后者会遭遇不测。因此，葡萄牙人和他们的妻子、儿女以及家庭中的其他人，都受到了国家的保护。同时受到保护的还有他们的家什、货物、其他财产和所有他们正当拥有的权利，不管葡萄牙人是否随身携带着它们。因为他们被允许进入、离开或者留在低地国家的领土，也可以通过海路
173 或者陆路进出口他们的货物。军队官兵甚至还收到指示，要求他们保护在上述地区居住的葡萄牙人的人身及财产安全。即使在低地国家剥夺菲利普的王权而葡萄牙却承认他的权威、因此两国人民实际上已成为敌人的时候，执政官仍然确认了其先前发出的法令(他这么做一方面是响应了在低地国家居住并且通商的葡萄牙人的要求，另一方面也是出于为自己人民的利益着想，因为商业交往应该得到保护，而不能被战争破坏)，并在以下条款所表明的限度内免除了战争法对葡萄牙人的适用：任何葡萄牙人，只要他愿意，都享有安全地进入、离开或者居住在低地国家、并同当地人民进行商业交往的权利。他们不必担心自己的人身和财产安全。后来，当葡萄牙人意识到他们的同胞在其国内对荷兰人犯下了怎样的罪行并因此再次怀疑上述法令的效力后，他们又一次得到了官方的确认。得到该确认的不仅有居住在低地国家的葡萄牙人，还包括居住在其他地方的人。这一确认使得葡萄牙人可以安全地与低地国家的人进行贸易，唯一的前提是要服从执政官的权威，甚至从葡萄牙

国内来的商人也可以享受这样的权利，只要他们有进出的许可。他们可以享受这样的特权直到有令禁止他们这样做，而且禁令只有在发布四个月后才有效。此后，宽泛的解释使得在安特卫普以及其他落入敌手的低地国家的城市中有长久住所的葡萄牙人也能享受这种特权，只不过从这些地方来的从事贸易的人和那些将货物运往上述地方的人，都必须先得到转运的许可。在后来的一个法令中，仍然明确允许将货物从荷兰运到巴西。这些措施实际上使得任何愿意进入荷兰的葡萄牙人，无论他们身处何方，都可以如愿以偿。

对荷兰人而言，他们自然希望能从葡萄牙人那里得到相似的回报，
这是完全合情合理的，也是他们应有的权利，特别是早期去往葡萄牙的
试航使荷兰人充满了得到同等对待的期望。当然，菲利普作为葡萄牙 174
的统治者和荷兰的敌人，定会试图阻挠荷兰人。但是，没有人认为他给荷兰人造成的麻烦会比给葡萄牙人造成的麻烦更多。大量的船只因信任这种安全感而涌入葡萄牙，新近发出的禁令也未能引起荷兰人的警惕，因为他们以往受到了友好的款待。然而，当葡萄牙人认为到达的货物已经积累得足够多而可以大肆劫掠的时候，他们便撕下了自己伪善的面具，丝毫不顾念他们曾经受到过的恩惠以及他们默示要承担的义务。就连一个普通人，也不会仅仅因为相互间的敌对状态而将这些恩惠和义务弃之不顾！在伊比利亚(尤其是在葡萄牙)的每一个的港口的每一条船(那些从来不曾有过怀疑的人的财产)都被扣押了。其后，为了赎回这些船只，荷兰人被迫支付最高昂的赎金。

在如此巨大的损失面前(即使对最殷实的家庭来说也是毁灭性的)，荷兰这个人口稠密、全凭商业交往而生存的民族，除了试图从新的贸易中获取利润来弥补损失，难道还有其他的选择么？不久，一方面因为以上提到的逆来顺受的秉性和希望得到补偿的想法，一方面也是因为相

信葡萄牙人终究会顾及从他们那里得到的恩惠，荷兰人又再一次掉进了后者的陷阱。最终，葡萄牙人通过这种交替使用“设局”和“抢劫”的手段，获得了对荷兰人辉煌的胜利。

即使荷兰的国家因此而被消耗殆尽(因为几乎所有人都相信，这种暴力抢劫给我们带来的损失，比因为航海事故而造成的损失的总和还要多)，伊比利亚人的贪婪和残忍仍然没有得到满足。在一连串的抢劫之后，菲利普三世终于登上了王位。而阿尔伯特大公对贸易自由的许诺，也重新燃起了许多人对商业的希望。然而，正当这些人纷纷前往葡萄牙之时，这份许诺被撕毁(或者，无论如何，撕毁得太晚了以至于那些驶近葡萄牙海岸的人都来不及知道统治者已经改变了主意)。船只
175 和货物再一次被没收，所有账册被一一检查，荷兰商人则被关押起来或被拖出去毒打(看看吧，帮助或者信任西班牙人竟然成为何等严重的罪行)，其中的许多人被押送到战舰上做奴隶。事实上，若不是那天——对于和平的事业来说是何等幸运——荷兰在尼乌波特一战中擒获了弗朗西斯科·门多萨(阿拉贡的海军上将，当时是整个战争的指挥者)并用他来交换被俘的荷兰人，今天这些荷兰人还将在西班牙的船上，和刺客强盗一样戴着镣铐，基督教徒与土耳其人及摩尔人为伍，商人与海盗为伴。当被救回来的人回到故土的时候，他们已经被饥饿、枷锁和鞭打折磨得形销骨立了。随着斯路易思号船和斯皮诺拉号船被俘获，其他一些荷兰人也被从悲惨的奴役中解放出来。所有人都看到了那一大群可怜的人，他们感谢伟大的执政官，因为是他的仁慈使得这些遭受如此灾难的人得以在有生之年再见到自己的祖国，而不是悲惨地死于折磨之中。另外一些人则与他们的家属和族人一起，恳求执政官一定要为这么一种严重罪行报仇。眼见这些情形，还有谁不会为这种不幸而动容？还有谁不会为这种损失而愤怒？还有谁不曾在这些野蛮的事件中

损失财产或丧失亲友？ 据精确估算，荷兰的损失数以百万计。 但是，这些数百万损失还没有把加诸自由人身上的折磨、惩罚以及致命的痛苦计算在内，这些是无法衡量的！

有些人认为，那些在远离本土的殖民地上的葡萄牙人，也许不会那么残忍。 因为本土离统治者更近，所以不得不遵守指挥官的命令，而且长官的恣意和多变也会因此产生更强的影响。 不过，即使如此，眼见这样的罪行发生却袖手旁观的人难道便是清白的么？ 而且，如果这样的借口被接受的话，应该由谁来承担正义的惩罚呢？ 当然，身在海外(也就是说，在这些地方，人可以相对而言没有顾虑的行为)也许确实可以帮助保存一些人性，因此相互的礼让也更会发生，或者，概括而言，在这种情形下的人更愿意奉行“己所不欲、勿施于人”的做法。 但是，这不过是假设罢了。 所有曾靠近过葡萄牙殖民地的荷兰人，他们要么是为了躲避暴风雨，要么是因为不知道葡萄牙人有多残忍而希望与他们做生意，都可以提供这方面的证据(而且，就葡萄牙人来说，这 176
些都是消极证据)。 有些人天真地假定自己不可能做的事便不会存在。 那么让这些人看看以下最近的几个例子吧。

在阿哈 · 多 · 普林西朴[*]，当从鹿特丹的“奥利维尔[冯 · 诺特]”号船(该船曾四次环游世界)上下来的几位要人上岸时，海岸两边都飘扬着休战示好的旗帜。 然而，当葡萄牙人发觉他们未能把更多的人诱上岸时，便立即杀死了其中的三个。 在逃跑途中，又有两人被葡萄牙人派出的快船射杀。 也是这次航行，在(巴西)里约热内卢附近，两个荷兰人在收到指示上岸后，便被预先埋伏好的葡萄牙人虏走。 除此之外，葡萄牙人还向荷兰船只开火，击断船上的缆绳并导致一人死亡。 在多

* 阿哈 · 多 · 普林西朴(Ilha do Principe)，葡萄牙在几内亚的殖民地岛屿。

西河畔，荷兰人甚至被禁止上岸和使用当地的淡水。劳伦特·贝克指挥下的人马的遭遇也不堪回首。他们在海上长期颠簸后，落到了葡萄牙人手里(这比撞上海峡两岸耸立的礁石还恐怖)。他们的船最终被赶到一个叫圣贤湾的港口，在那里葡萄牙人没收了整条船和船上的货物。船上的人则全部被上了枷锁。这对他们来说无疑是个灾难，因为据说四年前有几个法国人也是在这里被送上绞架。冯·斯皮尔伯根日记中记载了他们在非洲的遭遇，几乎如出一辙。那些上岸的人，丝毫不要指望葡萄牙人或者他们的使者能给他们一点点礼遇。我不准备在此重复这一(在非洲发生的)事件了，这些在每个人的记录中都有描述。我现在必须要对和我们的主题特别相关的一些事情做一番讨论。

所有人都知道，就像西班牙的卡斯蒂利亚人把美洲的大部分占为己有那样，在葡萄牙人看来，只有他们才能享有与埃塞俄比亚、印度以及巴西通商的权利，其他所有人都没有份。尽管英国人、法国人和意大
177 利人，以及所有和这些国家有密切联系的人都极力反对这一点，荷兰人(葡萄牙的敌人，而且有着非凡的航海能力)却没有反对。这不是说葡萄牙人无理的要求在荷兰人看来就有理了，而是我们谦恭的性情使我们更多地考虑战争中必须做什么，而不是战争中可以做什么。这种性情，加之尚念及昔日的皇恩以及与葡萄牙的情谊，竟使我们偏袒我们的敌人。因此，只要我们还能从与伊比利亚国家的贸易中获得生计，我们便忍受这种不公，即使这会给我们带来极大的伤害。毕竟，在荷兰人看来，要是采取另外的做法，会使今后的和平谈判变得更加困难。

荷兰奉行这种隐忍的政策达十多年之久。最后，敌人的用心已经是路人皆知了。他们有步骤地实施着计划，妄图通过饥饿与困乏来征服一个不可能用武力征服的民族。换言之，当与伊比利亚人的贸易——当时已经成为了我国人民生计的主要来源——被切断时，荷兰人

渐渐地注意起长距离的航行，希望通过与远处的国家进行贸易来维持生计。 这些国家虽然为葡萄牙人所知，但并没有为他们所征服。 然而，在采取这样的行动时，荷兰人仍然显示了他们一贯的谦恭与善意。 若是有人仔细考量荷兰人的每一步行动，他显然会发现，荷兰人的所有行动都是出于迫不得已。

就荷兰人而言，当他们与葡萄牙人在海上或者陆上遭遇时，他们总是友好的。 葡萄牙人甚至被邀请登上我们的舰船和参加我们的宴会。 虽然有些行为是战争所允许的，但是我们很高兴，我们没有这么做。 荷兰人没有攻击葡萄牙人的殖民地，没有攻击他们的船只，也没有禁止葡萄牙人进入市场进行交易。 但是，尽管荷兰人的航行是完全出于必须，且他们在贸易过程也显示了异常友好的姿态，葡萄牙人却丝毫没有得到满足。 因为我们竟然没有被贫穷击垮，还胆敢与葡萄牙人竞争贸易的好处。 虽然这种好处是自然赐予每个民族的，但是在葡萄牙人眼里，谁胆敢和他们竞争，谁就是在犯罪。 在这个唯一的借口下，葡萄牙人变得近乎疯狂(因为没有其他词可以用来描述他们的态度了)，他们
向荷兰人发起凶猛的进攻，其残忍令人难以置信。 而后者呢？ 荷兰人 178
是这样一个温顺的民族，他们所有的行为都是为了自卫，除此之外，即使是最可耻的罪行也不能驱使他们向对方施加报复。 这点会得到以下陈述的证实。 尽管这些陈述确实是不完整的，但它们涵盖了主要的事实，从中我们将推断出其余的事实来。

在梅德布雷克的伯纳德率领下，荷兰人首先到了我们称之为几内亚的地方。 它是埃塞俄比亚的一部分，濒临大海。 葡萄牙人，自己犯罪还不够，还向当地的非洲人散布谣言(非洲人不久就将此全部供述出来了)，说有一群强盗到了当地，他们将以贸易为名来诱捕当地人。 除了这些恶意中伤之外，葡萄牙人还向当地人悬赏(因为非洲人也容易被这

种方式买通)，宣称杀一个荷兰人可以得到一百个弗罗林。不仅如此，他们还教当地人如何在黄金中掺假，而黄金正是荷兰人在当地寻找的东西。当荷兰人在西蒙·泰伊的率领下，到达同一地区的开普科苏时，葡萄牙人又在当地散布谣言，致使当地不少的酋长要亲自登上我们的舰船检查。他们还贿赂其他一些当地人，后者包围并杀害了若干乘坐小艇驶出一段距离的荷兰人。相似的不幸还落在了从代尔夫特*出发而到达那里的一队荷兰人身上。他们被当地一个名叫沃提奥(?)[1]的贸易商出卖。此人因为常和当地人做生意，所以在他们之中颇有影响力，不料却也被葡萄牙人买通。这队不幸的葡萄牙人中，一些被杀害；还有一些则当了俘虏，被带到葡萄牙在萨奥·乔治·达·米纳的堡垒。对这些人而言，这比死亡更悲惨。因为大家都知道，一个法国俘虏也曾被带到那里，当他在逃跑时被捉住时，葡萄牙人把他塞进大炮里一炮
179 打了出去。因此，在残忍的方面来说，葡萄牙人甚至不亚于臭名昭著的法拉里斯！[2]

后来，又有一只荷兰小船被风吹到了离那个堡垒不远的地方。在那，它受到了葡萄牙人的突然袭击并最终被俘获。荷兰水手因为被打了个措手不及而纷纷跳入大海。虽然标枪已经把荷兰人打得千疮百孔，但葡萄牙人还是下令用网把尸体拖上岸。他们把有些水手的头颅割下，钉在树桩上，生怕别人不知道他们令人发指的罪行。这还不够，葡萄牙人还把剩下人的头颅割下，送给当地那些“有幸”为葡萄牙

---

* 代尔夫特(Delft)，荷兰著名城市，格劳秀斯的故乡。

[1] Votiaeo这一翻译完全是建立在珂罗版的基础上，其中这个词的第五个字母显然是上下分开的一个“e”，这种情况在手稿中很常见。也有可能这个字母可以被翻作“c”，这是建立在一横也许是划在“c”上的一条线。这样的话也许应翻成“Votico”。哈马克和戴门斯特都翻译成“Votica”，显然，这听起来比Votiaeo顺耳。还有，他们的翻译也许是基于本书英译者未能看到的某些资料。但是，无论如何，这些资料都没有反映在珂罗版上。

[2] 法拉里斯下令造了一只铜牛，被判有罪的人被放在上面活生生地烤死。

人当兵的野蛮人[1]，以便让后者在战斗中再表现得凶猛些。 据说这些野蛮人把头颅放在火上烤，还把头盖骨拿来当饮酒的器皿。

但是这些煽动起来的仇恨并没有使真诚的荷兰人退却；埋伏好的罗网也不能把他们吓跑。 荷兰人还是努力抗争着，尽管危险重重，今天他们仍频繁地光顾那片海岸。 荷兰人树立起的诚信的榜样与葡萄牙人形成了鲜明的对比，但是除此之外，他们并没有对后者进行口诛笔伐。

然而，放眼全球，只要我们目力所及之处，都可以看到葡萄牙人的野蛮行径；因为他们所体现的，已经远远超出了战争中双方之间通常的“敌意”，不能用“敌对”来形容了。 这点从那些到过巴西的荷兰人的日志中便可以得到清楚地反映。 在此，我们不便把所有的经历都一一叙述，特别考虑到在东方(也就是说，在东印度)发生的事件可以为我们的叙述提供丰富的材料。 这些材料与我们的论点是密切相关的。

最终，荷兰人开始开拓东印度地区。 毫无疑问，这项计划既是正当的，也充满了危险。 因为葡萄牙人的态度已经不足以用愚昧的贪婪来形容了，它简直就是赤裸裸的嫉妒。 难道不是这样么？ 葡萄牙人顽固地认为，世界上这么大一块地方(从阿拉伯海湾绵延的海岸——或者，如果我们把其他地区也考虑进去的话，从直布罗陀海峡——到地球的最北端，其中包括数不清的岛屿，没人能说清楚到底有多少并一一说出它们的名字来)就只能用来增进他一个民族的财富(还不说奢侈)，尽管其中
尚有大部分地方尚未被开发利用，尽管它可以持续地供养许多个从事贸 180
易的国家。 如果真如葡萄牙人所主张的那样，我们又怎么解释，很久以前威尼斯人便与东印度人做生意这一事实呢？ 我们又如何解释，现在阿拉伯人和中国人都在争夺该地区的贸易权这一现象呢？ 葡萄牙人

[1] beneficiariis 一词，指那些受长官恩惠而不用干下贱活的士兵。

敢不敢拒绝与别人分享他们没有也不可能完全占有的东西呢?

在这个节骨眼上，我们还要考虑另外一点。眼下，许多东印度的部落不仅不愿和葡萄牙人做生意，甚至还尽量避免与后者接触甚至看到他们。事实上，葡萄牙人在当地并非被看作是商人。相反，他们被认作是外国来的强盗，是人类自由的毁灭者，不仅贪婪，还有着强烈的统治欲。所以，除了迫不得已，没有人愿意和他们打交道。因为当葡萄牙人首次踏上那片土地时，他们用欺骗的办法建立了殖民地和据点(当时，当地人还没有足够的远见能洞察葡萄牙人的最终目的)，继而奴役周围的地区。如今，葡萄牙人通过参与东印度当地各部落之间的内战——很大程度上是由他们挑起的——而捞取胜利果实。而当他们的力量因此有所增强时，葡萄牙人又过河拆桥，反对起曾经帮助过他们的人来。依靠这种方法，以及在辽阔的土地上分散的驻军和强大的海上力量，葡萄牙人成为了整个地区都害怕的对象。

不过我倒宁愿读者去看看西班牙人自己的记述，而不是我的。看看他们自己是如何记述自己的：那些举世罕见的背信弃义的行径、那些被糟蹋的当地王室的妇女和孩子、那些因为葡萄牙人的恶毒行为而被搅得天翻地覆的国家以及那些对东印度臣民和盟友的令人发指的残忍。因为我希望证明，我对这一事件的讨论不是对一个民族恶意的谩骂，而是在揭露应该被揭露的罪行。而且，通过这种方式，我还希望获得诉讼双方通常能获得的宽容，只要他们不是有意在反驳对手或者其他证人提出的证据时伤害对方。

181 当然，相当一部分的作者认为，如果比较一下西班牙人在美洲的行径和葡萄牙人在东印度的行径，会发现前者更加残暴而后者更加卑鄙。换句话说，后者与前者一样的恶毒，只不过西班牙人似乎更勇敢和孔武有力。葡萄牙人的这种卑鄙，便是他们为什么遭到东印度人憎恨的原因，也是荷兰人为什么要到东印度去的原因。

从早期的航行开始，直到现在，没有什么不敬或者可憎的行为是这群极端贪婪的人不敢做或者不曾做的。他们的目的就是要把荷兰人赶出上述的地区。在那一地区，葡萄牙人犯下了比他们在其他地方犯下的更恶毒的罪行。他们知道自己在力量上不及荷兰人，便装出一副和平与友善的面孔。凭借这种卑鄙的手段，他们便可以向完全没有恶意的荷兰人发起突然袭击，并给后者造成更严重的伤害。

我们将简短涉及所有最严重的罪行。在这么做的时候，我将不太按照时间的顺序(尽管我会考虑时间的因素)，而是将这种种罪行根据它们的性质各自归类。我们主张，葡萄牙人，无论是作为一个国家还是个人，都犯下了诽谤和中伤荷兰人的罪行。他们用虚假的指控攻击荷兰人，并煽动对后者的敌意。这些行径都带来了最恶劣的结果。而且，他们自己也“身体力行”，用残忍和卑鄙的手段杀害了许多荷兰人；他们还是首先诉诸战争的人，无论是公开的还是私底下的，就因为东印度人和荷兰人展开谈判，他们就用“血与剑”报复东印度人。最后，我庄严地宣布，我所记录的，都是有最清楚不过的证据支持的。

起初，因为东印度人不熟悉荷兰人的秉性，而荷兰人又不了解东印度人的语言，所以我们可以合理地推断，要用恶意的中伤来阻止我们的人接近东方简直是易如反掌。尽管这些谎话离事实相去甚远，甚至离事实的表象都相去甚远，然而，在一无所知的人当中它们还是可能被接受的，特别是考虑到葡萄牙人的到来使当地人更有理由去害怕和怀疑。因为当地人很容易就把所有的欧洲人都看作和葡萄牙人一样，而后者在当地是邪恶的代名词，声名狼藉。葡萄牙人——在荷兰人还没有正式
到达前，他们说谎也相对安全些，因此他们趁机在当地统治者面前和国 182
家中极尽所能地散布谣言——他们惯于宣称：海盗要来了，他们来自于

遥远而不知所处的大洋，居无定所，干得就是抢劫的买卖。他们把荷兰人穿的俭朴衣服作为证据。除了武器，这些衣服上再也没有其他的装饰了。葡萄牙人则相反。他们喜欢奢华的服装和装饰，却对武器不以为然，就像他们对待任何粗糙的东西一样。这部分是因为廉价的小玩意受到当地未开化的人的高度崇拜，部分也是因为葡萄牙人自己虚荣的天性。

当他们的诽谤因为荷兰人的首次抵达而被戳穿时，葡萄牙人便开始散布其他的谣言。他们宣布：来的人是英国人，卑鄙且干着盗窃的勾当，有着世界上最邪恶的秉性。而且，为了加深当地人的反感，也由于注意到许多海岸的居民都皈依了真主穆罕默德，葡萄牙人把那些东印度人最不喜欢的品质都归到了新来的荷兰人身上。葡萄牙人把到来的人称为不信奉神灵的人，指责他们既不受宗教也不受法律的约束；他们把用不义的手段得来的财产再用不义的手段挥霍掉，因为这群酒鬼把资源都浪费在了酒精上，这在当地人看来可是不小的罪过。葡萄牙人为荷兰人编织的另一罪状，即使在东印度人听来也是匪夷所思。他们把荷兰人称为“有问题的人”，因为后者不像他们一样随船带着妇女，从中，葡萄牙人无中生有地推断，荷兰人经常干违反伦理的事。

当这些诽谤因为当地人和我们的人有了直接接触后而再次被戳穿时，葡萄牙人又开始鼓动他们的唇舌。他们向当地人描述道：荷兰人的母国拥有怎样一支强大的舰队；并说在荷兰人假装的对商业的兴趣下隐藏的是颠覆当地国家(等到当地完全被探索过以后)和建立自己统治的险恶用心。葡萄牙人宣称，如果当地的统治者和人民不和他们联合起来的话，这些可怕的预言不久就会称为现实。

以上所揭露的事实，部分见于被截取的或者自愿公开的文档；部分
183 则来自于曾被欺骗的国家和它们的统治者的证词。

这就是三个葡萄牙人——弗朗西斯科·德·玛利兹、巴特哈* 和佩索亚** ，在四艘荷兰舰船到达当地时，在迪马克酋长*** (根据葡萄牙人所说，是爪哇的最高统治者)和达玛**** 国王的宫廷里干的勾当。甚至许多班腾人也仿效这样的做法，而他们是所有民族中，最早与荷兰人建立联系的民族之一，因为葡萄牙人在当地抓住人们的每一次怀疑，极尽所能地中伤荷兰人。当荷兰船上因为长途航行或者不服水土而减员的时候，葡萄牙人便称这些人在做海盗时送了命；当荷兰人在购买东西，因为季节的原因而迟延付款时，葡萄牙人便称这些情况毫无疑问地表明了荷兰人在劫掠当地人，或在等待合适时机进行“抢劫”。同样，为了制造对荷兰人的怀疑，葡萄牙的代表被派到爪哇所有的港口——佩索亚被派到斯达佳***** 、图班****** ，巴特拉被派到潘纳奥肯，余下的人则被派到加巴拉，加卡特******* 和塔蒂角格-爪哇——目的就是要破坏荷兰人的名声并煽动对他们的敌意。而且，葡萄牙人还不满足于这种单方面的欺骗。当他们在向爪哇人散布关于荷兰人的故事时，葡萄牙人还不知疲倦地试图吓走荷兰人(因为当时他们已经可以接触到荷兰人了，他们甚至还被邀请到荷兰人的宴会上)。他们反复地说爪哇人是如何不可靠，就是希望荷兰人能放弃与东印度做生意的想法。

荷兰商人迟迟没有开展贸易，一直等着关于先期到东印度探索的报告。不过，当第一艘到达爪哇的荷兰船只回来后，荷兰便开始去塔普拉班(该岛在古代就极其有名，现在被称为苏门答腊)[1]的航行了。航行

* 巴特哈(Baltalha)，葡萄牙人船长。
** 佩索亚(Francisco Pessoa)，葡萄牙人船长。
*** 迪马克酋长(Rajah of Demark)，爪哇地区的统治者。
**** 达玛(Damma)，马来西亚群岛中的一岛屿。
***** 斯达佳(Sidajoe)，爪哇东北部沿海的一城镇。
****** 图班(Tuban)，由爪哇地区的一个国王命名的地方。
******* 加卡特(Jacatra)，爪哇地区的一城镇。
[1] 见英译本第 5 页脚注 1。

由康尼利斯·霍特曼* 指挥，并由在泽兰的一家公司资助。但是，在苏门答腊地区，已经有一个叫阿方索·维森特** 的葡萄牙人在那里传播着与葡萄牙人在爪哇传播的相似的谎言了。

同时，由雅各布·冯·奈克*** 率领的舰队，也开始了他们首次驶往摩卢加岛**** 的航行。安波那岛***** 的统治者们(长官和其他主要
184 官员)也不否认，葡萄牙人已在当地和海外散布了相似的谣言。就在这段时间内，葡萄牙人还向特尔纳特****** 国王中伤荷兰人。他们还煽动班达******* 岛上的居民，目的就是要赶跑没有随船一起走而留下的荷兰人。事实上，这种鬼鬼祟祟的行径是传播地如此之远，以至于依据跟随着“奥利维尔[冯·诺特]号”船者的记录，这些谣言甚至波及到了伯尼奥******** 并激起了当地人的愤慨。

同样，葡萄牙人也不满足于一次两次的欺骗。相反，他们不断地使用相同的诡计。因为，按照荷兰海军指挥官威尔金斯的命令而留在苏门答腊亚齐的荷兰人明显感觉到，国王非凡的礼遇和友谊已经因为这些一而再、再而三的谣言而变成了轻蔑和仇恨。因此，他们不仅没有生意可做，甚至自己的生命也变得岌岌可危。

其后不久，当皮特伯斯(后来荷兰公司的使者)率领的船只到达亚齐********* 时，葡萄牙人又在当地玩起了同样的伎俩。他们派了一个圣方济各的僧侣作为所谓的使者，还派了一个叫做罗德里戈·德·科斯

---

* 康尼利斯·霍特曼(Cornelis Houtman)，荷兰人船长。
** 阿方索·维森特(Affonso Vicente)，葡萄牙人船长。
*** 雅各布·冯·奈克(Jacob Van Neck)，荷兰人船长。
**** 摩卢加岛(Moluccas)，马来西亚群岛中的一岛屿。
***** 安波那岛(Amboyna)，马来西亚群岛中的一岛屿。
****** 特尔纳特(Ternate)，马来西亚群岛中的一岛屿。
******* 班达(Banda)，摩卢加群岛的组成部分。
******** 伯尼奥(Borneo)，马来西亚群岛中的一岛屿。
********* 亚齐(Achin)，苏门答腊的一著名城市。

塔的船长到马六甲。马六甲是葡萄牙的属地，就在苏门答腊对面的大陆上。

可以想见，特尔纳特的国王又收到了葡萄牙人的信。这封用马六甲语写成的信件，以及信使带来的口谕(经翻译成当地语)，叙述了冯·奈克的第二次航行，其中包含了对荷兰人已经屡见不鲜的攻击。然而，国王——尽管他陷于突如其来的恐惧中，生怕有任何阴谋觊觎他的王国——最终还是被荷兰人的请求所打动，虽然这对后者而言是不小的困难。国王最后拒绝将无辜的荷兰人交给他们凶残的敌人。

葡萄牙人还在中国人中竭尽所能地兴风作浪，意图煽动他们反对荷兰人。但是中国人，作为一个民族而言，有着准确的判断力。他们宁可依赖自己的判断，也不愿相信葡萄牙人。

在潘塔尼女王和加哈国王的宫殿里(这些王国是大陆的一部分，属于暹罗。不过，在一些权威看来，它们过去则属于黄金半岛)[1]葡萄牙
人的诡计也遭到了惨败。当雅各布·希姆斯科克到达当地时，葡萄牙 185
人煞费苦心的诽谤和中伤没能收到预期的效果。当地的统治者欣然接受了到来的荷兰人。葡萄牙人的谎话现在没有了市场，而且随着时间的推移，变得越来越苍白，因为(先贤们说得好)时间是最好的试金石!

而且，鉴于这些事件不过是因为侥幸而被揭露出来的，难道我们不该怀疑葡萄牙人还有更多的卑鄙行为不为公众所知么?

因此，当葡萄牙人为了激起对荷兰人的敌意和毁谤，在谎言之外，还使用贿赂时，没有人会感到奇怪，特别是考虑到其所施诡计的对象是一大群受欺骗且本身易受腐蚀的当地人。通过这种方式，葡萄牙人不仅成功地保住了自己并将我们的人置于危险之中，他们还在所有土地上

[1] Chersonesus Aurea(“黄金半岛”)，过去人们以此来称谓马六甲。不过，在第十二章中，格劳秀斯称，“许多人把该地当作了日本”。

播下了不安和怀疑的种子。 因此，为了防止自己受少数人的伤害，荷兰人不得不避开整个他们所尊敬的民族。 因为这些困难，他们甚至到了要永久放弃东印度贸易的地步。

事实上，我们应当花一点时间，来详细叙述一下葡萄牙人是怎样在荷兰人第一次到达爪哇时编织罗网且背信弃义的。 当时，他们戴着一幅友好的面具(因此他们犯下的罪行也是最严重的)，经常光顾我们的船只。 他们在船上受到了荷兰人的款待后，向我们发出了回访的邀请。

我先前说过，迪马克酋长是整个爪哇的最高统治者，至少葡萄牙人在当时宣布他是那里的统治者。 不过，据称，在对几个不服从的小国王的战争中，酋长不仅丧失了他对王国的统治权，还遭受了巨大的财产上的损失。 在这种情况下，一个高贵出身而又限于贫困的人是很容易鲁莽行事的。 好在他有两样东西可以弥补所有这些损失：第一，高超的武艺。 酋长的武艺在当地人中可谓是登峰造极。 第二，(现在被当地人认为是避免走上绝路的最后一招)与葡萄牙人结盟。 后者尊称他为皇帝。 葡萄牙人买通了酋长，让他来消灭荷兰人。 他们把酋长带到班
186 腾，当时那里有几艘我们的船。 葡萄牙人计划邀请这些船的长官赴宴，这样酋长就可以借口护送这些长官回去而对荷兰的船只发起突然袭击。 当时班腾的行政首脑，或者说是摄政王(因为他以看护的名义替他的兄弟管理着那个王国)，虽然收到葡萄牙人要求协力的请求，却拒绝这么做。 他先是派信使通知，随后亲自向船上来的特使透露了这个计划。 后来事态发展果然如他所警告的那样。

我们的人被邀请去参加宴会。 他们找了个借口没有去。 有一个叫佩德罗 · 德尔 · 泰德的葡萄牙人，他对荷兰有着亲密和可敬的情谊，拒绝参与这项卑鄙的行径。 其他葡萄牙人，因为害怕他走漏风声，便派了五个人到他家，在他还毫无警觉地睡在床上时把他杀害了。 他们邪

恶的计划并没有因此而受到挫折。

同时，当葡萄牙人看到针对荷兰人的阴谋没有得逞时，他们迫使迪马克酋长保留了一支可调动的军队，还让他在加卡特组建一支舰队。但是整个计划的梗概还是由被杀的泰德随从泄露给了荷兰人。这个随从在班腾* 被捕，受尽葡萄牙人的酷刑，就因为他帮助了荷兰人。

葡萄牙人开始相信，只要班腾的摄政王偏向于我们，他们针对荷兰人的阴谋就不可能成功。于是他们向他献起谄媚来，还给他送了不少的礼物。而这个摄政王并不反对这些好处，也不在乎这些好处是什么种类的，无论是从荷兰人那里收缴来的战利品还是从葡萄牙人那里得到的奖赏。他只要做一件事，就可两全其美。

起先，他成功地从荷兰商人那里要到不少商品，然后便开始拖延时间，直到不得不拿出点东西作为交换。后来，当荷兰人正犹豫要不要按照他的命令给他更多的商品时，摄政王召见了三艘船的船长——霍特曼 · 威廉姆 · 劳德维科茨和吉尔茨 · 瓦尔克内尔以及其他十个人。当这些人都出现在他面前时，这个摄政王突然下令把他们都绑起来。就是在那时，他也毫不隐瞒，这些是按照葡萄牙人的吩咐做的。而葡萄牙人，则佯装害怕我们在他们的一艘船要离开时会截住它，在这一借口下，他们要求摄政王把以上那些被俘虏的人交给他们做人质。另一方面，摄政王也暗示那些俘虏，葡萄牙人正用四千里斯收买他，希望他能 187
把这些人交到他们的手里面。可怜这些不幸的人啊，每天都遭受着心理上的折磨，担心最可怕的酷刑落在自己头上。不过，幸好当时爪哇人在葡萄牙人的鼓动下，进攻了荷兰人若干驶出甚远的轻便小船和快艇。当我们的人勇敢地击退了他们的攻击时，班腾的摄政王，认识到

---

* 班腾(Bantam)，爪哇地区的一城市。

了轻视荷兰人的危险并开始着手与我们谈判。尽管最后的条件非常不公正，且无任何合法理由——每一个俘虏要交两千里斯，但荷兰人还是接受了。

但是，每当情况对我们而言有了一些好转，葡萄牙人就在那个节骨眼上提供更多的钱来收买当地人。从马六甲出发的一个使节，给摄政王和班腾的其他显贵带来了数不尽的礼物，其中包括六千里斯，目的就是要用这些东西买通他们来杀荷兰人。这立即产生了效果，情况急转直下：与我们的贸易暂停了；就是在班腾的中国商人也被禁止向荷兰人出售任何东西。这些带有敌意的迹象千真万确。而且，据称，荷兰人在班腾的主人和一些朋友告诉他们，荷兰在当地的一些领导人已经被出卖了。因此，当摄政王要船上的长官去拜访他，假惺惺地说要和他们谈谈当地的商业管制时，没有一个人接受他的邀请。结果葡萄牙人和班腾人之间吵了起来，葡萄牙人要班腾人把收到的钱还出来，因为让他们做的事没有办成。而班腾人才不会把到手的东西吐出来呢，管它当初是因为什么理由拿的！最后，双方达成了一个新的协定：由摄政王出面扣押所有的荷兰船只，由葡萄牙人做策应。扣下来的船和货物全部归前者，荷兰人全部交给后者。万一扣押不成，就把荷兰人的船打沉。在这种情况下，摄政王除了可以保留先前的六千里斯，还可以再拿到两千里斯作为补偿。

188 幸好，正当他们还在开会图谋着荷兰人的生命财产时，荷兰人因为缺乏淡水，便退到了另一个地方(当然，离班腾不远)。在那里，接待他们的东道主派来使者，告诉了他们有一支舰队正准备消灭他们。事实上，荷兰人自己在离开前就已经目睹了一些组建这支舰队[1]的准备工作

[1] 原文中用的是 quarum 而不是 cuius，这肯定是格劳秀斯的笔误，因为从上下文来看，在“舰队”前面的应该是一个单数的先行词，不是复数(通常复数用来修饰“船只”，而非“舰队”)。

了。这下，荷兰人不仅因为好运而转危为安，这事还进一步加深了葡萄牙人和摄政王之间的分歧，因为后者认为，他们之间的协定并没有要求他一定要在荷兰人撤离后继续跟踪追击。

当荷兰人到达离加卡塔附近的一点时，葡萄牙人教唆托姆恩戈恩(一个班腾人，葡萄牙人的帮凶)以出售一些东西的借口将一些荷兰水手引诱到塔蒂角格-爪哇，一个离加卡塔不远的地方。幸好中国商人事先就警告过我们的人，葡萄牙人在那个地方有驻军，为的就是要俘虏或者杀害我们的水手。当荷兰人在下一次航行中返回那里，并发现爪哇人仇恨葡萄牙人且对我们更为友好的时候，托姆恩戈恩自己也承认这一控诉的真实性。不过他为自己辩解道，当时之所以这么做，是因为那时当地的情况很不稳定。

然而，最残忍的计划则是由弗朗西斯科 · 佩索亚在斯达佳阴谋策划的。当我们的船到达那里的时候，针对荷兰人的计划已经在斯达佳的沙班达(这是当地行政首脑的一个称号)[1]和罗萨拉拉(拉朗的酋长？)[2]的帮助下拟订好了。罗萨拉拉是在阿威罗出生的葡萄牙人。不过他和虔诚的基督教徒根本没有关系，相反，他在当地是一个臭名昭著的海盗头目。他向荷兰人报告说，有一批香料要出售，而且斯达佳的国王对荷兰人非常友好。被派去调查的人也带回来差不多的情报，因为有证据证实罗萨拉拉的说法。同时，还有报告说，国王非常想登临荷兰人的 189
舰船，看看这些船是怎样远渡重洋到达当地的。这当然也是再好不过

[1] 更确切地说，“沙班达”是一个管理港口和外贸的官员。

[2] *Rasalala*，在手稿中“t”上少了一横，但还是和“l”有明显的区别的。而且，从哈马克的版本来看，罗萨拉拉的叫法应该是对的。戴门斯特的荷兰语版本也采取哈马克的翻法，不过该版本在括号里还提供了另外一种可能性，“Radjalela”。这种翻法的灵感可能来自于这个词和一种头衔“Rasadauma”的相似性，后者在第十一章(拉丁文版)的前半部分出现过几次，指的是迪马克酋长。但是，本书的英译者未能找到任何可能被叫做 lela 的地方。因此，初步的结论是格劳秀斯此处指的也许是拉朗岛上的酋长，该岛靠近苏门答腊的东北海岸。

的消息了。所有的事情似乎都以一种迎合国王的皇家气派和荷兰人的愉悦心情的方式发展着。六十艘大帆船，每一艘上面有至少六十个人，进入了荷兰人的视野。荷兰人当时不假思索地把这一场面认作是国王在炫耀他的家底。事实是，这是一支充满敌意的军队。罗萨拉拉被派来看看我们是否有所警觉，结果他发现一切都如料想的一样。此后，他拒绝了荷兰人的邀请，离开了舰船。罗萨拉拉刚走，斯达佳的沙班达便登上了我们的一条船，阿姆斯特丹号。舰长雷尼尔·维海尔伸出右手以示欢迎。不料，沙班达佯装敬礼(并不是只有埃及人才会笑里藏刀)，一刀捅进了舰长的胸膛。同时，其他参与这项勾当的密谋者已经杀害了甲板上那些毫无防备的荷兰人。被杀害的有简·沙林戈(水手)，吉尔·威克奈尔和其他九个人。另外还有一些人受了轻伤，因为对手的攻击没有击中要害。这船本来肯定要被俘获了。可是有十三个人(他们刚刚才大病初愈)堵住了通往船只下层的道路并引发了大炮，炮声击伤并且吓退了在上层甲板和在船周围的攻击者。这至少在当时挽救了局势。葡萄牙人只能回去责怪没有教养的当地人太不谨慎、太鲁莽从事，以至于使如此一个精心策划的计谋落了空。不过这已经于事无补了。即使这样，荷兰人的损失也是极其惨重。因为缺员，水手们被迫弃船，让它孤立无助地漂在海上。

现在，让我们从荷兰人转向泽兰人，从爪哇转向苏门答腊。在那里，上文提到的两艘由霍特曼指挥的船进入了港口。

臭名昭著的阿方索·维森特，即使在葡萄牙人中也是有名的恶毒和狡猾，当时正在亚齐的王宫里。维森特，还有其他一些葡萄牙人，渐渐地取得了霍特曼和他的属下的亲近。他在他们面前表现出和国王很
190 熟的样子，并且假装愿意在亚齐人和泽兰人之间做中间人，以促进后者在当地的利益。他的戏演得实在逼真。在一些场合，他主动充当泽兰

人的向导，带他们到宫殿去。他甚至将一些所谓的机密透露给泽兰人，声称这些是他靠贿赂国王身边的红人才得到的。但同时，他又在居住在当地的商人中煽风点火，暗示新来的竞争者会最终毁了他们的生意。文森特还让阿卜杜拉·沙班达，御用文人科克和国王本人注意泽兰人漂亮的船只和唾手可得的战利品，以激起后者的贪婪之心。他甚至设计好了以下的借口(为了扣押战利品)：荷兰人已经决定了，如果(苏门答腊)商品的价格过高，他们将去开发加哈* 的市场。但是当时加哈国王和亚齐人正处于苦战之中。因此(维森特强烈建议)亚齐应抢先没收荷兰人的船，以免它们落入加哈人的手中。而当贪婪和仇恨之火已经被点燃时，诡计也就应运而生了。

一小批胡椒被送给了泽兰人，燃起了他们的希望：每天都能有更大数量的胡椒供应。敌人正是利用了这一点，他们声称有一大批胡椒在荷兰战船上。在以物换物的借口下，沙班达和科克带着一大群人登上了我们的船。按照当地的风俗，这些人无一例外地都戴着武器。他们带来了酒和食物，其中掺着一种当地人称为“毒特露”的致人发狂药[1]。当水手们大口吞下酒和食物后，突然变得狂性大发，在舷门之间和甲板上到处奔跑，疯子似地摇晃着自己的脑袋，就像失去理智一样。看来，这是葡萄牙实施计划的大好时机。发了疯的泽兰人像羔羊似的被一个个地宰杀。这简直不是一场战斗，而是一场屠杀。这些被眩晕和伤口同时击倒的人，嘴里还含混不清，便咽下了最后一口气。在他们周围的都是东印度的大帆船，配备着由葡萄牙人提供的武装。最后，除了少数泽兰人，所有人都被俘虏了。这些少数人，尚没有被食物中的毒药完全击倒，挣扎着保卫自己的舰船，甚至还用大炮击倒了几个敌人。

---

* 加哈(Jahore)，马来西亚半岛南部的一个王国。

[1] 显然，这是一种从 dutra 或者 Datura metel 中提取的毒药，前者是属于山芋科的植物。

191 第一艘船(莱昂号)先逃了出来。它不仅给差点被俘虏的第二艘船(莱昂尼茨号)解了围，还向当时尚沉浸在胜利之中的亚齐人发起了攻击。就这样，两条船总算死里逃生。不过，此时，船舷上已经撒满了无辜人们的鲜血，霍特曼自己也被他的“客人”刺中，倒在了餐厅的血泊中。更糟的是，毒药的药性是如此之强，在接下去的几天里，一些水手仍然是不省人事，而另一些则被疯狂驱使着而相互砍杀。当时在城里的荷兰人的境遇也没有好到哪儿去。葡萄牙人早就买通了国王的儿子。在他的指示下，这些荷兰人被一个个地杀掉。丢掉性命的人不少于七十个。

其后不久，图班的国王，带着十四艘帆船(东印度常见的一种船)与五千人气势汹汹地杀向冯·奈克他们那儿。后者(包括安德利安·维安)当时还留守在班达岛上。国王此行的目的就是要收缴他们的武器，甚至要将他们置之死地，因为他已经被葡萄牙人给收买了。毫无疑问，要不是神圣的上帝在千钧一发之际将两艘刚到的船，卢纳号和卢西法号的荷兰人指引到岛上，冯·奈克和他的人马早就命丧黄泉了。

按照上面提到的图班统治者和葡萄牙人发出的命令，刚才提到的罗萨拉拉，这个因抢劫而著名的人，在图班士兵和二十个葡萄牙军官的陪同下，几乎跑遍了摩卢加群岛，企图将荷兰商人赶出整个地区。这是由萨西斯·玛鲁加和班腾的摄政王告诉威尔金斯派出的人的。当然，这个海盗带着大约四十艘大帆船，从上述地方直奔爪哇，因为那里(他刚获悉)有荷兰船只入港，而他已发誓要捕获或者消灭任何一艘荷兰船(只要他能找到)。怀着这样的目的，罗萨拉拉以图班国王的名义要求班腾的摄政王给他帮助。从爪哇、罗萨拉拉又开往加卡特，企图抓住每一次有利于他的机会，布下天罗地网。

192 那些跟随冯·奈克的第二次航行而到亚齐王宫的人则面临着更严重

的威胁。所幸的是，这些在亚齐的人离开较早，才使葡萄牙人的阴谋没有得逞。

当然，要是没有船上内应的话，光靠外国人来袭击荷兰人是远远不够的。博斯* 的一支舰队，在冯 · 卡登和德尔 · 凡尔明的率领下，到了亚齐。而在它们抛锚的地方，有另外一艘来自葡萄牙的舰船，指挥它的正是刚才提到的罗德里戈 · 德尔 · 科斯塔 · 莫塔毛里奥。后面那艘船上的炮手，叫做马蒂斯 · 纽尔，来自汉堡。他经常和值班船长，亨利号的炮手，以及大副和二副讨论，教唆他们杀害荷兰船只上的指挥官并把船带到马六甲。纽尔向他们保证道，作为奖赏，每个人至少可以拿到两千达克特。不过荷兰人诚实的性格最终挫败了这一阴谋。

还有一次，当冯 · 格劳斯伯根(第二家荷兰公司的特使，和冯 · 奈克同时出航)指挥的两艘船——莱登号和哈莱姆号到达新塞奥尼的交趾支那水域时，即婆罗坎不莱斯河附近，当地的居民和国王自己给荷兰人设下了圈套。而这也是一个葡萄牙僧侣教唆的，他向当地人传播虚假的指控。后来国王承认了这一点。攻击者抓住并且杀害了十多个荷兰人。另外十二个荷兰人则因为喝下有毒的亚力酒而生病或者发疯。还有六人被俘虏。更加糟糕的是，这六人不是一般的水手，为了赎回他们，我们交出了两门大炮和一些货物。

不过，这还没完。不久后，当雅各布 · 希姆斯科克(正因为他的勇气，我们才有眼下这些战利品)到达那里时，达玛国王这位葡萄牙人的帮凶和盟友(从一开始就是显而易见的)，便向这些新到的人提供在他的国家内做生意的机会，因为后者盛产大米。不过，他之所以这么做，是为了通过一次突然袭击来俘获这些船。当他的希望落空时，国王就

---

* 博斯(Pieter Both)，荷兰东印度公司的使者。

扣下了二十个生意人。他们其中的八人被赎回。其余人连这样的运气
193 都没有。他们被当作毫无价值的生物扔在一边，等到哪天国王和邻人交战时，说不定能派上用场。这些人当中就有冯·德尔·德斯，他不仅有着贵族的出身，而且还聪慧好学。

但是，葡萄牙人决不仅仅满足于在当地人中激起对荷兰人的仇恨。因为，就伊比利亚人暴躁的性格来说，一旦敌人进入他们的视野并且有可能给敌人以重创时，他们是不会坐等着别人采取行动的。他们特别不喜欢守株待兔，尤其是在能够毫发不伤地取得胜利的情况下，他们甚至不惜采取卑鄙和可憎的欺骗手段。

例如，当荷兰人第一次到达东方的岛屿时，葡萄牙人就督促班腾的托姆恩戈恩(正是由他布下了日后在塔蒂角格-爪哇的圈套)，让他邀请远征队的指挥官和船长到他岸边的别墅用餐。托姆恩戈恩后来亲自透露，葡萄牙人原本计划那时从停泊在当地的一艘船上发起攻击。按照该一计划，葡萄牙人将虏走所有人，包括托姆恩戈恩和他的客人，然后立刻释放前者，而把荷兰人带到马六甲去。不过，因为他害怕班腾的摄政王，托姆恩戈恩拒绝参与这一计划。但是葡萄牙人——在买通了摄政王本人之后(我们已经叙述过了)，在船长霍特曼和瓦尔克奈尔与其他一些人在葡萄牙人的要求之下被捕后——变得暴怒无比，因为摄政王更关心的是自己的利益，而不是他们对荷兰人的仇恨。因此，他们在两个俘虏的食物中都下了毒。当班腾的沙班达看到这两个可怜人的脑袋开始发胀，肚子开始鼓起，就在死亡的边缘时，终于良心发现。他用一种著名的叫做“拜佐尔”的解药救了两人一命。看来他还比那些自称是基督教徒的人虔诚些。被派往拜见市里的执政官的康尼留斯·希姆斯科克也被葡萄牙人追杀。葡萄牙人挨家挨户地查，把他逼得只能躲到一位赖氏的中国人家里。那里，他把自己藏在装米的麻袋中。

当葡萄牙人搜到那里的时候，他的主人佯装出去打鱼，让他穿上中国衣服，和捕鱼工具中一起带了出去。就是这样，他才捡回了一条命。 194

同样的，当两艘冯·奈克率领的舰队中两艘战船在完成第二次东印度航行后返航到达圣海伦娜岛的时候，四艘葡萄牙船正在当地修整。为了寻找淡水，荷兰人不得不开过一段距离，他们无意中发现有一大队全副武装的葡萄牙人已经设下了埋伏。毫无疑问，这些人是在等荷兰人靠近，好把他们一网打尽。

说到葡萄牙人不可驾驭的狂怒，还有比他们在安波那岛对冯·奈克连续不断的攻击更好的证据吗？葡萄牙人在那里宣布：任何人，只要杀死一个荷兰水手，都可以得到十个里斯的奖赏。而且，杀掉的荷兰人的官阶越高，奖赏也就越丰厚。因此，谁要是能把荷兰远征队的指挥官的脑袋拿下，就能得到一千个银币(或者里斯？)。当然，我们知道，悬赏杀人是伊比利亚人一贯的做法。

不过，就是如此行径在葡萄牙人看来还是不够。你们将看到，他们犯下了怎样的罪行，这些罪行比迦太基人曾经犯下的罪行还要无耻。根据命令，马胡指挥下的舰队要开往麦哲伦海峡，舰队中有一艘叫做“诚信”的船。不过，事实证明，它命中注定要遭遇不讲诚信的敌人。当这条船独自从大洋的南部开到提多的时候(那是摩卢加群岛的一部分，也是葡萄牙的殖民地)，葡萄牙人船只驶近，他们一本正经地问道：“你们从哪儿来，去哪儿，有何贵干？”巴尔塞赛·德尔·考迪斯(当时荷兰船的代理指挥官，因为朱利安·博克霍特已战死)回答道，船上载的商品，是做生意的。葡萄牙人便说，他们有一些丁香，如果大家都认为合适的话，他们愿意用这些丁香来做交换。他们还自愿地帮助荷兰水手将船驶近岸边。就这样，荷兰人给葡萄牙的高官送了礼物，买卖正式谈成了。葡萄牙人让德尔·考迪斯带着那些先准备好的水手上岸，据称他们已经给荷兰人准备好了一只瞪羚。同时，他们还声称其他补给正在运来的途中，那些也是给荷兰人的礼物。但是，这些所谓的补给，都是用异常甜的毒药浸泡过的。显然，这是葡萄牙人担心自
195 己大胆的计划会失败而采取的另一道预防措施。而荷兰人，在这双重的死亡威胁下，甚至遭遇更悲惨的命运，因为他们落到了葡萄牙人的手上。鉴于刚刚达成的协议，荷兰人允许葡萄牙人登上舰船。这些葡萄牙人则偷偷地将武器藏在衣服里，散布到船上的各个角落，并趁着与荷兰人交谈的机会捉住每一个荷兰人。就这样，他们刺杀了船主。像战斗中的胜利者一样，葡萄牙人俘获了船(已经没人防御了)和船上所有的物品。与此同时，德尔·考迪斯驶着一条小船冲杀出去。不过，他先在船上被击倒，然后就被割下了脑袋，尸体被抛入大海。同样的命运落在了那些葡萄牙人以参加宴会为名而骗上岸来的荷兰人身上，只不过厌倦了杀戮的主人们见有几个客人过于年轻便饶了他们的命；或者，这些年轻人之所以能活下来，完全是神圣的上帝的安排，以免如此凶残的罪行连一个见证的活口都没有，尽管罪犯本人是一点都不耻于炫耀自己的行径。

我知道读者此时一定很震惊。我也知道，这几乎难以置信，一个基督教国家，一个如此自豪于自己的文化传统和生活方式的国家，怎能犯下这样的罪行，而且还违背了自己承诺和接受的誓言？我此时又能说什么呢？我将以何种语调来继续我的陈述呢？我要完全地揭露这些罪行，但是这些罪行实在太难让人相信了，尽管它们是千真万确的。因为，还有更多——是的，更多——的罪行没有被揭露出来。这些已经讲到的只不过是葡萄牙人更残忍的罪行的序幕。

六个荷兰人，看着自己同伴悲惨的命运，看着陆地和海上撒满的鲜血，坐上一艘小船逃跑。他们没有任何确定的希望(因为四处都有虎视

眈眈的葡萄牙人)，他们宁可受风浪和岩石的考验，也不愿再尝试伊比利亚人的残忍了。然而葡萄牙人却向他们喊道：报复已经结束了，他们现在已经安全了。葡萄牙人甚至还发了誓。但是，对葡萄牙人来说，当别人把发誓作为安全的保证时，他们不过是把它作为欺骗的一种手段。当六个荷兰人被转移到一艘“卡拉考”上(当地一种很常见的船)时，一个葡萄牙军官下令他们排成一排。然后，这个军官对着自己一个拔剑出鞘的下属说道：“把这排第一个人的右手给我砍掉。”然后他又 196
说道：“把他的左手也砍掉。”下属遵照他的命令做了。做得如此干净利落，事实上，不免使人怀疑，究竟是下命令的人更残忍，还是执行命令的人？更有甚者，那个军官还下令把那个可怜人的双脚剁碎。其他的俘虏则站在一边，意识到这样的命运也会落在自己头上，他们此时更希望马上死去。然而，当这样的残忍最终一个一个地落到他们身上时，他们已经没有多少害怕了，取而代之的是相互间的同情和怜悯。在经历了酷刑后，他们的躯干尚存在着，不过已经没有人形了。然而，更不像人的是犯下这些罪行的罪犯。最终，这些俘虏的脑袋被砍了下来。好在有两个受到了严重刺激的俘虏，赶在敌人的刀落在身上前纵身入海。两个人中一个被淹死了，另一个，作为这骇人听闻的场面的见证人，幸运地逃脱了。而且，到了第二年，当乌尔弗特·哈蒙斯[1]捕获了若干葡萄牙舰船并着手谈判交换留在提多的荷兰俘虏时，所有的细节都被揭发了出来。尽管这些人早已死在了葡萄牙人刀下，但是荷兰人最终在一艘葡萄牙船上发现并收回了从这艘不幸的荷兰船上拿来的军事设备和剩余战利品。

我们还要谈谈另外一个罪行。这个罪行发生在和上述事件差不多

[1] 他有一个更为著名的英国化名字，沃尔福特·赫尔曼。

的时间里，但是更加可怖，因为不敬的行为竟然披上了法律的外衣，尽管这样做在当地法和葡萄牙法中找不到丝毫的根据。

澳门是中国向印度洋延伸的领土上一个市集小镇。在葡萄牙人的要求下，中国人从澳门当地拨出一块土地供他们做生意。在该土地上，葡萄牙人拥有对自己人之间纠纷的专属管辖权。就算是对葡萄牙人来说，这种私法的权力[1]也不是没有节制的。按照他们自己的做法，只有果阿* 的总督才有权力对自由人施加最严重的刑罚，除非(这也是经
197 常发生的)被告被一路送回葡萄牙受审。

冯·奈克旗下的第二支舰队，因受大风影响而被迫驶到了那片海岸的附近。冯·奈克决定派出一队人去勘探当地的地形，同时也解释一下荷兰人的到来，并给船弄些补给。遵照指示，马迪努斯·艾普(他负责舰队的补给)和另外十人登上一艘轻便小船。当他们驶近陆地的时候，他们看到当地人摆出一幅惯常的表示和平与友好的姿态。受到这些姿态的鼓舞，他继续前进并遇上了邓·保罗这位葡萄牙在当地的长官。邓·保罗当时带着一群武装分子藏在岸上的一个寺庙里。荷兰人被问了几个问题，紧接着就被急匆匆地带到那个寺庙里去了。那里，他们见到了几个中国官僚，后者要搞清楚新的到访者此行的目的。艾普向他们解释道：来访的是荷兰商人，他们来这的目的是为了和当地做生意。任何人只要愿意到荷兰的船上作个调查，就会发现艾普的说法没有半点虚假。艾普还补充道，他们带来了荷兰王子给中国统治者的信函。当他在做解释的时候，身边的那一大群葡萄牙人则从各个角落叫喊起来，不停地诽谤和侮辱荷兰人。最后中国官员不得不告退。但

---

[1] ne [hoc] quidem(字面上的意思是：“甚至这个也”)，珂罗版上并没有，但是在手稿的其他版本中都有。在珂罗版的这一页上，就像该版的许多其他页上，好几行结尾处的字母都没有了。这很可能是因为手稿的边缘被卷了起来的缘故。英译本中，除非对这些丢失的字母有疑问，否则这些情况都被忽略了。

* 果阿(Goa)，印度一地区。

是，不清楚的是，他们究竟是因为对情况不完全了解而离开的，还是因为他们被葡萄牙人的礼物买通了。接下来葡萄牙人掌控了局势，他们严刑拷打荷兰人，想弄明白他们的真实目的是什么，可是什么也没有发现。于是所有的荷兰人都被拖出了寺庙，置于葡萄牙人的看守之下并被套上了最沉重的枷锁。然后，他们被扔进了一个又黑又臭的山洞。而与此同时，冯·奈克也正在担心，是什么拖延了他的人马的归程。他下令再派一艘更大的船，船上要带好测探器。这样，一伺水深被探明，船就可以开到离城市更近一点的地方。然而，这艘船也抵不住风浪的袭击。船上九个人，包括一名领航员，都被葡萄牙人截了下来。 198
在场的有一个“纠问者”，葡萄牙人叫做“审判者”。他们用酷刑折磨这些荷兰人。

当这些事情还在发生的时候，风声已经传到了邻近的中国城市广东：“从船上来的外国人被葡萄牙人给扣住了。”结果，广东巡抚查帕多下令派出一大队人马到澳门去，同时还要求葡萄牙人把俘虏交给他。当葡萄牙人发现自己身处这样的窘境而又不敢不服从这一命令时，他们又玩起了其惯用的欺骗和诡计的伎俩。他们从俘虏的荷兰人中，挑出了六个人。这些人除了自己的本国话，一点也不熟悉其他语言，就好像他们是从普通水手中选出来的一样。而其他一些俘虏(因为既然风声已经走漏出去了，不可能再隐瞒这些人了)，葡萄牙人则声称他们刚死于痢疾。现在，当上面说到的六个荷兰人匍匐在广东使节的面前时，他们面临的是数不尽的问题，而且翻译说的还是葡萄牙语。一方面是因为不懂语言，另一方面也许是因为害怕，他们就好像哑巴一样，一句话也答不上来。使节要求他们回应葡萄牙人的指控，葡萄牙人称他们像海盗般凶残。当荷兰人即使对这样的指控也默不作声时，葡萄牙人就主张，他们的沉默是对指控的承认。使团很可能收受了葡萄牙的贿赂，因为盘问还没结束，他们便离开了，把这些荷兰人交给了葡萄牙人。但是，广东巡抚却因为使团的无能而暴怒不已。而且，从事情的发展中，他已经推断出(因为中国人是绝对聪明的)，葡萄牙人的目的是要断绝中国与其他民族的商业交往。

眼看着新的使团又要开赴澳门，且这一次要葡萄牙人交出所有的荷兰人，葡萄牙在广东的人立即捎信给在澳门的葡萄牙人，让他们早做准备，不然他们的骗术就要大白于天下了。葡萄牙人从来没有这样震惊和焦虑过。因为他们也看到，拒绝交出荷兰人是不可能的，但是这样的话一定会引起中国人对他们的怀疑和鄙视。在这种两难的境地下，
199 他们又一次胆大包天地选择了犯罪。而且，在他们看来，要么不犯罪，一旦犯罪了，还小心翼翼地便是愚蠢的。他们计划以司法判决为借口，杀掉所有的荷兰俘虏。这样他们就不用把这些人交出去了。但是他们自己的行政长官保罗(因为我们不能压制任何一个有助于证明一个人清白的证据)却迟迟没有行动。事实上，在异国一个城市里，他能把什么样的罪名加在外国人和自由人的身上呢？他要不要把这些人送到里斯本，或至少送到果阿的总督那里去呢？但是最终，审讯者还是以微弱的优势胜过了保罗，并让他同意在判决上签名。

就这样，六个荷兰人被处以世间最残忍最可怖的刑罚——唉，祖国啊，不要空谈法律、正义与自由了。这些原来只是给海盗和强盗准备的刑罚，现在却被在中国寄居的葡萄牙人用到了荷兰人身上。后者不顾各种困难和危险，寻找到中国的路线，而中国人也非常希望他们的到来。但是现在，中国人只能充满遗憾地看着这副场景，然后转过脸去不无遗憾地祈祷道，无论他们是何民族，也无论他们是从哪里到达中国海岸的，只要他们崇拜神灵且有自己的祖国，就应该有人为这些死者报仇。

但是我马上要讲的罪行甚至比这还要残忍。葡萄牙人要杀死剩下的十一个荷兰人，当然这点要瞒着，否则他们欺骗使团的行径就会暴露。于是这十一个人被绳索绑着，在夜深人静的时候(这样就没有人可以看见，也没有人会同情他们了)被带到他们上岸的地方。当初他们正是在这里接近海岸，看到了表示和平友好的信号。葡萄牙人在他们身上绑上石头，然后将他们一个个地推入大海。但是，当这些人最后一次踩在陆地上时，当他们奄奄一息地颠簸在浪尖上时，他们没有叫喊着(我们完全可以相信)让葡萄牙人饶他们一命，尽管生命对每个人都是宝贵的；也没有用最后一点力气祈祷着自己应该被妻子儿女埋葬在祖国；他们只祈求一样事——这种邪恶的罪行必须得到报应。

上帝听到了他们的呼喊，人们也听到了。

先是四个到班腾的中国人将所有发生的事情告诉了先前提到的中国人赖氏(一个执掌大权的人物)以及其他许多人。赖氏将这个消息告诉了
荷兰人。与此同时，消息还传遍了爪哇和整个东印度地区。在那些岛 200
上，这已经是家喻户晓了：有几个荷兰人，当他们被葡萄牙人不顾信义地判处绞刑后，用一种其他人能够理解的语言(即，葡萄牙语)呼吁他们的命运应该被自己的同胞牢记。因此，当维吉布朗特·冯·瓦吉克到印度的时候，所有的当地人——他们被葡萄牙的残忍所震动——都在说：如果荷兰人不能给这种背信弃义的行为报应的话，他们就不配看到阳光。

但是，事情并没有到此结束。上帝给荷兰人派来了对这一系列事件的证人，他自己亲身经历了其中的一部分，另一部分虽然并非亲历，消息来源却不可辩驳，其中包括犯下罪行的葡萄牙人本人和其他亲眼目睹的证人。这就是我们先前提到的马迪努斯·艾普。在整个不幸的一群人中，唯有他，和另外两个十七岁的孩子，在被判处死刑且在去往行

刑的路上时，因为葡萄牙祭司的请求而被改判死缓，尽管这也算不上“得救”。在其他方面，这些祭司对荷兰人表示了极大的敌意，所以在这一事件中，与其说是这些祭司良心发现，还不如说是神圣的上帝在冥冥之中相助。艾普被从澳门带到马六甲，然后从马六甲到果阿，从那里——果阿的总督饶了他一命，尽管执政官们强烈反对——他又要被送往葡萄牙。不过他在巴尤纳，加西利亚的一个小镇上被扣了下来，还好他惯有的好运又一次保护了他。因为人们迟迟等不来国王的一封信，便把他给放了。在他走后的第二天，信便到了，要召他去皇家法院。毫无疑问，那里等着他的必然是死刑。

在如此触目惊心的例子前，几乎没有其他事件再值得叙述了。然而，还有一件更近发生的事，更能说明葡萄牙人的卑鄙，它落在了冯·瓦尔吉克的同伴头上，就在安诺本，离赤道只有两个纬度的地方。不久前，就在这个地方，一群法国人在去往弥撒的路上时遭到袭击。许多人就被杀死在神坛附近，其余的人则被俘虏。当荷兰人第一次到那
201 里，向葡萄牙人展示和平友好的标志时，葡萄牙人却向在国际法上被认为是不可侵犯的这些人射击。一个荷兰人被击中倒下。不一会儿，又有八个荷兰人中了埋伏而送了命。更有甚者，当谈判被提出并被接受时，就在庄严的会议上，葡萄牙人撕掉了他们停战的旗帜，武装攻击那些毫无防备的荷兰人，给后者造成了重创。

因此我们主张，葡萄牙人是一群卑鄙无耻的人，他们和刺客、囚犯及叛徒没有什么区别。我们已记下了上述这些罪行，而且，因为这些罪行本身(没有人，只要他有一点点的理性，都不会否认)我们便可以而且应该向葡萄牙人开战，不管这些罪行和西班牙国王有什么关系。不过我并不强调这一点。相反，我要用最清晰的语调对各项事件进行叙述，以此证明：葡萄牙人在丝毫没有被荷兰伤害的情况下，就把荷兰和

荷兰人视作敌人，就在东方公开向他们发起战争，而且是葡萄牙人首先使用了武力。 如果我不能证明这一点，那我也就不指望任何其他的考虑能有助于我所呼吁的诉求了。

当荷兰舰船第一次驶往东印度，并在那个航线上行驶了一个月之久的时候，他们遇到了四艘葡萄牙船，或者说是“武装商船”。 这些葡萄牙船不是一起出现的，而是分别进入荷兰人的视野。 此后的事件表明，这些孤立的商船是可以被俘获的。 而且其中有一艘船离我们是那么近，以至于如果荷兰人有这个想法的话，它早就是我们的了。 事实上，荷兰人却向这些船表示了友好，然后不加任何伤害地驶过了它们。 而且，当荷兰人到达爪哇并发现葡萄牙人犯下的残忍罪行时，他们并没有报复，尽管要扣下载有马六甲使节的船是件非常容易的事。 而后者当时就是个出卖荷兰人的小人。

但是葡萄牙人却早已和迪马克酋长商量好了，他们把舰队联合在一起，用来进攻荷兰人和截获所有来往于爪哇和其他潘江诸岛的船只。
不久，当一些荷兰人试图回到在班腾的船上时，他们发现葡萄牙人已经 202
封锁了港口。 在这件事上，沙班达曾经告诉过荷兰人，出于善意和诚信，他负责保护他们在城内的安全，但是一旦他们出了城，就要靠自己的智慧和勇气去面对不测的事件了。 我们还可以在托姆恩戈恩的阴谋中看到葡萄牙人的黑手，这已经叙述过了；在斯达佳的事件也是如此。

就在荷兰人延长他们在班腾的驻留时，葡萄牙人和班腾的摄政王已经达成了某种程度的战争同盟，这一同盟的基本框架已在本章前面一部分叙述过了。 而且，当地还出现了一队人马。 他们受马诺尔的指挥，后者是果阿的总督兄弟。 他们受国家的派遣，发誓要消灭荷兰人。 当时有四艘硕大无比的战船，三艘我们称为战舰的船以及大约三十艘双桅帆船。 这支舰队是葡萄牙人用来找寻并且攻击荷兰人的。 当他们发现荷兰人已经离开的时候，葡萄牙人勃然大怒，甚至将原先用来对付荷兰人的大炮对准了班腾的居民(葡萄牙人对荷兰的憎恨已经到了这样的地步！)。他们这样做的借口是班腾人没能阻止荷兰人离开，或者是他们没能和葡萄牙人一起卖力地追踪荷兰人。

扪心自问吧，我的同胞们，对这样的人我们能不能宽容。这群家伙，就因为没能给别人造成伤害便认为自己是受害者，他们不仅将荷兰人认作敌人，而且还把所有对荷兰不够敌对的人都当作敌人。他们的目的、他们的倾向以及他们的计划就如我们所描述的，但是结果却恰恰相反。葡萄牙人竟然还被爪哇人打败了，这次失败使他们更有理由向荷兰人表示谦恭了。

然而，即使在这样的情况下，敌人的暴怒以及他们对战争的狂热依然没有减损。当霍特曼在泽兰人的资助下到达亚齐的苏门答腊时，葡萄牙人给人的第一印象是，和以往攻击性的政策相比，那里终又重建起
203 了友谊。但实际上葡萄牙人仍然没有放弃他们的敌意，尽管他们已经给我们的海军造成了巨大创伤。他们全然不顾任何神法或是诚信的要求，利用亚齐人，向荷兰人发起了猛烈的攻击，亚齐人将我们的舰队打得残破不堪。这种野蛮的骚扰一直持续下去。而且为了完成由亚齐人开始的进攻，葡萄牙人一路冲上荷兰舰船的残骸，攻击剩下的荷兰水手。战旗招展，参加进攻的舰船有十二艘之多。荷兰人不得不动用武力，将葡萄牙人的进攻击退。

冯·奈克的第一次航行也是差不多在那个时候。冯·奈克(根据马六甲主教本人在写给西班牙国王的信中的证词)没有给葡萄牙人或任何人造成任何的伤害或者损失。在他的命令下，一艘叫做乌特勒支的船先是开往安波那岛，然后再从那里开往马六甲的其他地方。那里，荷兰的航行者遭受了来自一个充满敌意的民族的严重伤害(因为葡萄牙人

当时控制了提多，马六甲的一部分)，而且他们还发现，葡萄牙人已经派人到马六甲和菲律宾去，以求和当地人联合起来把荷兰人赶出整个地区并防止他们将来再出现。幸好荷兰人及时撤退，才避免了一场大灾难。

但是，因为康尼留斯·希姆斯科克还带着两艘船留守在安波那岛(是冯·奈克把他们留下的)，葡萄牙人便不分昼夜地威胁我们的小船和快艇；而且，在一些无足轻重的骚扰过后，葡萄牙人武装好了二十二艘卡拉考和三艘双桅帆船。尽管如此，他们还是不敢贸然在这样的情况下出击，于是他们转而——在夜色的掩护下，悄悄地登上海边的悬崖——布置起罗网并放起大火来。不过谨慎的荷兰人不费吹灰之力就避开了这些危险。

其后不久，安德利安·维安派三个人坐上东印度的大帆船，跨海到
康尼留斯·希姆斯科克那里，也就是说，从班达到安波那岛。他们当
中的一个是雅各布(姓霍特曼)，一个职业内科医生。葡萄牙人对他们发
起了突然袭击，人数和装备都远远压倒了他们。在这种情况下，这三
人没有抵抗之力，便只有逃跑。两个荷兰人纵身入海，在一番挣扎后
游到了附近的一个小岛上。尽管他们和野兽一起，与世隔绝，却发现 204
周围的环境还是要比葡萄牙人要好。第三个人雅各布，因为不懂游
泳，便落在了葡萄牙人手里。很显然他被杀害了。按照整个东印度盛
传的一种说法，他被四艘战舰“五马分尸”了。我们没有理由怀疑这
一点，就像我们也不怀疑(在本章前述)葡萄牙人曾经把几个法国人塞进
大炮里当炮弹打出去*。至少这点是肯定的，许多人都看到雅各布的
头颅被高高地悬挂在葡萄牙的船上，就像被镶在板上炫耀的战利品

* 显然，格劳秀斯指的本章前述的一件事，尽管那里只提到一个法国人。

一样。

与此同时，先前提到的用来把荷兰人从摩卢加群岛和班达赶出去的舰队，现在被装备得更齐整了。而且，葡萄牙人也发信或者派信使到爪哇和其他岛上的各个统治者，暗示眼下的行为是葡萄牙为了保护当地人不受荷兰人劫掠而采取的。他们还暗示，所有当地的军队都应该和葡萄牙的联合起来，后者才是东方真正的解放者。冯·奈克已经是第二次到这些地区了，但是当他收到班腾的摄政王关于此事的警告时，他便率领两艘船开往特尔纳特。勇气和对事业的信念促使他这么做。在那里，他证实了他听到的完全是真的。因为那里的国王在葡萄牙人的引诱下，已经转而反对荷兰人。而且，葡萄牙人——两艘武装商船，两艘战舰和一艘战船——正驻守在海岸边，伺机向荷兰人发起攻击。在同一个地方，双方还交了火，都使用了大炮。

显然，这些事实是再清楚不过的证据了，它们证明了葡萄牙人对荷兰人超越一般人类间仇恨的敌意。任何想要更多证据的人无异于对正午的阳光视而不见。因为有什么是比这更加充分的证据呢：葡萄牙人，为了达到他们邪恶的目的，不遗余力地破坏荷兰人的名声，剥夺他们的财产，伤害他们的生命，甚至不惜动用背信弃义的手段?

205 然而，还有一点使我更加担忧。而且我相信，它也会严重地影响到每一个热爱祖国和珍视她的声名的人。因为我将证明，葡萄牙人不仅对荷兰人异常残忍，而且对所有和荷兰人有商业交往的民族也是如此；甚至，事实上，对手的战争素养越高、力量越强大，他们就越残忍。因此，在整个东印度地区，荷兰人自然成了人们唯恐避之不及的对象，一切不幸和灾难的源泉。

因此我们可以看到(我们此处便不再停下重复与班腾人有关的细节了，因为这已经在前面叙述过了)，当康尼留斯·希姆斯科克在安波那岛出现的时候，我们已经不止一次地谈到他了，葡萄牙人公然禁止任何人和荷兰人接触，甚至当地的酋长也不行，违者就要被惩罚甚至被判处极刑。他们还为此设了悬赏，有人违反禁令，其他人揭发的，可以拿到一百里斯。而且，他们还引诱当地人杀害在那个地方的一个堡垒里的总督，用的手法和他们用来针对荷兰舰队的一样。就是通过这种方式，他们告知当地人：要和葡萄牙人一样憎恨荷兰人！同时，当葡萄牙人发现自己无力战胜荷兰舰队时，他们便对卢西特洛发起了猛烈的攻击，后者是安波那岛上的一个要塞小镇。在他们被从城墙上赶下来后，葡萄牙人便放弃进攻，改为围困。因为缺乏补给，局势对镇里的守军非常不利。最后，守军的指挥官想到了荷兰人，他们乞求荷兰人给予他们保护和物质资源。荷兰人答应了。荷兰战舰的到来既解放了被围困的当地人，也为自己增添了无上的光荣。

葡萄牙人还搬来了西班牙的皇家舰队。这支舰队受皇帝的宠爱，曾经征服过昆纳拉(马拉巴的印度人海盗头目，干了五十多年的海盗勾当，而且还篡夺了西班牙的皇家标志)，从果阿一路开往巽他海峡，就在爪哇和苏门答腊之间。他们接到命令向这个方向进军！同时，从各 206
个葡萄牙殖民地过来的舰队也在集结中。因此，这支联合舰队的舰船总数达到了三十艘：从果阿过来的五艘西班牙大帆船，其中第一艘由安德鲁斯·贺塔多·德尔·曼多萨(舰队指挥官)指挥，第二艘由托马斯·索萨·德尔·罗查指挥，第三艘由弗朗西斯科·席尔瓦·曼尼斯指挥，第四艘由安东尼奥·索萨，最后一艘由洛佩茨·达尔梅达指挥。除此之外，舰队还有两艘从马六甲来的武装商船，由查加诺·罗德里格斯·卡斯特尔布兰科和乔治·平托指挥；一艘从交趾支那来，由塞巴斯迪奥·索雷斯指挥；剩余的是些战舰和双桅帆船，都由安德鲁·罗德里格斯·帕罗塔指挥。

班腾，原先是第一个接待荷兰人的城市，现在也是第一个要接受惩罚的。按照后来弗朗西斯科 · 索萨(朱奥 · 特维斯的儿子，里斯本的一个会计)以及其他俘虏的说法，葡萄牙计划先攻击城市外的集市(称为“巴扎”)。混在人群中的攻击者(事先被葡萄牙人买通了)，当他们看到葡萄牙人的信号，会聚集起来，发起突然进攻。在拿下集市后，进攻者要突破中国守卫的防线，然后向城市发起攻击。葡萄牙人太自信了，他们认为胜利是必然的，僧侣和耶稣会之间甚至为了由谁掌管当地的教区而展开了激烈的争夺。而且，葡萄牙人还下令，一旦他们攻下了班腾，班达，安波那岛和特尔纳特都要向西班牙臣服。抱着这样的目的，葡萄牙人不仅带来了武器，还带来了钱和香料，用来悬赏那些为他们的卑鄙勾当卖命的当地人。

然而，上帝却给了他们的傲慢当头一棒，在危难的情况下显示了神的力量。这完全出乎葡萄牙人的预料。就在葡萄牙人意欲摧毁班腾时，荷兰人，当时还不知道葡萄牙人的计划，在乌尔弗特 · 哈蒙斯的带领下到达了当地。他们是为商业而来的。而乌尔弗特 · 哈蒙斯是一个特别值得我们赞颂的人，不仅是东印度公司甚至是荷兰的声望(我大胆断言)都从来没有这么紧密地与一个人联系在一起过。一艘中国小船到了哈蒙斯那儿，即，巽他海峡。中国水手告诫荷兰人，公海已经被葡
207 萄牙(和西班牙)舰队围住了，他是来让荷兰人赶快撤退以免遭到打击的。没有人预料到会要打仗，更何况无论从哪一方面来说，敌人都要胜过荷兰人不止一筹。从数量上来说，乌尔弗特的四艘船和一艘快艇能给葡萄牙的三十艘船造成什么威胁呢？从吨位上说，荷兰舰队的总吨位还不及安德鲁斯 · 贺塔多的那艘船。再看双方的战斗人员：荷兰这边总共才有三百一十五人，而西班牙舰队则有八百个葡萄牙士兵和至少一千五百个东印度士兵，更不用说数量庞大的船上人员了。除了他

们正义的事业和勇敢的精神，荷兰人每一样都要比葡萄牙人差。即使这样，当荷兰人想到逃跑的耻辱，给祖国带来的不名誉以及失去东印度贸易对每个荷兰家庭造成的损害[1]，他们毅然决定出击。他们驶过海峡，一直开到敌人的面前。葡萄牙人狂怒地嚎叫着，他们吹响战号，打开战旗，整个海面上回荡着装卸炮弹的嘈杂声。当他们驶近荷兰人的战舰时，葡萄牙人高喊着："降旗！投降！"不过，我们的祖国可没有教过她的子弟兵如何去投降。荷兰人扬起帆，以行动遏制了对手的谩骂和啸叫；顺着风，他们向敌人驶去，并向他们开火。尽管荷兰的一门炮在战斗初期爆炸了，但是幸运还是偏向勇敢的人。荷兰人迅速重整旗鼓，继续战斗，并且还接连俘虏了葡萄牙的船。有些被俘的船已经被打得千疮百孔了，所以当船上的人被撤出以后，荷兰人就任凭它们沉没了。葡萄牙人立即被征服了(这经常发生在那些运气好的时候便异常凶猛的人的身上)。接下来的几天里，尽管风向对他们有利，他们还是不敢战斗。另一方面，就像那些被打败后仍然暴怒无比的野兽，
葡萄牙人放火烧起了自己的一些船，企图用火攻来打击荷兰人，以满足 208
自己的愤怒。然后所有这些都是徒劳的。这些大火没有烧到荷兰人，倒是烧着了他们自己。

荷兰人乘胜追击，因为他们知道，不把葡萄牙人撵走，与东印度贸易的大门就不会打开。葡萄牙人像懦夫一样地仓皇逃走，一直逃到摩卢加群岛。胜利者也就没有再追下去，他们转而开进城市并解放了它，因为这样他们就可以完成到那里的初衷了。爪哇人奔走相告，述说着荷兰人的辉煌功绩，把他们视作伟大的征服者。这预示着荷兰人与东方人民美好的未来。

---

[1] 格劳秀斯用的是 exsilium(意味着"放逐")，而不是 exitium(意味着"伤害"、"不幸")，这显然是一个笔误。

但是即使在逃跑过程中，葡萄牙人也没有放弃他们的残忍。当他们离开荷兰人一段距离并且认为自己已经安全的时候，他们便又一次操起了抢劫的勾当；就连运气的急转直下也没有使他们改变想法，因为他们的心已经被仇恨蒙蔽了；而且他们也以为在干坏事的时候能稍稍安全些。所以，他们急急忙忙地开往安波那岛，当时还没有荷兰舰队在那里。伊提斯，以及其他一些防卫不周的城镇和周围的村庄，都先后遭到了葡萄牙人的攻击并被夷为平地。当地人遭受到的野蛮待遇就像低地国家的人民在西班牙人手里受到的折磨一样。葡萄牙人展开了屠杀，不论性别和年龄，连妇女和孩子都不能幸免。而且这些无辜的人不仅仅是被杀害，因为葡萄牙人当着父母的面砍下他们子女的四肢，还用刺刀挑出妇女的子宫。简直就没有一具完整的尸体。一部分当地人，幸亏命运眷顾，才得以逃生。不过他们不得不离开世世代代居住的家园和自己的财产，躲到无人居住的地方，如茂密的森林中或者陡峭的山崖上。另一部分人则跨海到了邻近的克莱姆岛。

碰巧当时还在班达的乌尔弗特派了一艘荷兰快艇到当地去。从安波那岛来的一个代表团遇到了这艘快艇并和它一起回到了班达，这算是
209 众多悲伤的事情中让他们高兴的一件事了。代表团被带到指挥官面前，那里，他们哽咽着陈述了安波那岛遭到的不幸。他们还说到(其实事实已经足够清楚了)这些灾难之所以会落到他们头上，就是因为他们和荷兰人发展了贸易。因此，他们半是主张，半是请求地要求——以神的名义，它使荷兰人能够乘风破浪并击溃西班牙人；以正义之名，这是荷兰人的秉性，并随着荷兰人的商业活动而声名远扬；以及以诚信的名义，这是这些请求者，根据他们的判断视为自己在绝境中唯一的希望了——荷兰人能够帮助他们，这些身无分文的流亡者，使他们不要再成为葡萄牙人的玩物了，后者的残忍简直无人可及。

任何人，特别是荷兰人(因为荷兰人天生就仁慈且富有同情心)，都会被这番请求所打动。指挥官甚至还为此寝食难安。但是他意识到此次航行的主要目的是商业性的，不能因为这些不幸而受到影响。而且这一年也正要求他们大力发展贸易。因此，他不得不放弃插手此事，但是他还是表示，荷兰王子和荷兰国家会为安波那岛的人民报仇雪恨。作为当时可以做的一件事情，他释放了在巽他海峡一役中俘虏的葡萄牙人(包括弗朗西斯科·索萨)，不仅没要他们的赎金，还把他们送到在安波那岛的葡萄牙人那里。而且，他还给他们以武器和物资，把这种仁慈的行为几乎做到家了。他希望不管葡萄牙人有多野蛮，当他们看到他做出的榜样，总会有所感动，从而软化对安波那岛上居民的态度。但是结果却事与愿违。对毫无正义感的葡萄牙人来说，这种善意的行为简直就是浪费。他们会把真诚当作愚蠢，把忍让当作怯懦。荷兰人的慷慨不仅没能起到任何效果，而且使葡萄牙人的气焰更加嚣张了。在如此宽宏大量的姿态下，葡萄牙人现在自信，没有什么强盗行为是他 210
们不可以做的了。

但是，安波那岛留给他们劫掠和残忍的余地也不多了。于是葡萄牙人接着开往马基安(摩卢加群岛的一部分)，包括七艘战舰，四艘战船和一些卡拉考。那里他们又大发兽性，折磨居民，烧毁房屋。当地被夷为平地。而且，岛上的主要城市(称为塔伯索斯[1])也被他们放火烧成一片废墟。马基安以及邻近的一些岛屿，是由特尔纳特的国王统治的，他曾向荷兰人表示极大的友好，而在当时，这种态度无疑会招来葡萄牙人的怨恨，成为当地人经历不幸的缘由。事实上，当时就有乌尔弗特舰队中的一艘船(叫乌特勒支)和一艘快艇，为了贸易的目的停泊在

[1] 戴门斯特在本书荷兰语版中建议，将该城镇的名称拉丁文 Tabosos 翻译成 Tafasoho，但他同时也质疑这种翻法。本书的英文译者没有找到有关马基安岛上该城镇两名称中任何一个的资料。

特尔纳特。马基安的居民，他们显然认为国王的职责就是要保护他的臣民。于是他们到特尔纳特来，乞求国王，要么重建他们被剥夺的家园，要么就给可怜的人民提供更安全的住所。国王很乐意向他的人民伸出援手，他还说服了荷兰人留在当地，尽管相比葡萄牙人的整支舰队来说，荷兰的两艘船简直帮不上什么忙。

当(国王和他的人马)驶近马基安的时候，他们看到这个不幸的岛屿上到处是火光闪耀，而且不久，他们就看到葡萄牙人凶猛地扑来。因为当葡萄牙人看到一百个当地人还抵不上他们一个人的时候，他们的大胆就更加膨胀。但是，部分是因为荷兰人的建议，部分是因为当地人在受到重创后爆发出来的勇气，还有荷兰人的好运增添了他们打败葡萄牙人的勇气，尽管当地人和葡萄牙人在技巧和力量方面不可同日而语，双方还是展开了势均力敌的较量。

一个月后，特尔纳特的国王在荷兰人的陪同下再次出海。当他驶过提多岛的时候，遇上了十五艘葡萄牙卡拉考。面对敌人的挑衅和辱
211 骂，他纹丝不动，紧紧地握住手中的武器，就等待着敌人首先发起攻击。当敌人真的这么做的时候，他勇敢地挺身而出，复仇的渴望突然爆发出来。在俘虏了一艘葡萄牙船以后，他以胜利者的姿态凯旋回国。

与此同时，马基安已经被葡萄牙人蹂躏得只剩下光秃秃的泥土了。整个地方没有一丝生机。而且，葡萄牙人的欲望之火也越烧越旺。在劫掠了这么多之后，他们觊觎着更多的财富。于是，他们便向特尔纳特进发，参加进攻的有五艘战舰和四艘战船。那里的荷兰人(当时他们离岸很近)，看到自己的四面八方有大量敌人逼近过来，便升起锚，以便灵活应对。他们意识到自己此行的目的是为了商业而非军事，同时，舰队也已经因为时间的浪费和物资的短少而遭受了巨大的损失。

于是，在国王的允许下，他们撤离了，只留下一些人在当地。后者的主要任务是加强与国王的友谊，他们将向他提供援助和建议，以便后者能更好地做好准备，迎接来犯的敌人。而葡萄牙人在看到荷兰人撤退后便愈加飞扬跋扈了，他们攻击、劫掠并且烧毁了附近几个已经被惊恐的当地人放弃的地区。

就是在今天，葡萄牙人仍然在继续攻击着特尔纳特王国，尽管据说他们的攻势后来被幸运地削弱了。

我们也不应该忽视他们的“良苦用心”，以免有人认为他们和卡斯蒂利亚是两类人，后者可是荷兰的老冤家了。事实上，在特尔纳特和针对我们的战争中，葡萄牙人都使用了来自马尼拉的炮兵和舰船(因为卡斯蒂利亚已经开进了那座城市)，就像我们曾经描述过的，他们曾从菲律宾搬来救兵。因此，尽管这两个民族在其他方面都没有什么共性，在反对和消灭荷兰人这一点上，他们可是足够一致的。

我们还有最后一部分要陈述，那就是有关加哈的国王。每当我想 212
起这个君主的时候，我总觉得我是在看着荷兰东印度之旅最大的也是真正的收获。同时，我也不得不感谢我们祖国的守护神，让我们遇见这么一个高尚的人。

因为当雅各布·希姆斯科克到达东印度群岛后待在潘达尼的时候(从那里他试图接触家哈的统治者)，国王不仅仅亲自写信还派了他的兄弟斯亚克王子过来。他告诉荷兰人，他非常高兴希姆斯科克能到他的国家来，而且，他的国家和当地的贸易向荷兰免费开放。他督促希姆斯科克去亲自看一看，这样后者就可以确信，比起其他地方来，柔佛有着更多荷兰人想要的东西，而且加哈的统治者在脾气和性格上也和其他东印度的统治者大不一样。国王还说道，荷兰人的善意和诚信是显而易见的。在他看来，没有什么能比与荷兰人的友谊更令人尊敬的了，因为后者是这样一个民族：他们对盟友极度忠诚，永远不会向敌人屈服。

当葡萄牙人得知这些谈判后，他们从马六甲派出了一个使团。使团的任务不仅是用诽谤的方式劝说国王放弃与荷兰的贸易往来，而且还要用威胁的方式警告他，如果他不这样做的话，葡萄牙人将向他的国家发起战争。但是，即使是这样的手段也没能使国王食言。他以高昂但又公平的姿态回应了葡萄牙人，大意如下：他自己并没有发现荷兰人像葡萄牙人所描述的那样；当然，他听说过荷兰人是如何奋力反击伤害自己的人的，但是他认为这些反击无可指责；无论如何，因为他没有害人之心，所以他完全相信荷兰人；如果在荷兰与葡萄牙之间有什么过激的话，那也是他们之间的事，与他无关。国王甚至谴责了葡萄牙人在他的领地上给他下命令的做法。恰恰相反，葡萄牙人，作为马六甲的占领者(因为国王认为，那块领地是祖先留给他的，尽管他被迫放弃了对它的统治)，应该遵守他的法律。这些话着实冒犯了葡萄牙人，他们对真相从来都是不耐烦的。于是他们派了三艘战船和五艘双桅帆船，径直开到加哈境内一条河的河口。此举有双重目的：一来是阻止荷兰人
213 的靠近；二来用屠杀、劫掠，或者简而言之“葡萄牙人的方式”，侵扰当地的居民。国王写信给希姆斯科克(当时就在提阿曼岛的附近，正准备为他和他的盟友受到的伤害报仇)，详细并且仔细地描述了所有事情。国王请求希姆斯科克，不要让给荷兰人施惠的人心寒。

结果清楚地表明了，帮助压迫的人民反抗压迫者在我们的圣父的眼里是多么崇高和令人愉悦的事。通往加哈的大门被打开了，商业协议也缔结了，而且——就在葡萄牙人因为自己对荷兰人的仇恨而实施劫掠政策的地方，就在统治者自己从船上看到一艘荷兰船被俘获的地方——有一艘葡萄牙人的船落到了荷兰人的手上。

第 十 一 章

以上的陈述显然表明了，由各个荷兰公司(现在统一成一个公司了)派往东印度的特使没有把葡萄牙人当作敌人，尽管后者事实上是敌人。相反，我们看到，这些特使，为了建立起友好的关系，只要他们能这么做，都放弃了发动战争的权利。因此第一艘开往东印度的船的船长甚至没有得到使用武力的官方授权。即使后来出发的船的船长得到了这样的授权，他们也很少使用它。只有在极端的情况下，如，为了保护自己的生命或者为了保护受委托的财产，后者是自然法和诚信原则赋予他们的使命，他们才使用武力。还有就是在排除针对他们的威胁的时候，因为如果不使用武力的话，他们就会一直被，或者看上去一直被恐惧所困扰。这些是促使冯·奈克在提多以及乌尔弗特在班腾采取行动的原因。

最后，在一系列戏弄荷兰人的真诚的犯罪发生之后，原来没有起作用的、或者或多或少处于休眠状态的战争法，又被激活了，并被公开地投入到使用中去。即使在那个时候，荷兰人仍然没有选择像葡萄牙人那样不把人的生命当回事。相反，在发起战争时，荷兰人体现了极端的宽容。因此，除了要敌人赔偿为了保护生命、船舶和财产必须的费用(因为是敌人使这些费用成为必须)，荷兰人没有要求更多。 214

起先，荷兰人捕获了一条武装商船(在圣海伦娜岛附近)。即使这样，荷兰人在俘获它时仍然表现出了极大的谨慎和耐心。而且，正是因为葡萄牙人先前的攻击以及后来以敌意回应荷兰人示好姿态的行为才迫使后者采取行动。尽管荷兰人已经知道葡萄牙人收到了向他们开战的命令，尽管他们也知道葡萄牙人是如何执行这些命令的，他们仍然救起了那些就快淹死的敌人，并把这些人送到巴西海岸边的一个小岛上，因为荷兰人想到的是自己人性的胜利而非敌人加给他们的伤害。那里荷兰人还给了这些俘虏各式各样的补给，甚至还为他们造了一艘船(这当然需要时间和精力)，以便后者与大陆联系。

荷兰人采取这样的行动更是后来的事了。 在希姆斯科克捕获武装
商船之前，他们还没有俘获过一艘葡萄牙船。 即使是前者，它的发生
也是因为荷兰人的盟友遭到了灾难，且葡萄牙人七年里在东印度暴力和
215 背信弃义的行为给他们造成了巨大的损失。 因此，我们有理由相信，
没有任何人可以怀疑这一行为的正当性。

以下为分析性论述[1]

第 十 二 章

在此说明，即便该战争为私战，也是正义的，并且，荷兰东印度公司也是正当地获取了捕获物；为此阐述如下论点：

1. 所有国家均可通过之地，乃对所有人开放，这并非仅源自允许，而是来自万民法之命令。

2. 不论是基于发现，还是依据教皇的授予或是战争的理由，异教徒们不能仅因为他们是异教徒而被剥夺其作为公权或私权的所有权。

3. 无论是通过捕获，还是教皇的授予，或是依时效(即习惯)，海洋本身及在海洋上的航行权均不能由任何特定一方所独占。

4. 无论是通过捕获，还是教皇的授予，或是依时效(即习惯)，与他国

[1] 珂罗版第 95 页只有被删除的标题，但第 96 页末尾又恢复该标题如下："论海洋自由，或荷兰参与东印度贸易的权利"。 这是格劳秀斯不朽论著《论海洋自由》(the Mare Liberum)的全称，如今，众所周知，它只是《捕获法》第十二章的修改版本。

由于在珂罗版修改的过程中，对原始手稿的不断删除和增加，使该版本的第 96—128 页(第十二章)不再是原《捕获法》中相应的内容。 为尽可能地使之准确恢复到原始手稿中本章的内容，英译者保留了原稿中被删除的一些内容，同时略去了几段上文谈到的修改时没有删去、显然是增加的内容。 例如，第 96 页删除的材料与剩余部分几乎构成该页的完整内容，故删除部分在英译本中又恢复了；反过来该页底部插入的未删除部分(《论海洋自由》的题目)略去未译。 同样，在第十二章的不同部分出现(有时插入原先章节，有时又在全新段落的开头)的第十三章标题不构成《捕获法》的部分，并在译本中略去，而有些被删除的边页处注释，对原文来说是很适合的，给予保留。 在这方面，如同与调整过程相关的其他内容一样，不论对根据上下文默示推定的内容(从内容和语法结构的角度来看)还是对原书稿中有的内容(依据插入位置，书写等)，英译本都无疑尽量地忠实于原书稿。

从事贸易的权利都不能由任何特定一方所独占。

按照前述与战争和战利品有关的正义原则，审慎地考虑捕获大型帆船的行为，我们发现该捕获行为完全符合那些原则，绝无抵触。

首先，从论述全面的正义观出发，我们以如下方法来看待该事件，似乎我们正在处理的不是公战行为(其实这是公战)，而是私战行为。换
216 言之，我建议采用以下程序：先将东印度公司所为的原因与荷兰国家的公共原因分开；然后，设想东印度公司不是由长期与葡萄牙人交战的荷兰人组成，而由法国人、德国人、英国人或威尼斯人等任何其他[人民][1]组成；再仔细思考在这些情况下(也许有任何理由阻止我们这么做)“能否将该捕获品的取得视为正当的、无可指责的”。在权衡有关私人的原因后，我们再审视公共的理由。而且，对于该主题的两个阶段，不妨自问：[对于代表自己利益的战争发起者而言]什么是允许的；[另一方面]对其盟友而言，什么是允许的。紧接着，将注意力转向该主题的设问，全面考虑从有关个人的立场上看待所有相关原因的分类和定义。

现在，在审视的第一阶段方面，并且与涉及的个人相关，我们发现自然——这一问题的女主人* 和至上权威——并没有阻止人们从事私战的权利；因而也没有人否认东印度公司可行使该特权，因为单一个人享有的权利，同样也是以团体行动的一群个人所享有的。

相应地，我们接着研究下一个需考虑的问题：引起该战争的原因。我们已注意到，假如战争的侵害方错误地请求正义而将战争视为正当；

[1] 该括号内容与原稿的残缺相对应，原稿第96页破碎的边页已遗失。出于翻译目的，该遗失内容由哈马克的《捕获法》版本所提供，该版本显然是破损前制作，因为哈马克在任何情况下都没表示出在该点上拉丁文本是根据猜测复原的。根据他的提示，不完整的语句原先常以下列标志结束：(1) quavi[s gente]；(2) nu[m quid obstet]；(3) cense[ri posset]；(4)auctor[ibus]；(5)a[utem pro]。

* 女主人 mistress，在《捕获法》的先前章节中，格劳秀斯尚无以“女主人”来指代“自然”。

那么对自卫方，当然也是正当的。为此，让我们设问葡萄牙人：他们对东印度公司提出什么的要求。毫无疑问，他们将回答，他们唯一的要求是：除他们之外的任何人都不能为了贸易而进入东印度。这样的要求，即使是公正地提出，仍不能被自动地当作借口来玩弄上述阴谋或犯下背信弃义之罪行。然而，由于这一理由与所要论述的许多论点密切相关，故在论述之初，就应予以考虑。 217

首先，我们认为，依据初级国际法的权威及其放之四海、永恒不变的基本原则，荷兰人有权与任何一国进行贸易。

因为上帝无意让自然在每个地方提供人类生活所需的一切东西；而且，他授予不同的民族，在不同的技艺行业以不同的优势。为什么事情会这样呢？因为如果上帝不希望通过彼此之间的需要和资源互补来培养人类之间的友谊，那么人们就会认为自己完全能自给自足而会各自索居离群。在目前情况下，根据上帝的正义安排，一国应为他国提供必需品，因此，(正如罗马诗人普林尼所言)通过这种方式，任何一地生产的任何东西都被视作为所有地方本土生产的。于是，我们听到了如下吟咏：

> 然而，并非每一块土地上都结出每一种果实，

接着吟咏，

> 其他地方从事铸造行业[铸铜业]会更合理……

以及同一诗段的其余部分。[1]

[1] 即安奇斯预言罗马将作为战争和统治艺术之领袖的诗段。

因此，任何废除这一交换制度的人，也破坏了人类的伙伴关系中最值得称颂的这一纽带[1]。他在毁灭人类互享恩惠的大好机会。简言之，违反了自然本身。以海洋为例，上帝让不同的陆地环顾海洋，且在海洋上可从一地航行到另一地；想一想那既有规律又有特殊偏离的风向，今朝从一地掀起、明日又从他方骤起：难道这还不足以表明自然赋予了每一个民族与其他任何民族交往的权利吗？依塞尼卡的观点，自然承载的至高无上的福祉存在于以下事实：通过大风将把散居世界各地的人民带到了一起，又将赐予人类的礼物分布于各地，使人们必须从事相互间的商业往来。

因此，经商的权利为各民族平等享有；并且，那些最著名的法学家
218 们将该原则适用于如下观点：任何国家或国王均无权发布普遍的禁令，
禁止其他民族与该国家或国王治下的臣民交往或从事贸易。这一原则是最神圣、最适宜的法律渊源。它正是特洛伊人抱怨的依据：

这是什么人？什么土地允许
如此野蛮的风俗？我们被阻止
踏上伸出迎接之手的海岸……

其他诗段中也有相关抱怨：

我们祈求踏上不会造成伤害的土地，且空气、
水，对所有的人开放……

---

[1] 原书稿第96页右边空白处是重写的，且写得不好。为便于希望逐字逐句对照拉丁文本的读者，应当注意其他边页没有破损的复制本来补充括号中的字句，如：so[cie]tatem；O[ce]anus；sta[ti]；n[on]；consessum[a]；summ[um]；dissipata[s]；nesess[a]rium；iu[s]；Iurisc[on]sulti；Princi[pem]；al[ii]；sa[nc]tissimum。

此外，我们知道，有些战争就是由于这种理由而引起的。比如麦加拉人(苏格拉底派别的人)对雅典人的战争，波隆那人对威尼斯人的战争。同样，维多利亚认为，如果西班牙人果真被美洲印第安人阻止在他们那里旅行和逗留，或者，他们根据国际法或习俗分享共同财产的权利受阻——简言之，他们果真无法经商——这些理由可以作为他们对印第安人进行战争的正当根据；而且，事实上，这些根据比其他的理由[维多利亚在同样的著作中的前一些章节中讨论的]似乎更为可能。在摩西的故事里及奥古斯丁基于该故事而写的章节中，我们可看到类似情况的记叙。我提一下这一事实：以色列人对亚摩利人发动的正义战争，就是因为他们无害通过亚摩利人领土的权利被拒绝了，而根据绝对正义的人类友谊之法律，应当允许这样的自由通行。基于同样的理由——即，如同鲍尔达斯所宣称——根据自然属性，公路是(所谓)自由和开放的，赫克勒斯在皮奥夏* 对奥宙门努斯的国王发动了战争，希腊人(在他们的领袖阿伽门农的领导下)对密西亚人的国王发动了战争。然而，同样，根据塔西佗所说，德国人指责罗马人阻止他们与不同部族间的交流和聚会，还指责他们人为隔开陆地、河流、甚至某种意义上的天国给予的空气。在早些时候，除了因撒拉逊人阻止基督徒们通往巴勒斯坦领土这一指责外，基督徒们也没能找到更容易被人接受的其他正当理由来为他们进行的反对撒拉逊人的十字军东征辩解。

从上述原则出发，以下内容也就顺理成章：即使葡萄牙人是荷兰人
前去寻求商机地区的所有者，如果他们阻止荷兰人进入那些地区从事商 219
业活动，也不应对荷兰人施加任何损害。然而，现存的状况是多么的不公正：对荷兰人或他们从商所探寻的道路根本无权干涉者，居然割断

* 皮奥夏(Boeotia)，或译比奥夏，即维奥蒂亚(希腊中东部一地区)。

了渴望与其他有同样愿望的人进行商业活动者的对外交往！除了他们围攻并使人类交往的通道变得极不安全这一事实外，还有什么更充分的理由使得我们如此憎恶这些强盗和海盗。

在任何情况下，我们均认为葡萄牙人不是荷兰人所到地区(即爪哇、锡兰和摩卢加群岛的大部分地区)的所有权人。理由是不可辩驳的：若任何人从来没有通过自己的直接行为或通过他人以其名义的代理行为而占有某物，则他不是该物之所有人。我们所说的这些岛屿，如今，而且一直有其自己的统治者、政府、法规及其法律制度。葡萄牙人与其他国家的人们一样，是得到允许在那些地方进行贸易的。实际上，通过缴纳被征的贡品，也通过向统治者请求获取贸易权利之行为方式，葡萄牙人他们自己足够清楚地证实了这样一个事实：他们不是上述岛屿的所有者，反倒是国外的来客。他们居住在岛上仅仅是被赐予的恩惠而已。

此外，撇开该权利还不足以构成所有权这一事实不说，由于占有也是一个必不可少的前提(因为占有某物不同于为此而寻求占有的权利)，到目前为止，我可以肯定，葡萄牙人甚至对上述地区连所有权的一点资格都未曾有过，根据饱学之士(包括西班牙的权威学者)的宣称，这些岛屿的所有权从未被剥夺过。

首先，如果葡萄牙人坚持主张这些领土已经作为发现之报偿转入他们的手中，那么他们的企图在法律和事实两个方面均得不到支持。

因为正如戈迪努斯* 皇帝在他的一封信中所宣称的，发现不在于眼力所及某物，而在于实际夺占。出于该理由，语法学家们赋予“发现”与“先占”这两个词语以同样的涵义；而且在所有拉丁文中，短语“我们所发现的”就是“我们已得到的东西”；相反的就是“失去”。

* 戈迪努斯(Marcus Antoninus Gordianus, 160 年—　)，罗马皇帝。

而且，自然理性自身，法律明确的陈述以及所有权威学者们的解释，都
清楚地表明：只有当占有成为必备因素时，发现才足以创造一个所有权
的资格；这就是说，只有在动产被夺占、或不动产得到确定划界并得到 220
保护时，才可有所有权。在我们讨论的该案件中，根本无法主张该条
件已满足；因为葡萄牙人没有在那些东印度的领土上驻有卫戍部队。

此外，无论从何种意义上说，葡萄牙人根本就未发现了东印度这个在数世纪前就闻名于世的地区，甚至与霍拉斯的时代一样久远。这难道不是无可辩驳的吗？[因为我们在霍拉斯的书信体诗文中发现这些诗句]：

> 忙碌的商人逃离贫穷，
> 飘洋过海奔向印度那最遥远的岛屿。

罗马人用最为精确的方法为我们描述更广大的泰普罗贝恩[1]部分的事实又说明什么呢？至于其他岛屿，不论对邻近的波斯人、阿拉伯人，还是对于欧洲人，特别是威尼斯人而言，早在葡萄牙人知道，人们也已经知晓它们了。

然而，除了前述论点之外，应当注意到，即使发现本身也不赋予那些物以任何法律权利，除非在发现行为之前，它们是无主物。但是，在葡萄牙人最先到达东印度之时，该地区的本地人民——虽然他们有些

---

[1] 格劳秀斯用该名指苏门答腊岛，在本书大多数段落中也是如此翻译的(参见英译本第 5 页注 1)。在格劳秀斯写作此文时，拉丁文 Taprobane 不常用。然而，现在拉丁文专家一致同意，该词出现在普林尼或其他经典拉丁文作者的作品中(上文已引用)，Taprobane 意指“锡兰”。实际上，大家普遍认同苏门答腊岛直到普林尼之后的很久才为西方世界所知。另一方面，对 Taprobane 的经典描述细节用于锡兰，并没有用于苏门答腊更为准确；应当记住东印度地区的早期概念包括广大的、较少为人所知的地域，以致不同的航行导致将两个以上的不同岛屿错误地识别为一个 Taprobane 岛。如果哥伦布会将安底里斯混同成东印度，无疑更缺少启蒙时代知识的航行者们，更有可能将苏门答腊混淆为锡兰。

既然格劳秀斯使用的 Taprobane 一词和用在古典拉丁文中同样词汇的正确诠释之间区别的任何解释想必都是假设的，看来这里保留拉丁文的原样还是明智的，同时提醒读者，格劳秀斯本人最初的兴趣是在于苏门答腊岛及其附近的区域。

人是盲目的宗教崇拜者，有些是穆斯林教徒，因而沉湎于深深的负罪感中——依然享有对他们自己的财产和占有物的公共及私人所有权，这一上帝赋予的权利，除非有正当理由，否则不能被剥夺。这是西班牙人维多利亚用他无懈可击的逻辑以及与其他最有名的权威们相一致的意见所诠释出的结论。

维多利亚宣称：基督徒，无论他是世俗之人还是传教士，都不能仅
221 因为别人是异教徒就剥夺他们的民事权利和主权，除非他们作了一些别的什么错误行为。至于宗教信仰的因素，如圣托马斯 · 阿奎那正确指出的，它不排斥产生所有权的自然法或人法。相反，主张异教徒不是属于他们自己财产的所有者，则完全是无稽之谈。因此，仅仅根据他们缺乏宗教信仰而夺取他们已占有物的行为，乃是一种盗窃和抢劫，与他们冒犯基督徒时的罪恶行为，毫无区别。因此，维多利亚正确地坚持，西班牙人并不因为美洲印第安人宗教信仰的缺陷而获得了对他们更多的法律权利，正如假设印第安人恰好是最先来到西班牙的外国人，他们也并不比西班牙人拥有更多权利。

况且，东印度人既不愚蠢，也非不理性，恰恰相反，他们聪明而又富有洞察力，以至于在这方面，无法找到一个征服他们的借口。就此而言，任何这样的借口都是不公正的。普卢塔齐很久之前就披露：有人将教化野蛮人当作贪婪的外衣，或者说，借口将文明引进野蛮地区掩盖其对他人财产的无耻贪欲。今天，借口使其他民族接受更为优雅的习俗——更早时希腊人和亚历山大大帝曾用过的解释——在许多神学家，尤其是西班牙神学家看来，也是不公正和邪恶的。

第二，[1]如果葡萄牙人将他们的主张建立在教皇亚历山大六世做出

[1] 葡萄牙人主张权利设定的第一个理由是“发现的报酬或补偿”(见英译本第220页)。

的划界基础上，那么有必要撇开任何事情，先考虑教皇是否只是对解决葡萄牙人与西班牙人间争端这一问题感兴趣。诚然，作为争端国选择的仲裁人，他可在其授权范围内履行这一使命。因为两国统治者此前就该问题已签订了某些条约。如果我们假定那些争端的解决是教皇的唯一目标，那么我们必须从中推论该划分仅对西班牙人和葡萄牙人有意义，而对世界上其他人民不产生影响。或者，取而代之，教皇的意图是将整个地球的各三分之一分别授予这两个国家吗？即使在这种情况 222
下——就是说，如果他有这样的意图，并且被赋予如此赠与的权力——却不能由此必然得出葡萄牙人已成为东方的所有者，因为不是由于教皇的捐赠行为而是随之而来的交付产生所有权，所以，为了让这样的主张生效，有必要把实际占有的资格加到赠与的名义上。

而且，选择对法律——不论是人法还是神法——问题进行一次彻底反思的人，抛弃个人的兴趣而权衡此事，就不难认识到这种馈赠如同赠与别人的财产，是根本无效的。这里，我不会深入到任何与教皇(或者说，罗马教堂的大主教)权力有关的争议中；我也不会作出任何断言，除非基于那些最为博学的人，其中特别包括西班牙人——他们将最大限度的权威归于教皇职位——所接受的假设基础。后者已大胆地断言(我使用他们自己的言词)，教皇不是整个地球上市民的或世俗的君主；因为以他们特有的敏锐，已掌握了这些事实：基督耶稣放弃了对所有世俗间的主权；在他作为人的形式存在时，他肯定不对整个世界拥有统治权；如果他拥有这样统治权，无论从哪一角度看，这种主权权利都不能归于教皇，或在基于代理而转让给罗马教廷，因为无疑在许多方面，基督拥有教皇所不能继承的东西。换言之，其他一些人们所承认的也应引起注意：即使教皇拥有这种世俗权力，他也不应当行使，因为他应当仅满足于他的精神管辖权；在任何情况下，他都不能对世俗君王们放弃这种权力；此外，如果他确实拥有任何世俗权力，如谚语所言，他也是出于精神的目的而拥有；因此，他对异教徒的民族根本就没有任何权力，因为他们不是基督教的成员。

随后，根据卡杰坦、维多利亚以及其他权威神学家们和教会立法者们的观点，不论是基于就算教皇作为东印度各省领地的统治者通过不受
223 限制的赠与行为而放弃该领土，还是基于东印度居民不承认教皇统治权，都没有任何根据来合理地反对东印度人已有的权力；而且事实上，甚至十字军也从未以此为理由来掠夺撒拉逊人，这一点也是十分清楚的。

我们已处理好刚讨论过的借口，从而清楚地表明(如维多利亚自己宣称的)，西班牙人航行到达更遥远的地区时，并未带去任何对该陆地的占有权。于是，剩下一个可考虑的就是基于战争的权利要求。这样的要求，即使它本身是正当的，也仍不能用来创建所有权，除非通过对捕获财产的占有权，就是说，须在夺占后确立权利。可是，葡萄牙人远没有夺占那些系争领土，甚至当时也没有与大多数荷兰人所到之处的人民进行过任何战争。所以，他们无任何法律权利可以主张；因为即使他们在东印度人手下遭受了任何损害，根据持久和平与已建立的友好商业关系，人们也会合理地推定已宽恕了那些损害行为。

实际上，根本就不存在葡萄牙人可以发动战争的任何借口，因为那些将战争强加给野蛮民族的人(如同西班牙人对美洲印第安人发动的战争那样)，通常会提出以下列两个借口之一：要么所谓的野蛮人阻止他进行贸易，要么就是后者拒绝接受真正基督信仰的教义。

葡萄牙人早已从东印度人那里获取了贸易权，因此，在这方面也没有任何抱怨的理由。

对于另一个托词，它与希腊人提出的、用来反对野蛮人的论调一样

是不正当的，这一点贝修斯在以下诗句中暗示：

> 他们进行了残忍的争斗和非正义的战争，
> 用彼此的剑锋来寻求毁灭，
> 因为他们居住分散，并以不同的方式？
> 这不是愤怒的充分正义的理由。

而且，圣托马斯 · 阿奎那、托莱多委员会、格里高利和实际上所有的神学家、教会法学家及法理学家们得出如下结论：无论向野蛮人——当然，可以明白，针对红衣主教的前臣民或变节者引发的问题是完全不同的另一个话题——宣扬的基督教义是如何地有说服力和如何充分，并且尽管所谓的野蛮人可能拒绝接受基督教义，仅仅基于这些理由，对他们发动战争或剥夺他们的财物，也仍然是不允许的。在这一点上引用 224
卡杰坦所说过的准确话语是值得的：

“有些异教徒(卡杰坦说)无论在法律上还是在事实上都不在红衣主教的世俗管辖权下；就如有些异教徒从来就不是罗马帝国的臣民，有些人居住的地方，人们从未听说过基督。可以确信，这些人的统治者是合法的，尽管有如下事实：他们是异教徒，也不管其政府是君主制还是共和制；也不会基于信仰的缺失，他们被剥夺统治其人民的统治权，因为统治权归于实证法[1]的领域，信仰缺失则是神法领域的事，而后者的法律形式不能取消实证法的形式，就这一问题的讨论，此点已经成立。实际上，我知道不存在任何法律反对异教徒们的世俗所有。任何一个国王、皇帝，甚至罗马教廷都无权出于夺占他们的土地，或使他们屈从

[1] 即指人类的实证法。

于世俗支配的目的而对他们发动战争。这样的企图是基于非正义的战争理由；既然上天与凡间的权力都给予了王中之王——耶稣基督，故他派来统治世界的，不是荷枪实弹的士兵，而是圣洁的门徒(《马太福音》28章18节)，‘恰如狼群中的绵羊’(《马太福音》10章16节；《路加福音》10章3节)。在《旧约》中，我没有发现当占有必须通过武力获取的时候，以色列人出于任何异教徒土地上的居民不信仰他们的宗教而对其发动战争；但是异教徒们拒绝他们的无害通过权或因异教徒们的攻击，如米甸人[*]所做的那样，则是引发战争的原因；或者是为了重新获得根据神赐给他们的财产而进行战争。为此，如果我们试图通过这种手段扩大基督教的影响，那我们将是最卑鄙的罪人。我们将不是他们合法的统治者，与之相反，我们可能在进行大规模抢劫，我们将作为非正义的征服者和入侵者，被迫归还他们的东西或向他们作出赔偿。必须派出合适虔诚的人作为传教士，通过其传教和以身作则，将异教徒变成上帝的信徒；不是派出压迫者和掠夺者，去征服并改变他们宗教信仰，采用法利赛人[**]的方式，‘将他们变成比自己现在还要更加幼稚的人’。

我们还听说，西班牙委员会和神学家们(尤其是多米尼加人)经常发布有着完全同样效果的声明，规定对美洲印第安人应当只通过传教道义而不是通过战争来促使他们信奉基督；甚至以改变信仰的名义为借口而
225 剥夺他们的自由，也应归还给他们。据说该政策得到了教皇保罗三世，查理大帝五世和西班牙国王的同意。至于其他方面，我们在此不该再详细研究如下事实：葡萄牙人在绝大多数的地区根本就没有提出是由于宗教的原因，甚至没有做任何努力来试图这样做，因为他们下定决

* 米甸人(Midianites)，基督教《圣经》中所记载的一个阿拉伯游牧部落的成员。

** 法利赛(Pharisee)，古代犹太法利赛教派的教徒(该派标榜墨守传统礼仪，《圣经》中称他们为言行不一的伪善者)。

心只关心获取财富。我们也不必对进一步的事实作出评论：人们可能会将西班牙作家维多利亚曾就有关西班牙人在美洲大陆上发生的事情所作的观察报告，即人们曾未得到诸如有关可能激励其他人信奉同样信仰的奇闻轶事或虔诚宗教行为的榜样等此类报道，反而倒是无数有关诱导人们违背常理的丑闻、罄竹难书的罪行和种种邪恶和见不得人的勾当等报道，不折不扣地适用于在东印度的葡萄牙人。”

综上，既然葡萄牙人缺少占有以及占有之权利，那么在葡萄牙人到达之前东印度的财产和主权就不应被视作无主物；既然他人不能不正当地取得这些一直属于东印度人民的财产和权力，那么该人民就不归葡萄牙人的统治，而是拥有充分的社会和民事权利的自由人。甚至连西班牙法学家们自己也不否认这一点。

然后，设想一下，如果葡萄牙人未曾获得对东印度诸国及其领土或政府的任何法律权利，那么我们来探讨前者能否将海洋及其海上航行事宜或贸易行为置于其管辖权之下。

首先，我们考虑海洋的情况。人们以国际法的术语将海洋描述为无归属的财产、共有物和公共财产等，但是，如按照赫西俄德以来所有诗人和古代哲学家及法学家们的做法，很容易解释这些术语的意义，并区分特定的时代，将其划为不同部分，也许不必按时间段划分过细而影响其明显的逻辑和本质特征。如以源于自然的法律解释，运用那些被公认为最受尊敬者所作自然判断的权威学说和定义，那么我们就不会遭到批评。

为此，有必要理解人类之初的所有权和共同占有之涵义，不同于当今时代之处。因为如今，所有权一词意味着特定的某人对某物的占有，即某物属于一个既定人，任何他人都不能再以这样的方式实施相同 226
的占有；而“共有财产”适用于已被分配指定给数方的财产，其占有由他们依(所谓)合伙关系或相互协议而实施，以排除其他方的占有。然而，由于人类语言的贫乏，有必要以同一词语表述不同概念。故而，由于某种类似性和依据类比，上文所述描述我们当今时代的术语体系也被运用于古代已存在的另一种权利。因此，参照人类早期的状况，“共同的”一词仅仅只是“私有的”一词的简单反义词；“所有权”一词意指合法使用共有(即公共)财产的权力。经院哲学家们宁愿将这一性质描述为事实而非法律概念。因为如今以“使用”一词来承载的法律权利具有了私权性质；或者说(如我可以借用经院哲学家们的术语)，相对于所有的无关当事方，“使用”带有一种私人的强制力。

在依初级国际法(往往也称之为自然法)生活的时代，诗人们眼中的黄金时代，据说始于农耕之神萨杜恩或正义之神统治之时，并无任何私人财产权。实际上，我们在西塞罗的作品中找到这样的观点：“然而，在自然的秩序中，没有任何所谓私有财产之物。”霍拉斯也写道：

> 不是他、也不是我或任何他人，
> 自然已宣称她为私地之主。

因为在大自然看来，所有权的区分根本无法察觉。所以就此意义，我们说在远古时代，所有的东西均为共有财产；意思如诗人们宣称那样，古代人获取的每一样东西都是以团体之名义进行的，物品的共有特征是根据神圣契约的正义来维持的。为使这一点更清楚，他们还说在远古时代，田地不以边界线来划定，而且，当时也没有商业往来或交换。如阿维耶努斯* 所言：

---

* 阿维耶努斯(Rufus Festus Avienus)，公元四世纪的拉丁诗人。

混合农庄遍布乡村，

田野之万物似乎无不为众人共有。 227

由于变化了的词义使然，“似乎”一词是恰当增加的，如同上文我们已注意到的。 当然共同所有权这一概念与涉及的某物使用有关。

……每条道路对所有人开放，

所有东西的使用是共同权利。

因此，一定形式的所有权确实存在，但它是一种普遍和不定性意义上的所有权。 因为上帝不是把所有的东西给予这个人或那个人，而是给予了整个人类；就此而言，没有任何东西能阻止一些人成为一个同一占有物的共同所有者。 但是，我们如果对“所有权”一词赋予其当代的含义，即私人占有，而当时任何人心灵中尚未有过如此概念，那是完全不合理的。 实际上最恰当的是：

……万物归于他，

他将万物归其使用……

不过，显然，如今区分的概念不是突然变化而是一个逐渐形成的结果，其第一步是在自然自身的指引之下迈出的。 因为有些东西，经使用而消耗，或以变为使用者本身不可缺少的一部分而永远不可能再次使用，或随着使用而变得越来越不适合未来的使用。 对于前一种情况下的物品(譬如，食物和饮料一类东西)而言，特定形式的私人所有权与使用密不可分这一点很快就变得明显。 因为“私有财产权”的基本特征是指事实上某物以不能再属于其他任何人的方式而归于某一个既定的人。依此推理，这个基本概念接着就延伸到包括第二类物品在内的其他财产，如衣服、各种各样的动产和其他生活用品。由于上述的发展，不动产(例如土地)也不可能不被分配了，尽管这类物的使用不在于直接耗用，但还是受限于[有些情况下]消耗目的，如出于获取食物之目的而使用耕地及果园，为获得衣服而利用牧场[意在由动物提供]，而且
228 还由于没有充裕的不动产物品以满足每个人的使用。

对存在私有财产权的认识导致了相关方面的立法，而该法律是模仿自然安排而制定的。由于所说物品使用权的最初取得来源于附着这一物理行为，私有财产权制度的真正渊源(正如我们已注意到的)也在于此，因此每个人的私人占有物也应当通过类似的附着行为而取得。这一过程就叫做“先占”，一个与先前由团体来处理物品相关的，特别合适的术语。当塞尼卡在一出悲剧《提厄斯忒斯》中如此说道，内心正是想到这一过程：

> 一个的共同犯罪机遇，
> 看谁最先会抓住机会[先占]。

作为一个哲学家，他还说道：“……[有好几种类型的共同共有]骑士们的所有座位属于所有罗马勇士；而我在某一排中占有的座位则属于我自己拥有的私地。”同样，昆廷廉评论说，为所有人创造的某些东西成了对勤奋人士的回报。西塞罗也宣称：早已长期占有之物成了最初发现其未被先占者之财产。然而，对那些抵制占有之物而言，如野生动物等，该占有[或保有]，必须是未曾中断地或永久地维持占有。对其他情况而言，其唯一的条件是：一旦在物理上占有并持占有意图就足够

了。然而，关于动产，占有意味着物理上的获取；关于不动产，占有意味着某些界线划分或确定等活动，如设置栅栏等。正是由于这样原因，赫莫吉尼纳斯[列举了一些万民法的效力]指出，一旦“财产权”确定后，立即有这两项内容：“设置划分田地的界线”和“建造建筑物”。诗人们对私人财产权发展中的同样阶段进行了描述。弗吉尔写道：

然后人们学会了用陷阱来捕捉兽类，
也用粘鸟胶捕捉鸟儿。

在奥维德* 的作品中，我们发现了下面的段落：

然后，人类首先在寻求定居的房屋。
……
测量员用仔细画出的长线标记，
被划分的土地的界线，
而它们曾像太阳和空气为共有物品。 229

在财产权演进的第二阶段，正如赫莫吉尼努斯指出的那样[上文所罗列的]，商业活动开始增多；由于商务的缘故，奥维德告诉我们[1]：

海运货船在未名海上航行。

---

* 奥维德(Ovid 或 Publius Ovidus Naso，公元前 43 年—前 17 年)，拉丁诗人。

[1] 应当注意到奥维德描述事情的顺序与上文表明出来的顺序略有不同。根据《变形记》(Melamorphoses)作者的观点，人类最先在银器时代或第二纪就使用了房屋，而在无名的水域上航行及划分出边界则都是第四纪或铁器时代的事情了。

而且，在这段时间里，最先的国家也应运而生。

因此，我们认为，从原始共同所有权领域中艰难分离出的物品被分为两类。有些现在成为公共财产，或者说，归人民所有的财产(这是“公共财产”术语的真正涵义)；而另一些则为严格意义上的私有财产，也就是说，它们属于个人。

然而，公共财产和私有财产的占有方式相同。对此，塞尼卡断言：“根据居民们通过确定私人界线在他们之间划分的土地，我们称之为‘雅典人的领土’或‘堪帕尼亚人的领土’。”对于每一个国家而言，

由标记出的界线建立王国
和建造新的城市……

西塞罗说：“根据同样的方式，亚尔平乌姆的领土属于亚尔平乌姆人，托斯兰姆的领土属于托斯库兰人。”对此，他还补充说：“……私人财产的分配也是如此。因此，既然自然以公共财产形式给予的物品，应属每个人的那一部分变成了他自己的财产，那就让每个人持有归属于他的那一份吧。”另一方面，修昔底德将那些在分配过程中还未变成任何国家占有部分的陆地，称为“未界定地区”，标有未确定的界线。

因此，从目前我们所论述内容看，可得出两个结论。第一，那些不能被占有，或从未被占有的东西，不能变为任何人的财产，因为所有的财产源自占有。第二，那些由自然构成、虽为某个人服务但仍足以为其
230 他所有的人共用的东西，不论是今天还是将来，均应永久地保持它由自然初创时的状态。这就是西塞罗以下所言之含义：“那么这就是一个相当广泛的结合物，把人作为人、并彼此都联合在一起了；在其下，自然为人类共同使用权创设的所有东西的共同使用权将继续维持下去。”

因此，我们所定性的范畴包括了所有那些能够在为指定的人使用时不会导致其他任何人损失的物品。根据西塞罗所言，这一概念产生了众所周知的箴言："任何人对流经之河水拥有权利。"因为流经之河水不是小溪，被法学家们归为人类共有物；奥维德在以下诗句中也采用同样分类方法：

你为什么阻止我去饮水？
水之使用是一个共同的权利。
不论是太阳，还是空气或静静的水流，
自然都没有把它们当作私有财产。
我寻求的这些礼物是公共财产。

因此，奥维德辩称：根据自然的安排，上述物品不是私人占有物；而是如乌尔比安所称，根据自然它们是所有人均可使用的财物。首先因为它们最初是由自然所创设，从未归属任何人的所有权之下(如纳瑞修斯* 指出的)；其次，显而易见(如西塞罗所言)，自然创造它们是为了共同使用之目的。奥维德在最古老的意义上使用"公共"一词，而且将之适用于总体上为整个人类社会而非一个特定民族财产的物品。此外，依据万民法之规则，此类物品也被描述为"公共"，即是说，它们是所有人的共同财产，而不是任何人的私有财产。空气因为两个原因属于这一类物品。第一，它不可能被占有；第二，因为所有的人拥有一个使用空气的共同权利。基于同样的理由，海洋是一个为所有人共有的自然环境，因为它是那样的无边无际，以至于不可能变为任何人的

* 纳瑞修斯(Priscus Neratius)，公元二世纪罗马法学家，《学说汇纂》收录其观点。

占有物，所以无论我们从航行目的，还是从渔业角度来考虑，它都适合于为所有人共同使用。还有，与海洋相关而存在的权利也同样适用于海洋中其他根据用途分离出来、并形成自身特征而独立存在的东西，如海边的沙滩，其毗邻陆地而被称为海岸或海滨的部分。所以，西塞罗
231 恰当地问道："还有什么东西……能像海洋一样是由在海浪中颠簸的人或漂流到海岸的人所共有？"同样，弗吉尔肯定说：空气、水和海岸对每个人都是自由开放的。

那么，这些东西就是罗马人根据自然法称为所有人"共有"物，或者为万民法中所言的"公共"物，(根据前文论述的)这只是同一概念的不同表达。罗马人用类似的方式，有时称此类物品的使用为"共同"，有时称之为"公共"。

然而，尽管这些物有理由说是无主物，但只要涉及私有权，它们与那些虽也称为无主物却未被划分为共同使用的东西，如野生动物、鱼和鸟等，仍有相当大的区别。因为只要有人确实抓住属于这类东西并占为己有，它们就可成为私有权的客体；但是，前一类的东西，根据人类的一致意见，其易于普遍使用的特性使之永远不能变成如此私有；因为它们属于所有人，所以就好比你不能把我的东西从我手中拿走一样，任何人不能把它们从所有人手中拿走。西塞罗说，正义之主赐予的第一批礼物之一就是为了共同利益而使用的共有财产。经院哲学家们会把这类共有界定为积极意义上的共有，另一类就为私人意义上的。这种区分不仅为法学家们所熟悉，也表达出一般公众的信念。

因此，在雅典娜神殿中，神借助于盛大宴会的主人说：海洋为众人之共产，但是人们捕获的鱼却为捕获者之私产。在普劳图斯题为《绳索》的剧中，当年轻的奴隶说：

> 海洋无疑为众人所共有；

渔夫表示同意；但是，当奴隶补充说：

> 那么在共有的海洋中发现的东西是共产；

他马上反驳说：

> 我用自己鱼网和鱼钩所获得的任何东西
> 在最为真实的意义上，绝对是我自己的……

所以，海洋无论如何是不能成为任何人的私有财产；因为自然不仅允许而且命令：海洋应该为人们共同拥有。同样，甚至海岸也不能成 232
为任何人的私有财产。

然而，依据附加的说明性注释，上述观点必须符合一定的限制性条件，即如果系争物品的任何部分根据自然是可以被占有的话，如果有人占有了它，只要他的这种占有不影响共同使用，它就可以成为该人的财产。这一原则理所当然地得到承认。因为在这些情况下，如前所说，也许共有财产转变为私人所有权的两个限制性条件就不复存在了。因此，既然在指定地点建造的建筑物构成一种形式的占有，如果不对他人的使用带来不便的话，那么满足这一条件就应当允许人在海岸上建造东西(彭波尼明确规定)；按照斯卡维拉* 的观点，我们应当将这一条件解释为：如果该建筑不对海岸的公共或共同使用带来不便或构成障碍的

* 斯卡维拉(Guintus Cervidius Scaevola)，公元二世纪罗马法学家，《学说汇纂》收录其观点。

话。在上述环境下，无论是谁建造了房屋或其他建筑，他就成为该建筑物之上的地面之所有者；因为该地面既不是任何他人的财产，也无共同使用的必要。因此它成为了占有者的财产，但其所有权的持续不超过其占有持续的时间，因为根据自然，海洋似乎是抵制所有权的。好比一头野生动物，如果它逃脱了占有并因此恢复了其自然的自由，它就不再是捕获者的财产了，海洋也可能以自然之手恢复海岸的原貌。

我们已论述了，通过先占过程能成为私有财产的任何东西，同样也能够成为[当代意义上]公共财产，或者说，特定国家的占有物。

因此，塞尔苏斯认为，罗马帝国界内的所有海岸是罗马人民的财产。如果这一论调是正确的，根本就没有理由感到惊奇，罗马国家通过其皇帝或执政官授予他们管辖下的臣民以特定方式占有海岸权利。然而，如同私人先占，这种公共先占也应遵从如下限制：绝对禁止将其延伸至侵犯万民法规定的使用权利。因此罗马人民不能阻止任何人通向海岸，不能禁止任何人在海岸上铺晒鱼网及从事其他行为——人类曾经并将永远意欲如此——这些允许所有人永远可做的事情。

然而，另一方面，根据自然特性，海洋不同于海岸，因为在海上(除
233 了非常狭小的部分外)既不能轻而易举地建造东西，也不能围圈；而且，即使不是如此，那么不对海洋的共同使用构成障碍，几乎是不可能的。然而，如果海洋的任何一小部分经证明确能被先占，则该部分的先占将被承认。当霍拉斯夸张地说：

鱼儿穿倏于深水的成堆礁石间，
会注意水流渐趋狭窄。

因此，塞尔苏斯主张建造在海洋里的东西属于建造者，然而，他又

补充说：若这些建筑对海洋的后续使用构成妨碍，则是不允许的。乌尔比安也宣称，如果建造设施对任何人的利益不构成损害的话，则这一保护措施必须延至在海中建造者的权利行使；而如果在任何公共场所建造建筑可能与他人利益发生冲突，则应予以禁止。同样地，拉贝奥[*]主张，如果有类似的建筑建造在海上，则以下禁令应当执行："任何使港口、锚地或航道等的航行安全受到威胁的建筑，都应当禁止建造。"

同样，适用于航行的该原则——上述所论的活动应对所有人开放——也适用于捕鱼。然而，也不允许下述侵犯行为，如有人通过树桩围成海上的一个小海湾，使之变为其捕鱼的小池塘，因此形成了一个私人财产；恰如卢库勒斯[**]曾将海水通过开凿的一个穿过那布勒斯附近的一座山的水渠引至其别墅。实际上，我猜测瓦拉和哥伦梅拉[***]提到的海水鱼塘也属此类。当马蒂利斯[****]在描写阿波里纳里斯的福米亚恩别墅时，他也提到了同样的事：

> 无论什么时候当感到风神经过时，
> 阿波里纳里斯的石桌就讥笑暴风，
> 并通过自己的力量安全保存下来。

不过，我们在安布罗斯的作品中发现这一评论："你把特定海洋带入你的不动产里，以致你不可能再缺少鱼儿。"

上述评论有助于澄清保罗斯这段话的含义，他说，如有人对海洋的任何一部分享有私有权利，则适用使用、占有之禁令[在他被阻止行使

---

* 拉贝奥(Quintus Antistius Labeo)，公元前 50 年罗马法学家，《学说汇纂》收录其观点。

** 卢库勒斯(L.Licinius Lucullus, —公元前 56 年)，罗马执政官。

*** 哥伦梅拉(Lucius Iunius Moderatus Columella)，公元一世纪拉丁作家。

**** 马蒂利斯(Marcus Valerius Martialis, 43—104 年)，拉丁讽刺诗人。

234 该权利的情况下]。保罗斯还说，这一规则理所当然地只适用于私人诉求，而不适用于公共诉求(其中包括根据共同国际法提出的诉求)；但是，他主张，他所描述的情况涉及源自私人诉求的使用权，而非源自公共或共同诉求的使用权。因为(如马西努斯所证明的)任何属于可占有和可能被占有的东西不再像海洋那样来依从国际法。让我们举个例子，如有人阻止了卢库勒斯或阿波里纳里斯在他们通过圈出海洋的一小部分作为其私有鱼塘进行捕鱼的话，根据保罗斯的观点，他们有权提出一个禁令，而不仅仅是提出基于私有权的损害赔偿诉讼。实际上，即使在海洋的一个小水湾里圈出一水域，如同在一条河的支流圈出一水域，假如我作为一个占有者接管这些地方，并在那儿捕鱼，最为重要的是，如果如此持续多年，且我先前也表明了欲对这一小水湾建立自己私有权的意向，那么我就可以有权禁止任何其他人来享有同样的权利(从马西努斯的论述中也可得出结论)，该情况与我可能在湖泊中圈出一水域产生私有权的情况完全相同。这一规则也适用于我的占有期间，如同上文已论证的海岸情况。

但是，超越了小水湾界线之外的区域，所述规则将不能适用，因为那样的话，这些区域的共同使用将受到妨碍。所以，人们推定：我可能会禁止任何他人在我的房屋前或乡下的住处捕鱼，但是，这种假定缺少任何法律基础。实际上，此方面的依据很少，连乌尔比安也拒绝承认并宣称：任何被这样禁止的人，都可以提起损害赔偿之诉。利奥皇帝(我们不遵守他的法律)采用与法律原则相悖的方式改变了这一规则，并坚持宣称海洋“入口处”的海水是居住在海岸上的那些人私有财产，同时，他把与海水相连的捕鱼权划归他们。不过，他附加一个条件，考虑其统治的可适用性，即这些地方应通过造有特定栈桥或一群建筑物，以及如希腊人所称的防浪堤来与外面隔开，以表明它们已处于占有

之下。利奥自信地假定，凡可以在海洋任何地方捕鱼的人，就不会妒 235
忌他人在海洋的一小部分区域内捕鱼。可以确信，果真任何人剥夺他人对大片海域的公共使用，必将会引起人们无法容忍的厌恶和愤怒；这种恶行理所当然地受到圣安布罗斯的斥责，他说："他们通过行使正式获取的权利，主张对整个大海的使用有完整的权利；并且提醒我们，捕鱼权与对家奴的权利完全一样，根据使用权的条件，由他们的意志所决定。有人说，'这个海湾属于我，那个海湾属于另一人'。强者们瓜分了海洋的每一部分。"

总之，海洋不属于商品一类东西，也就是说，不属于任何人私有领地的一部分。因此，以下所述，顺理成章，根据最权威的学者观点，在准确和严格的意义上，海洋的任何部分不能被认为是任何一国的领土。当普拉塞蒂努斯* 说"海洋无可争议地是所有人共有之物，它不能成为除了上帝之外的任何人的财产"这句话时，他似乎认识到了这一点。显然，约翰尼斯 · 费伯** 也认识到这一事实，他肯定海洋已被留作自有权利，且维持了其所有物均为共有的原始状态。

如不这样，诸如海洋此类为"所有人共有的物品"与诸如河流此类严格标为"公共"的物品之间就无区别了。一国能够占有一条河流，因为它在其国界线内，但不可能以相同方式占有海洋。然而，一国对其领土的统治必须是该国先占的结果，如同私有权源自个人先占。塞尔苏斯认识到这一直理，他在罗马人有权先占(但要满足该占有行为不妨碍海岸的共同使用这一条件)的海岸与和海洋自身之间划分了一个明显的区别，因为海洋自身保持着未变动的初始特征。实际上，没有任何法律规定相反的原则。那些持相反意见的作者所引用的法律要么与

* 普拉塞蒂努斯(Petrus Placentinus, 1135—1192 年)，意大利法学家。
** 约翰尼斯 · 费伯(Johannes Faber, —1340 年)，法国法学家，教授。

明显地适用于可以被先占的岛屿，要么与那些不是“共有”，但是“公
236 共”(准确地说)的港口有关。 而且，那些坚持海洋属于罗马帝国一部分的权威学者以下列方式来解释其观点：罗马人的权利限定在保护和管辖权方面，这与所有权之间有严格的界线。 可能他们没有充分注意到这样一个事实，尽管罗马人民能够拥有军舰在海上游弋来保护航行，并惩罚在海上抓到的海盗，但这不是通过行使私有权利而是通过其他自由人民也可以在海上享有的共同权利来行使完成的。

另一方面，我们承认在特定的国家间可能达成协议，规定在海上这部分或那部分捕获的海盗应当置于这个或那个国家的管辖权之下，而且我们还承认，就这个意义上说，出于便利而划定的海上界线以区分不同管辖区域。 可以确信，这样的安排对签订类似协议的当事方才有约束力，对其他国家没有效力，它也没有把划分的海洋部分变为任何占有者的私有财产。 仅仅在签约方之间形成有效力的权利。

这种与自然理性相吻合的区别也为乌尔比安在如下场合曾做过的回答所印证：当有人问法学家，拥有两处海洋财产者能否在出卖其一时，强加诸如在海洋的特定区域禁止捕鱼此类地役权，他答道：所涉及的实际物体——即海洋——不适用这样的地役权，因为根据自然，海洋向所有人开放；但是，他又补充说：在合同中默示的诚信因素要求遵循该买卖的条件，因此，实际占有者和将要获得该占有权者都要受该条件的约束。 诚然，乌尔比安提到的是私人买卖和私法；但是，这里所说的各国领土和国际法，也适用同样原则，因为就整个人类关系中的国家而言，它具有私人个体的地位。

同样，对海洋渔业征税归国王所有，因而构成有约束力的义务，但是，该约束力不及于征税的客体(即所说的海洋和具体捕鱼活动)，而及
237 于有关的个人。 因此，臣民们在国家或统治者根据普遍的同意被许可

制定的法律下，也许被迫承担这样的赋税；然而，对外国人而言，在共有场所各处的捕鱼权应免除各种公共税费，以免将地役权强加给不允许有任何地役权的海洋。因为在有关基本原则方面，海洋不同于河流，因为河流具有公共性(即是国家财产)，所以国家或君主能够转让或出租在其河里捕鱼权。事实上，古人们用这样的方式解释了该权利，授予承租人求助于以下禁令："关于公共场所的使用"只要满足"有权出租的人已将享有权利出租"这一条件，则他人不能再使用此场所。在海洋方面，这一条件无法满足。至于其他方面，那些在国王特许的财产里考虑捕鱼权的人，未很仔细地注意他们所引用的那段话，安德利·伊塞尼亚[*]和雅各布·艾尔瓦图[**]注意到这一错误。

因此，以下一点已被充分地证明，不论是国家还是个人，都不能在海洋自身上建立任何私有权(我们把海洋的水湾排除在外)，因为不论是根据自然还是基于公共使用，其占有都是不允许的。而且，为了使"葡萄牙人没有在人们航行通往东印度的那部分海域上建立私有权"这一点更为清楚，我们研究了上述问题。因为较之已提及的其他案件，本案两个使私有权难以成立的理由无疑更令人信服。在其他案件中仅作为私有权构成的难点，在本案则使之绝对不可能成立；在其他不同案件中只被谴责为不公正的东西，在此案中简直就是极其野蛮和不人道的。

在此，我们不讨论被陆地环抱且在有些地方宽度甚至不及河流的内海；但是，有一点是十分肯定：罗马法学家仅仅提到上述与私人贪婪针锋相对的观点中的概念。我们讨论的主题是海洋，早在古代就被描述成浩瀚无边、水天相连、万物之母的辽阔海域；是古人坚信不仅源源不 238

---

* 安德利·伊塞尼亚(Andrfea d'Isernia, 1480—1553 年)，意大利法学注释学家，常被称为福特斯塔尔大主教。

** 雅各布·艾尔瓦图(Jacopo Alvarotto, 1385—1453 年)，意大利封建时代的律师。

绝于喷泉、河流、海洋，而且源于天上的云朵、繁星的大洋、是虽环绕于地球，为人类之家，潮起潮落，生生不息，但又不能被抓起和被包围的大洋；不，与其说它为陆地所有，还不如说它拥有陆地。

进而言之，所争论的问题并不限于海洋中的海湾或海峡，甚至也不限于在海岸上可以看见其宽度的那部分海域。相反，葡萄牙人为自己主张权利的整个水域，位于世界两部分地区中间，使两部分相隔如此遥远，以至于多少世纪以来，这两个地区的人民无法相互来往。确实，如果我们把西班牙人的份额(它也加入了主张同样权利的行列中)与葡萄牙人要求的份额加在一起，就会发现几乎整个大洋的所有区域全被交给这两个国家一手掌控，而世界上所有其他国家则统统被限制在北部海洋的狭窄区域内。大自然由此似乎受到了极大的欺骗，因为当大自然让各国人民分享辽阔的海洋时，她相信海洋将会同样满足所有人充分利用的要求。如有人试图切断他人与共有领域的通途并将无比广阔的海洋上的主权和统治权归为己有，则他无疑会被视为一个非理性的权力追求者；如他意图禁止别人在海上捕鱼，他肯定难逃贪婪成性的指责。那么，阻止他人在如此广阔的海面上航行，且这种航行对阻止者无丝毫损害，我们又该如何加以评价呢？

如有人阻止任何他人从只有他才有的火中取火，或从火把中获取光，那么我将根据人类社会的法律，竭尽所能将他作为罪犯来控诉。该法律的无比约束力及其本质体现于恩纽斯[*]的话语：

> 他自己的火把依然光明，当他用火把点燃
> 他人的灯时……

* 恩纽斯(Quintus Ennius，公元前 239—前 169 年)，罗马诗之父。

那么，当这样做不会给自己利益带来任何损害时，为什么人们不能与他人分享对受用者有益而对给予者没有任何损失的财产呢？ 这些财产就是古代哲学家们认为不仅可以提供给外国人甚至也可提供给那些忘恩负义之徒的公共设施等。

此外，当涉及共有财产时，那种与私人占有相关、出于妒忌的态度必定会被视为一种野性。 因为你居然将根据自然的命令和国家的共同同意、你我拥有同样权益之物以如此绝对方式占为已有，以致剥夺我任 239
何相关的使用权，这种行为实在是邪恶至极；尽管我获得这样的权利并不会使你自己的财产比先前有丝毫的减少。

然而，也应注意，甚至那些专注他人占有物，或将为众人共有之财产排他地据为已有的人，也不得不依赖他们已建立了一定形式的实际占有来为自己辩护。 因为前文已阐述了私人财产权制度源自始初的先占制度，所以置留某一指定物，哪怕是不正当的，也会在某种意义上产生外表上的所有权。

但是，如我们获取大片土地时常做的那样，葡萄牙人在广阔无垠的海洋四周设置栅栏，可否使他们获得权力排除他人利用海洋吗？ 或者至今，葡萄牙人是否在给其他国家带来不利的划分世界中，甚至还不能通过标出(自然抑或人为的)界限为自己的权利主张辩护，却不得不求助于假想的分界线吗？ 如果这种主张得到认可，如此划界的方法足以构成有效占有，那么几何学家很久以前就早已占有整个地球地表，天文学家们则占有了整个天空。 但是，本案所涉实体占有或物理占用在何处呢，而没有这种占有，所有权又从何谈起？ 可以肯定，如下观点是十分明显的：没有什么显得比那些满腹经纶的法学家们阐明的观点更为真实了，也就是说，既然正如空气一样，海洋不可能被获取，因而也不能归属任何一个国家。

另一方面，如葡萄牙人仅将其比别人先在海上航行并或多或少地开辟了如此航线的行为说成是“先占”，那世界上还有什么比这更为荒谬吗？因为，迄今为止，海洋上还没有哪一部分没有人先航行过，依此则必然得出每一可航区域均由一些航海者“先占”的结论。因此，如今我们所有的人将被绝对地排除在航线占有之外。实际上，如此推论就必然承认，最早进行全球航行的人早已获得了整个海洋！但世界上没有人不知道这一事实，一艘船在海上航行过后，除了激起一阵浪花，
240 并没有留下任何法律权利。在任何情况下，葡萄牙人认为“在他们航行前无人在这样的海上航行”是再荒谬不过的了。在如今系争的摩洛哥附近的大片海域上，很久之前，就有人在上航行了；更远的东至阿拉伯海湾的大片海洋也曾因亚历山大大帝的多次胜利而名扬天下。还有许多事例来证实这一观点，即很久之前卡迪兹[*]的居民就已非常熟悉这一可航区域，例如，当奥古斯都的养子盖尤斯·恺撒在统辖阿拉伯海湾时，就发现了不少被认为是西班牙人沉船的片片残骸；凯留斯·安提帕特[**]在他作品中也告诉我们，他本人就看到过西班牙人从事过从西班牙到埃塞俄比亚的商业航行。如果我们采信科尼利厄斯·尼波斯[***]描述的话，那么阿拉伯人也知道了这些海域，因为他说，在他自己的岁月里，一些艾多克苏丝人从亚历山大港的国王拉希鲁斯那里逃出，就是从阿拉伯海湾上航行并最终到达加迪兹的。还有，完全可信的是，具有很强航海能力的迦太基人绝不会对那片海域视而不见。在迦太基处于权力巅峰时，汉诺[****]从卡迪兹航行到阿拉伯边界的最远端(即绕过我们今天所知的好望角这一海岬，古时的名字似乎为赫斯伯里恩·西拉

---

* 卡迪兹(Cadiz)，早期迦太基人航行过的地区。

** 凯留斯·安提帕特(Caelius Antipater)，公元前 125 年罗马历史学家和法学家。

*** 科尼利厄斯·尼波斯(Cornelius Nepos，公元前 100—前 24 年)，拉丁历史学家。

**** 汉诺(Hanno)，公元前 500 年迦太基著名航海家。

丝)；并且，他还将航行过的整个路线，海洋沿岸的外貌特征和不同岛屿的位置等记录下来，并宣称他到达的海洋之最远端仍一望无际，可是，他已耗尽供给。此外，普林尼对到东方航线的描述，从印度出发到奥古斯都，以及塔布罗北尼岛[1]到克劳迪厄斯* 的使节所述，还有随后对特拉杰** 行为的记载和托勒密*** 的作品，均使这一点十分清楚，即在古罗马帝国最辉煌的年代，从阿拉伯海湾到印度及印度洋诸岛，乃至更加遥远，被许多人认为是日本的金色切尔松尼斯半岛[2]的航行早就习以为常了。与斯特雷波**** 时代一样久远，根据他自己所述，一支隶属于古希腊商人的船队曾从阿拉伯海湾航行到埃塞俄比亚和印度最远方的陆地，尽管以前少有船只敢尝试如此的航线。罗马人从这些航线 241
中获取了巨大的收入。普林尼[3]说，从事贸易的商船上配有数百弓箭手以防海盗侵扰；他还说每年仅印度从罗马帝国就换取了五千万罗马货币单位，或者，加上阿拉伯和中国，则从罗马帝国得到数额总计有一亿罗马货币单位；而从东方带回的商品出售价额为它们从罗马帝国带走价额的百倍之多。上述古代记录的这些事例，显然已足以证明葡萄牙人并非最先到达和航行于上述海域部分。

可见，在葡萄牙人进入之前，人们很早就知道那片海域的每一个单独部分；甚至不清楚何时人们还不知道这些海域。可以肯定，摩尔人、埃塞俄比亚人、阿拉伯人、波斯人和印度人不可能对其居住的邻海

[1] 可能是锡兰，参见英译本第 5 页脚注 1。

* 克劳迪厄斯(Claudius)，公元 54 年在位罗马皇帝。

** 特拉杰(Trajan)，公元 98—117 年在位罗马皇帝。

*** 托勒密(Ptolemaeus)，公元 150 年时希腊天文学家、地理学家。

[2] 切尔松尼斯 · 奥里，“金色半岛”一直被认为是马六甲在古时候的名字(参见英译本第 186 页脚注 2。而且应当注意到格劳秀斯自己并没明确地认同这一地区就是日本的观点。

**** 斯特雷波(Strabo，公元前 63—前 21 年)，希腊地理学家。

[3] 普林尼该书第十二卷在利奥波系列中还没出版。因此，这里引用的内容已根据格罗诺维斯版本(莱顿，1669 年)进行了核对。

一无所知！ 因此，如今夸口自己发现那片海域的人在撒谎。

好，那么(有人会问)，葡萄牙人是否最先恢复了可能被中断若干世纪、至少为欧洲国家所不知的航线，为此不可否认他们付出了劳动和代价，甚至还历经艰险呢？ 情况根本不是这样！ 如果这是他们所津津乐道的目的的话——即他们向所有人指出，他们在无人帮助下独自重新发现了上述区域——那么谁会如此不通情理以致否认他们所承担的无比责任？ 因为此种情况下，无论何时，只要葡萄牙人奋斗的目标是让被发现物为整个人类而非自己个人经济利益服务，他们将会同样赢得所有怀有同样目的的、发现伟大事物者感到满意的答谢、赞许和不朽的光荣。

但是，另一方面，如果在葡萄牙人的眼里，这种发现只想让他们自己获得收益，他们应该已获得了这种收益；因为这种创业精神总是让先行者们当然获取最大利益。 实际上，我们知道他们的首次航行所获回报有时是其原先投资的四十倍，甚至是更多的回报；我们还知道，通过如此海外贸易获取的巨大收益，使以前长期处于贫穷的民族突然跳跃式地变成拥有巨额财产的暴富者，并过上如此毫无顾忌的奢侈豪华的生
242 活，以致那些最繁荣的国家在其富有处于巅峰时，也是望尘莫及。

最后，如果葡萄牙人在这一事业中意图阻止其他所有民族步其后尘，从而一骑绝尘般地向前发展，那么他们并不值得人们感谢，因为他们只考虑自己的利益。

其实，他们也不能将这种利益不适当地称之为他们“自己”的利益，因为他们在夺取属于别人的东西。 无法论证假如葡萄牙人不去上述海域试航，别国就不会去。 实际上，随着时代的飞速发展，几乎与其他人文科学和自然科学一样，人们对海洋和陆地的地理状况的了解日甚一日。 以上对古人探险的描述已唤起了人们极大的兴趣；即使这些遥远的海岸尚未一如始初般开放，但是，至少通过不同的海上航行，它

们将逐步地被人们重新发现，而每一成功的新发现均指示着下一个可发现的路径。简言之，被葡萄牙人所证明的可能成就，如果没有他们，他国最终也会完成，因为许多国家不乏到他国从事商业活动和进行创业的满腔热情者。已非常了解印度的威尼斯人，正如饥似渴地在进一步获取有关印度的知识；布雷屯[*]的法国人持久热情和英国人无畏精神将不会坐视不问而让这样的任务不完成。荷兰人自己早已不顾一切地投身于更具风险的事业中。

可见，葡萄牙人的论点缺乏依据正义的理由，也得不到权威学者令人信服的论述所支持。任何主张海洋可隶属个人主权的权威学者也认为个人只能将其主权限于最近的港口和临近的海滨。但是，对延绵不断的海岸线，除几个他们声称归属其的设防贸易站点外，葡萄牙人根本就没有什么权利。

然而，即使某人有权统治海洋，他也无权减少共同利用海洋的机会，如同罗马人不能阻止任何人在罗马帝国管辖的海岸上从事根据万民法可以做的任何事情。尽管就算可以禁止这些特定行为中的某一项，
譬如捕鱼(因为他们会主张，某种意义上，鱼类的供应可能会枯竭)，但 243
在任何情况下都不可能禁止航行，因为航行对海洋不会有任何损失。迄今，支持这一点的最有力证据是我们所引用的诸多著名法学家们的论述。他们认为，即使对那些已被分配为国家或个人私产的陆地而言，拒绝任何他国国民的通过权(当然是指和平的无害通过)也是不正义的，这犹如拒绝人们饮用河水权利。该观点包含的理由很清楚，自然赋予某一指定物不同的用途，一方面，各国似乎在它们之间分配了那些除私有权外不便维持的用途；另一方面，在不损害所有权人的前提下保留了

* 布雷屯(Breton)，在格劳秀斯《论海洋自由》文本中，为“布列塔尼(半岛)，Brittany”，为法国西北部一地区。

那种用途。

所以，人们公认的事实是，对每个人来说，阻止他人在海上航行的人，在法律上得不到任何支持。 实际上，乌尔比安曾宣称，甚至发布这样禁令的人负有赔偿损失责任；其他法学家们也进一步认为：在这种情况下，可以发布禁令制止对共同利益的干预。 荷兰人的请求基于普遍的权利，因为人们公认海上航行对任何人均是开放，即使这种航行的准许并不来自任何一个统治者。 事实上，西班牙法律中已特别明确地规定了该原则。

教皇亚历山大的馈赠可能成为葡萄牙人辩护其主张独占海洋或航海权的第二个理由(因为他们以发现为理由的主张已失败)，但是，以上所述清楚表明该赠送是子虚乌有的借口。 馈赠对贸易领域之外的事不产生任何影响；因此，既然海洋和其上的航海权不能成为任何人的私有财产，随之而来的是，它也不能由教皇赠送给任何人，葡萄牙人也不能接受这种馈赠。

此外，就前文(基于特别明智的权威们所持意见)断定的“教皇不是全世界的世俗君主”而言，我们将很容易理解：教皇也不是海洋的世俗
244 君主。 但是，退一步说，即使承认他有这种统治权，教皇之职项下权利仍不应当全部或部分地转移给任何一个国王或国家；恰如任何一个帝王也不可能随心所欲地把自己帝国下的一个省份或一部分用于自用或通过出售让渡给他人。 在任何情况下，只有恬不知耻的人才会否认该观点的有效性：由于没有人承认教皇有处理世俗事务的法律权利，也许，迄今为止因精神事务方面的必要性而产生的需求除外。 因此，我们正在讨论的事情，也就是说，海洋和航海权仅仅是从利润、收益的角度来考虑，而与虔诚无关，可以肯定，就当前的问题而言，教皇的权力完全无效。

然后，对国王，或者说，世俗君主根本无权禁止任何人进行航行这一观点持有异议，该如何回答呢？ 如果他们真的对海洋拥有权利，那也仅是管辖权和保护权。

还有一个公认原则是教皇无权从事那些与自然法相违背的行为；我们已毫无疑义地证明，任何一个人将海洋和其上的使用权视为自己私产而占有，与自然法相悖。

最后，既然教皇根本不能剥夺任何一个人的自有权利，那么假如他仅用[赠与]一个词来剥夺诸多清白无辜、无任何过错行为、未对他人造成任何损害且不应受到如此对待的国家应享有相同于西班牙人的权利，他又如何辩解呢?

因此，我们必然得出结论：要么根据上述解释，教皇的馈赠公告无效，要么(该选择的可信度丝毫不减)教皇的意图是仅解决西班牙与葡萄牙两国之争，同时尽量不减少其他人的权利。

作为最后的手段，对非正义行为的辩护通常求助于时效或习惯。因此，葡萄牙人也试图以这些理由为自己辩护。 然而，其中任何一个概念都无法使他们在无可辩驳的法律推理面前得逞。

时效源于市民法。 因此，这不适用于国王之间或自由人民之间关
系；在时效与自然法或[初级]国际法发生冲突时，其效力大为逊色，因 245
为后者总是高于市民法。

而且，甚至市民法本身也不允许将时效适用于本案，因为对于那些本身不能变为财产名下的物品，或不能被占有或准占有，或不能让渡的物品，该法律制度禁止凭侵占或时效取得。 所有这些原理完全适用于海洋及其使用。

再说，既然公共物品(即属于一国之财产)不能仅仅通过时光流逝而为[私人]获得，或因其自然属性，或因时效的不利影响而对抗那些享有

特权的人，那么在共同占有情况下，这种同样[永久]的权利应当给予整个人类，而不是仅给予某个国家，这是显得多么真实的正义要求啊！实际上，这正是帕比尼安* 在其著作中确定的原则，他说："通过长期占有而带来的时效，通常不能对依万民法视为'公共'(或共同)土地取得产生效力。"为了说明这一点，他假设了海滨的情况，即有人通过此处已完工的房子而占有该海岸的一部分，但是，如该建筑被毁，而后不久，他人在同样地点建造房子，任何人都不能基于[先前的占有]而对此建筑提出异议。他通过另一个基于类似公共[如国家的]物品的例子来说明同样观点，即：有人在某一河流的支流上常年捕鱼(且只有他一个人)，后来他在一段时间内停止(当然是假定)在那捕鱼，于是，他就不能由此阻止别人享有他曾有过的同样捕鱼权。

由此看来，安杰勒斯以及同意他观点的人曾说威尼斯人、热那亚人能通过时效取得邻近海岸的海湾中某些特定权利，这要么是错误的，要么是有意欺骗他人，当法学家们不是出于理性和法律，而是为了讨好比
246 他们更有权力的人来利用其神圣的职业权威时，经常会发生这种情况。
如将马西努斯的回答(前文已提及)与帕比尼安所说仔细对照，除了已被杰翰尼斯** 和巴托鲁斯所同意，且如今所有著名学者公认的解释之外，并无其他解释。那就是：有争议的设置禁止之权利，仅在持续占有时方才有效；而一旦已不再占有，则无效；因为(如卡斯特里西所观察的)一旦占有中断，即使此前占有已持续上千年，也将失去其效力，而且，即便马西努西所说的是指，一旦占有停止，时效产生的权利即告停止(虽然很少有人相信他坚持这一观点)，将适用于公共河流的内容适用于共同海洋，或将有关小港湾或河流支流的内容适用于海湾，仍是荒谬

* 帕比尼安(Aemilius Papinian, —212 年)，罗马法学家，《学说汇纂》收录其观点。

** 约翰尼斯(Johannes，即 Ioannes Andreas, 1275—1491 年)，意大利教会学者，曾在波洛尼等地教书。

的；因为假如时效适用于海洋或海湾，必将阻碍人们根据万民法对某些共同财产的使用。相反，在前述关于时效的其他情况下，对公共使用不会造成任何大的妨碍。由安杰勒斯提出的另一涉及沟渠的观点已被人们完全否定，理由(如卡斯特里西所指出)是与主题毫无相干。

因此，以为远在人类可回忆的史前某一时刻就有这种所谓时效，那是不真实的。在这方面，法律完全废止了所有的时效，甚至时间的无限流逝也不作为一个相关因素而接受；这就是说(如我们借用费利努斯[*]的解释)，不能通过时效取得的东西，也不能仅根据远古时间的流逝而可通过时效取得。鲍尔布斯[**]肯定了这些论点的真实性，但解释说，安杰勒斯的观点已被接受，因为追溯至远古的时间流逝可视为与合法授予某一特权有着同样效力，因为由此产生的将是完全的所有权。

基于以上评论，显然所引用的法学家们论点不过如此：假定一国的任何部分(比如罗马帝国的某些部分)，在人类有史记载前的某一时期，已存在这样的权利，则勉强可以承认根据时效取得的所有权，就好比承认以前国王授予的一样。同此推理，既然没有人能够统治整个人类，并因此有能力授予任何一人或一国如此与整个人类相对立的权利，并 247
且，既然这样的前提被驳得体无完肤，那么根据时效名义取得所有权也就必然不可能成立。可见，根据那些同一法学权威人士所持观点，甚至是无限时间的流逝也不能在国王间或自由人民之间产生这样的权利。

安杰勒斯进而还提出了一个很愚蠢的论点，他肯定：即使时效不能产生所有权，但也应有一个例外以利于占有者。帕比尼安明确地否认了这种例外，但是，对他来说，也不可能采取不同的观点，因为当时，时效本身仅仅是一个例外而已。

---

* 费利努斯(Felinus Sandeo, 1444—1503 年)，意大利教会学者。

** 鲍尔布斯(Ioannes Franciscus Balbus)，约公元 1510 年意大利法学家。

因此，我们已证明以下正确结论，并被西班牙法律所明确肯定：对那些已被指定为所有人类共同使用的财产，无论基于一个多么久远的时间，时效均不适用。我们用以论证这一主张的诸多理由之一是：任何一个使用公共财物的人，明显地在行使公共权利而非私人权利，因为其不完整的占有，所以他依据时效获得的权利不会多于用益物权人的权利。第二个论点也值得思考：即使存在着[一般]假定支持自亘古时代以来的时效基础上产生的相关权利与诚信，然而，特定情况下的事实清楚地表明，如依源于事物本身特性，根本就没有产生任何权利，而且，如有明显的恶意存在(不论对个人还是对国家，恶意都被认为是永久的因素)，那么时效的权利主张就会因双重缺陷而无效。同时，第三个原因存在于这一事实：我们所考虑的问题与某一许可权相关，这是不以时效取得的权利。下文将予以论述。

但是，它们之间的细微差别并未到此为止。本案中，有些人区分了时效与习惯，当然是为了一旦在前一个概念上受阻，就转而求助于后者。但是，他们的区分相当荒谬。他们断定，先前属于某人而随后被
248 剥夺的权利是通过时效程序而转让给另一人的；但是，当任何一个人不是通过剥夺另一人权利的方式而被授予一项权利时，那就叫做习惯。这等于说，(最初为所有人所共享的)航海权，一旦被某人侵占而排除他人使用时，确实并不必然地在其成为个人财产时而使所有其他人丧失权利！

对保罗斯所言的误解为这种错误开辟了道路。尽管保罗斯所讨论的是隶属于特定个人的私人航行权，阿库尔修斯* 却认为，那段讨论的情形中的权利能够通过特权或习惯而获得。但是，在该法学家文本中

---

* 阿库尔修斯(Franciscus Accursius, 1182—1260 年)，意大利注释学家。

增添的这一内容与原意背道而驰，似乎是恶意推测者的解释而非忠实于原意的注释。我们对保罗斯所说的真实意思已作了解释。此外，那些误释者如果对几乎仅在保罗斯的言语之前的乌尔比安所言，给予更仔细的考虑，他们就会以一种完全不同的方式来处理该问题。因为乌尔比安承认允许禁止某人在我房前钓鱼，事实上就是一种侵占行为的牺牲品，该侵占行为是仅依习惯获得而没有任何法律根据；为此，应当允许被禁止钓鱼者提起损害赔偿之讼。

为此，乌尔比安反对设置此类禁止的做法，称之为“侵占”；而且，在基督教学者中，如安布罗斯就持类似观点。难道他俩都不对吗？有什么比习惯与自然法或万民法直接冲突时便无效这一事实更清楚？实际上，习惯是实证法的一种形式，而实证法不能使普遍的法律戒规无效；海洋的使用为所有人共有就是这样的普遍戒规。而且，我们在讨论时效时说过，这也完全适用于习惯；对持不同见解者的观点作任何研究，都会发现他们无不将习惯与特权放在同一水平上；然而，任何人都无权授予一个人有损于整个人类利益的特权；因此，上述习惯在涉及不同国家关系时不产生任何效力。

事实上，西班牙人引以为荣的瓦泽克茨已全面讨论了这一问题。无疑，在研究法律的敏锐性及其解释的忠实可靠性方面，他并未留下任何人们所期望的东西。瓦泽克兹主张，并引用许多权威论述支持其论 249
点：根据国际法，为所有人共有的公共场所不能成为时效的客体；随后又补充了上文已提及的安杰勒斯和其他人提出的某些例外。然而，在考察这些例外前，他正确地指出，这些问题上的真理源于自然法和国际法的正确概念。瓦泽克兹论证道：因为自然法源于神的意志，不可改变；初级国际法(它被认为不同于次级或实证的国际法，因为后者是可变的，前者是不可变的)构成了自然法的一部分。因为如果存在与初级国际法抵触的习惯，则它们就是不适宜于人类的习惯(同一法学家的观点)，而是属于野生动物的习惯；因而它们代表的不是法律和习惯，而是腐败和滥用；于是，不论那些习俗经过多少时间流逝，都不能成为任何形式的时效，也不能随任何法律的制定而被证明为合理，更不能通过许多国家的同意、承认乃至实践而最终确立。为加强了这些论断的说服力，瓦泽克茨举了许多例子，以及西班牙神学家阿方斯·德·卡斯特罗* 的如下论述[1]：

“就这些观点而言(瓦泽克茨说)，我们明显地认识到，上述那些认为热那亚人或甚至威尼斯人禁止其他国家在其各自海域的海湾或公海航行而不损害他人利益地，如同他们以时效而主张对此水域拥有权利的人一样，他们的观点是值得质疑的。这样的行为不仅与实证法的戒规相悖，甚至也与我们所说的不可更改的自然法或初级国际法相抵触。它与后者相冲突的事实，确凿无疑：因为根据同样的法律，不仅所有的海洋及其水域，而且所有其他的不动产，都是公共财物。尽管晚近，该法律部分地被放弃了，比如，就土地的所有权和财产权而言，土地所有权虽根据自然法最初是共有的，但随后通过一定的过程被区分和分割了，并最终从原始的共同使用中分离出来，然而，海洋的所有权过去是，现在仍然是一个完全不同的事情。海洋从世界之初一直延续至今都是，并且一直是共有财产，众所周知，其地位从来没有在任何方面有
250 所改变，也无例外。毫无疑问，我经常听说许多葡萄牙人认为其国王在西印度洋(错了，应为‘东印度洋’[2])广阔的海域上拥有因时效而取得的航海权并对巨大的海洋也拥有权利，以致不许其他国家在这些海域

* 阿方斯·德·卡斯特罗(Alphonse de Castro, 1495—1558年)，西班牙弗朗西斯科的神学家。

[1] 这里和以下的直接引语都是瓦泽克茨自己的原话。

[2] 括号里的词是格劳秀斯加的。

上航行通过；显然，我们自己国家，西班牙的普通民众似乎怀有同样看法，即，在延伸到曾被我们强大的统治者，西班牙王国的国君们所征服的东印度的广袤无边的海域上的航行，构成了除了我们西班牙人以外，对世界上其他人绝不开放的权利；这似乎就在说该权利仅仅通过时效就为后者所得。然而，所有这些人的信条都与那些总是沉浸于热那亚人和威尼斯人相关的同样幻觉中喜悦的人的信条是同样地十分愚蠢。所有这些信条的荒谬性通过以下事实将显得更为显而易见，即这些涉及的国家没有一个能够通过建立时效制度来支持它们自己；也就是说，威尼斯共和国不能通过建立的时效制度来反对自己，热那亚共和国对于自己的状况也是劳而无功，无能为力，对西班牙王国和葡萄牙王国而言也都各自不能够通过提出的时效制度来做到这一点。因为代理人和被动的当事方肯定是不同的实体。另一方面，这些国家远不能够用时效制度来对抗其他国家，因为使用这一制度的权利严格限于民事权利，这一点在前述章节里已作了充分阐释。因此，当相关利益方是所有的君主或否认世俗事务方面有居上者的民族时，这种权利就不复存在。对外国的人民、国家乃至个人而言，特定地区的严格意义上的市民法不起任何作用，就好像它们实际上不存在或从来就没有存在过一样。因此，处理此类外国的实体时，就必须求助于并适用共同的国际法，包括初级和次级国际法。一个早已确立的事实是：该法律并没有授权建立诸如海事时效和侵占此类制度。[在这方面]，自有世界以来，国际法始终具有一如既往的效力；乃至如今，对海域的使用仍为共同权利。因此，在涉及海洋或其他水域的情况下，任何人没有，也不可能获得非共同使用的独占权。此外，自然法和神法无不坚持这一著名戒规：‘己所不欲，勿施于人。’于是，既然航行不会伤害除航行者本人以外的任何他人，那么任何人就不能禁止他从事这样的行为，不干涉本质上任何人都可自由参与，而且对欲阻止的人也不会带来任何损害的航海，否则就会对航海者的自由构成障碍，并进而触犯了上述戒规和既定规则。我们的论点基于以下事实而得到进一步证明：不为明文禁止者，应为允许也。实际上，仅仅说通过求诸于时效来阻止这样的航行自由与自然法相违背，还不够，因为该阻止行为对代理人而言不会带来任何益处[却对受该禁止影响的一方造成损害][1]；按照实证的义务，我们应该反其道而行之，也就是说，有责任使所有我们可以给惠的所有人受益，同时对自己

251 又不造成任何损害。”

在引用上述诸多包括神法和人法的权威学说来支持前述观点之后，瓦泽克茨又补充说：

“因此，我们可以清楚地看到，上文已引述一些人所持的观点，即约翰斯·费伯、安杰勒斯、鲍尔达斯和弗兰西斯科·鲍尔布斯等。因为这些权威学者认为根据国际法，公共场所即使不能通过时效而获得，也能通过习惯取得。这完全错了，而且其中隐含的原则是既模糊又晦涩，并且完全远离理性的光芒，其目标是将法律建立在纸面文字而非事实上。因为从西班牙人、葡萄牙人、威尼斯人、热那亚人和其他人的海上实践中获取的事例较好确立了这一原则：航行绝对权和禁止他人航行权既不能通过时效取得，也不能通过习惯取得。因为，很明显，这两种情况下涉及的原则都一样：上文引证的法律和理由表明，这种权利的获取将与自然公正相矛盾，而且不会带来利益，只会带来伤害，因此，正如这种获取不会通过任何实证法的规则来明示地授予一样，它同样也不可能基于默示的或隐含的法律如所谓的习惯来认可这种获取的形成；而且，我们所说的形成远不是根据时间流逝来判断合理与否，而是

[1] 这里插入的词组“et impedito noceat”在哈马克《捕获法》版本中无任何编辑说明，它的目的当然是用来阐明论点。

相反，随着时间的推移，它会变得越来越无效，越来越不公正。”

接着，瓦泽克茨继续论述：从土地最先被占有的时代起，每个人都可能在其河流里享有的捕鱼权，正如他[在其领地内]有猎捕权一样；并且，他还证明，在这些权利一旦以人们承认的特定方式分配给具体的个人，并从古代共同体的权利中分离出来后，通过基于其起源的追忆殆尽这类时间流逝的时效，该个人取得如此权利是可能的，就像通过国家的默示允许取得那样。然而，瓦泽克茨还强调这一点，这种结果来自时效而非习惯，因为只有获取权利者的一方地位改善了，其他人的地位却受到损害。接着，瓦泽克茨在阐明通过时效取得在一定河里捕鱼私有权所必需的三个条件后，继续论述道：

“我们对海洋该说什么呢？实际上，在这一点上，条件更加严格，因为哪怕将上文提到的三条件结合到一起，在这也不足于获取这样的海上权利。一方面是海洋，另一方面是陆地和河流，两者区别的原因是：在涉及海洋的情况下，现在、今后，如同以前年代一样，根据初级国际法而取得的有关捕鱼和航行权利一如始初，而且，从未从人类权利
的共同体中分离出去而归属一个人或数人；相反，在后一种情况下(即 252
与陆地或河流有关的情形)，如同我们已论述的那样，事物发展的轨迹是不同的。但是，为什么在涉及海洋时，次级国际法就不能适用，不会产生[由私人控制部分的]分离结果，而对于河流和陆地来说，却会产生呢？对这一问题的可能回答是：在河流和陆地的情况下，法律发生如此作用是有益的，而对于海洋来说，则是无用的。大家一般都会承认很多人在陆地上猎捕或在河里捕鱼，森林里的野生动物和河里的鱼就很容易被捕尽打绝；而对于海洋，这就不适用了。同样，河中的建筑物很容易妨碍或阻止河水的流动，但是，海水流动则不受影响。同样，通过导水管，很容易吸干河流，但是，海洋决不可能由此干涸。

因此，这两种情况不可采用同样的逻辑推理。此外，我们先前关于水域(甚至包括泉水和溪流)的使用构成了共同权利的论述，与我们目前讨论的问题无关，因为大家明白这些论述涉及饮水和类似行为，这种使用根本不会或仅轻微地损害河流拥有者或对河流享有其他权利者。这些细枝末节的事情，我们根本不予考虑。我们的观点得到如下事实的进一步确认：即任何根据时效的不正当权利主张均无效，而不论时光流逝多久，因此，一个不正当的法律既不可能由于时光流逝产生时效，也不可能被论证为正当。”

瓦泽克茨进一步说，“通过法律规定不能根据时效取得权利的财物，不可能成为时效制度的客体，即使时光流逝千年之后”。这一观点得到无数权威学者的论述支持。

现在，对每个读者来说，这都很清楚：无论持续多长时间，任何侵占都不能阻止对共有物的使用。我们还必须补充说，那些对该一般结论持不同意见者的观点无论如何都不能适用到在此讨论的特定问题。因为这些持不同意见者谈的是地中海，而我们讨论的是海洋；他们讨论的仅仅是海湾，我们讨论的是无边无际的海洋；而且从占有的角度看，这些是完全不同的事情。此外，这些权威学者们承认其因时效而享有权利的人民(比如威尼斯人和热那亚人)，只占有的是沿有争议水域的连绵不断的海岸线；但是，正如我们已清楚证明的，连这种占有葡萄牙人也没能做到。

253 况且即使(如某些人所认为的那样)以时间流逝为条件可能在某国公共财物上建立时效性的权利，那么创造这项权利的绝对不可或缺的条件在当前情况下也不存在。这些必需的第一个条件是：根据普遍认可的原则，主张以特定行为形成时效权利的任何人必须已经作出该行为，不仅为时很久，而且应追溯至人类无法记忆的远古时代。第二个条件是，在该期间，任何他人都未实施过同样的行为，除非得到该时效性权利人的允许或秘密地实施。进一步的条件是：该权利要求人应禁止所有其他希望使用其占有物的人这样做，且这些禁止措施应当为公众所知，并征得相关当事人的同意。即使他连续不断地实施该行为，并始终禁止企图实施同样行为的一部分人而非所有的人，这些条件仍未满足(根据权威学者的观点)，因为有些人被成功禁止，有些人却可自由实施。还有，显然所有上述这些条件必须同时满足，部分地是因为法律倾向抵制对公共物的时效占有，部分地是为了使这一点更清楚，即主张权利的人已行使真正属于他自己的权利，而不是共同的权利，且有不间断地占有的特点。此外，由于其中条件之一是时光追溯至人类无法记忆的远古时代，这总是难以(如同权威的法律注释家指出的)证明流逝的上百年时间；这必须要有良好的传统，时代相传，以致我们耳闻目睹的任何证据均无与之冲突。

在约翰王* 统治时期，即公元1477年，与其非洲利益相关，葡萄牙人首次开始将他们的冒险活动推进到大洋更为遥远的海域部分。二十年后，在埃默纽尔** 国王继位后，他们航行绕过了好望角。然而，多年后，他们才到达了马六甲及其他更为遥远的岛屿，而同时荷兰人也于1595年开始他们的远航，这当然距葡萄牙人最初探险不到一世纪。而且，甚至在那段时间里，一些互相对立的当事方利用了该航道，从而阻碍了任何相关一方诉诸时效的企图。早在1519年，葡萄牙人在摩卢加群岛附近海域的占有就因西班牙人质疑而放弃过。法国人和英国人， 254
不是秘密地而是公开凭借武力，开辟了通往新发现区域之路。此外，所有这些地区的居民，包括非洲的和亚洲的，各自不断地在最靠近其海

* 约翰王(King John, 1455—1495年)，葡萄牙的约翰二世国王。

** 埃默纽尔(Emmanuel of Great, 1469—1521年)，葡萄牙国王，又称埃默纽尔大帝。

岸的海洋区域进行航行和捕鱼，而且，他们的航行和捕鱼从来未遭葡萄牙人的禁止。

所以，我们必然得出的结论是：葡萄牙人并不拥有可禁止任何他国从海上航行到东印度的任何权利。

进而言之，如果葡萄牙人坚持声称他们是从事与东印度进行贸易的独占权的所有者，那么其主张将被所有实际已提出的同样论点所彻底否定。我们将扼要回顾一下这些论点，并将之运用于这个特定阶段的讨论。

根据国际法，以下原则已确立：即所有人应有权自由地在彼此间从事贸易，任何人不能剥夺他人的贸易权。因为该原则在私有权的特征确定后随着时代的需要而产生，所以很清楚，其历史源远流长。亚里士多德在《政治学》中敏锐地注意到：为了适当地满足所有人的需要，物物交换弥补了自然的缺憾。因此，根据国际法，不仅在否定的(即非独占的)意义上，而且在积极的(如法学家所言)、肯定的意义上说，物物交换的权利肯定为所有人共享。现在国际法的否定意义特征已趋于变化，而其肯定意义上的性质则是永恒不变的。

该情况的陈述可加以澄清。自然将所有的东西给予所有人。但是，由于彼此分居在相隔遥远的各地，使得人们难以利用许多日常生活必需品(如我们在前文所说，每个地方不可能生产所有的东西)，因此，就有必要将物品从一地运到另一地。真正意义上的商品交换并非人类一诞生就有，而是因为人们根据自己在相互利用各自领地内的物品中作出的判断，这非常类似在中国人之间从事的商业方式。中国人将物品藏在某些偏僻地方，并完全依赖与他们进行交换者的谨小慎微。但
255 是，一旦动产进入私人财产权领域(迫于人类需求的压力，上文已作解释)，人们就创造出了物品交换程序，以使缺少某物的人就从另一有多余该物者处得到补充。因此，商业实践诞生并形成于对生活品的需要

(就如普林尼通过引用《荷马史诗》而说明的)。 然而，随着不动产开始划分给不同的所有者，共同体所有权也基本上被废除，从而使商业活动不仅为分居相隔遥远的各地人们所需，而且也为邻人之间所需。 于是，为了便利商业活动，货币应运而生，并有一个[拉丁文]名称 nummus，该词源自希腊语[习俗或法律]，因为货币是一种文明的体制。

然后，我们发现所有契约所包含的一般原则(交换原则)本身源于自然；而交换的各种具体形式和价款的实际支付[赚钱的程序]本身却源于法律或传统[1]；较早的法律解释还未清晰地加以区别。 然而，人们公认，至少就动产而言，私有权源于初级国际法，并且，那些未涉及价款支付的契约也来自于同样渊源。

哲人们用希腊语来区分两种“交换”，即“批发商”交易和“零售商”贸易。 这两者中的前者意指广泛分布的国家间贸易或交换，正如该词语本身所揭示的，它在自然秩序中列于首位，并且，柏拉图也是这么排序的。 后者的交换形式看上去同亚里士多德的“店务管理”是一样的，或意指市民间的零售或商店贸易。 亚里士多德进一步将批发贸易分为拥有船舶的和拖运的[2]两类，后一情况指通过陆地运输货物的贸易，而前一情况意指通过海上运输货物的贸易。 当然，两者相比，零售贸易相对琐碎和卑微些，而批发贸易更为荣耀些，特别是海运介入后 256
更是如此，因为这一阶段的商业活动使许多人成为诸多物品的共享者。这也是乌尔比安声称船舶的维护管理乃一国之最高职责的原因，相反，对[小]商贩或代理人[3]的保护服务就没有同样价值。 实际上，根据自然

[1] 拉丁语“Institutum”可能指法律或传统。 上下文表明，格劳秀斯心目中该词表达这两种含义。

[2] 严格地说，所引用的亚里士多德这段话，是指“商业”通常含有三重含义：拥有船舶、运输、零售。 因此，格劳秀斯对所有商业采取两重分类，在该段中虽然没有明确表明，但却暗示着排除了零售贸易。

[3] 乌尔比安在始初意义上使用“Institorum”一词，指的是“替人出售的代理人”；但是，格劳秀斯的观点表明，他考虑的是该词引申的含义，即“沿街叫卖者”或“小商贩”。

的安排，前一种追求是绝对必要的。因此，亚里士多德在另一处说："交换程序是对所有物品而言，最先源于自然秩序，因为有些人拥有太多的某些东西，对另一些人则太少。"塞尼卡也确立了如下规则："万民法规定你可出售你所买到的东西。"

于是，贸易自由就源于具有自然和永久起因的初级国际法，因而不能被克减。而且，即使可能克减，这种结果也只能经过所有国家的共同同意后方可产生。相应地，简直无法设想哪一国可以正当地任意阻碍其他两国意图彼此达成契约。

现在，首先，不论是发现还是占有均不能对贸易自由产生任何影响。因为自由贸易的权利不是可获取的有形物。就算葡萄牙人最先与东印度人进行贸易，对其地位的加强也无济于事，尽管这种主张被视为十足的谬论。事实上，从一开始，不同的人民就在探寻与他人交往的不同路径，而且总有一部分人必然会成为第一批[在彼此不同的地区]与他人交易者；然而，毋庸置疑，这些最先从事贸易者并未由此获得特殊权利。

因此，如果葡萄牙人果真拥有允许他们与东印度人进行贸易的独占权，则该权利必须遵照其他地役权的方式，来自明示的授权或默示的承认(即来自时效)；否则，在其他情况下根本不可能存在这种权利。

但是，也许除教皇外，没有人作出这种明示授权，而教皇恰恰没有
257 得到如此授权。因为任何人不能通过授权赠送任何不属于他的东西；
并且，教皇不能声称贸易方面的普遍权利属于他的管辖范围，除非他是整个世俗世界的君主，但是，这已被明智的人所否认。当讨论的情况仅与物质收益相关而与精神世界统治根本无关时，这一异议尤其有说服力；因为(如同人们普遍承认的)在精神领域之外，教皇的权力即告终止。此外，如果教皇希望将贸易权仅仅给予葡萄牙人而剥夺其他所有人的同样权利，那他将给人们带来双重损害。首先，他伤害了东印度

人民，因为如我们所说的，他们不具有教徒的身份，因而也根本不属于教皇的臣民。为此，教皇无权从他们身上夺走任何属于他们的东西，进而也就不可能有权剥夺他们(拥有)乐意与任何人进行贸易的权利。其次，他将伤害所有其他人，包括基督徒和非基督徒；因为在没有正当的理由和经过公众听证会对该理由的听证，他没有被授予权力从他们身上剥夺同样属于他们的权利。实际上，连世俗君主事实上在其统治领地也无权禁止自由贸易(我们依据理性的逻辑和引用权威学说早已加以证明)，教皇的这种主张又怎么站得住脚？同理，我们必须承认，教皇的权力在永恒的自然法和万民法面前，没有任何效力；源自自然法和万民法的自由注定将永远延续下去。

余下需考虑的问题是时效或习惯，如果读者偏好后一用词。但我们已论述过，与瓦泽克莰的观点一致，在自由国家间或不同民族的统治者间关系方面，时效和习惯均无效力，或当这两种因素与根据法律最初形式所形成的原则相对立，也同样不产生效力。于是，在这方面，我们也发现，任何时间的流逝都不会形成对贸易的私有权。因此，就我们讨论的情况而言，不存在任何权利和诚信；并且，根据教会学者们的观点，如明显缺少这些因素，时效不会产生权利，而只能视为一种错误。

再说，贸易的准占有这一概念似乎也不是基于私权，而是源自平等 258
地属于所有人的共同权利；因此，反过来，人们不应仅仅由于有些非葡萄牙人可能忽略了与东印度人的贸易，就推定他们这么做是为了尊重葡萄牙人，而是应当假定他们的忽略出于自身利益。这一态度根本不可能妨碍他们在有利可图时，从事先前曾放弃的商业活动。实际上，在这些涉及自由判定或简单选择能力的事项方面，权威学者们已制定了一个无可争辩的规则，即在该领域的行为效果只是权力或才能的运用，而不能构成任何新的权利；在此类情况下，纵使千年时光流逝也不会产生基于时效或习惯的权利。(如同瓦泽克莰指出的)该原则在肯定方面和否定方面都有所表现。因为我既不必继续做我自愿已做完的事情，也不必停止做我曾自愿留下未做完的事情。那么，如果一定要按照其他推理，认为我们一直没有能力作为个体与其他个体达成合约，那么在未来一旦有缔结类似合约的这种情况时，我们却不再享有这一权利了，有什么比该结论更荒谬吗？瓦泽克莰也曾正确地说过，即便是无限时光的流逝，也不能引起被认为是强制性而非选择的既定行为过程。

因此，葡萄牙人为了确立这种权利主张，就不得不证明其强制因素的存在。但是，在当前情况下，这种强制性与自然法相违背，并将损害整个人类，而它自身也不能创设已主张的权利。此外，这种强制性必须持续存在很久，乃至追溯到远古时代；然而，实际情况根本不是那样，自威尼斯人经由亚历山大开辟的航道几乎完全控制与东印度的贸易起算，至今还不足百年。另一个条件是这种强制性不应遭到任何抵制，但是，英国人、法国人及其他国家人民曾抵制过。一部分人受到强制的事实也不能满足上述条件。相反，所有人必须已经屈从于该强
259 制性，因为只要还有一个人未受到强制，那么以所有人的名义对自由的占有，就不能得逞。但是，阿拉伯人和中国人与东印度人的贸易活动已存续了好几个世纪，并且如今还在继续。可见，这种基于侵占的主张权利没有任何效力。

前文评述已足以清晰地揭露了那些意图阻止任何其他人来分享其利益，并竭力用毫无价值的论点来安抚自己良心者的盲目贪婪性。正如时不时抨击他们的西班牙法学家们令人信服地证明那样。这些法学家们尽其所能地明确表示，所有针对关于印度[1]问题提出的借口均被不正

[1] 这里用的 Indicis，显然既与格劳秀斯特别感兴趣的东印度问题有关，又与上文引用西班牙权威学者的著作中讨论的美洲印第安人问题有关。

当地利用了；他们还说，众多神学家们尚未认真地审视该问题，并表示过同意。

确实，还有什么比葡萄牙人抱怨日益增多的竞争者使其利润流失更不正当呢？ 因为在不可辩驳的法律原则中，我们发现了如下假定：利用自身权利者既没有从事欺骗性的错误行为，也没有构成欺诈行为，更未给任何人带来损失。 这一假定对下述情况是千真万确，如果其行为目的不在于伤害他人，而仅仅意在增加自己本人的财产。 因为我们的注意力应当集中于其行为的根本目的，而非无关紧要的结果。 实际上，根据乌尔比安针对此类情况所作的严格解释，代理人没有引起任何损失，而仅仅在阻止另外一个人继续分享其此时此刻正在享受的利益。再说，每个人应该鼓励自己去探取对所有人都开放的收益之源，而不是眼睁睁地看着别人获取，即使人家先前获取过。 这样做是很自然的，也符合最高形式的法律和衡平原则。 谁会有耐心去听一位工匠抱怨由于另一位工匠掌握了同样的工艺而分享了其利润？ 何况就本案而言，荷兰人的理由比这类竞争者更为正当，因为他们自身的利益是与全人类利益息息相关的，而这种普世利益恰是葡萄牙人正在试图摧毁的。 260

如同瓦泽克莰在一个类似案件中指出的那样，说荷兰人的活动是受竞争精神的驱动，也有失公允。 因为这样的断言必须被全盘否定，除非这是指一种不仅是善意的，而且是最出色的竞争，也就是赫西俄德宣称的“对人类有益之竞争”。 因此，瓦泽克兹说，任何人也许出于同情而在谷物极其匮乏时期，以相对的低价出售谷物，将会碰到无耻而又冷酷的对手，因为后者正欲趁火打劫，以高于比平价的价格出售其谷物。不可否认，这种善举会导致其他人的利润减少。“我们不否认这一点”，瓦泽克莰补充说：“但是，这些利益的减少却对整个人类有益。 如果归于世界上所有统治者和暴君的利润以同样的方式而减少，那该多好！”

实际上，还能有什么情况会比伊比利亚人掌控全世界的附庸国，以致要根据他们的喜乐来决定是否允许买卖，更加明显的不公吗？在每个国家，谷物投机者无不引起公愤甚至惩罚；没有其他生活方式比在市场上哄抬价格的做法更让人深恶痛绝了。当然，这种痛恨是合乎情理的。因为这些投机者冒犯了使普天下众人皆收益的大自然。而且，我们不应假定贸易制度是为了少数人利益服务的。相反，它是为了在资源方面使人们赖以互通有无而创立的，当然所有人在交换过程中付出的劳力和遇到的风险不会没有一点正当的收益。那么，我们是否应该说，上文提到的，即在单一国家(也就是相对小的人类单元)中实施非常有害的做法，可否在更大的人类共同体内得到容忍，从而使伊比利亚人
261 国家可以建立对整个地球的某种垄断呢？[1]

简言之，让葡萄牙人去哭喊吧，想喊多久就多久："你们在减少我们的利益！"荷兰人回答道："根本不是！ 我们在寻求我们自己的利益！"["你们在减少我们的利润！"]"因为我们在狂风和大海中得到我们的份额，你们就愤怒了吗？"["你们在减少我们的利润！"]"此外，谁承诺你们将持有你们的那些利润？"["你们在减少我们的利润！"]"你们仍然拥有我们也可享有的未受损失的同样的利益"[我们在以公

[1] 在手稿第 116′页处插入的边页段落是英译本中略去的段落之一。该段落是修改的《论海洋自由》中一段，而《捕获法》原稿中却没有(参见英译本第 216 页脚注 1)。另一方面，书稿该页中上段部分的一些词组与同页被删的下半部分在英译本中得以保留，因为看来，它们只是在《论海洋自由》的修改版中被略去了。基于同样理由，手稿第 117—118′页(《论海洋自由》第八章的正文和注释)也从英译本中略去，它从第 116′页底部起直至第 119 页顶部，但是，英译本包括了从第 119 页顶部到第 121′页底部所有被删去的材料。

拉丁文原版基本上是根据涉及段落的内容和句法而进行修订的，尽管手稿的一些物理特征也证明这是合乎逻辑的：例如，就整体而言，《论海洋自由》中的插入部分的手写字体比《捕获法》中的小而圆，一些较为陈旧的分页痕迹表明，手稿第 116—116′页原先被标为第 112 页，第 119—119′页被标为第 113 页，而插入的第 117—118′页标有页码 112.3 和 112.5 等数字。

令人有理由怀疑的重新调整的唯一术语是保留在手稿第 116′页上部被删去的词组。在紧接本脚注插入处后的荷兰人与葡萄牙人之间假设对话中，我们可以发现这些词组。英译者将它们放在了括号里以便读者可以得出自己的结论。哈马克保留了那些有疑问的词组，但是，很可能格劳秀斯主要出于文体的考虑还是把它们从《捕获法》中删去了。

平价格交易，“你们在减少我们的利润！”“然而，你们坚持一个人不应当屈从于另外一个人对可能为其利润来源的权利主张”]

于是，既然前文已证明(以维多利亚的权威证实及许多事例的佐证)为了反击那些阻碍自由贸易的人，就有了战争的正义理由，那么我们的结论是：荷兰人对葡萄牙人的战争有正当的理由。关于这一结论的更多证据来自下文更详细的论述。

对占有的防卫或恢复，对债务或适当惩罚的强制执行，都构成正义战争的理由。在“占有”的名义下，甚至权利也应包括在内。因此，鲍尔达斯宣称，对我来说，攻击一个禁止我行使属于我自己权利的人是正当的。但是，“权利”的概念既包括作为私人在自己能力范围内应属于我们，也包括根据人类友情关系属于我们的正当权利(奥古斯丁在论述反对阿摩利亚人战争的理由时提到这一点)：这就是说，对诸如海洋、商业机会等任何共有物的使用，构成了该权利概念的一部分。为此，如有人对这样的权利享有准占有权，他就完全可以为这样的权利主张而辩解。同样，彭波尼断言，一个出于自身利益占用为所有人共有 262
的财产而损害他人利益的人，应当遭到强有力的制止。因为在法院诉讼程序中可适用禁令的所有案件中，在法庭之外，武力对抗也是适当的。执政官说：“我禁止使用武力来阻止小船或木筏到公共河流上航行，或阻止在公共河流的岸边从船上卸载货物。”对这一禁令进行注释的法学家们，无不遵循拉贝奥的榜样，坚持主张应以同样方式制定一个关于海洋的法令。因为拉贝奥在评述执政官的法令——“法律规定，在公共河流里或其岸边，有可能损害停锚或船只运输的任何事情都不该做”时，提出适用于海洋时应当有相同法令：“在海里或海岸边，任何可能有害于船只使用港口或停锚或船只运输的事都不应当做。”总之，应以正当的武力对抗那种不正当的武力使用。其他论述战争主题的学者们也支持这一相同原则，认为既然战争可用来保护财产的占有，同样也首当其冲地[1]用来防卫那些根据自然法应当被公共享用的物品；并且，由此，(这些学者们主张)，对于那些阻碍将生活必需品从一地运输到另一地航线的人，可给予积极的抵御，哪怕没有来自[抵御一方]统治者的授权。 而且，由于某[针对共同占有物的共同使用]禁令的极其强制性，因此这种抵御是正当的。

此外，在强加禁令之后，在禁止某人到海上航行、出售或使用他自己的财产情况下，求诸损害之诉(以取代恢复性的禁令)也是适当的。 这一决定是乌尔比安在许多段落中形成的。 所以，这样的禁止肯定构成了损害；受到由另外一方造成的损害为某人提供进行正义战争的理由。而且，如同对我们来说恢复被别人从我们身边夺走的财产是允许的，当我们的权利被强行剥夺时，我们也可以适当地恢复它。

而且，在设置这一禁令后，如果该禁止者已经被禁止在海上航行，或被禁止出售其自己财产，或被禁止其中某些利用，那就不得不采取追偿损害的行动(取代恢复原状令)。 这是乌尔比安在许多论述中概括的裁决。 因此，这种禁令构成了损害：并且，只要有正当的战争理由，另一方会受到伤害。 此外，即使我们可以恢复被掠夺的财产，我们也可以适当地恢复被强制剥夺的权利。

接着，让我们来考虑债因。 任何一个阻碍他人行使上述权利的
263 人，应根据自然法对由此造成的损害负赔偿责任。 西尔维斯特说过，“按照正直的人所持观点，阻止渔夫或捕鸟者捕捞或捕抓或可已经捕获的鱼或鸟(因为这些属于共同权利范围内的物品)的人，为自己设置了债务，因为对这些鱼或鸟的私人利用是自由、独立的权利，已随同该权利

[1] 此处的词组是根据书稿中难于辨认词组或行文而解释的。

中含有(所谓)潜在收益被剥夺了”。 他还说：“那些阻碍将谷物或其他商品进口一地以便自己可高价出售的人，对那些已支付加价的买者负有等同于加价之债；并对期望转让该物品者负有相当于后者遭受损失之债。”因为设置障碍方将其私利置于公共和共同福利之上，所以行为不当。 该结论也适用于那些根据自己喜乐来出售而图谋将某类商品全部购进的人，因为这种人对所有因此遭受损失的人负有赔偿或恢复原状的义务。

然而，除了上述损失，他们自身过错本身也构成义务，前文已对此有所论述。 因为邪恶不受惩罚是违反自然理性的。 在很大程度上，民法通过罚金来惩罚那些引起损害的行为；对自由之侵犯应以侵权者的部分物品补偿；对垄断行为者应充公罪过方的所有货物。 在目前讨论的案件中，掺和着所有这些侵权行为。

当然，对不法行为惩罚的严厉性确实应根据公共福利酌情增减。 但是，对于那些依自然而不是依法律或传统而认定为邪恶的，并从相当比例角度看是根本不允许的不法行为，甚至可不完全根据法定措施加以严厉惩罚。 相应地，既然自然规定我们不该把属于他人的任何财产部分变成个人财产，那么试图把属于整个人类的共同权利变成他们私人自己占有的人，就其行为所损害的人数之多而言，其罪行就更加严重。
而且，当这种罪行造成的伤害是针对整个人类社会这一将我们联系在一 264
起的最古老纽带，那么就特别严重。 正是这一点促使安布罗斯高喊反对阻碍他人进入海洋者；奥古斯丁猛烈抨击了封锁陆路交通者；圣格里高利 · 纳兹安真* 严厉谴责那些抢购和囤积货物，待机抛售牟取暴利者，用他的话说，就是利用他人之急需，谋一己之目的。 确实，在这

* 圣格里高利 · 纳兹安真(Saint Gregory Nazianzen, 328—389 年)，希腊的教会神父，康斯坦丁堡的主教。

位智慧而又圣洁的人[圣格里高利]的观点，任何囤积谷物以操纵抬高市场价格者必定受到公众诅咒并受到指控。所有这些做法糟糕透顶，一无是处，并且，就所举的事例而言，它们理应遭受惩罚，假如不是为了其他理由。但是，这些惩罚仅仅针对那些将共同权利掠为己有者。而且，鲍尔达斯说过，根据教会法和良知之法(同自然法)，人们都认为应将冒犯法律者的所有物品用作宗教祭品。因此，在反对葡萄牙人的战争中，基于这一理由以及前文提及的诸多论点，荷兰人的行为是正当的。

上述所有论点基于商业遭禁止的显明事实；但是，其他具有说服力的观点可能出自禁止的模式，我们可将前述章节中记载的种种诽谤归在这一标题之下。

假定我们维护自己占有物是适当的，并且不应让任何人从我们手中夺走，那么我们也许可以设问：“与个人占有一样，品德高尚者的名誉难道不是更珍贵的财产，因其精神的高贵较物质利益更显突出，难道不比生活自身都更为宝贵吗？”无疑，诽谤构成伤害，损害行为的归类用语通常已明显包含了这种诽谤行为；因为我们找不到比“损害”这一更明确的用语来描述这种无礼谩骂的行为，[1]或是希腊人所说的[肆无忌惮的违法行为]。我们目前讨论的案件并非不足为道的无礼行为，也不是让侵权人高兴而未对被侵权人带来过多伤害的行为。相反，我们所指
265 的无礼行为企图在世人面前使荷兰人丢脸，并采用不亚于恐怖的指控手段将全人类的憎恨都引向荷兰人，从而引起许多国家的君主和人民痛恨、乃至断绝与荷兰人民交往，将荷兰人看作邪恶的、可憎恶的民族。早些时候，某些民族有过如此恶名，如有海盗行为的西里西亚人，有盗

[1] 从《学说汇纂》中引用的这段还有以下一句话：但是，具体而言，“损害”一词还有“无礼傲慢”之意。

窃恶习的刻克洛普斯人[1]，有难以启齿之性交习性的波斯人，因不受法律约束和孤僻生活方式而著名的游牧民族。但是，任何可提起的指控会因那些不信仰上帝和宗教者具有令人讨厌的邪恶而落空，因为这种态度与人性如此格格不入，以致有人果真会否认国家的存在，也不珍惜神的内在理念和身体力行宗教仪式。可是，葡萄牙人却将这些指控一股脑儿统统加在荷兰人身上，他们实在是出于诽谤而睁眼说瞎话，以致根本说不出到底哪一指控是真正可以落在我们头上的。国外的学者们已经超乎寻常地研究了有关低地国家的问题(因为我们自己不应涉足所有历史档案的审查)，并提供了大量证据表明低地国家人民满怀热情从事的决不是海盗行为而是商业活动，更谈不上任何掠夺倾向，在抵制性欲诱惑和整个生活方式方面，也胜过他人；并对法律、行政官和上述所有宗教事宜表现出最为虔诚的尊重。

因此，当荷兰人发现他们的名誉被这种方式诋毁时，他们完全有正当理由维护其良好声誉；并且，他们通过其行为正当地显示反抗哪些炫耀武力者，以消除东印度人民的一切疑虑。难道人们可以保护其财产时，却不允许他们维护其声誉吗？换言之，难道不允许人们拿起武器维护其声誉的完整性，并在受损害时予以恢复吗？有人不择手段诋毁他人的良好声誉，一旦事实真相大白于天下，他自己落得身败名裂，也 266
使被玷污的名誉得以恢复。毫无疑问，诋毁他人者如同窃贼，负有赔偿义务，在其他适当的损害赔偿方式不能行使时，甚至可假设科以罚金。此外，对所受损害，不仅可提起民事赔偿，也可提起刑事诉讼。正是基于这一点，元老院的《特皮里法令》对蓄意诽谤者科以刑罚。

[1] 将“Cercopes”当成Cecropes来读(可能是Cecropii误拼，意指雅典人或阿提卡人)。根据奥维德所说(《变形记》第14章，第91—100页)，刻克洛普斯人是一个天性恶劣，专司欺诈和钩心斗角的种族，以致朱庇特因其罪行而将其变为猴子。

因此，出于同样理由而拿起武器也是合法的。在弗吉尔的作品中，我们读到以下诗句：

啊，朱庇特！她喊道，他应离开——
是那嘲笑我们这些王国的陌生人吗？
穿越该城市能不以武力抓获
快速追击吗？船舶能不被掳掠
拖出码头吗？快，加快步伐，
点亮火把；扬帆起航；摇桨前行！

实际上，我们经常发现，即便在战争期间，用极度仇恨的辱骂激怒敌人的人会受到胜利者严惩，这一做法似乎表明战争本身也不会宽恕这种恶毒行为。

上述许多原因肯定是发动战争的正当理由。然而，我们还看到，并非每一种权利[使战争手段正当化]在战前已存在。有一种权利形式来自武装冲突中与战争持续中的防卫。

在这类权利项下，包括保卫自己的生命。因为当我们保卫或准备恢复我们的财产，或寻求获得我们的权利时，而我们的敌人用武力对抗我们的这种尝试，显然，我们虽然是无辜的，但将陷入生命危险中。这种情势构成了最古老和最正当的战争理由。此外，即便有这种理由，战争最先也不是荷兰人挑起的，这在我们对事件发展过程的描述中已予证实。

接着，我们来考虑上述理由之一：保卫[在战争中受威胁]的财产权，恢复由于战争而实际损失的财产，或获得可被视同损失的财产。因为发动非正义战争者应对正义交战一方因冲突而招致的全部损失承担责任。现在，众所周知的事实是：有些船只及运载货物被葡萄牙人以暴力从荷兰人手中夺去，且还带来其他许多损失，诸如在许多情况下，当遭到灾难性的失败后，荷兰人自己不得不弃船或焚船，损失惨重。 267

还需要考虑的是迫使敌方偿还他方债务的程序。在这种情况下，我们必须考虑所涉成本。因为非正义战争的发动者对无辜一方欠有债务，这应当包括整个冲突期间所发生的全部费用。整个事情的全程记录无疑提供了充分的证据，在地球这么遥远的区域抵抗葡萄牙人而无巨额耗费是不可能的。该巨额耗费项目可适当分类如下：船舶装备费用，以情形而论；雇佣大量水手的雇佣费用；与所涉危险同比增加的费用、伤员治疗必须支出的费用以及提供给积极提供这类服务的人员报酬等。

此外，我们对损失和耗费的评估还应当延及那些已蒙受损失，或可能害怕遭受葡萄牙人唆使者侵害的荷兰人的各种损失和耗费。因为下达[伤害行为]的人，与[实施这一行为]的人，均应当承担赔偿义务。在这方面，可对蛮族人提出赔偿请求作为交换俘虏的赎金。

惩罚的执行是论证战争正当理由的最后一个问题。

对于任何一个蓄意发动非正义战争者而言，他犯下了非常严重的罪行；因而他必须受到适当惩罚，因为罪行严重不应作为罪犯的保护伞。葡萄牙人造成的严重损害，部分通过他人实施，部分由他们直接实施所致。而且，根据法学家的观点，直接造成与通过代理人造成的损害，没有什么区别。下达实施损害的命令者所犯罪行不比执行其命令者的犯罪轻，相反，其罪过更严重。法律已经规定，实际上也理应如此，下达命令或劝说他人实施攻击行为者，都应受到正义的报应。人类不应模仿狗的行为，即(如古代谚语所云)“狗只知道冲向砸它们的石头，而不是冲向扔石头的人”。对这一类案件来说，有人也许会适当引用出 268

自有名的吹号手故事的道德来说明问题，即唆使他人参战而自己却规避风险者，更应受到惩罚。确实，根据塞尼卡的观点，“实施暴力行为者与出于私利而提供物品由他人实施[暴力][1]者，将同样予以惩罚”。在他的一出悲剧中，塞尼卡尖锐地指出：

> 他就是罪犯，
>
> 只要他从该犯罪中牟利。

上述事件也典型地说明了不同类型的罪行。

屠杀人类是所有犯罪行为中最严重的，这说明为什么法律规定禁止谋杀。现在，葡萄牙人用最卑鄙和最残忍的方式杀死了许多荷兰人，所以，东印度公司绝不可能无动于衷，不为其雇员报仇。荷马代表西蒂斯*说：

> 我的孩子，追求真理乃美德，
>
> 为那些被卑鄙的手段杀死的同伴报仇吧。[2]

而且，既然奴役等同死亡，那么就必须将自由视同生命那样珍贵。从这一对比中，不难看出：严重的罪行也指将一自由人投入暗无天日的监牢，脚镣手铐，严刑拷打。如葡萄牙人过去曾经、现在还继续这样对待许多荷兰人。事实上，葡萄牙人如此顽固执意不悔，以致根本就

---

[1] 在准备英译本时仍未找到赛尼卡作品的这段引语，因此括号中的词只是根据上下文的猜测。

* 西蒂斯(Thetis)，希腊神话中海神的女儿。

[2] 格劳秀斯的拉丁文本(英译本据此翻译)与希腊文本在此有一个不同寻常、值得注意的区别：前一文本指为已遇害的同胞报仇，这也引证格劳秀斯的论点；后一文本仅指生存的同胞避免杀戮或袭击行为。

不允许以我们俘虏的葡萄牙人或巨额赎金来赎回被俘虏的荷兰人，而是将他们捕获的人变成永久奴隶。这已被许多法学家宣布为不能允许的，甚至在基督徒们发动合法战争期间，也是如此，因为它与公认的法律相悖。

那么，还有什么比伪证或背信弃义等行为更令人厌恶呢？作为一 269
条规则，其他邪恶行为只对所及的特定个人产生效果；但是，那些背信弃义的罪犯则冒犯了上帝本人，从而请求上帝作为证人(也许以口头形式，或至少以其他什么方式来援引其证词)，同时也是针对整个人类社会，从而严重损害了我们在彼此完全陌生的人们中唯一赖以保障安全的纽带。以前，罗马人在有正当理由采取武力而宣战之前，通常发布断绝友好关系的公告。葡萄牙人恰恰相反，一边谋划对荷兰人极度残忍的活动，并蓄意待机实施这些残忍计划，一边还假惺惺地伪装友好，迷惑我们。可是，他们居然还不满足如此明目张胆的恶意！他们对荷兰人的残暴行为登峰造极：公开挑衅神圣的和平，挑衅明确无误的公约以及誓言承担的神圣义务。一言以蔽之，世上没有什么更神圣的东西能够阻止葡萄牙人屠戮荷兰人。

与这些背信弃义类似的是葡萄牙人在友好假面具之下，常诉诸投毒和雇佣杀手。很久前有关珀修斯国王* 的说法可适用于目前的情况：葡萄牙人没有准备正义战争，而是在利用各种秘密手段从事抢劫和暴力等犯罪行为。亚历山大对大流士所说的话，在此也适用：“你从事的是邪恶战争；尽管你有武器可自由支配，但你只想取得敌人头颅。”无疑，按亚历山大所言，犯下这种罪行的人“不配当作正当的敌人，而应作为一个谋杀者和投毒者，穷追猛打之，直至彻底消灭他”。

---

* 珀修斯(Perseusm)，公元前 176—前 168 年在位的马其顿国王。

还应提及其他罪行(相比上述罪行，虽较轻，但是本身仍值得注意)：如暴力行为(公众的，或私人的，或武装暴动，或强夺财产)和其他在非正义战争中可能产生的罪行。我们在揭露葡萄牙人如何实施这些罪行的事实时已叙述过了。

270 甚至对犯罪企图的惩罚(至少在比较残暴的情况下)也不应放过。因此，葡萄牙人一时未能将整个舰队及舰队上的人一把火烧尽杀绝，或未能实施许多类似犯罪行为，也不应免于惩罚，因为这些未遂是由于缺少运气而非缺少恶意。塞尼卡对该原则作了令人信服的解释：“任何意图从事损害行为者已损害他人”；“根据一个人已将自己武装成一个杀手且怀有抢劫和杀人意图的事实，他在双手沾满鲜血之前已变成歹徒”；“就犯罪程度的充分性而言，在实际行为既遂前，就已构成犯罪”。

还有一项公认的原则：如一犯罪行为针对任何人，即使他为自由人，并且，该行为涉及侵犯的第三方不仅是直接受害人，而且由于他与受攻击的直接对象有联系(姑且这么说)而受到攻击的一方，有权提起侵害之诉。因此，基于葡萄牙人对东印度人实施的不法行为，荷兰人有权对葡萄牙人提起侵害之诉，如同东印度人民自己起诉一样。

最后须记住的事实是：一国及其行政官不能制止自己人民公开的耻辱行为，则将承担相应罪责，为此，我们应将葡萄牙国家作为一个整体所犯下的罪行列为最后的理由，因为该国对上述邪恶行为熟视无睹，任其滋生。

由于上述所列罪行均极其严重，因此对其惩罚，无论从什么适当角度考虑，都须有相应的严厉性。根据国内法有关戒规，只有极少惩罚限于罚金，许多惩罚涉及对物品的没收，同时还有流放或羞辱刑，很多判以死刑。允许施加这种刑罚，如同以武力实施一样，因为(我们现在应解释)它们不能通过司法程序来强制实施。我们肯定已说明，在战争中有权攻击以惩罚伤害我们的人，尽管这些人在任何其他意义上不隶属于我们权力，并且，我们还说明，发动正义战争的人拥有了法官的权力。

到此为止，我们讨论了所有的战争原因。下一步要考虑的问题直接与敌人本身相关。现在我们已经得出结论：当某些人或一国或其执政官实施了一损害行为，则针对他们及其该国发动的战争则为正义；当 271
一国家保护其实施损害的国民，那么对该国家发动战争也是正义的；这同样适用于实施该损害行为者的盟国及其臣民。

于是，首先，应当允许荷兰东印度公司在战争中攻击那些犯有上述罪行的葡萄牙人。

其次，允许攻击该国家，即葡萄牙国家。因为没有什么东西能阻止一场战争变为一方面是私战，另一方面是公战，而且，归根到底是为前者而战。由亚伯拉罕发动的对诸国王的战争具有这种性质，另一个例子也许是大卫对索尔的战争。何况基于下述两个原因，葡萄牙人理应在战争中受到攻击。

第一个原因在于以下事实，即葡萄牙人通过他们自己的直接行为或通过他们的行政官，损害了在东印度的商人利益。人们普遍认为国家决策导致的行为，乃至由整个国家的大部分人或行政官宣布的行为，均为整个国家的行为[1]。在本书另一部分已证明过。既然国家决策引起果阿地区总督之弟曼诺尔率领数艘船出发，并按照命令在首次接近荷兰人时，就发起战争般的攻击，甚至惩罚那些不愿加入攻击荷兰人行动的人。正是根据国家决策，更多武装起来的船只(还获得了西班牙人的帮

[1] 起初，格劳秀斯写道：人们普遍承认整个社会共同体应当受到这些行为的约束……为把此句变成目前文本中的表述，他引进了一个动词“esse”(are，是)，而同时没有划去“teneri”(is bound，受约束)。即使是迫不得已的解释，后一词语可能以“被认为是[整个社会共同体的行为]”之意义保留了下来，但是，英译本基于一个很可能的假设，即格劳秀斯在试图用另外一种方式表述时，忘了将它划去，因而将之略去。

助)以对付荷兰人。根据国家的决策，组建了恐怖舰队，在安德鲁斯·贺塔多的指挥下，给所有荷兰人及那些允许荷兰人进出的人带来彻底的毁灭性打击。而且，贺塔多率领一支强大舰队继续停留在马六甲附近，待命随时抢劫整个地区所有他国商船和商人。最后，正是根据国家的决策，荷兰人被俘，解送到葡萄牙。

对葡萄牙人发起战争的第二个原因在于，葡萄牙国家没能采取措施
272 惩罚那些对荷兰人犯有罪行的葡萄牙国民。事实上，葡萄牙国家保护了这些罪犯，并阻止对他们进行惩罚。如果目前讨论的案件涉及国家有权禁止或惩处那些公开且持续的损害行为，那么法学家们一致谴责那些明确拒绝正义的国家，以及那些忽略正义的国家。如果这种规定不适用目前案件，那么适用何种情况呢？上帝啊，荷兰人在葡萄牙人手中已遭受多少次损害呢？仅一次？根本不可能！十次？未免低估了！一百次？这还不是接近真实的数字！让我们来说，那是有机可乘，数不胜数。且这些伤害行为不是秘密的，而是公开的，在所有东印度人都能看到的地方，陆上，海上。还有，是什么东西阻碍惩罚那些从事如此邪恶行为的人，或至少阻止他们伤害他人的权力？事实胜于雄辩，众所周知，正是该整个国家作出的决定，而每个葡萄牙人都支持着该观点，即不允许任何外国人登上有争议的那片土地。

其三[1]，如已证明一国臣民实施了损害行为，则对战争攻击负责；这就是说，每个葡萄牙人都毫无例外地要承担责任。这是确切无疑，部分是因为臣民们不得不保卫其国家，部分是因为国家的行为是其每一个成员所关心的。奥古斯丁所说恰好适用本案："一定人民中单个人的

---

[1] 这是与受到适当攻击的敌人有关的第三个主要结论，作为与战争的正当理由分离的问题看待。在这方面，不应当将格劳秀斯的列举排序与他提出将葡萄牙人作为整体理应受到攻击的两个理由排序混为一谈，后者以"其次……"(见英译本第 272 页)的术语引出主要结论，由紧随其后的两个段落所组成。

私犯是一回事；当该行为由联合起来的团体共同所为，如同表达一个人的想法和意志，又是一回事。当公民们作为一个整体出现，也就代表了无数单个公民；但是，当众多公民出现时，并不必然地意味着存在作为整体的公民，因为个人可脱离整体而存在；但是，整体必须包含不同个人，因为它存在于个人中，这些人集合起来或假定为总和的集体。” 273
这一无所不包的特质正是极度刚愎自用、固执己见的葡萄牙人的写照。他们拼尽全力，为实现其目的，既作为整体又作为个体，集合运用其财力和体力，使荷兰人在印度得不到安全保障。

接着，我们发现，不仅存在许多使战争合法的理由，而且还应当将葡萄牙人列为敌人。我们问题的困难在于：发动战争的授权看来不是针对私人的当事方。

然而，我们已证明只要司法程序缺失，就允许私人从事战争。当司法程序持续缺失时，只要是自然法允许的事对私人来说都是允许的。因此，人们普遍承认，债权人可通过[私人]武力强制债务人履行债务。对于这一观点，我们已补充了以特别明智的法学家们意见为基础的论点，即在有必要性的情况下，根据正义原则，不应否定对惩罚此类行为的权力。

现在，在我们考虑的问题中，司法追索权的持续缺失肯定是一个不言而喻的事实。几乎所有引发这场战争的事件都发生在海上；但是，我们坚持(我坚信，也是正义地)认为，就事件发生地而言，任何人在海洋上都不能主张特殊的管辖权。而且，[在当前情况下]如存在这种特殊的管辖权，那也该属于东印度统治者，而他们不愿意卷入此案，葡萄牙人也不认可他们是那里的法官。因此，从事件发生地来说，在法律和事实两方面都缺少司法追索权。从当事方立场来看，除了葡萄牙国家或统治者，或除了荷兰国家，不可能有其他法官了，因为这是葡萄牙和荷兰两国之间的事情。葡萄牙国家及其统治者正是在此事件中迈出第一步的当事方，不仅对荷兰人实施公开的损害，而且发动了战争。这一事实明白无误地取消了他们作为法官的权力，更不用提以后他们所做无数背信弃义的事情了，如葡萄牙人(甚至将正式的协议抛在一边)冷酷无情地对待荷兰人的信使。这些事实表明：应当公正地要求他们回避任何对他们的追索赔偿。为此，正当的程序应由荷兰国家作为裁判
274 官，但是，由于涉案地点如此遥远，以致这也不可能。可见，司法追索程序的缺失不是暂时的，而是持续不断和长久的。如果我们切记从形成时间与地点的连贯角度，考虑在东印度发生的所有事件先后顺序和相互关系，这一结论的有效性就特别明显。

假定战争是正义的，我们仍需考虑在该战争中，允许做什么。

我们已澄清了这一点：任何人不能超越系争权利以及对系争权利负有责任者的适当限制。我们在与战争原因有关的论述中，已讨论了荷兰人针对葡萄牙人所主张的特定权利性质。让我们把对虚伪、疯狂的诽谤、杀戮、背信弃义和劫掠进行复仇的任何主张放在一边，尽管这已证明荷兰人对触犯万民法、阻止商业活动的葡萄牙人进行惩罚是合法的，仅葡萄牙人未遭受任何损失就使他们对这些主张无以提出任何要求。

让我们把注意力转向下一个被证明毫无争议的论点：葡萄牙人已阻碍荷兰人与东印度的任何一个国家进行自由贸易，尽管后者有权自由选择贸易伙伴；为此，葡萄牙人因其干涉致使荷兰人遭受的所有损失负有赔偿义务。该损失巨大，因为首航通常会硕果累累，而荷兰人的航行由于葡萄牙人设计的圈套而毫无收获。以下事实也应予考虑：葡萄牙人须对发动非正义战争所致损害负有赔偿责任(包括支出费用项下的诸多损害)，上文已罗列了其主要分类。如对可获利的事业中断及引起的损失

和费用的所有项目进行准确计算，而且将捕获的大帆船及其运载货物的价值也算入，无疑将证明荷兰人遭受的损失大大超出他们自己计算的总额，或者说，他们反抗葡萄牙人的耗费大大超过荷兰人获胜所得。在任何情况下，向葡萄牙人提出的赔偿数额都是正当的，该赔偿应足以提供一个额外的储存基金以备将来战事，因为该损害还没有完全清算，危险尚未消除，战斗的严酷性仍在增加。为此，我们认为，不仅目前的战争 275
行为没有超越争议权利的限制，而且它在停止时也远未达到该限制。

任何人都不会主张抢夺他人物品者对此行为不负有法律责任。对葡萄牙国家或葡萄牙人民而言，他们当然地对我上述所有项目负有赔偿义务，因为他们阻碍了商业贸易，发动战争且未对罪犯惩罚。现在，我们已证明可强制一国国民偿还该国所负债务(实际上，不是依国内法而是依国际法)；就此而言，除了合理的论点和引用权威学说之外，报复制度也提供了具体范例。该制度要求：受一国国民损害的任何人，如该国不能主持正义，或(更需强调地)受特定国家直接伤害的任何人，应当向该国国民索赔。为此，我们得出了西班牙人自己的证据所支持的结论：报复所实施的伤害仅限于因其侵害或阻碍执行正义而应受惩罚者；相反，可以在任何时候，从所有该国臣民处，正当地获取战利品，直到[该国所欠]债务偿清为止，且对该国商人或其他阶层没有任何例外，尽管这些人是多么无辜。显然，这允许对所说的大帆船及其货物所有人的商人发动战争，以在必要的限度内将这些货物掠为捕获品。实际上，在这一特定案件中，我们特别关注如下事实：被捕获的大帆船及其货物主人是从澳门，也就是从几乎有二十多个荷兰人作为葡萄牙人暴行的牺牲品被绞死或淹死的地方启航而来。谁会认为这些商人是无辜者呢？而且，我还要提出一个更具结论性的观点：正是在船上，发现了那些被害者的衣服和个人用品，葡萄牙人试图将它们作为(所谓)光

辉胜利的战利品带回本土，恐怕没有这类证据，很难相信有人竟然如此
276 残忍。对船上这些人，该有任何同情吗？如果荷兰人还满足于灌输对财产损失的恐惧，同时饶恕上述罪犯的性命，那么葡萄牙人不是更会嘲笑荷兰人的仁慈吗？

然而，除了上述对争议权利的限制理由外，我们对战争还有另一限制。我指的是诚信所设置的限制。在目前案件中，我们没有对敌人作出任何难以充分履行的诺言。对于屠杀和平时期荷兰人的那些人，一旦他们自己在战争中[被荷兰人]击败，可以饶命；并且，这不仅饶命，而且可给予自由，尽管这允许索取一笔可观的代价。此外，为了不至于这些好处成为空话，在葡萄牙人被释放后，还派荷兰人护送回马六甲。总之，获胜的人民对战败者表现出的极大的仁慈，缺乏这些品德的葡萄牙人惊讶不已，并给了荷兰人一个值得提及的证词，说明这一仁慈，以示其“诚信”。这就是马六甲的元老院、总督及被俘舰队司令的信件(见本辩护词的附件[1])。最后，在葡萄牙人被冯 · 沃尔维基克旗下舰队打败后不久，曾在澳门宣称，如果他们占上风，他们决不会那么仁慈地对待荷兰人。这也是一个不争的事实吧。

至于战争目的，每个人对自己的判断负责。其实，这一问题超出人类判断范围，除非任何民族的精神对其人民来说，人人共有。在这一意义上，可以相信个人行动构成了这种推测的基础。我们说过，战争的真正目的是实现某人的权利。如果战利品的捕获与这一目的吻合，则该战利品应被视为正当、公平地取得的东西；但是，当一个斗士仅为个人获利而战，则不应如此认为。让我们来考察一下，后一推测

[1] 《捕获法》手稿最后一页(第 163 页)列有文献一览，包括上文提到的信件。格劳秀斯想将它作为该原书稿的附件，参见英译本第 366 页。在格劳秀斯的手稿中没有所提及的这些文献，但是，后来弗鲁因教授在荷兰文本中逐一标出。其荷兰文复制本为英译本附录 B(见第 371 页，中译本略)。

在对葡萄牙人或荷兰人而言的情况下，哪一个更为可信。

古代作家就告诉我们，很久以前，葡萄牙人已惯于抢劫和掳掠；他 277
们中稍好阶层的人，根本不可能不意识到自远古开始就融于其种族中的邪恶和嗜血的贪婪，他们也不可能不注意在基督徒中，许多葡萄牙人根本就未被视为基督徒。

我不想在此通过对比方式，重复许多荷兰人非常引以为荣的记载。重温上文有些与目前论证有关的论述，不无自我满足之感。在[日耳曼]领土上的所有民族中，还从来没有哪一个民族能摆脱对战利品贪婪的诱惑。所以，当塔西佗描述西维利斯的战争时，将德国人描绘成为掳掠而战的民族，但荷兰人则为荣誉而战。与我们差不多同时代的国外学者也宣称在日耳曼民族中，荷兰人以对他人财产无贪婪之心而闻名于世。马六甲的大主教给国王的信已充分说明在印度本土的葡萄牙人如今对荷兰人也不得表示尊重："他们没有对本土人有过任何伤害，更不用说对葡萄牙人了。总之，他们没有给任何国家添麻烦。"他还在信中说："在所有当地人中，他们是最受欢迎的，人们非常喜爱他们，因为他们在正当地从事贸易活动，而不诉诸暴力或损害。"很清楚，荷兰人仅仅追求商业目标，如果他们没有被迫卷入战争，肯定已十分满意地实现了这些目标。这可以从他们一开始进行航海活动起所发生的一系列事件，以及他们耐心地维护持久和平的事实中，看得非常清楚。例如，(我们已经指出了)尽管在首航时，他们就遭遇四艘葡萄牙人船只，且每艘船均是单独航行，似乎是贪婪者的笼中猎物，但是，这些船只安然无恙地继续航行。此外，荷兰人还几次将从葡萄牙人手中捕获的物品自愿地返还给他们。例如，沃尔夫特 · 哈曼兹[*] 在捕获一艘船(属于

---

* 沃尔夫特 · 哈曼兹(Wolphert Harmensz)，荷兰的东印度公司舰队司令官。

我们所知的“快速轻便帆船”)时就采取这一行为方式。该船曾驶向帕纳莫布哥，并来到了赤道这一边。但是，当经验显示出葡萄牙人因为害怕报复的恐惧日趋淡去，竟然敢如此大胆地对荷兰人使用暴力时，后者仍以尽可能的温和的方式激励他们自己，并试图发现那些贪婪冷酷的
278 人是否至少会因其财物损失而促使他们尊重正义与和平。

说那么多荷兰人自我克制的事例，实际上是对葡萄牙民族声誉和价值的公开羞辱；但是，还有一个不应忽略的插曲。这可追溯到争议战利品被捕获时。当时，达玛岛上的统治者拘押了前去该岛的二十个代理人(我们在其他地方已提及该事件)，对其中八人的赎回提出敲诈勒索的价格，并拒绝释放其他人时，希姆斯科克坚决不屈服这种威胁而放弃荷兰人的自由，这在遭遇背信弃义，受害人陷入悲惨境地时，尤其如此。于是，他决定实施报复，发誓保障他们安全。在其他来自加哈王国的诸多船只也碰到类似事情。一艘“舢板”型号的小船正驶向达玛岛，希姆斯科克将它作为达玛王国的财产予以扣留。然后，希姆斯科克向达玛国王派出信使，承诺如他释放十二位被继续扣留的荷兰商人，他就归还船只，并随后向达玛王国表示友好。但是，该国王根本不理会希姆斯科克提出的条件，并试图派出武装卫队强行夺回被扣船只。于是，希姆斯科克认为最好就是取走商品货物，将船只及其船长和七十名海员遣送还达玛，同时还承诺，如果该船长能成功使荷兰人获释，则满船货物或等值财富(估计约为五卡提* 黄金)将返还给他。不久，因季节变化和缺少淡水而必须改变停泊地时，希姆斯科克将他控制下的东印度人都送回老家。他派了两个人使节去加哈岛，希望该岛国王向他派送授权的人，以便向上文提到人支付五卡提黄金。然而，国王回复：

* 卡提(catties)，计量单位。

他没有发现希姆斯科克的行为中有所谓借口之类的东西，因为事实很清楚，荷兰人是友善的，不希望对热爱和平的人有任何伤害，而且还因为
在所有国家的人民眼里，对先前损害他人利益的人进行报复不仅无可指 279
责，而且还值得称道。他还补充说，如战争命运注定这种复仇，并以他个人或其他臣民之一作为代价完成，那么对他来说，在这种情况下无法平静下来忍受结果。至于他自己，看重的是荷兰人的友谊，因此一定要有彻底和充分的补偿。随后，当希姆斯科克为了商业目的来到加哈，他费尽周折并经过请求最终得到了皇家准许，对那位曾被扣押，名为拉萨杜塔的船长给予赔偿，与五卡提黄金相应，他给了乐意接受的该船长一千二百里斯，尽管那批货物价值还不到七百里斯。

这段插曲有什么特别之处值得人们回味呢？是不惜代价换回被非法且违背诚信而抓走的人吗？是释放东印度人的同时，东印度人却仍关押荷兰人吗？是希姆斯科克在加哈统治者面前的自责吗？甚至是他向那个统治者乞求[获准给予他人赔偿]的事实吗？是可能阻止他做出任何赔偿时，希姆斯科克却多支付了赔偿费吗？这一切事实表明，从来就没有如此慷慨雅量的掠夺者！

因此，在有诸多疑问的案件中应给予比较有利的解释，甚至当上文所说证据尚不存在时也是如此，不妨假设击败葡萄牙人的荷兰人目的在于至少迫使难以善意平静的那些人采取不同的方式，对待其自己的损失。如安布罗斯所言，对于那些我们不能剥夺其抢劫犯意的人，就应剥夺其抢劫的权力。

如葡萄牙人放弃其野蛮行径，甚至现在承认人类友善，并成为商场上的竞争者，那该多好！荷兰人时刻准备放弃敌意，并宽恕上述所有罪行、摒弃胜券在握的战争良机。对他们来说，源于意志中的收获，足矣。

于是，不论我们将这场战争目的解释为补偿损失与成本，还是为了战胜非正义的邪恶，任何一个目标都已足够，何况两者无疑都是正义
280 的。在审视上述所有理由后，我们裁决如下：由荷兰东印度公司发动的反对葡萄牙人(被捕获船只的前所有者)的战争为正义战争；因此系争捕获物的夺取也是完全正义的。这是由既定基本原则可以清晰得出的推论。此外，既然通过私战所获的战利品首先并完全属于发动正义战争者的财产，直至完全清偿了欠他的债(我们以无可辩驳的论点加以证明的)，那么系争帆船及其货物理应归属以其私人代价进行这场战争的荷兰东印度公司，何况(如我们已阐明)这无论如何还不足以偿还所欠之债。我们已明确这一点：战利品的获取在私战中所起作用丝毫不亚于公战。就此而言，确实尽管有人不同意使用这样的措辞，但对基本事实还是持一致意见。因为这是公认的：在没有法官的情况下，即便这是暂时的缺失，出于恢复财产权和偿还正当债务(包括成本)等目的也可以夺取敌人的占有物，除非在某些情况下，某些权威机关要求由司法裁判解决。在这些情况下，由随后的司法判决来解决战利品的归属，当然不会有任何疑问。而且，经院哲学家们制定了如下范围更广的原则：即使一场战争从原因、意图、涉及的人和授权等角度看是非正义的，如果关乎财产问题，譬如，事实上的结果是战争出于收回财产之目的而进行，且都假定允许超过间隔的时限，发动战争一方依良知不受归回的约束，除非他所获取的或造成的损失超过了被敌人从他自己的财产里不公正地夺走的部分。

就代表其利益而诉诸武力而言，如上陈述应适用于荷兰东印度公司的理由。

同样，根据以上所述，该公司也有权基于其盟友和朋友(诸如泽兰公司)所蒙受的损害而使用武力，并计算该损失可能获得的赔偿，首先

要考虑荷兰东印度公司为此而支出的费用。 在这一意义上，主张荷兰 281
人自己不首先卷入武装冲突而仅加入到引起冲突的泽兰人或东印度人中是可能的。 在这种情况中，所获取的战利品由战争发起者在分配给荷兰人的范围内归属为他们的财产。 然而，由于私人与东印度的君主或人民结盟进行的是一场公战而非私战，因此，可推迟讨论刚才提起的问题，或放在更恰当的地方讨论。

至于讨论参与私战的臣民，或更具体一些，与服务于东印度公司的海员以及地位不一的雇员有关的问题，实际上是多余的：部分是因为我们所作的研究主要不涉及这些人，部分是因为根据以上所说，并以开宗明义确定的原则加以评估后，我们毫不怀疑出自这么明显的正当原因，这些个人完全正确地忠诚于该公司，并执行该公司的命令投入反抗葡萄牙人的战争中。 因此，如果说这些人由此获得该公司分给的部分捕获
物，那么他们持有这部分财产，实为无可指责和合乎正道之举。 282

第十三章

证明该战争为正当，且系争捕获物为该公司在祖国公共事业中正当取得

第一部分　作为自愿代理人，这一主张完全尊重[荷兰及联合各省]政府大会。

第二部分　作为该大会成员，这完全尊重东印度公司。

第三部分　以我们盟友的公共事业为基础，[该战争与前述获取]也是[正当的]。

在同样章节中，将提出以下论点：

1. 一个政治组织的共同体，或其内部各省，即便由君主统治，也有权进入公战。

2. 反抗君主的战争正当性基于维护长期根深蒂固之法律，并约束其首领。

3. 反抗君主的战争不需要宣战。

4. 服从在位执政官为良民之品行。

5. 为国家与法律而战的公民就是善意地反抗君主。

6. 一国反抗曾为自己统治者的君主之战争为对外战争。

7. 对于基督徒而言，与反对基督徒的异教徒结成战争同盟往往是正确的。

虽然在前述意义上，可能肇起于私战的这一冲突是正当的，但是，更准确地说，实际上，这是公战，并且，捕获物是根据公战取得的。冲突的主体实际上是荷兰各省大会，如今与低地国家其他各省结为联盟。

我们已经宣布，发动战争之首要的、最高的权力归属国家，任何完善的共同体[可以说]是真正的国家。因此，(如维多利亚所说)阿拉贡王国* 形成了一个区别于卡斯提尔王国** 的国家，然而，实际上，这两个王国都隶属同一君主。因此，荷兰的领地本身也构成了一个完全国 283
家。而且，正如说到部队和步兵，都是指军队，说到内部各省[构成了政治共同体]，希望理解这是指该共同体，因为该实体的所有部分集合在一起时，就完全等同一个整体。

在著名哲学家的讨论中，可以发现类似的观点，即某事物本身构成另一事物某种性质的原因，同样也具有该性质，并且，在更大程度上，只要本质上具有这种特性就可以了。现在，根据自然法和教会法(依据上文提到维多利亚所得出的完全合理的结论)，所有政治权力都属于国家。国家完全有能力自我管理，处理其行政事务，指令其所有下属机构为公共善服务。另一方面，凡未经某一统治者或王朝的择选而从该

* 阿拉贡王国(Kingdom of Aragon)，西班牙北部一地区。
** 卡斯提尔王国(Kingdom of Castile)，西班牙北部的一古代王国。

国家获得权力的君主，均无正当权力，因此，发动战争的权利只有在君主代表国家，并获得其授权时才存在。可见，更大、更高的宣战权归属国家本身。君主由国家确定，代表国家，为国家目的而行事。这种目的是国家本身靠直接行动无法实现的。即便建立元首统治体制后，国家权力仍未变化：确实没有，前述的西班牙神学家们证明国家可以改换君主，将王权从一个王朝转给另一个。在这个意义上，维多利亚提到了弗兰克斯[革除查尔德里克]的例子。

根据这些论证，显然，尽管荷兰国家隶属某一君主，但是，并不缺乏独立于该君主而从事某一公战的权力；否则，该国家还不是足以自我存在。维多利亚也采用足以自我存在的观点来证明某些国王即便隶属某一帝国，并未被禁止独立开战。

进而言之，即便那些我们称为“内部各省”的实体[集合体]不等于
284 国家本身，但是，却具有国家设立行政长官的特点，地位低于君主，因而系争的冲突仍为公战。我们同意维多利亚和其他权威观点，坚持在君主未变化的情况下，下属的行政长官不仅有权要求补偿，而且为惩罚外国的肆意违法者，可发动公战。根据科瓦卢维斯的观点，由于君主政府的缺陷，即便该国家的一部分也可以为它选择行政长官，虽然行政长官的任命可能要通过国王。因为(如科瓦卢维斯所说)人民根据自然法有权力，并在国王自己未行使时而行使之。否则，(科瓦卢维斯继续说)“人民自己和国家自身就会置自己于极其危险的地步，以至无计可施，这是非常荒谬的假定”。从法律的立场看，没有效果的存在或不存在都等于只是概念。卡斯特里西说：“没有居上者与有一个不负责的居上者，是一回事。”

如果由于君主的不存在或不负责，从而允许属下的行政长官发动战争，在君主自己使国家受损失，并只有靠武力才能补偿时，这种允许度

有多大呢？ 不仅那些认为教皇隶属参议会的神学家，而且将教皇置于参议会之上的持异议者，均承认(尽管有以后的学说)在教皇走向不利于教会的道路时，参议会可违背教皇意愿，并根据该参议会的权力，抵制、取消教皇的命令，甚至采取武力，只要证明这种行动是必要的。如今，什么是参议会呢？ 这不是世俗的各省大会吗？ 什么是[政治的]各省大会，它不就是政治参议会吗？ 确实，基于这一类比，与反对教皇的参议会相比，反对君主的政治大会应该享有更多的许可，因为宣布教皇权力直接来自基督而不是教会的人，否认君主享有权威，除非这是来自国家的权威。

因此，荷兰各省大会有权发动战争。

同一事实显得更加清楚，因为作为荷兰最初的政治机构，该大会权 285
威无可争议，并通过长期延续的惯例以及布朗拜特之后在低地国家建立的法律传统得以确认。 这些根深蒂固的戒规明确规定对违反本国法律的君主，该大会拥有全权拒绝对君主的忠诚和尊重。

当然，如果我们讨论荷兰人与低地国家人民联合发动的该战争之背后原因，我们就不应限于目前的任务范围。 该战争首先针对阿尔巴公爵及其随同的西班牙人，而后针对菲利普国王，他曾是荷兰的伯爵。当然，依据该问题上早已问世的所有论著，我无须与其他学者令人信服的论点相协调。 然而，我也不会隐瞒自己观点，并为当前目的而充分加以阐述。

众所周知，阿尔巴公爵和西班牙人公开宣称，甚至正式宣布低地国家的所有法规、习惯法(可以说)都是效忠君主的判断。 但是，唯一可为该宣布辩护的借口却基于这一事实：少数人出于私利引起了某些混乱，并采取了突然起义的方式，很快遭到行政长官的镇压。 所有权威机构异口同声地认为共同体不应为这种罪过而负责，因此，任何根据前述借口采取的步骤和不允许与该借口分开的部分，肯定是不正当的，需予以抵制。

相应地，由于各省总督们具有最高执政官的职能，因此，首先有负责保护国家和公民的权利，并保卫国家以抵御外国非法武力对和平的侵犯。其次，他们有责任保护公民的生命财产以抵制非法裁决，因为这种裁判不符合共同接受的法律与我们民族的习惯，这些习惯早已通过经常适用于外国人而变得有效。不过，他们又有责任使国家和公民避免
286 那种直接违反法律，且与人类共同自由格格不入的征用，因为(如西班牙权威学者瓦泽克茨所说的)这种征用为其眼前掠夺和今后享有使用权打开大门。作为其主要职责，最高执政官们应努力保证小心监视君主发誓遵守的已签署公约。我们政府的主权维持依赖于这些公约，因而要防止违反这些多少世纪来保卫我们国家(在形成省的形式后，国家应成为主体)的神圣公约以满足西班牙人的反复无常。最后，采取惩罚措施限制那些一再伤害和侮辱我们祖国和公民的人，这也是最高执政官的义务。

在上述情况中，菲利普国王本人(已多次提出恳求他)无疑有责任保卫荷兰人和其他低地国家人民抵御武力攻击，将被告绳之以法。这正是建立元首统治体制的两个作用。因此，权威法学家宣称一个国家可废除其君主，如果该君主对保卫他们漠不关心；并且，根据同样的权威人士，甚至不能否认这样的国家有权选择另一统治者。上述西班牙学者[瓦泽克茨]，他是(仍然很有影响的)菲利普国王最高咨询会成员，坚持认为居上者如拒绝给予其臣民以正义，就不仅将被剥夺其管辖权，而且永远不能再恢复之。因此，[瓦泽克茨补充说]君主应极其谨慎地予以关注，以免错误地、轻率地拒绝正义，而导致臣民采取合法的反抗或起义。那么，对于不仅不对违法者施以正义，而且相反授予荣誉的君

主，可以说什么呢？对于没有保护受欺负的臣民，且为这些欺压者出谋划策、提供军火弹药，对被征服的人民采取古代治理方式，草菅人命的君主，以及他选择的专横法律，又能说什么呢？在这些情况下，更有理由义无反顾地脱离效忠关系。

抵触任何一方权利的判决是不正当的；不符合司法形式的判决根本不算真正的判决。相同标准也适用于法律。根据神法，在犯有根本抵
触婚姻本质的邪恶，且称为通奸时，才允许解除婚姻。同样地，只要 287
一个人所犯罪行不是攻击国家，并还未被定罪，就还是公民；但是，一旦他攻击国家就不再是公民了。同样的原则也适用执政官，包括最高执政官。正是根据此，罗马人拒绝承认安东尼为执政官。再举另一例子，普卢塔齐从格雷切乌斯的演讲中选择的论述绝对是真理，即便普卢塔齐也许没有准确地适用。在这些论述的拉丁文[据此翻译为英文]中，可以读道：

“护民官是极其神圣的，因为他已献身于全体人民，并成为他们的保卫者。但是，如果他改变其特性，对其人民漠不关心，摧毁人民权力，废止投票权，这样的行为就使他丧失了执政官的职权，这种职权源于授权予该官职的宗旨。在其他情况下，他甚至废除议会，并在公共场所点火，难道不[1]允许解除他的职务吗？确实，即便他这样做了，他还算是执政官，只是一个坏的。但是，如果他取消全体人民的权利，那彻头彻尾不再是执政官了。”

那么，究竟什么权力可以比罗马教皇的权力更高，或更神圣呢？当人们否认他是任何人类的法官时，根据在于他的至高权力不是来自人民，而只是来自上帝。可是，同样的人们又承认如教皇背离其信念，

[1] 虽然格劳修斯在此用了一个疑问词“-ne”，是为了加强回答的肯定性，以更加准确地表达所引用论述的思想，也就是特指：“即便他企图废止议会，也不与其职权冲突。”

就自我废除了，并且，在这种情况下，参议会也会宣布废除他，因为他的所作所为与教皇职位格格不入。对于教皇而言，必须全心全意地恪守其作为宗教首领的职务，因而(这些人民认为)如他丧失了这一精神，就不配在其位。然而，如他生病，甚至不能行动时，仍为宗教首领；如果与该职位不再有联系时，他就不再是该首领了。同理，当教皇行
288 为与宗教体制的根本方式抵触，就丧失其所有权利与权力。如教皇企图依靠武力恢复上述失去教权，那么他就不得不靠武力来维持了。

现在，同样结论也适用于，并早已可以适用于执政官了，他的职权更是完全来自于国家。因此(根据西班牙人自己也很支持的理论)授予君主的权力可以收回，尤其在君主越权的情况下，他事实上不再是君主了。因为他滥用所赋予的最高权力，并由于他的行为，使其变成暴君，所以，如我们考虑类似情况，显然就不再有义务服从极为残暴的主人。

但是，除非有不法行为之因，否则，已正当失去权利不能再次请求。因此，当菲利普国王试图通过战争恢复他已失去的王位，并企图惩罚那些正当行为者，荷兰人就有完全正当的理由开战，保卫自己的生命、财产和合法的自由。

于是，战争的过程就产生了其他这样或那样的权利：首先，西班牙不正当地给荷兰人带来的巨大损失(战争开始，废物倾倒在田地，或焚毁和掠夺城镇，以后多年则是掠夺财富)；其次，战争本身的耗费，该战争(正如我们非常诚实地指出)已经，并还将日复一日如此惨烈，可谓史无前例。如我们考虑冲突的长期性和荷兰人所抵抗的敌手是多么富强，就可完全理解这一事实。第三，以所犯罪行而言，在此，我所包括的不仅有屠杀无辜、掠夺以及所有此类犯法行为，在战争为非正义的情况下是罪恶的，而且还有即使正义战争也是不允许的。后一类犯罪

数不胜数，譬如，残忍、背信弃义和性欲，等等，罄竹难书。如果这三 289
种罪行并为一个，就会对权利造成无法衡量的侵犯，或者至少在任何时候，无论取得何种胜利都不可能完全得以补偿的。

因为葡萄牙发动了战争(譬如，正如他们所为，将其军队组成为西班牙舰队的一部分)，所以对葡萄牙人的反抗，诸如自卫以防受害，损害赔偿和正当惩罚此类行为，也构成了战争的适当理由。我们应列出证明为正当的理由，包括有关荷兰船只及其水手在葡萄牙所遭受的无数扣留的损害赔偿与惩罚。诚然，这也完全适用荷兰人在世界各地所受到的掠夺和屠杀，只要葡萄牙人的权力(似乎本质上就是用于损害他人)渗透到那里。然而，在印度，对荷兰国家采取行动的原因正当性有着特别的理由，其中，有些与国家福利有关，有些与公民利益相关。

在第一方面，我们也许可列出全体荷兰人民因被阻碍从事贸易和在外国名誉损坏所受损害。以上关于私战原因的章节已讨论过两方面原因，但是，在目前所说的情况中，需特别提到这一点：即便与东印度的贸易曾属于葡萄牙人的专有权，以至于他们有权阻止其他民族从事该贸易，但是，荷兰人反抗葡萄牙统治者的正当战争这一事实说明，还是允许荷兰人去夺取葡萄牙人可能在其他情况下声称的特权，正如允许荷兰人获取敌产。

第二方面的原因[与荷兰公民的福利有关]，这足以证明国家应满腔热情保护其公民的权利和为他们报仇，因为政治社会的建立主要为了全体成员能够完成个人所不能完成的事。如果(像西塞罗所说)罗马人经常
发动战争是因为他们的[商人或]商家受到了十分严重的损害，那么荷兰 290
人为什么不能出于东印度公司的危难境地而有所作为，因为许多荷兰人依靠该公司生计的。当然，荷兰人有权——这是国家完全允许的，也有责任这样做——保卫其公民不受死亡威胁，并在遭受伤亡后报复；并

且，以相同方式，他们可以，并应通过武力来保护或重新取得其公民的财产。还有什么战争的理由比在《圣经》和最古老的万民法以及民法所说的使节不可侵犯规则遭到破坏的情况下更神圣呢？而且，如何才算构成煽动战争呢？在不给予海上通行和进入港口时又如何应对呢？葡萄牙人[不仅不让在海上通行]，而且进一步在其权力之下采取各种手段将他人赶走！这是否包括捕获人呢？但是，葡萄牙人甚至不允许赎回被捕人员！他们要宰杀这些人吗？葡萄牙人甚至还不满足屠杀，要先将受害人严刑拷打！这是战争攻击吗？这种攻击难道还没有远远超出任何战争中所知的那种残酷而成了野蛮，更何况是在和平时对他人的攻击？但是，我不想再重复那些上文有关私战的论述。总之，国家必须无例外地拥有保卫其公民的同样权利，而公民自己本身也拥有该权利。

荷兰人将菲利普国王、西班牙及葡萄牙作为敌人有正当理由，只要考虑到这三方对我们的人民所施加的损害；并且，该结论也许以上述各方在每次事件中的特殊原因为基础。然而，我们早已指出，即便没有特别针对葡萄牙的战争理由，这些敌人的盟友或其臣民在任何情况下也具有敌对方地位。如今，葡萄牙人已正式臣服菲利普二世，并且，目前仍隶属菲利普三世。菲利普三世不仅继承菲利普二世的王位，而且也继续其对荷兰人的战争。葡萄牙提供贡物支持了该战争。同时，葡萄牙还是西班牙的盟友，并提供或要求针对荷兰人战争的互相支持。西班牙舰队[组成和行动]清楚地表明这一点，并在我们所说的东印度事
291 件中得到普遍的说明。进而言之，不必重复已提出多次的论证，说明我们将葡萄牙人归纳为各类敌人，可以理解是对个人，而不是对国家。

荷兰人展开针对阿尔巴公爵以及他的西班牙人，乃至最后与葡萄牙人的战争方式也是正当的；这就是说，符合必要性的法则。因为我们

已说明，既没有正式命令“提到敌对行动的替代”，也没有任何战争法对战争中先受到攻击者有什么要求。现在很清楚，阿尔巴公爵与为所欲为的军队在和平时期实施的干预，并且，菲利普国王在荷兰人仍效忠他时，却对他们施以武力。事态发展清楚地表明，葡萄牙人首先开战。而且，要想安全地与阿尔巴公爵见面也不允许，因为他监视着他的敌人，而他自己却无合法权利。对于菲利普国王而言，在荷兰人使节马克斯·冯·德·伯格和蒙提格尼被害后，难道谁还不担心在西班牙与他见面吗？再说，对于任何与东印度的葡萄牙人混住的人来说，在没有任何约定保护举着休战旗帜的人时，还有什么安全呢？另外，正如我们已说过的，无论何时只要违反使节法和各国商业权利，就不必宣战。

有必要进一步指出，如果考虑到主要的战事因素，直到宣布拒绝菲利普的主权之前，保卫荷兰的斗争一直是内战。作为地区首要官员和君主的菲利普，他被视为国家的一个部分，就像(根据神学家的理论)在反对教皇的情况下，就司法命令而言，教皇不被视为教廷的首脑，而是其一成员。于是，即便敌人没有首先动武与违反国际法，宣战也不是作为对外敌开战的必要合适形式。因此(如前所述)，西塞罗得出如下结论十分恰当：尽管安东尼是执政官，或者说，是罗马人民的最高执政官，通过使节的宣战方式也不是反对安东尼时必须履行的义务。对于塔奎尼斯人* 来说，他们因未宣布反对君主的战争而受到公共命令的谴责，但是，没有人由此认为该战争少一点正义。于是，[在任何国内起 292
义中]只要有战争的决定就够了；并且，这种决定早已通过，同时也是由参政会合法召集的荷兰各省大会决定反对阿尔巴公爵，以及该大会与其

* 塔奎尼斯人(Tarquins)，反对罗马人的埃托斯肯联盟十二城市之一的人民。

他国家(几乎包括所有低地国家)决定反对菲利普国王。

对于葡萄牙人，我们还准备其他观点，在如下原则基础上，加以证明。任何权威学者都未反对早已确定的这一原则：当战争已针对某一交战方展开，就表明已在事实上将宣战告知了该交战方所有盟友以及臣民，那些自已依附该敌人者也必然成了敌人。考虑到东印度问题而达成的暂时和平协议也没有以任何方式削弱这一论证，荷兰人在允许这样做时，恪守该协议，但是，葡萄牙人撕毁了它。一般认为，一旦休战终止或遭破坏，那么所引起的冲突就不是新的战争，而是以前战争之延续，为此就没有必要正式宣战。然而，事实上，就是从葡萄牙看来，联合各省总督发布的法令，指令将西班牙国王下臣民的所有货物都视为战利品，这等于是开战令。

很清楚，按照以上对私战的分析，系争的战争行为并没有超出争议的权利范围。我们已证明，那些战利品甚至还不能补偿葡萄牙人给荷兰人带来的损失。那么，各省大会该有多大的权限呢？由于该大会不仅获授权对特定损失进行补偿，而且有权对荷兰公民在世界上任何地方所受的特别损失，尤其是葡萄牙人带来的损失，通过捕获船只进行补偿。该大会还获授权，作为战争的法官惩罚许多邪恶作端者，且有权从葡萄牙人那里获取不低于他人的支付，因为荷兰为反对西班牙人的战争付出了巨大代价。

293 关于[夺取捕获物]者，也没有任何疑问。西班牙神学家维多利亚提出的这一观点是完全正确和公认的：如果敌人不愿适当地归还，且如无其他来源使受损方可适当得以补偿，他也许就可以从任何其他来源中获得满意的补偿，不论是从罪犯，或是无辜者那里。譬如，维多利亚继续说：“如果法国土匪要在西班牙领土上获取战利品，法国国王不愿意，虽然能够强迫这些土匪归还，西班牙人在其主权者的授权下，也有权夺取法国商人或农民的财产，虽然这些法国人也许是无辜的。因为法国人的国家或君主也许从一开始就清白的，该国家或统治者现在也要受到责备，理由是(奥古斯丁宣布的)其失责而没有弥补其臣民的错误行为；并且，受害方也可以从该国家的任何成员、任何地方得到满意的补偿。”

不可能从任何立场抨击荷兰人的善意。没有任何以荷兰国家名义对葡萄牙做出的承诺，除非人们选择停留在纸上的概念，保证授给葡萄牙人自由过往。我们在其他场合已经提到这一点以证明荷兰人的清白，可是，这些纸面上的东西，除了承认允许从敌对区到荷兰领土来回，没有其他任何东西。他们不允许在敌对区与任何其他地区之间往来，这远比从一个敌对区到另一个敌对区的往来少得多。很清楚，这一有限让步的理由是我们极其仁慈的领导人希望推进其同胞们的商业利益，以及客观上对公共财政带来的好处，但是，不希望给敌人提供致富的机会，因为这样做不仅没有好处，而且甚至对任何领导人都有害。再说，即便最自由的解释也许[通常]是国家给予的利益，一般也承认该自由原则不适用于特权的解释和我们所说的分配。对于这类特权与分配，它们不符合普遍的法律，也不能引申到最广泛的含义上。目前，我不会停留于该事实：某一很狭窄的解构也应结合其他一些利益(主要当事方要求授予的利益)，如果这些利益涉及任何新的、不平常的因 294
素，或者，特别是任何对公共利益的潜在威胁。但是，这一警告有多少肯定适用于让给敌人的特权呢？作为个人的敌人根本不能获得任何好处，并且，对于这些敌人来说，背后动机不仅不同于这种情况下的通常动机，而且与自然相悖。我也不必指出，即便有争议的授予可以在极其宽泛的意义上解释，因为任何人了解葡萄牙人在获得授予后所犯的罪行，那么在任何情况下都不再怀疑这些人不配得到宽大。

关于目前战争所寻求之目的，我们考虑的究竟是所有战争还是对葡萄牙的特定战争，看来有证据表明各省总督之目的只是取得国家及其公民应有的权利，也就是在敌人的恶意最终被铲除后，建立真正的和平，同时在尽可能平和的条件下维持商业交往。这种交往不仅是自然地对所有人开放，而且特别适应我们人民的取向。

于是，根据包括良知在内的任何标准，反对葡萄牙的战争绝对是正当的，争议中的捕获物因而也是正当的。

首先，该捕获物必须被视为是国家的取得物(尽管可能通过该国一些成员的效力而取得)，直到要保卫的权利完全得到满足，而在目前案件中这种权利远超过已获战利品的价值。不过，也有可能由国家将捕获物授给荷兰东印度公司而成为其财产。在以后和更合适的情况下，我们将说明实际上该公司取得这种授给物。

相应地，假如我们转向关注卷入冲突的主体，如东印度公司，而该
295 公司是服从各省总督命令的，那么我们向战争的发动者(即各省总督)说明过的上述真理，将在更确定的基础上加以阐明。一旦考虑到主体，只要说明这些事情是可能的，就行了；而一旦我们考虑到战争的发动者，这必须证明为无可争议的。然而，让我们暂停这一问题，而从初级国际法与次级国际法出发，适用与捕获法的主体有关的原则。

首先，公认的事实是组成东印度公司的个人均隶属该各省总督。所有在该领土上的人都已郑重宣誓效忠该大会或默示保证效忠，从而成为该大会统治下的政治共同体成员，并根据该共同体的习惯生活，服从该共同体承认的执政官。这种保证(正如我们在其他章节中已指出的)比口头表示更有约束力。这正是尤利皮德斯所说的：

根据长期建立的习惯，尊重
是那些统治者应得到的……

另一位悲剧作家在诗词中也表示了类似想法：

往后，如同正在适应，让我们
从属诸神，且尊重
阿提利达；邪恶
会产生，但不归于他们，因为他们是王者。

如同阿尔西比德斯所宣称的，这是最正当的："我们应保留那些世代相传的治理方式。"奥古斯都明智地将这种行为界定为善者和良民的责任。确实，甚至作为引路人和真理化身的上帝也没有命令犹太人去查究罗马人从巴勒斯坦人那里究竟获得什么权利；相反，因为他们生活 296
在罗马帝国，上帝就要求他们服从恺撒这位帝国的主人，正如恺撒头像硬币表示的。

再进一步说，各省大会应得到人民的服从，这不仅因为该大会是目前被接受的政府形式，而且因为其主权得到共同的法律支持。对于荷兰人以及那些与荷兰形成联邦的人民来说，不必效忠任何其他君主。在这些人民中间，习惯于根据相互约束的誓言而效忠君主，由于菲利普二世去世了，已不存在宣誓效忠的君主。事实上，曾希望得到这种宣誓效忠的菲利普三世也相信自己完全和自愿地放弃对荷兰人的主权，对他们没有任何权利；阿尔伯公爵及其妻子也不可能拥有超过根据各省总督意志而获得的权力，因为很清楚，甚至某人民中的任何部分都不能违背其意愿，被转移到其他人民的领地。在没有君主的情况下，毋庸置疑，所有主权权力归国家，其中分内部各省，或(如科瓦卢维斯告诉我们)分成贵族和代表整个国家的首领，即被正确定名为"各省总督"或"各省大会"的机构。如法学家保罗斯所说，某既定行为是由整个机构履行，还是该机构授权一人所为，并没有什么区别。

我们所说的那些人是各省总督的臣民，如果各省总督没有将各省大会发起的战争认定为非正当的，且在这一认定中，确实没有任何不可饶恕的错误，则他们完全可免除任何责任。事实上，任何有责任和良知的公民(因为这是他们目前进行的事业，所以其他公民则不必考虑)都可以抛弃该战争是非正当的观念，也许可以通过强有力的论证来证明：没
297 有谁会明知为非正义战争而竭尽全力去参战，并且，上述公民表示(并非不愿意)支持该战争的观点。再说，根据刚才所说的有关冲突原因的观点，其中无可辩驳的理由肯定会被所有人接受。此外，即便可公开质疑该问题，但是，在问题存在时，也有义务服从执政官的权威，尤其这是最高权威。如我们所说，荷兰人现在承认除了各省总督，再没有更高的执政官。基于这些原因，不仅目前与葡萄牙打仗的人，而且以前以武力反对阿尔巴公爵乃至菲利普本人的人，在各省总督的公共权威下，都是善意参战。

目前考虑的情况性质使得有必要避免任何令人厌恶的奉承做法。对于生来自由的人们和那些似乎天生玷污美好崇高境界目标的人来说，这种做法都是没用的。这种过分奉承会使起义的正当理由不复存在。如果他们是最认真的，并且认为起义者或拿起武器反对现在是或过去是君主的人，不可能有正当理由，那么他们就在威胁任何现存的王位，因为如今几乎所有的主权权力都不是源于以前相同的王权。另一方面，在他们的统治者不能再主张任何有效理由的情况下，长期的权力真空也绝不可能产生保障感。我不想多说大卫所举反对扫罗的辩解范例，以及利伯那罕城提出脱离基伊拉统治的理由。但是，我们的对手在关于亚伯拉罕的观点上说了些什么呢?《圣经》的故事清楚地证明这一事实：撒旦与邻居城市组成的王国在埃兰国王奇杜拉姆统治下已十二年

了，该王国反叛他的统治，进而引起了埃兰人反对撒旦。我们是否相信亚伯拉罕这位具有最神圣性格的人支持了该反叛[1]；他阻碍了那位有权惩罚其臣民的国王。总之，他自己卷入了一场毫无正当理由反对该国王的战争吗？或者，在圣阿奎那·托马斯的著作中有更多的真理 298
呢？按照安杰利克博士所说，暴君统治追求个人利益而非公共利益，因而是不正当的，因此，将鼓励反对这种体制者指控为暴乱，是不对的，因为确切地说，暴君才是暴乱，他在人民中间制造不和与政治分裂，以便他可安坐王位。在此不需论证所谓暴君，不仅指通过暴力窃取根本不属于他的最高权力者，而且包括那些以暴力滥用主权权力者。这就是说，暴君这个术语不仅指不当取得权力，而且指行使这种不当权力。甚至在主权涉及教皇或皇帝(如帕诺米塔努斯告诉我们)时，在他统辖下的人看来，事实上，教皇或皇帝发动了似乎为正义的战争，因为这些当权者也有侵犯能力。相反，战争必定有背后的原因。

于是，虽然我们不能说君主的主权被很快扔在一旁，或者说，任何所受损害都是如此严重以至有必要论证采取措施的正当性，然而，我们也必须坚定地否认所有反对君主的人都是犯有叛乱罪。这样宽泛的结论需要符合很多条件，我们仅讨论其中两个。

首先，即便就国家整体而言，反对君主，或许可能是不合情理的，但是，该不合情理的国家仍然不能被称为叛乱国家。君主为国家而存在，但国家不是为君主而存在。因此，谴责那些未服从君主的叛乱者的理由基于这样的事实：他们是反对源于国家的权威，并且伤害着整个共同体，而不是某个人。我们那些反对者在寻求没有任何反对君主的正当理由时，完全依靠如下观点：没有任何理由反对祖国。国家[或祖

[1]　亚伯拉罕支持撒旦人，尤其是奇杜拉姆与其盟友采取报复措施后。

国]与君主密不可分。按照同样推理，说整个国家是叛乱者，胜过于说
299 一个人自已会伤害自己。事实上，如对我们有价值的话，我还可以举很多事例，人民摆脱某些主权者的统治，获得自由而未说成是叛乱的人民，历史上比比皆是。进而言之，从教皇法律中得出，并被有些权威学者用来讨论这一问题的观点认为，对于某实体的成员，绝不可能将成员与领导分离。这种观点很不适用于渊源于人类自身的主权，因为(如瓦泽克茨正确地所说)这种类比不能阻止国家作为整体与为国家服务的首领相分离。国家可以与君主分离而存在，但是，君主只有经国家的普遍同意而产生。其他不同观点，包括常用的人民反对政府的种种夸张，与在此讨论问题无关，因为并非所有受欢迎的政府是坏的，也不是所有无君主的体制是受欢迎的政府。

其次，还有一项条件需考虑。有一种理论认为，任何时候都应服从君主。支持这种理论的人解释说，这仅仅适用于适当的和至上的君权，因此，如果该主权受到法律限制或执政官的其他权力限制，是不对的。正是由于这个原因，罗马人发动对瓦尔逊人*、拉丁人、西班牙人和迦太基人的战争。这些人企图从罗马帝国中分离。他们不仅叛乱，而且在正式宣战的战争中反对合法的敌人，这些人民甚至向罗马人进贡，交纳税款，并有义务尊重罗马人的最高权威。举例说，一方面是斯巴达的长官、罗马和威尼斯的元老院，另一方面是波萨奈斯**、尼罗***和费莱利等掌权者[1]。难道每个人都同意相比前一类人，后者才更是真正的反叛者呢？再说，卡杰坦宣称在许多地方实施的法规具有如此性质，

---

* 瓦尔逊人(Volscians)，古代生活在拉丁姆地区的人民，后被罗马人征服。

** 波萨奈斯(Pausanias)，公元前五世纪斯巴达将军。

*** 尼罗(Luciu Domitius Nero, 37—68 年)，罗马皇帝。

[1] 斯巴达的将军波萨奈斯在以他的堂兄弟及其行政区为名义合法地行使一些王室权力，但是，斯巴达长官因其有嫌向波斯国王的叛国计划而逮捕了他。尼罗因其罪行而被罗马元老院处死。费莱利(威尼斯总督)因其策动平民投票阴谋反对贵族而被威尼斯十人参议会(而不是格劳秀斯所说的元老院)下令斩首。

即国王只是名义上的。而且，根据普洛克卢斯*，并非每个国家因承认另一国的最高权力而失去自由。许多权威学者也表示了类似观点。 300

可以相信，我们并不否认对于所有良民而言，如有疑问的话，君主的权威必须高于任何下属行政长官。但是，根据同样的理由，整个国家的共同决定在那些公民中应该比君主单独的意志更有效力，因为后者权力来源于国家权力。以同样的方式，由先贤传下的法律权威应高于君主的权威，只要法律的命令比个人的命令具有更多的神圣性，少一些腐败。

进而言之，如废除了元首统治，并建立了共和体制，在有疑问的情况下，有利于自由权利要求的法律应指出公民遵循的适当程序，并且，完全应该这样做，因为自由源于自然，命令权力来自人的行为，且如有疑问，应优先考虑源于自然的事，给予有利的前提。后来的权威学者也确定如下理论：任何先前与自由抵触的判决都不应用来针对涉及公民自己地位的诉讼。该理论坚持总体上善良的、关于自由的形式，这些形式既不是不适中，也不是放任的(具有这些特点的自由，更确切地说，是“许可”)，或者说，坚持由行政官员之君权和一国最重要的人之权威以及公民的善意所确认的自由地位。以上所说，虽以普遍术语予以表述，但是可毫无困难地特别适用于我们的主题。

除此以外，我们的治理机构赖以运行的理由应更多地被良民所接受，事实上，它无论在理论和实践中都得到几乎所有邻国君主的支持。人们很难相信这些君主会鼓励这类有争议的，尚不是基于绝对清晰的权利之上的战争。只要没有这种根据，那就是完全需要的。

---

* 普洛克卢斯(Sempronius Proculus)，公元一世纪罗马法学家，《法学阶梯》和《学说汇纂》收录其观点。

对于君主而言，以君主生命之热情去护卫。

敌人的默许承认，在这方面也有同样效力。可以相信，当上述动乱刚产生时，敌人疯狂对待俘虏，对叛国施以刑罚和死刑；但是，一旦
301 我们的国家具有了无可争议的力量，并能够以装备优良的军队对抗敌人时，该敌人就转向敲诈勒索俘虏的做法，转向调整战利品的法律以及其他影响战时相互关系的制度。如今，所有这些制度都只适用于正当的敌人，也就是(根据我们在另一场合下采纳的术语解释)在权衡可能性后由至少可接受的行政权威机构支持的敌人。而且，如果西塞罗在说明合法的敌人时没有误导我们，这种解释就是正确的：一人掌控着国家、[元老院][1]、国库、民众的支持和同意，且其中不乏合理的基础，即如情况允许，还应创建和平，缔结条约。

在此，没有什么动机可使得我们公民采取一种不支持反对菲利普国王的战争观，而在对待葡萄牙的战争问题上，则远不及。我们结论的效力是肯定的，尤其是，实际上从无可辩驳的自然原则中可得出通常的理由，其中包括不可阻碍商业自由，必须守信。每个人都知道葡萄牙人每天都在违反这两条。

在这些公民的善意确定后，我们发现已排除了所有其他尚未解决的问题。因为站在善意从事的主体立场上，只要发动的战争是针对行政长官认为的敌人；就是正当的。况且，葡萄牙人，无论集体，还是个人，都被各省总督认为是敌人。这一判断的真理性得到以下事实的肯定：在彼特·冯·德尔·多斯命令下，荷兰人舰队开往圣多玛斯岛和巴西；各省总督的军舰从葡萄牙人那里获得的许多船只和商品；这再次不

[1] 西塞罗所说包括括号中的“元老院”，但是，在格劳秀斯几乎是文字解释中被省略了。

证自明：当君主为敌人，其臣民也是敌人。

另一方面，我并没有绝对否认葡萄牙人具有诚信的可能性。他们也可能认为菲利普作为其君主有正当理由发动对荷兰人的战争，虽然对
于他们来说很难得出这样结论，并且，对于居住在东印度的人来说，考 302
虑公开施加的伤害，更难得出该结论。

在这个意义上，确实(考虑到公民，不论是荷兰人还是葡萄牙人)，战争也许都是正当的，双方均带着良知加入。然而，在这种战争中，这是指执政官允许的正当；并且，各省总督确实承认允许掠夺葡萄牙人拥有的船舶。

在西班牙人捕获在公共保护下航行的船只，将船上的人关进监狱，几乎当作奴隶，从而提供了他们背信弃义的最终证据后，由联合各省总督颁布的法令包含了这一证据。在此基础上，各省总督足以说明[1]西班牙人和所有支持或附和西班牙的人，通过贪得无厌获得领土(这种贪欲使其他民族无安全可言)表现得如此野蛮，以至其使用武力或欺骗手段均告失败而屈服于荷兰人及其盟友，他们如今采用同样的暴力和欺骗，甚至违背自己保证的诚信，千方百计不让其他人民从事与世界任何其他地方的贸易。为此，这是各省总督之目的，**通过在西班牙占领的王国与领土上，采取攻击西班牙，补偿所受损失来根除这些野蛮行为，**这不仅得到了国家所有的船只支持，**而且还得到涉及其利益的个人支持。**这是通过各省大会颁布命令而达到的目标，且被认为绝对有必要以任何方式，禁止所有西班牙人以及游兵散勇和依附西班牙的人之间的来往，禁止这些船只和任何从事这类商业的人，不论是在海上还是陆上。这一行动计划不仅符合国际公法，罗马法和各交战国的习惯，而且符合早

[1] 即上文提到的法令，这一段其余部分在某种程度上是大段地重复该法令。该法令的荷兰文本见英译本第 371 页(中译本略)。

先各省总督自己和英国女王颁布的命令。相应地，前述1599年的命令宣布**属于西班牙的所有人和所有东西，不论在何处，都将被认为是正当的**
303 **战利品加以掠取**。并且，同样的文件再次严格禁止和阻止在任何情况下，由任何人，通过陆上或海上船舶直线或绕道运送、货物或任何商品，至任何属于敌人的国家或地区的任何港口、城镇或地方(不论是否在西班牙，葡萄牙或其他欧洲王国)和属于目前西班牙国王权力管辖的人民或是阿切杜克[阿尔巴]和他妻子[伊沙贝拉]统治下的人民；该禁令的实施导致这些船舶、货物和商品的损失，以及其他该命令包含的惩罚。各省总督还进一步命令负责海运事务的官员(作为集体被称为海军军官委员会)，他们通常审理这类案件，应根据该禁令规定，对原来运往敌区，被中途截取的货物作出判决。

该大会对授予葡萄牙人自由转运的信所作的解释符合1599年的命令。因为根据那些人以不涉及自己目的之方法，并以禁止为目的来利用这些信的事实来看，各省总督宣布的禁令可这样解释：以公共保障下确保完全的安全，使在联合各省和低地国家领土上发现的葡萄牙人及其货物，以及同样的葡萄牙人只是从该领土将货物运往其他领土，必须根据低地国家的习惯获得特别允许。但是，如果葡萄牙人被发现将商品**从一敌国运到另一敌国**(譬如，从圣多玛斯岛或巴西到里斯本，或相反)，或者**从敌国到非敌国抑或相反**，这些葡萄牙人，船舶或其他货物不享有任何公共保障。可能在运输中被截取，只要捕获属于国家的船舶或**其他运输工具，将作为战利品论处。**

304 于是，根据三重权利，显然凯瑟琳号船及其所装运的商品属于捕获占有：首先，船舶和货物属于葡萄牙人，隶属于西班牙国王属下；其次，该船舶和货物从澳门过来，当时这是葡萄牙人的殖民地，因而被认为是敌国；第三，其目的地是葡萄牙城市里斯本。

与此密切相关的问题是，捕获该船的人是否得到命令这样做。显然，任何这种讨论是多余的。在战争中，臣民肯定既要考虑敌人，也要考虑自己的执政官；究竟命令是否发布的问题与敌人无关，因为只要存在敌人的攻击，就可以了。由于葡萄牙人在与荷兰的关系中具有敌国的地位，并且也对抢夺负责，因此，对他们的抢夺也不考虑是否得到命令或任何独立发出的命令。这一区别非常类似于迦太基元老院回答罗马人要求汉尼拔所实施的行动，其中一位迦太基贵族[如我们知道]回答[部分]：“然而，按照我的观点，你应该问的不是包围萨古图姆出自私人或公共政策，**而是这种包围究竟正当与否。因为我们的公民是根据权威机关命令，还是自行其是，在这种情况下，给予何种惩罚，完全是我们的事。我们与你讨论的唯一问题是，他的行为是条约允许的吗?”**

相应的，从葡萄牙的立场看，毫无疑问，[涉及凯瑟琳号船]已经实施的行动实际上是得到允许的。在任何情况下，联合各省总督和荷兰低地国家大会(与第二个问题相关的机构)至今没有谴责东印度公司及其雇员所为，他们通过干预捕获物的分配和授予奖励或荣誉来加以认可。因此，即便没有命令，这种权威的缺少也不会影响到对公共有利的企业行为，或事后所谓追认。

然而，此行动事先没获得命令也不真实，因为事实上众所周知，且得到荷兰各省大会法令确认的是：早在希姆斯科克的舰队出发前，东印度公司董事们就得到该大会的警告，该公司必须准备保护其商 305 业，并武装起来，确信不仅能够抵御葡萄牙人，而且可对后者采取行动。于是，我们得到了最高执政机构发布的命令，从而使问题毫无争议。

再说，如果这种措施看来是必要的，那么要从我们最杰出的拿骚之马利斯王子* 那里获得命令，可没有那么容易，除了上述授予发动战争的全权命令、信件，通常他拒绝给予任何人这种命令、信件。然而(如我们在前文也指出的)，荷兰一直坚持克制，不考虑公战的理由，只要不受葡萄牙人的伤害就行了，并只有在绝对必要情况下才诉诸武力。然而，即使在缺少其他权威情况下，所采取的行动是否得到该收到的信件授权，也可能引起争论。前述马利斯王子的几封信确实授予舰队司令希姆斯科克和其他个别船只的司令。马利斯王子的至高权威来自他的世系及他自己的努力，且根据上文的论证，毫无疑问，他拥有发动战争的权利，因为根据各省总督的命令，他有发动陆战或海战的最高权力。给予希姆斯科克的信件禁止他与他人作战，除非在他、他的下属及其舰队受到伤害，迫使他这样做，但是，一旦开战，该信件不仅允许，而且命令采取一切可利用的必要手段保卫他个人、下属和舰队，或补偿损害。于是，如任何人表示他们的敌意，希姆斯科克有权，而且应该将他们交给君主，或以他视为适当的方式处置。事实上，所有国家的法律都允许以武力对抗武力，王子也认为这种做法是正当的、光荣的。再说，该王子信件所授予命令的人员拥有统帅或百人队长的适当
306 权力；该权力的授予与他们依据其判断应选择船员和任命相应船只官员的命令相结合。另外，还禁止该司令官采取武力，**除非有人采取敌对行动阻挠他们从事航行和商业，**因为只有在这种情况下，他们根据严格的命令对那些以敌对方式行事者给予打击，并特别规定该司令官将所获得物品转到联合各省领地，由当地海事法官作出关于捕获物的裁决，或其他允许的方式处置。总之，每艘船都得到命令，适当履行海上指挥。

---

* 拿骚的马利斯王子(Prince Maurice of Nassau, 1567—1625年)，荷兰联合各省总督。

当王子同意采取一切必要手段以补救损害，并在这样做时援引了国际法，人们就必须假定他同意不仅从实际造成伤害的个人，而且从国际法要求其履行此类赔偿义务的所有人那里获得补救。另一种解释称，要追究加害于我们的特定个人之责任，在任何情况下实际上都很难，并且在我们提到的海上案件情况下，几乎不可能。假定授权开战的命令比报复[信件]狭窄，也不尽正确。所接受的该命令效果是这样的：无论何种行为由私人根据国际法早已实施[并且，在此案中所实施]，那些个人现在可根据追溯性的公共授权(在此情况中相当于战争的命令)而行事。

进一步说，我们已说明，根据国际法，国家或执政官的行为施加于个人的义务，同时，个人行为无罪[对国家的那部分]就不可惩罚，这对整个国家也施加了义务，从而在这个意义上某个公民由于其他公民的行为而承担了义务。应记住，“对损害之补偿”的说法不仅意味着补偿损失与所付出代价，而且是惩罚性措施，这无疑在国家权力范围内命令所 307
为。对所有解释这一点的人而言，都同意国家有权对外国人绳之以法，就如同对自己公民一样。

接着，确定由各省大会或王子在“伤害”项下包括的任何行为是否都是针对希姆斯科克或其船只，或属于他下属的个人。

在这一问题上，我应克制以这种不好的念头，即依靠唤起在每艘船上的可怜损害以及葡萄牙人违背神法和诚信的任何戒规在临近澳门处所行凶作恶而给荷兰人带去的损害，去反对葡萄牙人。可是，这些荷兰人与祖国血脉相联，都是由同一公司派遣为希姆斯科克服务，因而不可能将他们视为陌生人；我们为舰队司令与所有水手所控诉的罪行所深深触动，可以肯定，如各省总督与王子洞察实际事务，就会由于该原因而宣战，并相信战争的行为适用该司令官及其属下。我也自我克制，不描述在希姆斯科克上次航行中遭葡萄牙人中途截袭的方式(这些人从班达到安波那岛)，并且，葡萄牙无耻地杀害他们中一人。我还知道根据法律，一个人对伤害其朋友者实施报复，不仅是为朋友，也是为自己报复；并且，我理解在如此遥远地区、远离家庭时，这一原则特别适用，以至我们珍爱所有自己的同伴，好像他们天生是朋友，祖国的纽带将我们紧密相连，即便相隔千山万水。我也不去回顾那些负责该公司的早期探险者如何经常被迫与葡萄牙人战斗。[总之，我们在此严格限于如下问题]希姆斯科克本人和其水手及各船船长[在攻击发生时的航行中]受到什么伤害？是什么程度？

308 希姆斯科克及其下属在遭遇西班牙十三艘军舰组成的舰队时，几乎不可能通过凯南利岛。西班牙人断定他们所看到的荷兰人启行前往东印度，于是马上将他们作为敌人攻击。荷兰人的船只顿时被炸成碎片，被面对面地围攻。有些水手被杀，多数受伤。而且，敌人将红狮号船洗劫一空；希姆斯科克旗舰在这些船只受攻击时赶来援助，他眼看自己一些下属被杀，许多受伤。希姆斯科克船队的船只、财产和生命在这场遭遇战中处于危难中。这些不幸有以下事实作证：红狮号船被严重损坏，被迫返航，回到祖国。且在该战斗后一天，该地位仅次于旗舰的船只，又一次与西班牙人交锋，并几乎被击沉。后来，它能与荷兰舰队会师，真是所有远征中最惊险的。

可以相信，这些事件都是西班牙人一手造成的。但是，不可否认，他们是与葡萄牙人有同样统治者，且有共同针对荷兰人的战争理由，共同拒绝荷兰人之处。正是葡萄牙人与荷兰人的战斗，甚至在东印度的战斗，导致了西班牙的支持(如我们早已指出的)。我们有理由按照他们所为，对这两个民族的人民不作区别。根据一位著名的法学家论著，从国际法本身来说，我们得出了如下公理：正如允许保卫自己盟友，也允许攻击犯罪者的盟友以及所有与实施犯罪或犯罪行为者有关联者。在本案中，该公理更有效力，因为事实上西班牙人伤害寻找去东印度航线的荷兰人，无疑是官方命令和应葡萄牙人请求，或至少使他们满意。

另一方面，希姆斯科克的部下在进行商业谈判时，没有任何先前与
战争有关的原因而被达玛岛国王所抓并沦为奴隶。因证据不足，我暂
不抱怨葡萄牙人，即便这不无疑问，但是达玛国王本人对此也感到羞 309
耻。总之，我限于已清楚证明的问题。

当葡萄牙人听到加哈国王安排与希姆斯科克建立商业关系，就通过我们在其他地方提到的使节，对该国王煽动说，不仅所有荷兰人都特别贪婪，而且希姆斯科克已派遣一个间谍去侦探荷兰准备动用强大海军去攻击的地方，以赶走目前的占有者，将来夺取之。如果这种诽谤没有构成伤害，那么什么行为才算是诽谤呢？葡萄牙人进一步威胁，任何人给予荷兰人通行，他们就要发动战争。这种威胁难道不算严重损害吗？他们并不只是威胁，相反，实际上是发动战争，部署同样的军舰，既掠夺加哈人民，也不让荷兰人进入该地区。正如我们早先解释的，真正的伤害是一当事方受诽谤挑拨，反对另一当事方，并且，另一当事方不能从事按照国际法有权做的事。

因此，当我们站在给希姆斯科克的授权信立场上提出该问题，发现所受伤害无疑需要赔偿；并且当我们从授权给海军司令官的命令立场上考虑，可清楚地看到某些人从事对商业有害的活动。而且，所有葡萄牙人，无论集体的或个人的，只要特别是在地球那一部分居住的葡萄牙人，对所说损害均有责任，不仅是因为他们未能惩罚某些人的罪行，而且事实上，他们国家授权的使节和军舰，并按照统治马六甲的官员之命令行事。结果，对于给予授权的命令，允许反击葡萄牙人的攻击就毫

无疑问了。在考虑该问题时，我们既顾及给海军司令官的信授予其(很强的论证)基于人员的部署作出决定权，又涉及给予各军舰舰长的命令
310 明确提到了战利品。

因此，要求发动战争必须相信海军司令官及其下属舰长；还有，通过这些官员和水手，官员当然有权根据要求选择水手，好比他们在陆军的命令之下。而且，这些水手根据军事誓言，将个人生命置之身外，服从舰长的需要或长官的命令。我们这样说没有错，同意乌尔比安所说，不仅舰长和战船司令，而且舰队中所有的水手和女桨手都是战士。

不过，应注意即便是没有发布特别提到战利品的命令，基于国家已授予舰队司令和每个舰长的处置权这一事实，这些指挥官有权，在没有其他法官的情况下，对抗拒其权威的葡萄牙人实施惩罚，捕获其财产。根据教会法和民法学家的观点，这一结论在事先发布命令的情况下，更是如此。在目前情况下，该命令是由海军司令发布，由海军军官委员会有效实施，这就使他具有这种能力。盖尤斯·皮纳利斯[*]多少以此准则而行动。尽管事实上，他已离开西西里岛的黑纳，去管辖要塞，而不是城市，但是，当他获知该城一部分人正要叛乱，而罗马人和执政官都没有权力实施攻击，他却对策划背叛者处以死刑，并将整座城市交给士兵抢劫。

相应地，由于荷兰人和葡萄牙人交战的原因均由公共权威支持，并且由于荷兰人的原因还有诚信的考虑所支持，假定葡萄牙人也有同样的诚信，就会推论，根据次级国际法，双方捕获物的保有不仅仅依据明显的良知，而是基于捕获者财产的事实。

就有争议的战争而言，只要荷兰国家不同于葡萄牙，这就不是内

* 盖尤斯·皮纳利斯(Gaius Pinarius)，罗马统帅，曾在西西里根据自己的权威惩罚背叛者。

战，而是对外国的战争。甚至反抗菲利普王的战争也不是内战，因为冲突结果是荷兰各省不再效忠菲利普王，并宣布他本人失去对荷兰国家的主权。卡修斯在他对罗得斯岛的演说中(如阿普尼* 所引用的)坚持 311
说，当一个国家为自由而战，反抗某个人的专制，这就是公开的战争而不是政治争斗。罗马人反抗塔奎尼斯人及其盟友的战争只不过是内战(对外国的？)[1]战争；并且，相应地，我们看到双方获得战利品，甚至伊特剌斯坎人(他们跟从塔奎尼斯人，就好比葡萄牙人跟从菲利普王)被罗马人赶走。再说，我们的巴托鲁斯(在这点上，其他权威学者跟随他)在前文已宣称伊特剌斯坎的城市在法律上绝对归属皇帝，在事实上部分也隶属他，可是，他又说，在皇帝与假定是自由的城市(譬如佛罗伦萨城，或比萨城)之间发生战争时，根据公法的战利品是允许的。

在目前案件中，没有任何人可以想象东印度公司或作为该公司代表而指挥船只的人如何凭着对各省总督的效忠而激励自己作战，他们充满公共复仇和对公司本身权利的期望。

根据所有这些观察，显然就此考虑的，对于所涉及的问题而言，该战争是正当的，并且，系争捕获物的获得也是正当的。两者推论出的真理得到了智慧出众者费尔南奥 · 戴尔 · 布克克** (马六甲总督)给希姆斯科克的信所承认。戴尔 · 布克克说：“你已捕获了很有价值的船只。享受它吧，因为这是在正当的战争中获得的。”

如今，我们早已说过，在公战中捕获，或在更直接的意义上，即依法律获得的战利品是给国家的；但是，我们也提到，这种战利品可能依特别的转让协议或依法律而部分或全部转移给个人取得，通过他们而首

* 阿普尼(Appian of Alexandria)，公元二世纪希腊历史学家。

[1] 依据上下文，在此书写的 civile(内部)是 exlernum(外国)，或可能是 apcrlum(公开)的反义词。

** 费尔南奥 · 戴尔 · 布克克(Fernao dal Buquerque)，马六甲总督。

先成为国家取得物的所有者。事实上，根据法国和低地国家的古老习
312 惯，且也根据荷兰明文规定的法规，依命令，但通过私人船只而取得的战利品之五分之一属于国家；十分之一归海军司令，其余根据习惯或可能的安排一致比例分给船主、船长、军官、水手。因此，由于捕获的凯瑟琳号船属于荷兰东印度公司的财产，船长和水手都受雇于该公司，该公司提供武器，因此，该公司承担了全部的风险和代价，而国家没有承诺任何奖励，因此，全部捕获物，除特别的一部分和给予水手的，均归东印度公司，这不仅是由于上述荷兰法律，而且根据普遍接受的法律。

第一，以上所说符合海军军官委员会发布的指令，该委员会成员根据公司要求通知所有本案涉及当事方。并且在进行一次审理，其中一个当事方未出庭之后，宣布系争捕获物是正当捕获物所得，因而可正当地获得。第二，以上所说荷兰各省大会[1604 年 9 月 1 日]发布的命令。因为即便该争议涉及的国库权利与荷兰东印度公司的权利对峙，该捕获物的捕获也得到最为赞许的同意，并且，该大会向国库、国库官员和所有市政官员发布命令，表明该捕获物以及今后在东印度地区捕获的任何战利品应视为在公战中所获，这种战利品的处置权归联合各省总督和海军军官委员会。

我们开始阐述问题时，就提供了各种观察资料[该案基于祖国公共利益的正义性]。然而，为了消除引起争议的任何公共根据，我们进一步要求：即使该案理由与各省大会及其发布的命令无关，该战争在任何
313 情况下也是正当的，具有公共性，该捕获物归东印度公司。

这一要求得到了[东印度]人民的法律肯定，在战争期间，东印度公司通过其雇员而得到了他们的支持。在印度有一个加哈王国，很久以来被认为是拥有主权的，因此其国王也拥有从事公战的权威。该国王

在战事中要求荷兰人帮助，因为荷兰船只通过其领土。如今，我们已经说明其他通过如何符合自然的禀性和人类兄弟般关系的相互帮助，因而我们认为荷兰与加哈王国结盟是允许的。人们可能进一步说由于荷兰完全有能力支持他，因此拒绝支持就不能不说是有罪过的。

这说明，不论我们是否参考了《圣经》，即命令我们勿加害无辜，或是否参考了哲学家的观点，坚持存在两种非正义：施加损害者；能避免而不避免损害者。对于在其权力范围内不抵御损害的人来说，这样做不亚于将父母、朋友或国土置于危险之中，因为(根据前述哲学家的观点)片面认为一个人必须关心的只是自己同胞，而丝毫不管外国人，这等于是否定了人类友情的普遍纽带，这也是违背上帝的。我们的法学家认为对这种失职者与施加伤害者犯有同样罪过，并且，教会神父认为未抵抗对其同伴的伤害不亚于施加伤害。

根据亚里士多德，当某些以前给予我们好处的人正在受害时，尤以该原则为基础，那么，我们应否假定亚里士多德说过这种情况：一方正在受害，而我们曾得到受害方的施惠？这恰恰发生在东印度。加哈国王和我们提到的[东印度]各民族正在受到葡萄牙人的屠杀和掠夺，而该
国王和各民族授予荷兰人进入该地区。按照上述观点，有谁会拒绝荷 314
兰人适当地考虑东印度人民遭受的伤害。

或者，我们是否认为与那些不接受基督信仰的人们没有共同之处呢？这种看法与奥古斯丁的虔诚理论格格不入。他认为(在解释上帝规定的戒律时说，我们不能不爱邻人)“邻人”一词显然包括任何人。而且，在诸《福音》中记载善良的撒玛利亚人的著名寓言也教导我们，宗教理由不能废除人类行为的义务。相应地，保护异教徒不受伤害(甚至被基督教徒伤害)从来不是非正当的，而且，研究过这一问题的权威学者进一步坚持说，在许多情况下，与异教徒结盟与签约旨在维护自己

权利，因而是正当的。(我们知道)这种做法也为亚伯拉罕、艾塞克、大卫、所罗门和马克比家族所采纳的。

不论在什么情况下，加哈国王的理由肯定是完全正当的。那么，什么比禁止一个自由国王与其他人民做生意，更不公平呢？如果不是，那么什么才构成与国际法、与不同君主的管辖权相冲突呢？因此，系争的伤害是经官方授权而加害于加哈国王，因为他也是正式地受到战争威胁，以违背命令而惩罚他，并且战争一开始是针对他的，所以他正确地将葡萄牙人(集体和个人)作为敌人看待。没有人否认那些宣布向我们开战者确实是我们的敌人。结果，这种宣战就不必要了，特别没有必要认为葡萄牙人已经用军舰围攻其港口、破坏其海岸。因此，没有任何理由怀疑葡萄牙的公开掠夺，始于对加哈国王的掠夺，因而他们对这些罪行要负损害赔偿责任，并因无法无天的伤害行为得到其他惩罚。

315 如今，国王以良好动机行事，保护自己权利和臣下，因此荷兰善意支持他也是值得称道的。事实上，没有什么比这种善良行为更好的纯真宗教理由。必须小心保护人们的安全，以免转变他们(如教会神父习惯说的)的希望反过来毁坏他们自己。应该向印度人民说明什么是基督，这样他们可能就不相信所有基督教徒都是西班牙人。让这些人民看到真正的宗教，诚实的商业和不伤害他人的武装。让他们对于宗教信仰感到惊奇，哪怕是异教徒没有关系。为达到这些目的，我们应该是为上帝带来更多信徒的人。

为此，从各方面看，该战争对加哈国王和保卫该国王的荷兰人来说，都是正当的，捕获物因而也是正当的。可以相信，根据自然法，该捕获物的权利属于加哈人的统治者自己，但是，通过他的授予，也可成为荷兰人的权利。再说，由于战争是通过东印度公司的船只以及该公司的代价和风险(只要考虑到任何不利情况)和该公司雇员，以他名义开始的，没有任何正式的补偿协议。共同接受和自然衡平所确认的战争惯例，非常清楚地说明系争捕获物依法属于该公司。

而且，如前所说，东印度公司在该问题上所起的作用，也许如同我们政府大会所起的作用，因而根据这些大会命令取得的捕获物，是以加哈人名义开战，以该公司代价进行，为该公司而战。这种权利的正义性得到著名权威学者的完全同意，他们以罗马帝国为例，因为帝国是在保护盟友过程中，以对敌的代价加强了自己。西班牙人作为特拉斯卡兰的盟友，以损害其他墨西哥印第安人的权利为基础，葡萄牙人在许多东印度地区也是这样。

在详尽讨论这些问题后，我们得出结论：捕获葡萄牙人船只与货物 316
的战争是完全正当的，不仅为我们政府，而且更多为东印度公司，不论
该战争是公战还是私战，假定是公战，不论以祖国的名义还是盟友的名
义；并且，我们进一步得出结论：从所有法律角度看，该公司本身成为
上述捕获物的所有者。 317

下文是何谓光荣之讨论

第 十 四 章

第一部分　系争捕获物的获取是光荣的。

提出了以下命题：

1. 凡正义者，皆光荣。

2. 代表盟友或自己祖国，对无可救药者复仇，尤为光荣。

3. 因光荣目的而获取战利品，亦为光荣。

第二部分　坚持占有系争捕获物是光荣的。

就正义问题而言，我相信我们已使追求真理者心满意足了。我们提供了充分的证据证明，为了弥补葡萄牙人造成的伤害而夺取他们的财产，并将这些夺取的物品分给一些商人，都是符合虔诚、自然以及习惯的行为。

但是，有些人却摆脱不了先入为主的成见而无法做出理性的判断。这些人为数不少，且形形色色，很难用简单的标准把他们归为一类。故而我们听到有些人，他们虽然不敢否认眼下这件事的正义性(他们也提不出任何反驳的观点)，却坚持认为它看起来并非是完全光荣的。

不过这种争辩显然是自相矛盾的，因为我们总是被告知：任何事情，只要它在方方面面都是正义的，就不可能不是光荣的。所有给光荣下定义的人都会使我们相信：光荣要么就是美德本身，要么就是美德所固有的或由此产生的某种品质。无论如何，“什么是光荣”的概念是无法与美德的概念相分离的，也没有一件善事，不是光荣的。而且，更准确权威的美德定义为：光荣者，善而悦人也。因此，正义和光荣 318
这两个属性，唇齿相依，密不可分。

任何事若果真是正义的，它在智慧和善良的人看来就不可能是卑鄙或者可耻的。上述观点或许可以如此证明：没有哪种美德与一般美德相悖；或者引用先贤关于正义的至理名言，即正义之美德包含了一切美德。然而，事实上我们无须提出任何论据来说服一个理智的人接受这个观点，因为很久以前(按照柏拉图的说法)，年轻的阿尔塞比亚德斯就在苏格拉底的开导下，发自内心领悟到这一真理：正义行为者，必然也是光荣行为。更何况，先哲在他们的著作中已详细阐述了这一公认的结论。

为使读者恰当地领会我们的观点，必须先理解我们所采用的“正义”一词，并非指在某些民法允许之事，或(更确切地说)法律默许之事。法学家自己认定，凡不受惩罚而相应可以说是允许的事，事实上也不是正当的，同时就不是光荣的。反之，应理解我们所指的正义，是亘古不变的自然法早已昭示并牢固确定的。凡如此昭示和确定之事必然为正义者。这一原则的效力是如此之广泛，以至于斯多葛学派与很多哲学家都认为，“何谓光荣”与自然所说相一致，除此之外，不可能有更清楚的定义了。因此，许多学者甚至认为，光荣这一术语只是指举世公认的共同法则。这种阐释正说明了先哲的真谛，也就是说，光荣之事固有的力量，在于其内在的优点，且(好像)由自然推动的。

因此，既然我们已证实了捕获法，如同战争法，源于上帝培植的自然本性；而且，既然从自然法和国际法的原则来看，我们所考虑的行为明显具有衡平性质，那么该行为当然不会包含任何令人羞耻的因素。

319 再者，就我自己而言，我反对任何人企图质疑这一点：在系争的情况中，对敌产的捕获和占有，不仅没有任何可耻之处，反而是最光荣的。凡对什么是光荣的概念特别关注的学者，无不告诉我们，光荣是美德中地位高的一种，其最重要的组成因素是勇敢和正义，这在私人和公共生活中，这两项品行[对他人][1]最有益。

诗人们关于勇敢的论著，不胜枚举。泰尔塔尤斯的《悲歌》中脍炙人口的诗句，是多么的令人赞叹！

> 光荣兮！壮烈兮！
> 与敌战疆场，甘把热血洒，
> 为了自己的祖国、妻子和所爱的人。

勇敢的美德受到凯旋游行的赞美，勇士花环的彰显，石刻铭文的称颂，并得到如下欢呼的歌颂：

> 让我们把他叫做“胜利者”，
> 称呼他“最杰出的人”。

勇敢是如此美德，国王为获勇敢之名而欣喜，凡人受之而与诸神齐名。

---

[1] 括号里的短语是英译本中加进去的，目的是为了保留亚里士多德的主张中的一个关键要素，因为亚里士多德是在这方面唯一被格劳秀斯明确援引的权威。

凭借这一品行，波卢斯* 名列

闪耀天际的星座；并且，赫克勒斯，

游侠者，亦是如此……

然而，我们是否可以说(因为我们目前关注的是海上冲突事件)，当特米斯托克洛斯在海上一举歼灭波斯军队时，在雅典人和整个希腊看来，他取得了几乎[比波卢斯和赫克勒斯]更为卓著的声名呢？ 西内吉鲁斯** 虽是一个雅典普通公民，却因其勇敢永垂青史。 还有罗马人杜伊留斯*** 在海战中征服了迦太基人后，罗马人给了他几乎无尽的赞美，所行之处，均有火炬为他开道。 总之，懦夫和逃兵(那些在战场上丢掉 320
盾牌的人)在任何地方都会被鄙视，甚至有些地方还会给予严厉的惩罚；同样，所有国家都会把最高荣誉给予勇士，他们的勇敢行为既提升了自己的英名，也提高了国家的声望。 因此，国家用来奖励勇敢的一般制度，以及其中那些特别值得称道的(例如斯巴达和罗马的制度)，无不清楚彰显了勇敢的价值。 我们此处的赘言不过是一种徒劳。

至于正义的品质，先贤早就正确地称道，即使是日月星辰的光芒，也无法与之媲美。 事实上，他们甚至断言(例如西赛罗在《法律篇》中提到的)，事情若不是正义的，就根本不可能是光荣的。 因为在某种意义上来说，正义是基石，没有它，就没有永恒的价值和荣誉(这也是西赛罗在《论义务》中提到的)，就没有什么可赞扬的了。

因此，难道还有其他的行为可以与勇敢和正义相提并论么？ 然而，除在战场上奋勇杀敌，没有更好的机会可使我们同时展示这两种品

---

* 波卢斯(Iulius Pollux, 130—188 年)，希腊雄辩家。

** 西内吉鲁斯(Cynaegirus)，公元前 490 年雅典著名的勇士。

*** 杜伊留斯(Gaius Duilius Nepos)，公元前 260 年罗马执政官。

质了：

> 那些敌人伤害了我们，
> 我们要在战场上向他们讨回公道。

就如我们已在上文看到，其中引用了安布罗斯的话，为保卫祖国、盟友以及弱者所体现出来的坚毅品质[1]，是最大意义上的正义。世上最智慧的哲人亚里士多德也告诉我们[2]，向敌人复仇是一件高尚而又光荣的事，“因为以牙还牙是正义的，而正义的事情必然是光荣的。而且，若一个人是勇敢的，他便有义务拒绝放弃投降”。因此，“胜利和
321 赋予胜利的荣耀是光荣之中的光荣”，“以至于它们即使没有带来任何结果，也是可追求的”，因为它们表明了高尚的道德情操。我再说一遍，这些是亚里士多德的教诲。

有人反对道：我们若能宽宏大量一些，宽恕那些我们可以惩罚的敌人，便更可以显示出我们胜过他们一筹。在这些人看来，这种宽宏大量，既是一种更高贵的姿态，同时又不违背基督和先哲立下的准则。然而，这种反对意见没有任何根据。显然，这种借口下的“宽宏大量”与光荣的品德格格不入，其程度丝毫不亚于违背正义和公共福祉。

我们已经解释了，那些反对(某种)复仇的人无外乎有这么两种想法：第一，在可以诉诸裁判者的情况下，个人诉诸自力救济，寻求复仇，便是不恰当的；第二，(在自力救济被允许的情况下)，还需有正当

---

[1] Fortitude，在拉丁文中既可以表示“坚毅”，也可以表示“勇敢”，因此它的翻译要看上下文。在上一段引用安布罗斯的论述时，英译本将其翻作“勇敢”，因为这更符合安布罗斯的原意。但在这里，根据上下文有必要指出该词的双重涵义，以便更好地反映安布罗斯的想法和格劳秀斯的主张所在。

[2] 在本书拉丁文版本中，这些从《修辞学》中摘抄出来的句子都是用直接引语的形式表达出来的。但是实际上，部分的拉丁文段落是宽松的释义，英译本中引号的运用反映了这种情况。

原因[1]并受到比例原则(复仇不能超过正义所允许的范围)的限制，加之复仇者尚需心灵纯洁、动机正当。然而，这些要求绝对没有排除这种可能性，即：在有些情况下复仇是正当而且必须的。塞尼卡言简意赅地指出：“宽恕所有人和不宽恕任何人，同为残忍。”在奥古斯丁的著作中，我们可以找到如下表达同样情感的著名阐释：

“以善待善”、“以恶制恶”，为报应的两种恰当形式。前者固然是善良者的特征，但也为邪恶者接受。所以，基督虽没有批评它，但确实说这是不够的，因为即使是异教徒也会这么做。后者是邪恶者的典型特征，但对高尚者来说也是可以接受的；因为[神[2]]法已规定了衡量报应的正当尺度。

奥古斯丁进一步解释道：正当的报复行为，是出于对“正义”的热爱而非以别人的苦难为乐的心理。因此，在这种情形下，实际上我们并非[真正地]以恶制恶，而是以正义对待非正义，或言之(还是用奥古斯丁的话来说)，是以善制恶，这是上帝在自己做裁判者的时候所遵循的。 322

因此，为使我们能清楚地理解什么时候报复是光荣的，而什么时候我们又应该宽宏大量，有必要在那些伤害别人和受到伤害的人中区分不同的情况，进行讨论。

就后者以及看到盟友与祖国和我们一起受到伤害的情形而言，非常清楚，我们不能宽恕公共不法行为，或者那些将痛苦加诸于别人身上的人，如同那些痛苦是加在我们自身身上。法学家反复重申这一箴言，即：若不能保护受害者使其免遭伤害，实际上无异于在帮助加害者。再次引用奥古斯丁的话：“那些允许罪行发生的人不是无罪的。能够制

---

[1] 此处，手稿边页提到《学说汇纂》。显然，格劳秀斯打算把它删掉，因为他把文中相应的段落都划掉了。

[2] 该引语特指《圣经·旧约》“出埃及记”第21章第24句押韵排比：“以眼还眼，以牙还牙，以手还手，以脚还脚。”

止犯罪却任由它发生的人，就是同意犯罪。”这位先哲还说：“纵容错误发展成严重罪行者不再是无辜者。故而，无辜者的责任不仅不加害任何人，而且还要遏制邪恶的发生，甚至惩罚已发生的罪行，这样先前被仇恨者也许通过体验而得到改造，其他人会受遏制而不再有犯意。”安布罗斯也极力批评在不该仁慈的时候仁慈，这种滥施的仁慈只会方便邪恶之人而把无数人送上毁灭之途。“美德的首要原则”，安布罗斯说道：“并非容忍，而是要排斥伤害。因为一个人若不能使自己的盟友免遭伤害，他的过错就与加害人一样深重。”更进一步讲，对待盟友尚且如此，对自己的祖国就更应该这样了。西赛罗(在反对卡提林尼的演说中)说过：“国家是我们每个人的共同家园，我们要用最严厉的态度对待那些试图毁坏它的人，这样我们才可称得上仁慈。反之，若我们对敌人过于宽容，我们就得背负对祖国和其人民过于残忍的恶名。”奥古斯丁也表示了同样的观点。在他看来，沉溺于对敌人过分宽宏大量的人，
323 无异于背叛和藐视自己祖国的主权权威。关于这一论断，他继续说道：“因此，一个行为，没让做却做了，[士兵][1]要受惩罚；反之，同一个行为，命令做却没有做，[士兵]仍然要受惩罚。”

其次，就像我已指出的，我们还要从加害人这一方面来考虑这个问题。因为显然这些人是不能通过宽宏大量来改造的，他们是如此之冥顽不化，正好用来佐证戏剧中的警告：

> 我们活该遭受新的伤害，
>
> 若我们容忍已经犯下的罪行……

---

[1] 奥古斯丁在此讨论两种情况间的区别：一是士兵因为服从命令而杀人，二是该士兵没接到任何命令便杀人。可以参照该段话更长的节录，英译本第 81 页。

对这些人复仇无疑是光荣的，因为复仇是必要的。在修昔底德的著作中，有很多伟大的见解支持这么一种看法，包括援引克里昂在其演讲中的宣言，即：以仁慈和宽容对待那些同样也讲仁慈的人，或者有希望通过仁慈的举动与他们建立友好关系的人。相反，若对方始终抱着仇恨之心，或者即使被宽恕，也不会因此放弃他们的敌意，对这种人是不能讲仁慈的。在另一段话中，修昔底德坚持认为，对待敌人一点也不能让步，以防他们变得更加飞扬跋扈，把我们的宽厚当作软弱可欺。另外尚有如下的考虑：当我们对冥顽不化的敌人讲仁慈的时候，所谓的仁慈不过是因为我们意识到自己的软弱，而并非是出自真实自愿的宽容。因此，这种情况下所追求的宽宏大量的声名只会换来别人对我们的轻视。故而，赫罗迪安* 援引瑟维斯的话，说道：人固然不可有害人之心，但若受了伤害却不加报复，那便是软弱可欺。

更进一步说，复仇对有罪的一方自己来说，难道一点好处也没有么？柏拉图主义者一语道破实情。他们认为，尽管伤害别人是最大的恶行，但比这更严重的，是犯了罪的人得以逃脱惩罚，而且，加害人得不到其他人的谴责和惩罚。这种状态拖得越久，情况就越遭，这甚至比最严厉的惩罚都严重和痛苦。在某种意义上说(依据我们自己的神学家，并且也遵循最伟大的神学家奥古斯丁所说)，当我们使人感到恐惧 324
而不敢作恶时，实际上对每个人来说不失为一件好事。奥古斯丁还说过一些具有同样意思的话。在《致洛萨瑞斯信》中，他说道：“有些人拒绝从小孩手中夺走刀具，只是害怕小孩因为刀具被夺走而哭喊。这些人不忍小孩伤心，但却忍心小孩被刀具所伤害甚至杀死，所以实际上是残忍的。相比较而言，那些用纵容和保护来助长邪恶，只是为了不

* 赫罗迪安(Herodian)，公元三世纪希腊历史学家。

使恶人伤心的人，岂不是更加残忍。”奥古斯丁还告诫道：“当有人命令，你因为犯下重罪而须以没收土地、财物或者金钱作为小小的限制和惩戒时，你应该视这些人为极其悉心的向导和仁慈的顾问。因为这些人在考虑，如何能使你既得以承受这些惩罚(作为犯下罪行的结果)，而同时又免于亵渎神圣而遭受一辈子的唾骂。”杰罗姆在对“西番雅书”[*]的评论中也表示过类似的意思，他写道：“当强盗和海盗的力量被削弱而显得无能为力时，他们将会得益于自己这种被削弱的状态，因为这些原先作恶的人，现在再也无法继续如此了。”

最后，在通盘考虑战争的各个阶段后，处理政治事务的智慧清楚地告诉我们，要恰当地表现“宽宏大量”，应该要么在战争的一开始，要么在战争结束时(在战争开始的时候，“宽宏大量”可以使我们拥有“仁慈”的名声，从而有助于往好的一方面影响敌人；在战争结束、当安全已经不成问题的时候，“宽宏大量”可以使我们更方便的控制已经被征服的敌人)。然而，在战争还在持续、危险仍然存在的时候，使敌人感到恐惧才是上策。

接下来，让我们从获取战利品这个角度来检讨目前的问题，确定一下什么样的获取可以被认为是光荣的，另一方面，什么样的获取是卑鄙和可耻的。因为在这一点上的混淆是错误的根源，这些错误普遍而又极端有害，它们使邪恶得以掩藏在善的伪装之下，或者使正直被类似于不名誉的污点所玷污。然而，只要我们牢记以上所定下的关于什么是正当的规则，这些规则与关于什么是光荣的规则恰好相吻合，那么做出必要的区分就是再容易不过的事了。

325 首先，在没有紧迫理由的情况下，个人通过私人实施的武力从别人

* “西番雅书”(Sophonias)，《圣经 · 旧约》中一卷，也译“索弗尼亚”。

那里劫掠财物的行为是可耻的。当这种勾当发生在海上时，我们称这些人为“海盗”。其次，同样的批评也适用于那些没有正当理由便肆意发动公战的人。例如，据记载，诸如克里特人，西里西亚人，甚至希腊人自己(根据荷马的证词)，以及日耳曼人和诺曼人，都有过整个民族毫无正当理由便公然地、公开地从事劫掠的记录。对于劫掠者，我们称之为(并非不恰当地)“强盗”。还有些人，在还没有履行使战争得以正当化的措施时，便急于掠夺财物，这些人一样要受到责备。对于这种针对财产的攻击，学者们都给予严厉地谴责，称这种行为叫“抢劫”。

但是，这三种对财物的可耻获取，特征如此明显，以至于我们一眼就可以把它们认出来。所以，我们要把精力集中于第四种形态的获取，这种形态不易被发现，除非通过猜测和推断。这种获取是在一场正义或被视为正义的战争中发生的，有些人攫取利润的方式表明他脑袋里想的只是如何从战争中捞到好处，而并非战争的真正目的，即取得权利。

这种获取的发生有些显示征兆的事实，并通常与以下情形相联系：在这种情况下，特定的人(特别是那些并未给敌人造成多大创伤的人)自己没什么力量，却通过出其不意地和随机地攻击弱者和没有装备之人来聚敛财物，尽管他从来没有能耐使他敢在战斗中主张公开占有被劫掠的土地。这样一种人，因为他既没有明显地削弱敌人，也没有促进己方的利益，便很容易使人怀疑，他参加战争的动机只是为了获取私利。我们可以把有些渔民或船老大归入这个类别，他们偶尔被卷入海战，在海面上从事劫掠，而在那里，攻击者自己还担心被发现呢。

可以肯定的是，真正的战士，应该：

靠自己的武力而非偷偷摸摸取胜。

他与这种粗野的行为，毫不相干。 因此，无论是陆战还是海战，那些通过暗地里的袭击而偷偷摸摸地获取敌人财产的人是一类，而与之完全不同的是另一类。 他们与整个军队或者舰队一起，公开地展示自
326 己的军徽，要么主动出击，要么向敌人挑战要求战斗。 这后一类人，鼓舞他们的是一种竭尽全力取得胜利的渴望，他们就算犯了错，也值得宽容；更不用说，如果他们是为了正义的事业，就更应该得到弘扬。而对前一类人，则应该受到普遍的谴责。 因为他们虽然胆大鲁莽，但是却不是为了战争，只是把公共的损失转变为了个人的所得。 这种行径明显地与正义不符，甚至不能称得上勇敢[1]。 只有在合法交战中，英勇的品德才会显示。

如果我们把这些看法适用到眼前目的上，并记住已陈述过的事实，我们显然可以发现，葡萄牙人虽然披着商人的伪装，却与海盗无甚差别。 因为如果“海盗”是用来指那些封锁海洋而阻碍国际贸易的人，我们何以不能把葡萄牙人称为“海盗”？ 他们用武力阻止了所有欧洲国家(甚至有些国家根本没有给他们发动战争的把柄)通往海洋，驶往印度的航道，而在用来为自己的野蛮行径进行辩护的眼花缭乱而又互相矛盾的借口中，他们甚至找不到任何理由向自己国家的人解释为什么这么做是可以被接受的。 因此，既然在古代这种人就因为伤害了整个人类而一直被认为是同仇敌忾的对象，既然在今天，没有人，或者至多只有非常少的人，愿意赦免葡萄牙人这样的罪责，那为什么有人还要担心对这样的人施加惩罚会招致恶意呢?

因此，我们可以下结论，商人对触犯公共权利的人施加其罪有应得的报复不可能是不光荣的，如果这种报复的目的是为了确保自己能更安

[1] 即与光荣概念中两个最重要的美德相矛盾，见英译本第 320 页。

全地享受权利，如同没有人会指责这样一个旅行者在旅途中受到强盗袭击，他勇敢地和很正当地抓获该强盗。同样，这种报复也不会与商人经商的生活方式相矛盾。这就像有些生活在危险地区的农民，他们在 327
耕作的时候还佩戴着宝剑，这种做法并未与他们农耕的生活方式相矛盾(我们也能够理解)。因为西塞罗使我们确信：“不管是自然秩序、法令戒律还是风俗习惯，都没有禁止一个人掌握多种技艺。”这样说来，这种多才多艺在以下情形中岂不更值得称道，即所掌握的多种技艺中，一种出于选择，另一种出于必须，并且两种技艺结合起来相互服务于所选择的技艺，因为没有这种相互服务，谈不上继续实践自己选择的技艺！更何况，历史也教导我们，雅典人、迦太基人以及葡萄牙人(过去和今天的葡萄牙人)不仅频繁地使用过武力保护自己的商业贸易，而且就连古代的荷兰人(他们是世界上最神圣最无瑕的人，所以追随他们是超越美德的一种表现)也给其后代留下了此类范例。在这些众多例子中，我特地挑一个介绍。

多年前，沿海的日耳曼人国家(吕卑克、汉堡、但泽、吕内堡、维斯玛、罗斯托克、伦德恩等)和普鲁士人结成联盟，还与西班牙人以及威尼斯人结盟(那时这两种人都有巡航北部水域的习惯)，总是伺机寻找与人争吵的借口，而这种借口在贸易竞争的情形下是从来不会少的。最后，他们选择了在海上航行而对战争又毫无准备的荷兰人。他们不仅劫掠，还杀人，用最残忍的方式奴役被俘虏的荷兰人。在荷兰人而言，他们选择动武之前先要用尽其他可能的解决方法，所以尽管遭受了最严重的伤害，他们仍然试图通过合法委任的使节索取财物。他们正告以上这些国家放弃这样的海盗行径(除非他们愿意赔偿所造成的损害)，或者与荷兰人在公开海战中光明正大地较量。然而，事实证明企望日耳曼人自觉自愿地尊重荷兰人的权利是不可能的。于是我们的人民，在摄政的王子(勃艮第的菲利普一世)的同意下，所有城市的舰船都武装起来。其后，荷兰人用这些船只进攻敌军(在绝大多数的情况下，
328 在公开宣战以后)，全身心地投入了一场既勇敢又成功的斗争。仗打了没一会，在海上除了荷兰人的以外，就再也见不到其他人的船了。

这些荷兰人的船用展示拖网的方式来纪念他们无数次的胜利，并以此象征着海洋上的敌人已被清扫干净。在一次战斗中，荷兰人一举俘虏了二十艘日耳曼大船、三艘普鲁士船，以及一艘和它们一起的满载货物的威尼斯帆船。后者还被带到了泽兰。在其后的一次遭遇战中，荷兰人又拿下了三艘庞大的敌舰。这些俘虏受到了荷兰人最好的礼遇，尽管就在同一时刻先前被俘的荷兰人还在最恶劣的关押环境下奄奄一息。胜利者用抽签的方式来分配战利品，而这些战利品是如此之有价值，它们不仅能赔偿先前的损失，还可以稍稍地抵消战争的耗费。

日耳曼各国在遭受了这种毁灭性的打击后，再也支撑不住了。他们乞求和平，因为他们担心他们当中一员的预言会成为现实。这个人在他们当中享有一定的声望，他曾告诫：不要惊醒一头狮子，一旦它被激怒，就很难再让它平息了。荷兰爽快地答应了日耳曼人的乞求，因为荷兰民族总是向往着和平，即使是在一场辉煌的战争中执行正义的报复时也是如此。

让我们不要自找麻烦寻找国外的例子。仅该国内范例就给予我们很多教导，从中我们知道什么是正义的战争，什么是实战中的勇敢以及停止敌对行为所显示出来的公平性。我们因此可以看到，那些在胜利时表现出仁慈的人，在获取战利品时也表现出了克制。而且，任何人将这一事件和在前面章节中叙述的东印度事件加以比较，都会承认，早期荷兰人的品性和特征，在经过了一百六十年后，仍然没有改变。

我们因此得出结论，像这种以伸张自己正当权利为目的的报复，是

光荣的。荷兰商人对葡萄牙人的报复，是完全有理由的。

但是，眼下这起事件，不仅仅有上述商人的私人原因，还有国家及其盟友的原因。国家之所以要参战，不仅因为牵涉几家大公司是国计民生的重要依靠，而且还因为整个民族的利益决定了，无论在世界上哪 329
个地方，伊比利亚人都要被压倒和推翻——这些伊比利亚人妄图分裂我们祖国，并在其废墟上建立起残暴的统治。不然的话，总有一天，世界上最遥远的地区也要被迫向他们进贡，以帮助这些人征服荷兰。出于大致相同的原因，我们的盟友也加入了这场战争。换言之，葡萄牙人之所以要用火与剑去攻击那些东印度的王国和人民，仅仅是因为他们不反对荷兰人。危在旦夕的班腾，一片焦土的马基安以及片瓦不留的巴齐安岛*，都是对葡萄牙人这种野蛮态度的最好注解。因此，我们若要是宽恕了这些(对国家和盟友)所犯下的罪行，便是置自己于最声名狼藉的境地。因为背叛与自己患难与共的国家，或者抛弃为了我们而遭受危险的盟友，难道不是世界上最可耻的事么?

我们知道，早在古代，罗马人就被告诫：“你们必须在那些不知道沙古坦的灾难的人中寻找盟友。”[1]同样的，你们可以肯定，当东印度人看到荷兰的帆船在接近时，他们会是多么地恐惧，这种恐惧就好比他们看见了不祥和致命的凶兆一样。幸好蒙上帝的喜悦，向那些亚洲国家展示了荷兰人享誉欧洲的美德，并用活生生的例子说明了，比起葡萄牙人的野蛮和不忠，荷兰人确实勇敢而且善良，这样的情形才没有发生。确实，就我自己而言，我发现在整个战争中(如今已是第十三个年头了)，印象最深的教训莫过于关于如何在盟友中建立诚信的了。莱登

* 巴齐安岛(Bachian)，东印度的一个岛屿。

[1] 这是西班牙部落沃尔查尼(Volciani)人在回答罗马人时说的，当时罗马使节正在为他们的国家寻找新的盟友，以对付迦太基人，后者的统帅汉尼拔将沙古坦夷为平地，罗马人却无能为力。

的居民，即使在他们的城市不幸被敌人攻击而被折磨得精疲力竭时，即使在他们的补给消耗殆尽以及所有能被转化为食物的东西因极端需要都被转化为食物时，他们也不曾背弃诚信的原则。同样受到这种原则的鼓舞，其他荷兰人则在海上寻找食物和他们的立足之地。在我们共同
330 的战争中，正是这种诚信保住了英国。也正是诚信，拯救法国于危难之中。诚信在国内是有用的品质，在与邻国的关系之间是一种荣誉。而在世界上最偏远的地区，诚信更是绝对必要的了，生活在那里的人，先前默默无闻，除非依靠他们的美德，是很难令自己为世人所知晓的。因为我们与这些偏远的民族，既无宗教上的纽带，更谈不上有任何基于盟约上的关系；但是，凭借所有人类所共有的那种自然且必然的纽带，我们和他们联系在一起，况且我们之间还有特殊的贸易关系，这种贸易关系在根本上支持了国家利益和私人利益，是极其重要的。此外，任何可以想象的希望，即这些民族最终会在理性之光的感召下皈依基督教，都一定不能建立在破坏城市和折磨居民的基础上，相反，这种希望的基础，在于树立诚信、仁慈和宽容的行为。

另一方面，让我们来看看葡萄牙人的个性吧。谁能否认，尽管荷兰人在遭受伤害之后仍然向葡萄牙人表达了他们的善意并含蓄地表示了自己的抚慰，葡萄牙人却丝毫没有缓和其先人凶狠秉性的意思，反而一再地利用荷兰人的仁慈，他们不仅蔑视这种仁慈，更把它看成可以背信弃义的基础。因此，杰出的历史学家修昔底德是对的。他说道，那些毫无缘由伤害他人的人，是不能被指望通过任何善行而被约束的。他们有意地把别人看作敌人，必完全摧毁之而后快。故而，就像用宽大对待这样的对手会带来危险及被人视作懦弱的耻辱，对他们复仇才是光荣的，因为这是必须的。而对西班牙人的个性，我们则早就熟悉了，在与低地国家战争的一开始，他们便没有显示出丝毫的仁慈，尽管我们

对他们表示了一定程度的容忍；他们也不曾改变自己的行为，直到被我们用其人之道，还治其人之身。

可是，在东印度，即使是这样的报复步骤也没有被采取。谁人不知，人身的损害，其严重性远胜于任何财产的损失？但是，在那些东印度地区，当荷兰人活生生地被撕成碎片或被送到战舰中服苦役的时候，被荷兰人俘虏的葡萄牙人，他们的生命和自由，却丝毫未受损害。 331
然而，若是让这些俘虏被迫承受比他们加诸他人身上的伤害更严重的痛苦，那才是正义的。因为正是这些人，用他们毫无缘由的行为告诉了我们什么是野蛮。事实上，现在这些人所受到的痛苦，几乎称不上报复。这些不过是一些谴责，希望通过它们，铁石心肠的人能够明白，其他人在丧失财物的时候，也承受了巨大的痛苦。

> 不单单是阿特柔斯的儿子
> 感受到了这种悲哀……

此外，由于在捕获战利品中的光荣行为很大程度上取决于追求的目的(就像我们已看到的那样)，因此我们必须在此重申已在上文得到证明的一个观点：荷兰水手们已经令人满意地洗刷了别人对他们的怀疑，因为他们有许多机会占有颇为值钱的财产，却不为所动。于是，没有人可以认为，他们只是为了掠夺战利品才甘愿自己陷入危险之中；很明显，无论他们做什么，都是由于他们感到没有可能用其他方式来遏制葡萄牙人的贪得无厌，才不得已而为之。再者，我们现在所说的那些战利品，只是代表对战争损失的补偿，而非一种利润，因此，没有什么比这种情况更光荣的了。

而且，再一次重申，荷兰人没有在战争中使用任何欺骗和背信弃义的方式(尽管对葡萄牙人使用欺骗和背信弃义的方式，可以免于被谴责为非正义)，甚至连偷偷摸摸和间接迂回的方式都没有采取。相反，荷兰人打的，是一场公开、公共的战争。还有，小部分荷兰人，经常在加入战斗时表现出大大超越自我的力量，他们展现了如此勇气，无论是在精神上还是身体上，以至于除了他们有权因正义而获得的赞扬，而且应得到因勇气而受到嘉奖的光荣。

确实，没有必要去怀疑哪种行为要受谴责，那种行为是光荣的。同样，对于人们会如何判断每个种类的行为，也是没有疑问的。让我们记住，东印度的贵族批评过荷兰人，因为那时荷兰人过分地热衷于维护和平，以至于在第一次出海航行的时候，四艘荷兰船竟在一艘葡萄牙
332 帆船前降帆以示妥协；让我们同样记住，中国人也曾告诫过荷兰人，不要因为看着自己的盟友在澳门被绞死和溺毙却不进行报复而损害自己的英名。现在，让我们反过来想象一下。让我们想象一下班腾人的欢呼，荷兰人的英勇把他们从迫在眉睫的灾难中拯救了出来，因此他们把我们的胜利之师称颂为他们唯一的解放者。壮观哉！荷兰人以他们的英勇在这些岛国博得了声名，并使那些敌人不寒而栗。当加哈国王最终报了一箭之仇，安全地站在被俘获帆船的水手座上的时候，他又是何等地欣喜！正是这些行为把荷兰民族的荣耀传播到了地球上最远的角落。

当然，必须承认在这些战争以前，荷兰人的名声尚为少数人所知。谁又能否定这一点呢？荷兰人的活动以及所带来的声望之所以不为人知，主要由于两大地理上的限制：在北面，是桑德海峡；在西面，则为直布罗陀海峡。而现在，依靠打败声名卓著的西班牙人，荷兰人开始扬名天下。因为居住在遥远海岛的居民，有些甚至在大洋的最远端，都开始知道有一个小小的国家竟敢于挑战强大的西班牙，并在这几年中

成功地把对手的军队打回了老家。

当荷兰人第一次出现在东印度人面前时，东印度人，像商人通常所做的一样，必然要仔细盘算一下这些新来者所带来的好处。他们赞扬荷兰人的诚意和勤劳，并赞叹荷兰人不远万里跨过海洋以求与他们发展贸易的事实。然而，西班牙人[与葡萄牙人]异常卓著的声名在东印度人的心中占有压倒性的分量，因为他们相信西班牙人是地球上所有土地的征服者，是唯一从来没有被打败过的民族。是的，东印度人是恨葡萄牙人；但是同时，他们也惧怕葡萄牙人，甚至尊敬他们，这就像(正如我们被告知的那样)邪恶的精灵受到未开化民族的顶礼膜拜，仅仅是为了避免受到它们的伤害。葡萄牙人所享有的声名，以及他们在当地人心中所激起的恐惧，使得他们得以占有那些他们未能真正统治的岛屿和海岸。许多人甚至不敢在没有取得葡萄牙人的许可前出海。因此，葡萄牙人视所有其他民族为低等民族，并认为在强大的西班牙国家面前，没 333
有人不会迅速地、乖乖地投降。但是，当荷兰人被激怒并展现他们的勇猛时，当这些原先被自己的率真和敌人的诡计所蒙蔽的人拿起武器开始反抗时，当人们目睹葡萄牙人被打得一败涂地而沦为俘虏时，哪一个东印度人不是惊讶得瞠目结舌？哪一个东印度人不是对荷兰这个国家表示赞叹？这个国家不是出于被迫，是不会轻易显示自己的力量的，尽管没有什么是它不能做到的。在东印度的每一片土地上，当地人传颂着荷兰人的勇敢，把他们看作世界上最英勇的人；在每一片土地上，人们都向荷兰人祈祷，在他们身上寄予了对东方救世主的坚定希望。

因此，在当地人为荷兰人的欢呼声中，葡萄牙人不可一世和令人畏惧的声名销声匿迹了。当地人纷纷宣布与葡萄牙人断交而转向荷兰人，他们所显示出来的对荷兰人的喜爱，恰似当初葡萄牙人在他们中激起的仇恨那样强烈。每个人都希望知道，是哪一片土地滋养了如此勇敢和正义的人，是哪个政府在管理他们的事务。每一个东印度的国家，都争先恐后地派遣使者，千里迢迢地到我们这一边的世界来赠送礼物，争着要和荷兰结盟。东印度的国王们，则迫不及待地会见我们的水手，以对王子的礼遇对待他们。其他国家要承担的进口税和什一税，对荷兰人全部免除了。总之，能向荷兰人表示友好甚至尊敬的行为，只要能想到的，都做到了。

而撇开亚洲国家的这些态度不论，纵观整个欧洲，对这一事件的反应也是毫无疑问的。因为我们看到，最伟大的王子们非常高兴地接受了一部分战利品作为礼物。而来自各国的人，蜂拥而至，聚结起来准备开赴印度。在国内，荷兰国家大会用颁布法令[1]的方式表明，在这一国家机关看来，这一次战事所带来的光荣使整个国家沉浸在荣耀之光中。国民们感谢上苍；他们为自己的祖国能有这么一次非凡的胜利而欣喜若狂。确实，只要是参加过战事的人，无论其在胜利中扮演了多么微小的角色，都被认为是最高尚的人，受到举国的赞颂和尊敬。

那么还有什么要说的呢？被人称赞是值得赞颂的，但是(就如一位
334 名人经常说的)这只有在称赞你的人自己也是值得被表扬时才是如此。
因为就其他一些批评家而言，多半情况下，你越是让他们不快，你就越是伟大。事实上，若现在竟还有人坚持主张对葡萄牙人所犯下的罪行免除处罚，或认为对于这些最凶恶的人连夺取其财物都不行，这难道不是在助纣为虐么？对于有这样观点的人，我个人怀疑他们是否配被称为“人”。他们根本就是辱没了“荷兰人”的称号！

也许有些批评家会承认，葡萄牙人确实是罪有应得。但是他们同时却感觉，要让自己去占有从敌人那里获取的财产，或者哪怕只是从这

[1] 该法令的荷文本，请参见英译本第 379 页(中译本略)。

些财产中得到任何好处，都是极其不合适的。

然而，只有极度可怜和堕落的灵魂，才会惧怕因为这样获得财产而受到谴责。连最伟大的国王和王子，以及那些最杰出的人士，都认为这是光荣的体现，它又怎么可能是不合适的？不然的话，我们又如何解释那些为了纪念胜利者而树立起来的纪念碑，那些用从敌人那里夺来的战利品所建起来的凯旋门，那些从拍卖战利品中得到的收入，以及那些用敌人的船喙[1]所装饰的公共舞台(无论是在古罗马还是在我们这个时代的威尼斯)？

显然，那些心存担忧的人可以从《圣经》中得知，获得和保留战利品不仅是问心无愧的，而且还被认为是最光荣的行为之一，因为这样的行为一举多得：它既使我们得利，又使敌人害怕，还为其他人树立了什么是光荣的楷模。因此，亚伯拉罕的子孙从神那里得到的不仅仅是一般的赋予，还有一项额外的承诺。这项额外的祝福变得异常光荣，即：亚伯拉罕的子孙将占有敌人的大门。同样的，当雅各布将财产分给约瑟夫的时候，他赞颂这些财产，因为它们是他用“剑和弓”[2]得来的。我们还听说约书亚，他在送走玛拿西的孩子的时候，将从敌人那 335
得到的战利品分给他们以示一种光荣，并宣称道这是对这些孩子所提供的服务的奖赏。最后还有大卫。在他把一部分战利品托付给他的朋友、犹大的先人时，曾经说道：“瞧，这些从神的敌人那得到的战利品，现在给你们作为礼物。”

塞尼卡认为，在那些主要的善行中，将“以战争的名义获得的财

[1] Rostra，在此处的涵义要求英译本对之做扩大解释。这个词早期的意思是“鸟和动物的嘴，或者是船喙”，后来其逐渐演变出了表示“公共舞台”和“演讲人作公开演讲的讲台”的涵义，因为罗马人有把从敌人处缴获来的船的船尖挂在剧院的做法。格劳秀斯此处用这么一个词(Rostra)，兼指它原来的意思和引申意。

[2] “won by the spear”，此处的说法比较随意，目的是为了尽可能原汁原味地反映格劳秀斯援引的《圣经》的叙事风格。

富”转移给穷人，并使该穷人从“敌人那里得来的战利品”中致富，是战斗英雄眼中最光荣的事[1]。而且，当我们求教于法学家时，我们发现阿库尔修斯毫不犹豫地说道，在这种方式下，若是以我们的英勇得来的，任何战利品，甚至比我们从先辈那里继承来的财产，都更真正地属于我们。

现在，对于那些准备承认国家可以保留战利品，却否认私人有同样权利的人，我们可以用如下结论来干净利索地反驳他们这种过分细致的区分，尽管这种细致没有任何符合逻辑的论据的支持。这一结论所蕴涵的真理已在上文得到证明，它可以被叙述如下：在基础的和直接的意义上，在公共授权的战争中捕获的财产属于国家；但是，正如从国家那里购买这些被捕获的财产是正义的，从国家那里接受这些财产作为礼物也自然是光荣的。正因为这个道理，在谈到国家为了表彰私人的勇敢而分给他部分战利品时，荷马有时称这些战利品为“光荣的一种点缀”，有时称它们为“光荣的一份礼物”，这些都是极其荣耀的说法。

因此，既然各省大会已经承认将系争捕获物给一些商人，证明他们相信这些商人以其勤劳和牺牲为国家做了一件极其荣耀的事，且共同敌人的力量也已被削弱；既然在此情形，各省大会也表明了其有意将部分
336 捕获物赠给这些商人以示国家对他们的感激，这样的话，不是所有以这一方式获得的财产都应该被认为是对祖国做出贡献的奖赏么？那样，又有什么样的奖赏能比这些奖赏更光荣呢？

况且，从敌人那里得到的财产，只不过刚刚可以填补战争中的损失和为装配及武装舰船所已经承担或将来要承担的耗费；现在，从那些应该为这些损失和耗费负全部责任的敌人那里获得点赔偿，这难道有什么

[1] 其实，塞尼卡在此处指的是西皮奥交给后者父亲的战利品。因此，把格劳秀斯更宽泛的话都加上引号恐怕是不确切的，尽管本书的拉丁文版本中就是这么做的。

不对的么？任何人，只要仔细地考虑一下目前这桩事件的关键情形，都不难发现，这种奖赏与我们从司法判决中得到赔偿没有任何区别，两者都是为了填补损害和成本，也时不时地需要诉诸武力才能得到。

因此，应该可以同意，我们已经证实了这一点，即：既然获取该捕
获物是正义的，那么便根本没有任何理由认为占有该捕获物是不光 337
荣的。

下文是何谓有利之讨论

第 十 五 章

第一部分　该系争捕获物的获取是有利的。

提出以下几个命题：

1. 凡正义者，皆有利。

2. 凡光荣者，皆有利。

3. 顺应国家所处形势，更为有利。

4. 对盟友有好处，特别有利。

5. 对敌造成伤害，特别有利。

6. 容易实施，也是一个有利因素。

第二部分　坚持占有该捕获物是有利的。

结语。

下一个、也是最后的论题是从利益角度来考虑该问题。 无疑，这一论题对很多人来说似乎是多余的，因为他们倾向于用物质所得来衡量利益。 因此，在这些人看来，既然战利品可观地增加了一个人的私人财富，那又有谁会意识不到取得战利品是多么有利。

然而，在我看来，真正的利益是绝不能与光荣和正义的概念分开的。因此，当有些人吹嘘自己得到了多少利益，而又与光荣和正义无关时，只能说标志着彻底的堕落。为此，我打算证明，目前该案件所包含的利益因素并不缺少我们所说的属性，确切地说，它是以正义和光荣为基础的。

正当行为者(我们在上文已指出)并不忌讳自己获得利益。因此，柏拉图在颂扬正义时说道，应该考虑的不仅是光荣与美名，而且是愉悦或利益[就其效果而言]。同样的，在何谓光荣的问题上，无论我们所发现的某些歪理(对人类来说当然是灾难性的)粗暴地把光荣和利益这两个有本质联系的概念分开，还是人们公认凡是冠以利益的事，其最明显、最 338
主要的因素就是光荣的品行，可以断言，任何追求美德名声的人都肯定同意丢脸的事不会真正有利，而光荣的事一定有利，原因就在于它是光荣的。在《论义务》中，西塞罗的许多论述对此给予支持。在另一论著中，他论证道："凡正当者，皆为有利，而凡光荣者，皆为正当；因而凡光荣者，必然皆为有利。"[1]显然，无人能够反驳这一论断，因为即使是最讲究个人舒适和享受的伊壁鸠鲁学派也认为："除非一个人光荣和正当地生活着，否则他是不可能过得快乐。"而且，在绝大多数情况下，法学家所指的利益，总是具有共同性和公共性，与光荣的概念，休戚相关。

可见，最重要的是，凡正当取得，皆为有利，并且，即使是最严格的哲学家也会将正当取得归类到"可取"之事，因为财富可以促成很多目标的实现，所谓"可取"的这类战利品只要是正当的、光荣的，当然就不应抛弃。

---

[1] 句子很松散的西塞罗原话如下："……衡平从未与便利(即利益)分离，并且，凡衡平的、正当的事，也是光荣的，反之，凡是光荣的事，也是正当和公平的……"但是，莱克海姆(Rackham)在他的译本中指出，格劳秀斯可能不经意间把 *utile* 写成了 *honestum*，或者格劳秀斯就是用后者来表达"受公众尊敬"、因此便是"有利"的涵义。如按照莱克海姆的说法，格劳秀斯还是准确地重述了西赛罗所言的实质。

神赐光荣之礼物，不该受到轻视。

事实上，我们早已指出，在上帝眼里，这种特殊的利益是赐给虔诚子民的福祉。

因此，战利品的有利之处主要在于那些从中光荣致富者可以为众多他人谋利，并且，众多富有的公民对国家也大有裨益。再说，由于相当部分争议的战利品归国家所有而不花任何代价，鉴于在这场激烈的战
339 争中已耗尽财力的国库所面临的困难，其不同寻常的特殊利益，不言而喻。罗马人曾经多年被迫以贡税来支撑其频繁战事的需要，尽管战事持久使这些贡税成为罗马人沉重的负担，但是他们还是忍受了，因为这是不可避免的。然而，在罗马征服了马其顿之后，从战争中获得的战利品大大地充实了国库，所有公民的负税也随之免除，乃至以后多年内，罗马人再没有缴纳任何贡税。因此，往后的战争耗费均由被征服的民族负担。我个人不能妄自揣测荷兰人将来会希望有什么样的(财政)后果，但是，所有人都承认，当我们最大限度地从敌人而非自己公民的资源中获得补给，国库肯定会由此受益。

哲学家们讨论何谓有利，强调这一令人称道的原则：在考虑这个问题时，人们必须顾及每个国家的体制、习惯以及特殊需要。

在所有国家，海上运输管理肯定都属于最高政府权限，因此，那些为了输入粮食和各种必需品而从事海外贸易者都被认为实际上不从事国内商业者。具体地说，那些对荷兰的情况如此忽视者，以致不知道海外贸易在荷兰所以名声卓著并得到支持与保护的唯一原因就在于其航海和贸易吗？而且，在所有从事贸易的荷兰企业中，我们在东印度的商业在其价值、范围以及带来利益等方面，无可争议地处于最重要的地位。

当西班牙人的暴虐使我们在其他地区的商业活动无法进行时，神，承蒙他的恩惠，向荷兰打开了通往东印度的道路，拯救了我们濒临崩溃的商业。确实，也许仁慈的神也是为东印度人造福，因为在神的鼓励下(通过荷兰人树立的榜样)，当地人也敢于蔑视西班牙人令人生畏的名声了。同时，当地人还得到机会熟悉什么是真正的、未被歪曲的信仰。无论怎么说，(不可否认)[1]天赐荷兰人良机，指出到哪里可得到他
们梦寐以求的东西。多年来，荷兰人只能由陆路而非海上，历经艰 340
险，并以高价购买这些东西，而凶猛的敌人在新的情形下也不愿放弃他们对海洋的控制。在从事东方贸易的十年间，尽管常常遭遇不可预测的恶劣气候、驶经陌生的辽阔海域和港口、且所到之处都早已有葡萄牙人落脚，荷兰人却从未返航归来，一无所得。无疑，神意的干预在于避免不然可能会发生的结果，也就是荷兰人在一项极为有利可图的事业中，一开始便受到重创而灰心丧气，正可谓万事开头难。

为此，我相信我们的各省大会成员们，“祖国的奠基人们”不仅受人类智慧之引导，而且在可称为神意的支持下，高瞻远瞩，关注这一问题，并指令其管辖范围内所有东印度公司(因为分散的公司只会互相伤害和毁灭)按照已有法律合并而成单一的公司。此后，该各省大会授予该新公司许多特权，足以证明该大会的合并决策事关重大公共利益。而且，当公司合并最终完成时(不无重重困难)，所有人都坚信，通往国家繁荣昌盛的必由之路业已开辟。

这项措施的结果是：东印度人为这家牢固建立在统一和协调基础上的公司而折服；葡萄牙人则陷入了一片恐慌；而其他欧洲国家，他们是如此欣赏荷兰的诚意和远见，以至于他们愿意把资金托付给这家已经建

[1] 在拉丁文版本中并没有这个短语，但是，显然此处应有一个这样否定意义的短语。在哈马克的译本中，这句话最后加了如下拉丁文：*dubitari nequit*(意思是“不可否认”)。

立且管理有序的公司，而不愿自己冒险出海。这样，这家组建不到十年、当初资本不足三十万弗罗林(货币单位)的公司，如今资本增至七百万弗罗林。而且，人们是如此之欣喜、对这家公司是如此之厚爱，以至于所有人都坚信，公司的利润将逐年大幅增长。而鉴于已有的经
341 验，这种自信是绝对有理由的。

然而，还有更伟大的业绩等待我们去取得。迄今为止，我们到访的东印度港口还只是少数。而那一边，百般诱人的海岸还在向我们招手呢：那里，陆地连着阿拉伯海和孟加拉湾，更远处则是中国海岸。赚取利润的机会是如此之丰富，以至于当商品被接连不断地从一个地方运输到另一个地方、并被分销到最遥远的地区时，而起初的销售价却依旧不变。

人们都清楚，西班牙人和葡萄牙人起家时是何等的穷困，而现在又是何等的富裕！事实上，在这些民族的早期，当他们尚未开始海上航行时，他们的统治者几乎都凑不齐钱造第一批船；而且，即使是在今天，这些民族仍然有用小铜子来测算货币的习惯，作为昔日贫穷的一种象征。然而，如今我们看到了，同样还是这些人，无论是在国内还是在让他们极度骄傲的遍布世界的殖民地，无论是在住所、家居、服饰还是在他们成群的奴仆身上，他们所展示的已经不仅仅是优雅和光彩了，而是彻头彻尾的奢侈。这种奢侈的程度，使得我们完全可以把对古代提尔人* 的评价适用到他们身上，也就是说，他们的商人就像王子一样。的确，当近日从凯瑟琳号船获得的战利品拍卖时，谁不曾对所展示出来的财富表示惊讶？谁不曾感到震惊？谁不曾觉得所拍卖的几乎不是私人财产，而是皇家财富？

---

* 提尔人(Tyrians)，古代民族，提尔(Tyre)是古代腓尼基的港口城市，现为黎巴嫩的城市。

荷兰人要从敌人那里学会如何致富。同时，我们要从勤俭持家的祖先那里学会如何理财。今天，财富最大的好处莫过于公众能从中受益，而这种公众利益主要存在于从贡税和关税中所得到的更多收入。虽然海外航行的超额利润对西班牙国王而言是种刺激，促使他敢于在整个世界传播恐惧和专制统治，对荷兰人来说，这种成功更可被用来保护生命和自由。公众从中得到的另一好处在于他们中很多人，除了航海和贸易，再也没有来源维持生计了。因此，就像以赛亚书* 所说的，所
有商品和利润都应用来献给神。人们不应贮藏和囤积这些商品和利 342
润，而应将它们放在神的面前。这是为了他们自己，因为这样他们就可以丰衣足食了[1]。

难道我们想放弃这项如此必要和有利的商业活动么？我不相信有谁会赞成采取这么一种措施。

但是，葡萄牙人一天不被扫清，这项活动就一天不能继续下去。那些人，只要在他们染指之处，就不会容忍其他人的存在。他们用语言和行动宣布了，他们决不会让任何其他欧洲人到系争的这些土地上来从事贸易(而这种态度没有合法的权利基础，仅仅是因为他们不愿意放弃和与人分享来自任何方面的利润)。他们为了得到这些财富，什么样的招数都使过，无论是背信弃义的欺骗还是公开的战争。的确，对于这些人来说，为了自私自利的目的，又有什么不能做的？在卡斯提尔人到达中国不久后，葡萄牙人便在当地官员中传播诽谤之词，甚至不惜使用贿赂的手段，必欲将前者除之而后快。而实际上，卡斯提尔人和他们臣服于同一个国王，不仅是他们的邻居，甚至可以说就是他们的同

* 以赛亚书(Isaiah)，《圣经 · 旧约》中的人物。

[1] 此处，格劳秀斯对以赛亚书的话阐释过于复杂。译者最后决定采用杜埃版《圣经》中的一段话。但是，在本书其他地方，凡格劳秀斯直接引用《圣经》的时候，译者采用的都是詹姆士王版《圣经》译文。

胞。可怜啊，伊比利亚人对待自己的手足同胞，竟还比不上中国人对待自己的客人。若非中国人的好客之道，葡萄牙人的阴谋也许会再一次成功。不过，即使是这样背信弃义的行为，也不必使我们过分惊奇。因为所有的葡萄牙人，无论在哪，都只受个人利益和妒忌的驱动。他们可以杀死其他葡萄牙人，只因为后者与他们不在同一个贸易公司里[1]。因此，要使自己不受这种人的伤害，就必须采取报复。西班牙神学家维多利亚说得好，哪怕是纯粹的自卫战争也必然会给敌人施加报应。“如果敌人不因惧怕惩罚而不再行凶”，维多利亚说道，“便会
343 再次来犯”。所以，正如公共利益要求我们维持对东印度的贸易，公共利益同样迫切地要求我们对葡萄牙人施加限制。在这方面，只要情形允许，什么样的方式都是可以的，甚至包括各种恶行，而夺取他们的财产，只是其中最轻的一种。

以上所述的利益虽具有国内性质，但还有一些同样重要的利益，其效果通过盟友获得的利益或敌人遭受的不利等形式在国外表现。

对人类而言，在整个宇宙中，除了永恒的上帝，没有什么甚于对人自己有利的。因此，在所有成就之中，最有利的莫过于赢得他人的善意了。西塞罗曾多次谈论到这一点。他赞同帕纳修斯*的看法，后者在关于便利(即所谓利益)[2]讨论中始终坚持这种论点。同样的，亚里士多德把朋友和友谊列为最有利的事物之一。他认为，友谊不仅自身是有利的，而且还能带来许多其他[有利]的结果。因此，在亚里士多德看

---

[1] Societalis：这一说法可指各种各样的社团，不过此处，格劳秀斯指应该是该词的通常解释，“合伙”或者“贸易公司”。

* 帕纳修斯(Panaetius)，公元前180年希腊斯多葛派哲学家。

[2] De Vtili：“关于什么是便利的”或者“有用的”或者“有利的”。为了译本的一致性，在本章中，当格劳秀斯在论述中用到utilis一词的时候，译者都将其翻译成“有利的”。但是，英文中没有一个词可以涵盖utilis所有的意思，而且在翻译格劳秀斯引用其他作者的著作时，严格地遵循这种一致性也未必可行。

而且，应当指出，帕纳蒂修斯的希腊文原文的标题(直译是：有关那些“适当的”或者“恰当的”或者“合适的”)通常在英文中被译成“论义务”。

来，“挚爱友情”胜过“痴爱金钱”。

然而，另一方面，有时对人造成极端伤害的也是人类自己。 就像这些著名诗句所言：

人最痛苦的悲伤来自哪里？
不是别的，正是人自己。

于是，事物的互相对立性使得对敌最糟糕的事，则对我们最为有利；同理，对敌人最痛快的事，则对我们最不利。 这便是如下请求的涵义：

这是伊萨坎想得到的；
也是阿特柔斯的子孙们将以高昂代价换取的。[1]

因此，那些论及何谓有利的学者，都赋予这项特殊利益(即伤害敌 344
人)特别的重要性，无疑是正确的。

然而，还是回到我们的第一点。 每个人都知道友谊的巨大力量。也正因为这种力量，对那些参加战事的人而言，不仅是与邻人、甚至是与遥远的部落结盟都是有利的。 这就好比结盟对商人来说是必须的一样。 米瑟利戴特受人赞扬，因为他派遣使者从奥尔本一路赶往西班牙去会见塞多留和那些正与罗马交战的将军们。 因为米瑟利戴特了解他必须对付的敌人：换句话说，他知道罗马占据了当时世界的一大部分，而且是个强大和富裕的国家。 因此，他要使罗马在这场争霸战中两线作战。

[1] 这引自辛农(Sinon)的演讲。 他被特洛伊人俘虏时说：对他施加报复反而会对特洛伊人不利，因为这会使后者的敌人，包括尤利塞斯(伊萨肯)和阿伽门农的兄弟以及梅内莱厄斯(阿特柔斯的儿子)高兴。

事实上，他也做到了。罗马人，无论在陆上还是海上，都要同时在两个截然不同并且遥遥相望的战场上，与两个同心协力的对手战斗[1]。

我无意夸大或者贬损伊比利亚人的力量。我当然知道：他们统治的疆域比米特拉达梯时代的罗马还要广阔，而且，他们的领土也许超过我们时代或任何时代的国家。我也知道，伊比利亚人的权力基础，并非来源于低地国家，也不是来源于西班牙，而是在海外地区。从那些海外地区，他们获取财富。正是靠着这些财富，他们才得以维持阔绰的排场和战争。不过，我还知道，他们在那些遥远的土地上招致的仇恨，和他们在那里获得的权力一样多。而荷兰人若是要结束战争，就得利用这种仇恨。为了推翻这种已经传遍了世界上每个角落的暴政，北方人必须和最遥远的东方人联合起来。

荷兰人早就应该寻求东印度国王和人民的友谊了。然而，你瞧！现在倒是别人主动来向荷兰人示好。在我们的长官中，哪一个不曾遇到东印度人的请求，要求我们施以帮助和救援，以对抗葡萄牙人？不然，我们又该如何解释来自特奈特岛* 国王和来自安波那岛国的恳求？
345 以及加哈国王写给我们的信？亚齐的贵族甚至出现在海牙的宫殿。类似事件在奥古斯都时代被认为是国运亨通的标志(这是指来自东印度特使的造访。这些特使虽然带着珍贵的礼物，却只是为自己的长途跋涉而自豪。不过他们的肤色足以表明，他们来自于另一个气候带的国家)，在克劳狄一世看来，则是为他的统治增添了荣耀(他接见了来自泰普罗贝恩锡兰[2]的使节)。然而现在，这些事件实在太普通了，以至于

---

[1] *binis copiis* [*hostium*]：因为原文中并没有 hostium(敌对的)一词，所以格劳秀斯这句话的意思显得比较模糊，甚至可以被翻译成“与他们两倍的敌人作战”。不过西赛罗在格劳秀斯所引的段落中提到了“敌对的力量”，所以这点模糊也就得以澄清。

* 特奈特岛(Ternate)，马来亚群岛的一个小岛。

[2] Taprobane，格劳秀斯用它来指苏门答腊，不过通常在普林尼引用的段落中，它被翻译成指锡兰。有关 Taprobane 在本文其他段落中的重要性，请参见英译本第 5 页，第 184 页，第 221 页以及第 241 页上的脚注，也可参见英译本第 346 页的脚注 3。

荷兰人不再感到新鲜和惊奇了。而且，除了要与我们结成同盟一起进攻葡萄牙人，难道这些特使还有其他的目的和请求么？他们是如此信任我们的善意，以至于他们竟要求荷兰人在他们的土地上修筑据点！他们强烈要求马六甲海峡和巽他海峡由荷兰人来控制。有些人还主动向我们提供封锁马六甲这一海上咽喉的援助[1]，并告诉我们完成封锁的方法。

当前情势的另一个更重要的特征是与荷兰人的友谊正发挥着调和东印度人内部矛盾的作用。在苏门答腊和锡兰的岛国[2]间已签署了条约，而坎达尔* 和亚齐的国王也宣布葡萄牙人为他们共同的敌人。因为荷兰人的缘故，亚齐的国王还尽弃了他与加哈统治者之间的前嫌。现在，两个对手之间所有的竞争都归结到一点：谁更能赢得荷兰人的欢心？若不是以前荷兰在对葡萄牙的战争中还显得不够坚决，许多其他的国王早就加入我们的行列了。

那么，我们可以得到什么样的结论？我们是否对这些示好的意向嗤之以鼻？尚且不论这种冷漠与我们的公共利益背道而驰，从葡萄牙人为了报复当地人与荷兰之间的结盟而进攻他们的城市并在那里烧杀抢
掠的那一刻起，我们在道德上就不可能采取漠不关心的态度。如果鼓 346
励和维持，且促进和扩大这种联盟不是有利的话(假如不是，那么除了毁掉我们自己的贸易，别无其他方法了)，那么我们还能给那些寻求与其联盟的民族什么样的保证、什么样的诚信的联系呢？那些民族唯一想要的、也是我们必须保证的就是无畏地向葡萄牙人发起进攻(荷兰人

[1] commeatus，还可以被翻译成“自由通行”、“护航”或者“运输”，戴门斯特的荷兰语本，在谈到有关荷兰的历史时应予以特别关注。它将之译为“供应”和“给养”。

[2] Celonem：显然，当格劳秀斯讲到锡兰的时候，他经常使用该词及其各种变体。同一句话中的 Taprobanem，显然指的不是锡兰而是苏门答腊，这就像在上文其他各处，当格劳秀斯既没有引用也没有阐释其他作者的看法时。参见英译本第 346 页脚注 1 以及其中提到的其他注解。

* 坎达尔(Kanday)，锡兰的一城市，曾是锡兰王国的一部分。

坦率承认，我们是葡萄牙的敌人)并以对待敌人的方式对待葡萄牙人。因为正如报复敌人，使他们得到应得的惩罚是正义和光荣的，放过他们是危险的；特别是当我们考虑到东印度人多疑的性情时，这种危险就更加严重了。

我以最近一个事例来支持这种主张。坎达尔(锡兰岛上的一个国家)国王在斯皮尔伯格从泽兰到达东印度时，曾对有关荷兰的事务表示了极大热情，整天向荷兰人询问我们辉煌的战争史。

有关普里阿摩*、赫克特，渴望
了解许多事情……

他总是想象着举世无敌的马利斯王子模样，长久凝视着描绘尼乌波特战役的油画，毫不厌倦。国王自己，还有王后和他们的孩子们，开始学习我们语言中的词语，以便使坎达尔王国可以说成是荷兰的一部分。国王还宣布，他希望他长子(成年后)能到马利斯王子那里，以便这个年轻人能在这么一个伟大的将军门下学习军事。他还恳请荷兰人在他的管辖下任何他们乐意的地方建造要塞，并说，他和妻儿，宁可替这个要塞运送石块也不愿放弃如此心仪的工程。其后不久，国王接受了西波尔德·德·沃特(他是威基博朗德·沃威基克旗下舰队的副司令官)的访问。他恳求德·沃特给予帮助，协助他直捣在王国边境、由葡萄牙人控制的库鲁玛要塞。国王真诚地要求由自己发动攻势，但请求德·沃特能给予支持，抵挡来自果阿的葡萄牙援兵。他许诺了各种奖
347 赏，以回报这种帮助；并且，公开表达他希望将从敌人那里夺过来的一

* 普里阿摩(Priam)，希腊神话中特洛伊末代国君。

个要塞交给一队荷兰部队管理。后来果真如此。西波尔德从锡兰起航往亚齐寻找盟友，在航程中俘虏了四艘葡萄牙舰船。虽然坎达尔国王曾亲自请求过西波尔德，并在荷兰人起航后又写信给他，恳求以神的名义和马利斯王子的英勇，为了他们的友谊，将可能捉到的任何葡萄牙人交由国王来处置。然而，德·沃特显然低估了为自己的仁慈开脱的困难，竟然放走了葡萄牙俘虏！虽然，坎达尔国王仅承诺到威坦努姆迎接荷兰司令官，但是，为了表示礼节，他还是一路赶到巴梯卡罗* (荷兰船只经常停泊的港口)，一心想到德·沃特会将捕获的葡萄牙人交给他。在巴梯卡罗，悲剧发生了：当国王惊讶地发现那些犯下罪行的俘虏竟然被放走而自己的请求却被搁在一边时，他下令处死德·沃特和其他近五十个人，因为德·沃特用争辩和傲慢无礼的方式回答国王的质问。通过这种方式，国王为自己出了一口气，不为别的，就因为自己未能对葡萄牙人实施报复。

而且，这种宽宏大量(假定宽宏大量还算是合适的说法)不仅给了敌人以笑柄，还引起了盟友怀疑，更伤害了我们自己。因此，如果我们不能说服打起仗来比欧洲人还凶狠的东印度人接受这样的说法，即在能够消灭敌人时却饶他们命是我们的习惯，那么当这些人民看到葡萄牙的船只(这些船只理所当然地应作为战利品被夺取)从荷兰人的手下溜走时，他们将作何感想？除了认为荷兰人与葡萄牙人暗中串通起来背叛了他们，这些东印度人难道还会有其他想法么？所以，有必要向他们保证我们的诚意；有必要向他们提供可以欢欣鼓舞的理由以回报他们的友谊；有必要给予他们安慰以补偿其受到的灾难；也就是说，我们要给他们一个机会，让他们看到，那些掠夺全世界的人现在也被剥夺了

---

* 巴梯卡罗(Batticaloa)，锡兰王国的一个城市。

财产。

接下来，考虑降临敌人头上的不幸会给我们自己带来的利益。

348 荷兰人的对手葡萄牙人是这么一种人。就像塔西佗在另外一个场合所描述的：这种人在困难和逆境面前胆小如鼠；在得志的时候则为所欲为，丝毫不顾忌任何神法或者世俗法。因此，要是早些时候给葡萄牙人点教训，使他们以后看到荷兰人就闻风丧胆、落荒而逃，这无疑是最重要的利益。葡萄牙人要知道，他们的舰船，即使在数量和大小上占有相当的优势，也不能与荷兰人的相提并论，因为正是后者的舰船屡次摧毁了他们。于是，只要有荷兰人泊船的地方，葡萄牙人就不敢靠近，由此，荷兰人不仅可免于实际的危险，而且还不用担忧潜在的威胁。事实上，该结果已部分实现了，因为据东印度的那些国王们说，只要一看到甚至一提到荷兰人，葡萄牙人就吓得浑身哆嗦、面如土色。从葡萄牙人顺从地把被俘船只上的货物亲手交给荷兰人这么一个事实，我们可以得到什么结论？或者，从有些人已经开始向荷兰人缴费以求能安全地航行这更进一步的事实，我们能推断出什么？同样的，当我们的敌人意识到荷兰人要抓一大堆俘虏是多么容易时，他们就不敢轻易向偶尔落入其手的荷兰战俘发泄愤恨；而且，对报复的恐惧会迫使他们去做那些在善意行为鼓励下反而会拒绝做的事。

此外，将来他们不得不交给我们类似战利品的替代物，这对我们的国家和作为私人的公民都是极大的利益；或者，他们不得不转攻为守，在东印度海域保留大量的舰船保护自己，在殖民地修筑要塞加强防御，并无时无刻不对所有情况保持怀疑和警惕(恐怕这是最麻烦的了！)。由此背上的沉重负担不仅会耗尽葡萄牙人的私人利润，还会使葡萄牙这个无情扼杀荷兰人自由的国家从东印度掠取的收益付之东流。人们可以
349 设想，这些结果对我们国家来说是何等有利。因为每个人都知道，金

钱是战争的动力，而(在战争中)获得财源是头等重要的事，所以仅次于此等重要的事就是尽可能断绝敌人的财源。相应地，如菲利普国王从东印度领地获得的所有物产和收入，就像他从一些欧洲领地那样，都要付出昂贵的代价，可以肯定，我们就比较容易对付未来战争。没有人会怀疑，菲利普国王通过与意大利人的交易而使西班牙获得的支持是拖延那场战争的主要手段，因而荷兰人的资源并不只是用来对付从另一个低地国家得来的收入，否则，我们早就该结束这场战争了。可见，如果西班牙的收入枯竭了，并且失去为获得其他资金而必需的信用资源，那么除了会导致伟大革命的军事起义，还会有其他结果么?

凡了解与目前事件有关的历史者，对这一点都很清楚：几乎所有为荷兰带来好运和繁荣的事，都源于敌人的困乏。根特和约与包括几乎所有低地国家的反西班牙联盟，帮助我们把荷兰从一片废墟重建为安康的国度，因为它们在我们对手的内部掀起了冲突，而且这正是敌人国库耗尽的后果。不然，我们怎么能解释，荷兰在被帕尔玛* 公爵统治了那么长时间后，仅凭一个伟大领导人的英勇，便在之后同样长的年份里获得并保持了胜利? 除非我们承认，这是因为敌人派出巨大的舰队[1]与英国交战，而又在与法国的消耗战中耗尽了自己的资源(这种消耗是如此之严重，直到今天，资源的恢复还遥遥无期)。正是资源枯竭导致了在其与法国接壤的边境上频繁发生的动乱，在西克姆** 发生的意大利人起义和其内部的互相残杀。也正是因为资源枯竭，圣安德鲁才会背叛，才会有导致佛兰德斯遭受攻击的一系列动乱和爆发那场著名战役的机会[2]；这

* 帕尔玛(Duke of Parma, 1546—1592 年)，公元 1578 年任低地各省总督。

[1] 著名的西班牙无敌舰队(公元 1588 年)

** 西克姆(Sichem)，比利时的城镇。

[2] 此处也许是另一个提到“敦克尔刻之役”(Battle of Dunes)的地方。该战役发生在公元 1600 年的七月，在尼乌波特，西佛兰德斯的一个小镇上打响。那场战役的结果是拿骚之马利斯王子大胜西班牙军队。

也是霍奥格斯特罗腾[*]叛变的原因，当时荷兰人自己下令把土地变得一片荒芜。

350 就目前的事件而言，因为我们的对手心存更大的野心，甚至要控制荷兰人对之有特殊权利的海洋，所以我们应尽一切努力去挫败他们的企图，方法就是在他们已经沉重的负担上再加上一笔。在这个节骨眼上，我们要尽可能地通过东印度人给伊比利亚人造成麻烦，使他们一次又一次地陷入到由失败和损失所造成的困惑中去。鉴于我方的耗费并非由国家、而是由个人承担，这么一种做法是极其明智的。此外，谁能知道，也许从东印度的成功中我们会获取信心，甚至可以在美洲采取更大胆的行动呢？况且，在这么一种情况下，我们显然可以认为，[伊比利亚人]在[新大陆]的领地是属于所有国家的，他们在那里的统治也就可以被任何一个国家剥夺！

现在，如果执行的便利性确实(就像在这方面的许多权威人士所坚持的)是在估量一项即定计划的受益时应考虑的因素，那么就让敌人用他们愿意的方式去装备战舰吧！代价越高越好，直到四面八方都回响着他们造船或者修船的嘈杂声！如果荷兰人对于自己和敌人的估算不是完全错误的话，那就没有危险；汉尼拔曾经调侃过(如我们所知)，安提奥克国王[**]的部队不可能给罗马人造成威胁。因为安提奥克国王曾经向汉尼拔炫耀，他的部队如何人数众多，如何披金戴银，如何装备有带着大镰刀的战车、顶着华盖的大象以及配着闪亮的缰绳和穿着华丽的骑兵。当国王问迦太基人，这些对付罗马人是否足够时，汉尼拔(他的注意力全用来观察这些不适合打仗的人的弱点上了)却宣布，尽管罗马人被认为是世界上最贪婪的人，眼下的这些东西对他们也足够了。实

---

* 霍奥格斯特罗腾(Hoogstraeten)，公元 1600 年敦克尔刻战役中荷兰指挥官。

** 安提奥克国王(King Antiochus，公元前 223—前 187 年)，古叙利亚王国的国王。

际上，这位国王问的是部队的战斗力如何，而汉尼拔的措辞就好像他被问到的是眼下的这些东西当战利品是否足够。我们在此借鉴这位迦太基将军的思想，把他的话改成：不管葡萄牙人在整个东印度做的是何种性质的准备——不管这种准备看起来是多么的辉煌，它们的代价是多么的高昂——这些对荷兰人来说都足够了，即使后者在遭受了巨大的损失之后，完全有理由热切地盼望从中得到应得的补偿。安提西尼斯[*]很久以前便清楚地说道：“我们应该希望我们的敌人有财产而无勇气；因 351
为在这样的情况下，这些财产不属于那些(当时)拥有它们的人，而属于(后来)能够赢得它们的人。”显然，经过明智的考虑，没有人会反对这么一种看法。

荷兰的舰船小而灵活，可以对海上和军事上的紧急状况做出迅速反应；而且它们造得好，敌舰发射出的炮弹只是从它们的上空掠过，构不成任何威胁。相反，葡萄牙人的船则大而笨重。它们不是为战斗、而是为运载货物建造的——整个舰身暴露于敌船的炮火之下，在海上弱不禁风——这样的船，只配被人征服，根本谈不上去征服别人。在荷兰人眼里，海洋和陆地没有差异。他们从小生活在阴霾的天空下，对大海、大风以及北方星辰已习以为常；其中相当一部分人，自孩提时代起，在海上度过的时间甚至比在陆上的还多。而且，荷兰人极度耐寒；能长时间忍耐没有食物的情况。对他们而言，长途航行(像那些到东印度的航行)所有的一切艰难困苦，已是司空见惯。荷兰人还得益于常年的国内战争，后者砥砺了他们的意志并提高了他们的作战能力。葡萄牙人则完全是另外一副模样。他们习惯于温暖和淫逸的生活，身体虚弱，精神萎靡，禁不起海上的颠簸，一上船就忍不住犯晕。而

* 安提西尼斯(Antisthenes，公元前 440 年—)，希腊哲学家。

且，葡萄牙人还缺乏男子气概。他们不仅放荡堕落，不能熟练地操作武器，在航程中还要被一大群病号拖累，后者甚至妨碍了健康的人的活动。简而言之，葡萄牙人天生不能打仗，他们甚至可以被称为(用一句有名的话来说)“只配是麦西安人的战利品”[1]。

我们发现，荷兰水手于是变得异常自信，以至于在战斗的任何关头，他们都不会认为自己的部队太少而葡萄牙人的部队够多。在许多场合，明智的指挥官甚至还未开打，便宣布胜利已经毫无疑问地属于荷兰，因为他们看到了荷兰士兵的坚毅脸庞以及充满求战若渴的神情。
352 在这些指挥官看来，这些证据是最好的兆头和最准确的预言。因此，当荷兰人意识到自己士兵的无畏精神后，他们所希冀的，决不该仅仅是场小规模的胜利！辉煌的大胜利在等着他们呢。因为这种对于自己民族勇气以及好运的自信，既不是鲁莽的，也不是没有根据的，因为他们手上有世间最无可辩驳的证据，(也就是说)胜利的担保。

在很长的一段时间内(仅举一例来说明西班牙人和葡萄牙人的不堪一击)，法国人成功地打乱了(西班牙)与美洲之间的贸易，甚至到了没有哪个西班牙士兵不曾被他们俘虏过的地步。在一些情形下，胜利者得到的战利品是如此丰厚，连船上的侍应生都可以带回家八百达克特*。而且，法国人还同样成功地洗劫了新大陆的所有岛屿和整个美洲大陆本身。在另一方面，每次西班牙人侥幸俘虏了一艘法国战船——不是因为他们有多勇敢，而是因为与他们对抗的法国指挥官太懦弱——这事都被认为是极不寻常而要被西班牙人大肆庆贺一番，就好像整个法国、而不是一艘法国战舰被征服了。这种悬殊的情况之所以会发生，不是因

[1] 讽刺葡萄牙人的虚弱，连世界上最弱小的国家也能征服他们。希腊人极度鄙视麦西安人(古代亚洲少数人种中的一支)，因为后者实在缺乏男子气概，所以当希腊人鄙夷某人时，便将他称为“麦西安人中最矮的一个”(参见西塞罗的《致弗拉科》，Pro Flacco)。

* 达克特(ducat)，从前曾流通于欧洲各国的硬币。

为法国人在作战能力上占了绝对上风，而是因为西班牙人太贪婪，后者为了多赚点钱，把整艘船都塞满了商品和乘客，而没有想到在船上装备任何武器。同样的好运也落在了英国人的身上。当他们完成了环游地球的航行时，几乎所有的西班牙领土都被他们染指过了。在这方面(如何不花任何代价而得到财产)，当时还没有任何民族能胜过英国人。

那么，荷兰人作为真正的“海洋之子”，又该做些什么呢？我们无意做任何不恰当的比较，但我们可以说，荷兰人从来没有在一场势均力敌的战斗或者在任何一场公开的海战中处于下风。尽管荷兰的早期历史中就有我们与法国人、英国人和德国人交战的辉煌例子，我不会用它们来做说明。让我们就把注意力放在伊比利亚人上——而且他们还得到了来自低地国家的支持——让我们简单地回顾一遍眼下这一事件的历史，从战争的一开始到目前这个令人欣喜的阶段。

我们以波苏被俘为起点；泽兰人早在那个时候就扣下了葡萄牙人的
财产；看到梅迪纳塞利公爵乘着小艇仓皇逃跑以及德·霍特与西班牙人 353
浴血搏斗的情景。而且，难道敌人还可能派出一支比在(公元 1588 年)那糟糕的年份与英国和荷兰交战时更强大的舰队么？难道东印度的海峡和浅滩不是比高卢海(即英吉利海峡)的海峡和浅滩窄得多，更不确定么？因为据说前者除了无数沙洲、沙岸，还有近七万个星罗棋布的岛屿，那无疑会是我们笨重的敌人的葬身之地。难道我们忘了在加迪兹岛附近被迫搁浅而被荷兰和英国军队烧毁的那支舰队了么？还有斯皮诺拉的舰队，它们的覆灭给了它们的主子以致命的一击。况且，难道敌人还会有比安德鲁斯·贺塔多·德·曼多萨更勇敢、更出色的将领么？即使是后者，也在班腾附近被彻底击溃，且在曼多萨占绝对优势的情况下发生的——荷兰只有六艘相对较小的战舰，而曼多萨则有多达三十艘庞大威武的战舰。自从曼多萨被打败后，又有多少只葡萄牙舰船被荷兰人俘虏，击沉或者焚毁？ 别的不说，让我们就看那些最大的船只。 除了一艘船被斯皮尔伯格和英国人当战利品瓜分，荷兰人俘获了三艘大帆船。 虽然我称之为船，也许似乎更该看作是浮动堡垒，甚或市镇，因为船上人超过七百。 这三艘帆船中的一艘是考麦利斯 · 瑟巴斯提安斯号，在圣海伦娜附近俘获的，现在已归泽兰人了。 另外一艘是被希姆斯科克捕获的。 第三艘则是在澳门附近由沃乌杰克的船所俘虏。 此外，还有更引人注目的事件是击溃敌人一整支舰队，从而解放了加哈，将对我们非常友好的一位国王从围困中解救出来。 事情是这样的。 为了进一步加强当地女王已经对荷兰表示出的友好，雅各布 · 皮埃特兹从上述沃乌杰克舰队抽调两艘战船，再加上一艘快艇，驶往潘达尼。 在航程中，雅各布发现原本属于加哈王国的一条河被葡萄牙人控制了。 后者拥有两艘大帆船以及二十五艘多双桅帆船和其他战舰，使整个地方充满了死亡的恐怖。 皮埃特兹认为决不能让自己的盟友遭受如此大的威胁，便与葡萄牙人展开了战斗。 战斗一直持续到这一天的晚上，此时敌人整个舰队已被打得溃败，仓皇逃向公海。 这里
354 就不详细描述被解困的国王如何亲自到荷兰人船上表示感谢。 总之，他高度赞扬他的盟友的忠诚，后者在这次事件中再一次得到了证实。 然而荷兰人并不满足这些成就。 相反，他们再次出击寻找溃逃的敌人。 在一场激战后，葡萄牙人的大帆船遭受重创，要不是他们拼了命地划桨逃跑，早就遭受灭顶之灾了。

既然有如此击败葡萄牙人的辉煌战绩，难道还有人居然相信我们惧怕他们么？ 决不！ 努力吧，奋进吧，海洋之子的国家！ 想象一下吧，下面这段著名神谕不是赐予傲视大海的奥古斯都，而恰恰是对你们自己的：

你们不要害怕，
敌人的舰队虽然强大，但他们没有顺应天意，
你们也不要被他们的船首吓倒。
上面的怪物虽然面目狰狞，但这只不过是虚张声势，
一个士兵有多少力量，这要看他为何而战；
除非为正义而战，羞愧会使他连手中的武器也拿不稳。

最后两句话绝对正确，而且特别适合目前的讨论。荷兰的水手知道，他是在为维护国际法而战，而他的对手则相反，他们在与人类作对。荷兰的水手知道，他的对手之所以战斗，是为了建立暴政；而他正要以战斗，来保卫自己和他人的自由。荷兰的水手还知道，敌人是被内心的邪恶驱动着，而自己已经被一次又一次的诽谤、残忍和背信弃义所激怒。因此希腊最伟大的演说家说道："为了免遭伤害，每个人都会用尽全力、拼死一战；但这不会发生在当动机是为了夺取他人财产的时候。"同样，亚历山大大帝也曾以符合他总司令身份的方式说道："伤害他人之人，会激起最强烈的反抗；但当人是为反抗侵略者而战的时候，战斗的目的便不是害人而是自卫，因此(问心无愧而信心百倍)他们抱着最大的希望去赢取胜利。"

荷兰各省大会在(1604 年 9 月 1 日)发布的法令中，用更简洁的方式 355
总结了以上有关"什么是有利"的看法。该法令明确地宣布道，承蒙神的恩典，在我们与葡萄牙人的斗争中，航海和贸易受到了保护并得以扩大，与我们友好的王国和城市得以被解放，而且我们对敌人取得了辉煌的胜利并从中获得了巨大的利益(从敌人那里，我们期望获取更大的胜利和利益)。该法令还明确，所有这些利益对敌人而言都意味伤害和严重的损失，但是对低地国家联合各省而言则是光荣和有利的，它们为

国家和公民赢得了卓著的声名。 而这一切都没有给国家带来任何代价和负担。

现在，既然国家和私人一样，都从对战斗给葡萄牙人带来的损失以及对葡萄牙人的剥夺中获得利益，那么，让我们的商人获得眼下的这批战利品，不仅对商人有利，对国家也是同样有利的。 因为鉴于这场旷日持久的战争给国家财政施加的各方面的压力，特别是巨大的海战成本，没有什么比发动私人来摧毁敌人更为合适了。 但是聪明的人是不会贸然承担成本的，除非有希望赚取相当的利润来弥补随之而来的风险。 因此，各省大会的成员所采取的措施是再恰当不过了。 他们不仅在其他各方面鼓励与东印度的贸易，他们还决定，将由东印度公司出钱并承担风险而捕获的物品分给该公司的成员，是正义的并且是对国家有利的。 这是与普罗帕修斯* 的诗句所表达的原则完全一致的，更进一步说，这就是自然理性的应有之意：

> 这些战利品属于你，因为是你辛苦赢得了它们。

因此，我们得出结论：这些利益值得称道，如果有人轻视它们，那他就是在挥霍自己的机会和好运。 我几乎可以把这种行为认作是冥顽不化的表现，因为这些利益是有战争法和国际法的依据，更何况是各省大会和最高行政长官授予我们的。 一个人若是不知感激，反而固执地拒绝接受它们，难道不应该被指责为顽固么？ 因此，我们可以合理地认为，要么没有人会拒绝甚至抛弃这样获得的财产，要么，即使真的有这样的人，也不会有任何忠于国家和信奉神的人效仿他们。 然而，确

* 普罗帕修斯(Sextus Propertius，公元前 50—前 16 年)，罗马哀歌体诗人。

实有这么一些荷兰人，他们太没有骨气，以至于竟会沉湎于这样的说 356
辞。这些说辞虽然出自于他们的同胞之口，却是完完全全地向着葡萄牙人的。对敌人的宽容甚至发展到这样的地步，竟然有荷兰人胆敢宣布，葡萄牙人可以得到任何东西，而荷兰人却什么也不能拿。这真是令人遗憾！对于这样的人，我只能诅咒他们有一天落到葡萄牙人的手中，自己去尝尝他们如此宽容的敌人是如何地残忍，只要这不会给我们的主权和国家带来任何损害和危险。

不过，还是让法律和执法官来处置这些毫无理由的说辞，或者更确切的说，他们对于公共事业的恶意贬损。就我们而言，如果能给那些陷于错误的人带来启发，那就足够了。

因此，如果那些因为害怕正义和良心的谴责而拒绝接受目前这些利益的人可以被逻辑和权威影响的话，那么在本书前面部分提供的论据和印证的例子应该可以使他们更明智些。除了有些极端顽固的人，我自己相信，那些看法已经足以说服其他所有人，上述的利益是最光荣的。

我们还是来看看那些对利益这个问题感兴趣的批评者吧。他们能提出什么样的理由，来阻止我们获得捕获物？显然，我认为没有人会在这个场合提及这句名言，即：“不义之财必然会被不义的方式耗尽；用卑鄙的手段得来的财产是不可能被传给子孙后代的。”因为我们也同意这么一种说法。事实上，我们可以更进一步地说，任何事情，如果不是正义的和光荣的，就必定不是有利的；尽管不义之财也许会因为长时间的流逝而得到官方的认可并得以侥幸保存。但是我们已经用最无可辩驳的理由证明了，目前的情形和上述引用的名言中所描述的情形恰恰相反。因此，基于这种理由的反对也因为它缺少根本前提在而无法立足。相反，这是毫无疑问的真理，即几乎没有那样占有物的所有
权，若是追根溯源，不是来自于战争取得。同样真实的是，几乎所有 357

国家的安全(像西塞罗在他的《论义务》一文中指出的)都依赖于这样的财产所有权。

相应地，我们可以在许多学者的论著中，常看到这样的论述，即任何用武力从敌人那里夺取的东西都可正当地拥有，而且，这种所有权可作为一种正当权利得以正当的继承。罗马人在给奥伦坎斯关于艾塞特鲁斯领土的回复中也进一步强调了这一点。罗马人还告诉沃尔西人，这种用武力取得财产的方式与赠与取得财产的方式没有任何区别，由此取得的都是一个人的财产。也许这些说法受到了以下事实的启示，即在战争中，交战双方都同意，由征服者取得被俘者的财产；因此，若是有人想成为征服者但又不幸被敌人击败，那他只能接受被俘者的命运。这就好似双方签订了一个特殊的合同，没有任何非正义可言。在此有必要逐字逐句地引用狄奥尼修斯所记述的提图斯 · 拉修斯[*]演讲中的一段话：

“我们罗马人相信，根据战争法，通过捕获方式取得的财产是最光荣和最正当的。显然没人能劝说我们把这些财产还给那些失去它们的人，因为这些财产是象征我们勇气的丰碑，不能因为这种愚蠢的谦恭而被摧毁。正因为我们相信，当谈到这些公共财产时，我们应该尽力把大量这样的财产留给子孙后代，所以难道我们会允许任何人把我们已得到的财产再剥夺走么？难道我们会下令用针对敌人的措施来对付我们自己么？”

我们还可以在罗马元老院给沃尔西人的答复中找到这样的说法：

358 “另一方面，我们把从敌人那里捕获的财产看作最光荣的财产。并且，我们自己不是第一个定下这个标准的人，我们只不过把它当作神的

* 提图斯 · 拉修斯(Titus Larcius Flavus，公元前 495 年)，罗马执政官。

意旨来遵循，就像我们遵循所有非出自人类之手的神法一样。既然所有民族，无论是希腊人还是野蛮人，都遵循这一惯例，我们就不会懦弱到把这些东西再还给你们，我们也不会放弃战争中得到的财产。因为，由于害怕或者无知而失去用勇敢和坚毅得来的财产是世上最耻辱的事情。”

在给萨莫尼特人* 的答复中，我们也可看到如下说法：“……我们用武力获得了这些财产，这是世界上再正当不过的事了。”还有法布里修斯，他在演讲中也提到：“那种取得财产的方式(法布利修斯指通过战争取得财产)不仅是正义和光荣的，同时也是令人异常愉悦的。”

不过，即使占有系争捕获物本身是没有问题的，我们还必须解决事后可能发生的担忧，譬如，该案由法院解决。我们必须设想审判的法官，究竟是西班牙人，还是非西班牙人。

对我们的祖国而言，没有什么比让荷兰人在西班牙法庭上为他过去的行为辩护更令人感到悲观的了。但是，这种事情果真发生的话(让这不吉利的想法见鬼去吧！)，我们丢掉的就不仅是眼下这批捕获物，而是所有荷兰人的所有财产了，因为确实：

> 如让一些新的法官作出关于战争的判决，
> 你们中没有一个人会发现自己的手是干净的。

也许有人会担心，这种情势发展下去的结果就是他们自己的财产被敌人扣留，如果他们还要与敌人做生意而战事将继续下去的话。实际上，在我们所讨论的情况发生之前敌人就已经这么做了，他们难道还要

---

* 萨莫尼特人(Samnites)，意大利中部的古王国萨莫奈(Samium)的人民。

为这样的行为另找一个理由吗?! 而且，我也不十分清楚，如果我们和东印度的贸易是那么有利可图，每天都能增加我们的财富，为什么还有
359 人去和敌人做生意呢? 后者既充满危险，又招致敌人的怨恨。总之，我们既不要断绝[与敌人的贸易]，也可以在西班牙人开始离不开与荷兰的贸易时再从事相关生意。还有，如果敌人真的故态复萌，起诉我们的商人，那这不是因为[1]我们的商人占有上述捕获物(在敌国，无人知道究竟谁接受，或拒绝接受了捕获物)，而是因为他们竟然无视西班牙国王颁布的命令而与东印度人通商。我们难道忘记了，西班牙政府不是已下令驱逐带领这一商业冒险的那些人吗? 但在他们遭驱逐时，也没有谁捕获过西班牙的大帆船。在西班牙的国王看来，与东印度人的贸易做法是十恶不赦的罪过，为此，他发明了一种邪恶和无耻透顶的办法来替代他不能施加给这些涉案个人的惩罚。再说，即便在特别地以捕获物的获取为指控根据的方面，如果这种做法被认为显然不正当的话(敌人很可能这么认为)，那么按照恢复原状的规则和法学权威的说法，承担责任者不仅是占有人，而且在最完整的意义上还包括该行为的主张者及其支持者。因此，如案件由西班牙法官审理，那么在这一点上没有哪个荷兰人会免予惩罚，可见，我们根本没有必要为之感到惧怕。实际上，我们应竭尽全力不让案件落到西班牙法官手里。

另一方面，如我们设想法官不是敌人，而是对我们友好的王子或民族，那么首先，我们看不出有什么担心的必要，因为没收抵押品或者报复这样的行为仅限于交战方。事实上，只要没有宣布战争为非正义(也没有人做出针对荷兰人发起这场战争的判决)，保留捕获物就是正当

[1] 此处的拉丁文(珂罗版第160页倒数第三行)有些令人费解，因为格劳秀斯改动了原文，但又没有改完整。当“co”这个词被删掉的时候，“ex”这个词显然也应该被删掉，而且，其前“non”离开它要修饰的部分相当远。经英译本对这句话的处理，似乎格劳秀斯已将之改完整了：也就是说，“ex”没有被翻译出来，而否定式“non”也被移到了“quod”引导的句子处。

的，不会引起任何争议。况且，所采取的报复行动只有为其国民利 360
益，而不能代表外国人，而目前的案件仅是葡萄牙人的事(他们不是任何非西班牙国家的国民)。

退一步说，我们设想有些[非西班牙人]法官[却]站在西班牙人一边，想方设法地要把所有东西都交给西班牙人，然后，果真由这种法官审理，那么肯定这不会过多涉及捕获物，而更多涉及武力抗拒(西班牙)统治者，与东印度人的贸易以及其他诸多待查与辩护事由。因为占有战利品所导致的义务顶多等同于战利品的价值，而不会超过，所以根据恢复原状的规则，至多返还从这些战利品中得到的利润，而不会有更多的实际损失，当然，根据其他指控计算赔偿，那就无边无际了。

而且，就报复而言，其性质决定了任何一个公民的行为都涉及同一国家内任何其他公民，在这一情况下，担心有无得到捕获物，毫无意义。因此，没有理由(因为害怕报复而)放弃对捕获物的权利要求。

至于有些人可能确实要求取得狭义上的战利品，但是，却又希望通过某些方式而非(完全拒绝接受他的那份战利品)来慰藉自己的顾忌和胆怯。这种人肯定打错算盘。既然对战利品提出权利要求，那么不是持有，就是转让。不过，持有含两种意图，即为了最终将战利品还给敌人，或为了自己利益而保留。

可是，对已捕获的占有物，既不能够、也不应该归还其原所有人。在哪儿找到这些所有人呢？难道我们指望敌国臣民会从印度或里斯本赶来，通过所谓“共同获取之诉”的法律仪式[1]重新主张他们的财产权吗？但是，就连这些所有人自己也放弃了索回财产的希望，公开承认
这只是战争法注定的命运罢了。谁要持相反看法，怀疑连敌人都不曾 361

[1] 拉丁文 manum ex iure conserere(提出共同获取)是指一种仪式，诉讼各方将手同时放在系争物品的上面，宣称这是自己的财产。

质疑的权利合法性，那他真会成为众人笑柄。因为这非常清楚，发起正义战争的人，即使是在道德上，也没有恢复原状的义务。就算这种归还完全可能，将战利品还给敌人也不是我们的权利。帮助敌人，无论在经济上还是在任何其他方面，都是对法律的亵渎和对国家威严的侵犯。如果我们的祖国能够开口说话，就一定会告诫那些准备给敌人这种帮助的人："所有良民都为这一目标奋斗、努力并毫不犹豫地为之奉献自己生命与财产，即尽一切可能削弱敌人以保证自己最大程度上的安康与快乐。因此他们相信这样做不仅对自己有利，而且也是光荣的——剥夺那些执意要威胁他们生活的人之财产，并防止误用资源而有害于自己之处。承蒙战争命运的眷顾，我们捕获了敌人的战利品。难道你们要把它们还给敌人吗？难道你们要用自己损失来便宜那些不是因错误或无知，而是受野心和贪婪驱动，千方百计要毁灭祖国和你们每一个人的敌人吗？"在我看来，在听过了这番劝诫后，没有人还会坚持其错误，有这种想法的人必须承认，自己是被诡辩引入歧途，而不是对祖国不忠。

现在，假定不允许将战利品还给敌人，那么让我们来考虑：将这些财产与自己其他财产分开是否有利？

如果采纳这种政策以防止其他财产被这些战利品玷污的话，这种迷信的想法显得可笑之至，根本不值一驳。除非恐怕我们相信，来路有问题的财产如同臭蛋，其他财产与之放在一起，就会一个个铜钱般地(好像)被熏臭，否则，我们应承认。实际上，"财产"一词涵盖了一个人的所有财产，不管其可能被存放在不同保险箱或钱包，性质没有任何区别。因此，如同正当取得物(包括正义战争中获取的战利品)是增加总
362 财产并锦上添花的正当途径，它们也会被不当手段获得财产所蒙羞，即使这些财产分开放置在相隔很远处。可见，唯一相关的问题是：我是

否愿意将这些战利品作为自己的财产？ 否则的话，我是不能既取得并持有这些财产，同时又将它们排除在我的占有物之外。

同样，如果有人将财产分放旨在避免今后一旦法院判决而被迫归还[捕获的货物]时转移麻烦，那么他就不仅为根本不必担心的偶然事件(正如我们已经指出的)而担心，或至少说过分担心，而且还严重地误解了法律及因此增加自己损失的可能性。 因为战利品如未被消费掉而依然存在，那么法院要求被告恢复原状的可能性就会大大增加。 但是，早已确立的规则承认在前者情况下，基于善意消费，该财产的所有权就放弃给该使用者。

有些人虽实际上对战利品提出了权利要求，却将该战利品转让给别人，以为这样满可以为自己洗脱干系了。 假定这些人真的认为系争的战利品是什么污点，也不可能以转让方式来解脱不仅为法律所确定，而且受良心制约的责任。 因此，假如有人出于恶意而拥有战利品，也就是说，明知该战利品的捕获是不正当的，那么他永远负有恢复原状的义务，从而(按照该问题的权威学说)即便将战利品出售或赠送，哪怕它们被转手上千次，他也不能解脱这种义务。 更何况，如有人假设只要在碰到战利品前把它们转手出去，他就可以减少其责任，那么他就是无知到了对普通法理一窍不通的地步。 因为无论什么东西，只要是我转让给他人，即使是通过所谓假想转让[1]的方式完成，都必须先是我的。 若非不是如此，那么我们通过代理而得到或者消费的东西都根本不是属于我们的了。

再者，一个人处分自己财产时，要么将其分给穷人，要么转让给其 363
他实体或个人。

[1] brevi ... manu：更具体地说，指“直接来自于[先于我的所有人]之手”。

有人将财产赠与穷人时，实际上是向神献礼。 这是应得到最高赞扬的行为，因为有什么行为比承认神的恩惠更正当呢？ 当人们获取了始料未及的收入时，有什么行为比承认这种收益是在神的惠顾下战胜敌人所得更正当的吗？ 因此，不仅在犹太人中，而且在希腊人、罗马人以及所有其他民族中，将战利品的十分之一献给神已成惯例。 另一方面，这一确切的事实也充分表明，没有必要奉献所有的战利品。 即使是亚伯拉罕，也只是把战利品的十分之一交给祭司，而没有剥夺他的盟友和随从应有的那部分。 记载摩西的史书清楚地写道，尽管他向神献上了丰盛的祭品，但是剩下的战利品仍很多，以至于他可以为自己留下其中一大部分。 然而，在此我们必须充分考虑这一问题：若有人从战利品中分出一部分并把它献给神，他是把这部分看作自己的财产呢，还是他人的财产？ 如果他视之为自己的财产并将其奉献给神，他的做法无疑是正确的，无可挑剔，因为人们当然可以处置自己的财产，无论他得到的财产是什么。 相反，如果这份贡品是以他人财产的名义供奉的，那祭祀者还是小心为妙，以免触怒了神灵。 他原本想安抚神，可是，难道要神领受连祭祀者自己都觉得受之有愧的财产么？ 因为神禁止用不道德的方式敬奉他，所以，显然除非贡品来自于用正当手段取得的财产，否则神也会不高兴。 这也是奥古斯丁这段话的意旨：人不能盗窃，即使这样做是为了祭祀目的。

另一方面，若有些人把某权利转让给其他组织实体或者个人，并从中取得对价，那他们一定会被认为是出卖了该权利，或者即使对价不是别的，只是对方的感激之情，也还是不能否认他们首先拥有这些财产的所有权，然后才能将其转让给其他人。 没有人可以转让不属于他所有的东西。 因此，无论是在道德法庭上，还是在民事法庭上，这些人的
364 地位和那些接受(战利品)财产权的人没有差别。 后者所取得的实际上也

不是财产本身，而只是其对价；并且，这正是他们每天用来进行交换的东西。

可见，那些自认为有理由，从而反对占有并保留葡萄牙战利品的人，在许多方面，要么被人欺骗，要么就在欺骗别人。

为此，我恳请我们的商人，还有东印度公司，不要被任何借口所动摇(因为所有的借口都已被证明是虚假的、没有说服力的)。 他们追求的目标不仅为惯例和凡人所接受，依据神的法律和良心的判断，也都是正当的；不仅不是卑鄙的，更是被认为是极其光荣甚至是辉煌的。 总之，这一目标不会带来任何坏处，相反，从私人和公众的角度来看，它都预示着最大的好处。 让他们凭着荷兰人不可侵犯的善意和勇气，频繁地航行到世界上最遥远的地方去吧！ 让他们捍卫我们的商业权利，去粉碎每一个伤害我们的企图吧！ 让他们为祖国赢得盟友，为国家也为自己而取得敌人的财产吧！

再者，我还要恳请我们政府大会(包括每一省的大会和联合各省总督)的每一成员，以及诸领导人和公共自由的守护者，恳请他们继续促进和保护这项事业，继续给予它从一开始就得到的最优惠待遇。 这项事业眼下是最适宜不过的了，它对敌人不利，对人民有利，并为大会本身带来了无上的光荣。 我还要请求，我们的政府用奖励回报辛苦，用荣誉回报勇气，用利润回报风险，并补偿私人在为这一事业奋斗时所付出的成本。

我还要向神乞求。 他是永恒的，是国家的创造者和精神支柱。 我们用“最杰出的”来称呼他的意志，用“最伟大的”来称呼他的力量。 蒙神的恩典，他选择了荷兰。 而在其他民族身上，都不同程度地显现了人性的弱点，以昭示神的伟大。 同样，蒙神的恩典，他向他创造的、在世界上最遥远处的民族展示了我们民族的光辉。 我祈祷并向神

乞求：第一，他在我们的民族身上注入基督的品质，这样我们身上就不
365 会有任何令那些未皈依的民族感到厌恶的东西。第二，他将挫败我们敌人的阴谋，不会令无辜的人向野蛮的敌人屈服；相反，他将在后者身上加诸损失和灾难，而将赞美和荣誉赋予前者；他会遏制那些与祖国异心的人的疯狂；他会启蒙那些被错误引向歧途的人；最后，他将赋予我们智慧，这样我们就能拥有纯洁的灵魂，运用并且充分享受每一份胜利(我们承认，这是来自天堂的礼物)。

附以下每一文件的复本[1]：

《联合各省总督法令》(1599年4月2日)；

《海军军官委员会意见》；

《荷兰各省大会法令》(1604年9月1日)；

《马六甲主教致国王的信摘要》(1600年4月30日)；

《马六甲元老院的信》(1603年3月9日)；

《同日马六甲总督致雅各布·希姆斯科克的信》；

366 《另一封马六甲总督的信》(1603年3月26日)；

《被捕获舰船司令致希姆斯科克的信》(1603年3月24日)。

[1] 《捕获法》手稿并无上述八份文件，在荷兰莱登大学图书馆馆长F.C.威德尔博士的热情帮助下，英译者获得了这些文件的荷兰语或德语文本，并将原文复制后附在英译本第371页(中译本略)。

附　　录

一、《捕获法》第二章的九项规则与十三项法律汇编

规　　则

规则 1　神意之体现即为法。

规则 2　公意所体现之人类共同同意即为法。

规则 3　每个人所作的意思表示就是关于他的法律。

规则 4　国家所示意志即为所有公民之整体的法律。

规则 5　国家所示意志，即为个体的众公民间关系之法律。

规则 6　执政官所表示的本人意志，即为整个公民体之法律。

规则 7　执政官所表示的本人意志，即为个人之公民的法律。

规则 8　所有国家所表示的意志，即为关于所有国家之法律。

规则 9　就司法程序而言，被告国或其公民为被告的国家应行使该程序；但若证明该国未履行其司法义务，则原告国或其公民为原告的国家应成为裁判官。

法 律

法律 1 应当允许保护(人们自己的)生命并避免可能造成其伤害的威胁。

法律 2 应当允许为自己取得并保有那些对生存有用的东西。

法律 3 不得伤害他人。

法律 4 不得侵占他人已占有之物。

法律 5 恶行必纠。

法律 6 善行必偿。

法律 7 公民个人不仅应当不伤害其他公民,而且应当保护他们,既保护作为整体的其他公民,也保护作为个人的其他公民。

法律 8 公民不仅不应夺取他人占有物,无论是私产还是公产,而且应对这两种对于他人及所有人必不可少的财产有所贡献。

法律 9 除通过司法程序外,任何公民均不得寻求实施自己权利来针对他人。

法律 10 执政官在所有事务上均以国家的善为行为准则。

法律 11 国家应确认执政官的行为均有效。

法律 12 非经司法程序,任何国家或公民不得寻求对其他国家或公民行使其权利。

法律 13 当[法律]可被同样遵守时,让[所有]法律得到遵守;如不可能,较高等级的法应当优先于较低等级的法。

二、人名对照*

Abraham 亚伯拉罕　41

Accursius 阿库尔修斯　248(Franciscus Accursius)

Achilles 阿基利斯　80

Aciilius 阿西留斯　168(Manius Aciilius Glabrio)

Adrian 阿德里安　64(Adrian Ⅵ阿德里安教皇六世)

Aeacus 爱考士　122

Aelian 艾廉　107

Aeschines 埃希尼思　57

Affonso Vicente 阿方索·维森特　200

Agapetus 阿加皮图斯　119

Agathias 阿加西亚　127

Alba 阿尔巴　183(Duke of Alba 阿尔巴公爵)

Alenxander 亚历山大　33(the Great Alenxander 亚历山大大帝)

Alphonse de Castro 阿方斯·德·卡斯特罗　272

Amalasuntha 阿曼拉苏撒　128

Ambrose 安布罗斯　48(St.Ambrose 圣安布罗斯)

Andrfea d'Isernia 安德利·伊塞尼亚　259

Aner 亚乃　71

---

*　1.限于《捕获法》中译本正文脚注说明的人名；2.按英文字母排序，括号内为全名或全称(凡正文出现的，均译为中文)；3.译名后为中译本首次出现页码，以便于读者查阅；4.出处参考《捕获法》英译本索引等，翻译参考《英语姓名译名手册》(第二次修订本)商务印书馆 1985 年版，并兼顾我国学术界已有通常译名。

三、术 语 对 照*

* 1.限于《捕获法》正文部分术语；2.部分参考《捕获法》英译本索引，按英文字母排序；3.中文术语后为该术语首次出现的中译本页码。

四、文 献 索 引[*]

* 1.限于《捕获法》英译本边页注解所涉主要文献；2.以附录二“人名对照”中作者先后排序；3.格劳秀斯手稿引用文献包括希腊文、拉丁文，英译本注解略去了希腊文文献，代之以核对后的拉丁文文献 (包括《捕获法》之后的文献)，并相应增加已有英译本文献，与括号内原文文献并列；4.本索引保留英译本注解文献原文，文献后为英译本页码(见中译本切口边码)，可对照参阅所引用文献的内容。

1724) 95, 20, 231

Covarruvias 科瓦卢维斯，均依据 *Opera Omnia*, Tom. Ⅱ，Salamanca, 1578, Saragossa, 1583 查证。

Practicae Quaestiones, 25, 284

On Sext, 57, 84, 105, 106, 113, 124, 129, 145, 155, 161, 166, 219, 221, 223, 224, 248, 254, 255, 259, 269

Demosthenes 德莫斯梯尼，均为 Loeb Classical Library 版本。

Against Aristocrates, 50

Against Aristogeiton, 8, 23, 74

De Corona, 126

On the Liberty of the Rhodians, 355

Dio 戴奥，*On Custom* (in *Orationes*, Leipzig, 1857) 6, 26

Diodorus 狄奥德拉斯，*Library of History* (*Bibliotheca Historica*，Loeb Classical Library) 52, 71, 98, 111, 146，219, 277

Dionysius 狄奥尼修斯，Fragments(in *Scripta, quae Extant, Omnia, et Hisorica, et Rhetorica* ...

Addita Fragmenta ...，Leipzig, 1691) 55, 150, 154, 359

Euripides 尤利皮德斯，均为 Loeb Classical Library 版本。

The Children of Hercules, 27

Ion, 109

Madness of Hercules, 110

Phoenician Maidens, 296

Rhesus, 146

Pomponius 彭波尼，Cited in the Digest，

Ex Pautio Libri Ⅶ, 233, 262

Proclus 普罗克鲁斯，On Hesiod's Work and Days (in Opera, Paris, 1820) 106

Procopius 普罗科皮斯，均为 Loeb Classical Library 版本。

History of the Wars：

Gothic War (De Bello Gothico Libri Ⅳ) 116

Vandalic War (De Bello Vandalico Libri Ⅱ) 164

Proculus 普洛克卢斯，Cited in Institutes and Digest

Epistularum Libri, 300

Quintilian 昆廷廉，Declamations (Declamationes XIX Maiores, Leipzig, 1905) 14, 86, 93, 229

Institutes of Oratory (Institutio Oratoria in Loeb Classical Library) 5, 158

Sallust 萨卢斯特，均为 Loeb Classical Library 版本。

Letter of Mithridates (Epistula Mithridates), 128

The War with Catiline or Catiline (Bellum Catilinarium) 125

Scaevola 斯卡维拉，Responsorum Libri Ⅵ, 233

Seneca 塞尼卡，除注明版本，均为 Loeb Classical Library 版本。

On Anger (Ad Novatum De Ira) 13, 17, 30, 39, 86, 91, 93, 94, 96, 271

On Benefits (Ad Aebutium Liberalem de Beneficiis) 9, 18, 67, 68, 77, 92, 107, 116, 127, 157, 229, 230, 239, 257, 271, 336, 364

Epistles (Ad Lucilium Epistulae Morales) 11, 12, 61, 68, 131

On the Firmness of the Wise Man (De Constantia Sapientis) 271

On the Happy Life (Ad Gallionem de Vita Beata) 93

译 后 记

《捕获法》的翻译是一项十分艰难的工作。25年前，我在华东政法学院国际法专业化班读书时，从国际法教本上最初知道了《捕获法》这部名著。后来在复旦大学读研究生和留校任教初期研究西方法哲学时，开始研究格劳秀斯的理论。近十多年来，我在指导国际法专业研究生的过程中，与学生共同研读包括英译本《捕获法》在内的国际法经典文献。但是，我并没有翻译这部传世名著的打算，因为考虑最好根据拉丁文原版翻译，以尽可能准确地将之介绍给我国读者。2005年5月，马忠法博士在毕业前夕翻译了《论海洋自由》，我应上海人民出版社的编辑徐晓明博士之约，作了校译，随后，又应约，才与我的学生们合作翻译了《捕获法》。近一年多来，在师生齐心努力下，终于完成了任务。可以说，依据公认权威的英译本翻译，实在是不得已的“次最佳”(the second best)选择。我的想法是尽己所能，以简明、可读的方式将《捕获法》完整地贡献给我国读者。为此，《捕获法》正文及英译者脚注(序数标注)，除英译本保留的拉丁文等，均译为中文，并增加人物简介等必要的中译本脚注(*号标注)，便以阅读；英译本边页的文献出处均包含在“引用作者索引”，而其“主题索引”包括大量人名，中译本分别改编为“人名对照”、“术语对照”和“文献索引”。读者查阅正文的有关人名或术语，可直接依据中译本页码，这样可能更便捷些，而“文献索引”则根据英译本页码(中译本切口边码)，供有能力深入研究者参阅。至于英译本第371页所列的相关文件，并不是《捕获法》原书内容，故未作为中译本附录，仅保留文件名称；詹姆斯·布朗·斯科特博士提议翻译《捕获法》的信件，《英译本序》已作说明，亦未翻译与列入中译本附录。

全书翻译分工如下：

马忠法博士(复旦大学法学院讲师)：英译本序及英译者说明、第十二章；

罗国强博士(华东政法学院讲师)：第二、三、四、五章；

王林彬博士研究生：第六、七、八、九章；

杨毅硕士研究生：第十一、十四、十五章；

我本人：第一、十、十三章，所有中译本脚注及附录，并负责全书校译，因而也承担可能存在的任何误译责任。

译校者张乃根2006年5月摄于作者格劳秀斯雕像前

本书翻译期间，我利用在荷兰访问或讲学机会，查阅了联合国国际法院图书馆、荷兰莱登大学法学院图书馆与鹿特丹大学图书馆的格劳秀斯论著及后人的研究成果，尤其是《捕获法》1868年首次版本等文献。同时，我任教的复旦大学法学院和今夏访问讲学的德国汉堡大学和鹿特丹大学，均为我的翻译及学术研究提供了良好的学术条件。欧盟委员会及荷兰飞利浦公司对我访问讲学的资助，使我能在荷兰最后完成本书翻译。在此，我对所有给予支持的机构和个人及上海人民出版社与编辑徐晓明博士，一并表示最诚挚的谢意。我的学生在合作中表现的学术素质与英语水平，使本书翻译在较短时间内完成，且教学相长，使我受益不少。

由于本人学识有限，因此，虽在译校时如履薄冰，唯恐有误，仍难免挂一漏万，祈求学界前辈同仁斧正。

张乃根

2006年12月2日

于上海寓所

图书在版编目(CIP)数据

捕获法/(荷)格劳秀斯(Grotius, H.)著；张乃根等译．—2版．—上海：上海人民出版社，2015

(世纪人文系列丛书．世纪文库)

书名原文：Commentary on The Law of Prize and Booty

ISBN 978-7-208-13186-6

Ⅰ．①捕…　Ⅱ．①格…　②张…　Ⅲ．①捕获法-研究　Ⅳ．①D993.5

中国版本图书馆CIP数据核字(2015)第165487号

责任编辑　徐晓明

封面装帧　陆智昌

捕获法

[荷]雨果·格劳秀斯 著

张乃根　马忠法　罗国强　王林彬　杨　毅 译

张乃根 校

出　　版　世纪出版集团　上海人民出版社

　　　　　(200001　上海福建中路193号　www.ewen.co)

发　　行　世纪出版集团发行中心

印　　刷　上海商务联西印刷有限公司

开　　本　635×965　1/16

印　　张　30

插　　页　4

字　　数　361,000

版　　次　2015年8月第1版

印　　次　2015年8月第1次印刷

ISBN 978-7-208-13186-6/D·2716

定　　价　70.00元

世纪人文系列丛书(2015 年出版)

一、世纪文库

《中国文学批评史》 罗根泽 著
《中国通史》 吕思勉 著
《中国近百年政治史》 李剑农 著
《国学必读》 钱基博 著
《中国文学史》 钱基博 著
《通史新义》 何炳松 著
《中古欧洲史》 何炳松 著
《近世欧洲史》 何炳松 著
《工具论》 [古希腊]亚里士多德 著 张留华 冯艳 等译 刘叶涛 校
《犹太人与现代资本主义》 [德]维尔纳·桑巴特 著 安佳 译
《马基雅维利的德行》 [美]哈维·曼斯菲尔德 著 王涛 译 江远山 校
《货币和信贷理论》 [奥]路德维希·冯·米塞斯 著 孔丹凤 译
《捕获法》 [荷]雨果·格劳秀斯著 张乃根 等译 张乃根 校

二、世纪前沿

《社会权力的来源(第一卷):从开端到 1760 年的权力史》 [英]迈克尔·曼 著 刘北成 李少军 译
《社会权力的来源(第二卷):阶级和民族国家的兴起(1760—1914)》 [英]迈克尔·曼 著 陈海宏 等译
《社会权力的来源(第三卷):全球诸帝国与革命(1890—1945)》 [英]迈克尔·曼 著 郭台辉 等译
《社会权力的来源(第四卷):全球化(1945—2011)》 [英]迈克尔·曼 著 郭忠华 等译
《科学与宗教引论(第二版)》 [英]阿利斯特·E.麦克格拉思 著 王毅 魏颖 译
《国家与市场——政治经济学入门》 [美]亚当·普沃斯基 著 郦菁 张燕 等译 王小卫 郦菁 校
《退出、呼吁与忠诚——对企业、组织和国家衰退的回应》 [美]艾伯特·O.赫希曼 著 卢昌崇 译
《欧洲的抗争与民主(1650—2000)》 [美]查尔斯·蒂利 著 陈周旺 李辉 熊易寒 译

三、开放人文

(一) 科学人文

《大众科学指南——宇宙、生命与万物》 [英]约翰·格里宾 玛丽·格里宾 著 戴吾三 戴晓宁 译
《阿尔法与奥米伽——寻找宇宙的始与终》 [美]查尔斯·塞费 著 隋竹梅 译
《解码宇宙——新信息科学看天地万物》 [美]查尔斯·塞费 著 隋竹梅 译
《古代世界的现代思考——透视希腊、中国的科学与文化》 [英]G·E·R·劳埃德 著 钮卫星 译
《早期希腊科学——从泰勒斯到亚里士多德》 [英]G·E·R·劳埃德 著 孙小淳 译